ベトナムの経済発展と未来

日本の開発協力と日越企業の経営・人材戦略を通じて

藤江昌嗣
杉山光信
上田義朗　編著
東長邦明

戦略研究学会
出版プロジェクト

芙蓉書房出版

はじめに

　本書は『ベトナムの経済発展と未来—日本の開発協力と日越企業の経営・人材戦略を通じて—』というタイトルで、ベトナム戦争後、1990年代以降現在までの時期を対象に、ベトナム（Socialist Republic of Viet Nam, ベトナム社会主義共和国）の経済発展を検証し、その未来について展望することを目的としている。

　ベトナム国家という主体は、その「近代化」、「グローバル化」、「先進国化」に向け、その経済・社会・政治システムを世界に開いてきた。先行する東アジアそして東南アジア諸国の発展プロセスを目標にする—「絶対化」—とともに、自国にあった形で、それを「相対化」—「中進国化」—してきた。そして、日越間の経済的相互依存関係という点では、日本政府や日本企業、また、組織における人材や個人の果たした役割も小さくはない。それは、例えば、日本政府の開発協力であり、日本企業のベトナムへの投資であり、また、諸組織に属しているかいないかを問わず、経済活動やそれにとどまらない教育・文化・社会活動を行ってきた個人の果たした役割を容易に想像することができる。

　また、ベトナムからみれば、日本を含む、海外企業からのベトナムへの投資の状況とそれを受け入れるベトナム側での法的整備やインフラ整備、人材育成などが重要なテーマとなっていた。

　そして、政府、企業等における汚職などの防止を含む、広義の「経済安全保障」も重要なテーマであった。ベトナムの未来をさらに切り拓いていくための現状の課題について、「経済安全保障」という側面からも考察していくことも重要な課題としている。

　本書は、こうした課題の検証を遂行するために、二部構成をとっている。すなわち、第1部では、ベトナムの開発・発展、縫製産業・企業の貢献、海外直接投資 Foreign Direct Investment（以下、FDI）などの歴史に関する論文を主として構成した。第2部では、ベトナム企業や日本企業の経営戦略・人材戦略について検証し、幾つかの日越企業のケーススタディを行い、ベトナムの未来について考察する論文で構成した。

　ケーススタディとしてベトナム企業ではビンスマート社を取り上げ、その経営戦略を携帯電話や IT 分野を対象に考察した。また、日本企業では、魔法瓶のメーカーとして知られている TIGER VIETNAM（TVN）やガス供

3

給器のメーカーとして知られている株式会社桂製作所・カツラグループ、また、ワイヤーハーネスメーカーである矢崎総業(矢崎グループ)、そして、ガス供給器メーカーI・T・O株式会社を取り上げ考察した。

　第1部では、ベトナムの歩みやアジア諸国の発展にコミットしてきた「先進国」（日本）の経済協力（開発協力）のあり方とその変化、また、「アジアの奇跡」と技術発展という視点から1990年代のベトナムの「離陸」に至るまでの大きな動きをみていく。

　第1章（藤江昌嗣）で「日本のODA政策とベトナム」について、また、第2章（藤江昌嗣）で、「「アジアの奇跡」と技術発展―1990年代のベトナムの「離陸」」について検証する。ODAについては、荒木光や末廣昭の論考を参照していく。

　また、「アジアの奇跡」といわれる中でのアジア諸国の牽引産業を「三角貿易」という国際分業の形態を実証した杉原薫の研究の到達点を踏まえ、ベトナムにおいて、1998年以降、外資奨励・輸出促進策における中核産業が変化し始め、貿易構造の変化とそれに伴う産業構造の変化が進んでいったこと。また、そのプロセスにおいて、「アジアの奇跡」と技術発展については、いわゆるメカトロニクス化以降の生産技術―ファクトリーオートメーション（FA）やロジスティクス構築―デリバリーオートメーション（DA）の発展等が、1998年までのベトナムの「工業化」の離陸、その後のベトナムにどのような「後発者利益」をもたらしたのかという点も明らかにしていくことにする。また、「離陸」における、一人当たりGDPの水準の変化を他の国々との比較の中で確認し、判断を加えていくことにする。

　また、メカトロニク化が進行した産業には必ずしも含まれないが、ベトナムの経済発展に寄与してきた産業は製造業を中心に多くの企業がある。ここでは、ベトナムの「離陸」において大きな役割を果たした繊維産業に注目する。貿易統計の分析を通じて、縫製業を中心とする繊維産業について分析するとともに、日本の縫製企業の独自の取り組みの分析により、ベトナムの1990年代の「離陸」におけるその果たした大きな役割を確認する。その事例として、フォーク株式会社を取り上げる。

　第3章（藤江昌嗣）の「1990年代のベトナムの経済発展と日本・ベトナム貿易―繊維産業への注目」並びに第4章（藤江昌嗣）「フォーク株式会社の1990年代の取り組み―縫製業のケース」において上記の課題を取り扱う。

はじめに

　また、杉原薫は、都市インフラや交通網などの社会資本形成のかなりの部分が外国資本の融資あるいは誘導によって行われたが、それは、事業に欧米諸国の参加が必要になり、また、望ましかったからでもあるが、国際分業、とくにアジア太平洋における国際分業の枠組みの構築が東アジア経済の地域的成長に必須の条件となっていったことを指摘していた。

　ベトナムにおいても外国の直接投資 FDI については、外国企業がすぐれた技術・経営知識・販路を備えており、ベトナムで外国企業が活動することは、それらの資源が国内企業にスピルオーバーされて、ベトナムの国民経済の発展に寄与するであろうと期待されていたわけでもあったが、本当に FDI はその期待を実現させているのだろうか？　すなわち、FDI は国民経済に役立ったか？　という問いも必要となる。

　この問いについては、第 5 章（杉山光信）で「外国直接投資（FDI）は国民経済に役立つか？」というテーマで、ベトナムにやってくる、すぐれた技術・経営知識・販路を備えた外国企業がベトナムで活動することで、その資源が国内企業にスピルオーバーされて、ベトナムの国民経済の発展に寄与するであろうという上述の期待が、FDI により実現されているのか否かを技術スピルオーバーの測定を通じて検証している。

　また、第 6 章（杉山光信）では、「巨大都市ホーチミン市の変貌と FDI」というテーマで、巨大都市ホーチミン市の変貌を「200 万人の流入者たち」、「高級マンションと低価格アパート」、「遅れる MRT 工事」などをキーワードに、FDI による大規模開発がホーチミンをどのように都市化－「巨大都市」－し、どのような課題を生み出しているのかを確認している。

　第 2 部では、ベトナム企業や日本企業の経営戦略について検証するが、これらはケーススタディの意味ももっている。

　また、第 7 章（東長邦明）「ベトナムの産業政策　IT 化への歩み」では、ベトナム政府の IT 政策を検証する。ベトナムの国策である「工業化と近代化」のうち、工業化目標の変化に注目し、分析した。ソ連社会主義の伝統に沿って国家運営を始めたベトナムは、その目標として「工業化」を掲げたが、その内容は、ソ連由来のフルセット型の重工業化路線であったこと。また、この路線が、「最貧国の IT 化への挑戦」を経て、最終的に現在の ICT（情報通信技術）を用いたデジタル化へとシフトし、DX（デジタル・トランスフォーメーション：顧客主導の企業・社会変革）、第 4 次産業革命を目標と定めるに至った経緯を追究した。

5

また、第 8 章（上田義朗）「ベトナム企業の新展開と課題　―企業法の変遷と「天馬ベトナム事件」に注目して―」では、ベトナムにおける 1999 年から 2020 年の 4 回に渡る企業法の改訂を概観し、その中から特に少数株主権の保護の動向に注目し、ベトナムの企業統治の制度的な整備がどのように進んできたのかを企業法を軸に検証する。また、ベトナム企業経営の現実を直視するために、ベトナム日系企業「天馬ベトナム社」の贈収賄事件の経緯を紹介し、その上で、ベトナムのビジネス展開に関する論点のいくつかを提起している。最後に、ベトナム企業の最新動向と課題を提示している。

　第 9 章（東長邦明）「ビングループのスマホ事業への進出と撤退」は、同グループのスマホ事業への進出と撤退の意味を考えるために、まず、ベトナムにおけるスマホ事業の市場、歴史、製造工程などを確認したうえで、スマホ事業を担ったビンスマート社の「市場参入戦略」を描いている。さらにその短期間での「撤退」の意味を、他社の撤退事例、同社の説明などをふまえ、国策である「製造業重視」との関連も含め考察している。

　また、第 10 章（藤江昌嗣）「Tiger Vietnam のケース―ベトナムでの人材育成への取り組み」では、TVN によるグローバルカンパニー化を実現するためのものづくり・ひとづくりへの取組について確認した。また、COVID-19 禍での国内・国際間の人的往来・物流等々の大きな混乱に対して、先取りして取り組んでいた TVN の事業構造の改革、また、更なる事業拡大へ向け進捗している活動成果について紹介した。

　また、第 11 章（藤江昌嗣）「ベトナムにおけるガス供給機器メーカーのグローバル戦略」では、「中所得化」の一つのシンボルである「生活スタイル」の変化、とりわけ、家族の食卓の「屋台」から「住居」（台所・食卓）への移行の重要なインフラである「ガス供給機器」メーカーに注目した。

　ベトナムへの展開としては、1960 年代の早い段階からグローバル化を進め、ベトナムにも 1994 年にガスメーター工場を創設した矢崎総業（矢崎グループ）―同社は、ワイヤーハーネス（自動車向け電線）やタコメーターなどの計器メーカーでもある―やガス供給機器メーカーＩ・Ｔ・Ｏ株式会社（Ｉ・Ｔ・Ｏ グループ）の海外戦略、ベトナムでの取組みについて確認するとともに、株式会社桂製作所・カツラグループを取り上げ、日本における市場の飽和と減少を背景に、ASEAN の発展を踏まえて構想されたグローバル戦略とベトナムへの具体的展開である　KATSURA　VIETNAM

はじめに

COMPANY LIMITED（KVN）の設立に至るまでのプロセスを確認し、その未来についても検証した。

　終章では、ベトナムの未来をさらに切り拓いていくための現状の課題について、「経済安全保障」という側面から考察した。日本とベトナムの安全保障観の差異、それが生むであろう将来の日本・ベトナム間の関係、企業の経営・人材戦略について展望した。

藤江昌嗣

目　　次

はじめに　　藤江昌嗣　　03

第1部

第1章　日本の ODA 政策とベトナム　　藤江昌嗣　16
　　1．ベトナムへの戦後日本の ODA 援助　16
　　　　1.1　ベトナムへの日本の ODA 援助（1998 年まで）
　　　　1.2　ベトナムへの日本の ODA 援助（1998 年以降）
　　　　1.3　「対ベトナム社会主義共和国 国別開発協力方針」
　　　　　　1.3.1　我が国の ODA の基本方針
　　　　　　1.3.2　我が国の ODA の基本方針（大目標）と重点分野（中目標）
　　2．戦後日本の ODA 援助　27
　　　　2.1　末廣昭の概括
　　　　2.2　荒木光弥の回想
　　3．「開発協力大綱について」　39
　　　　3.1　「開発協力大綱」の認識と理念
　　　　3.2　基本方針
　　　　3.3　重点政策
　　　　　　3.3.1　重点課題
　　　　　　3.3.2　地域別重点方針
　　　　小括　41

第2章　「アジアの奇跡」と技術発展
　　　　　　　　　ー1990 年代のベトナムの「離陸」ー　　藤江昌嗣　48
　　1．杉原薫のアジア間貿易ー「三角貿易」の形成と「アジアの奇跡」　50
　　2．「アジアの奇跡」における技術発展
　　　　ーメカトロニクス化の発展とロボット化　52
　　　　2.1　作業機の制御機能の発展
　　　　2.2　制御器ー原動機ーの機能の発展
　　　　2.3　メカトロにより大きく成長した代表的な国内生産商品
　　3．1990 年代のベトナムの「離陸」と日本の投資・貿易関係　60
　　　　3.1　1990 年代のベトナムの「離陸」
　　　　3.2　1990 年代のベトナムの「離陸」と日本・韓国の投資
　　　　3.3　1990 年代のベトナムの「離陸」と貿易関係
　　4．一人当たり GDP の推移　65
　　　　小括　65

第3章 1990年代のベトナムの経済発展と日本・ベトナム貿易
―繊維産業への注目― 藤江昌嗣 70
1．日本とベトナムの輸出入額・貿易収支の推移、輸出・輸入の対前年度増減率、対ベトナム輸出・輸入比率の推移 70
  1.1 日本とベトナムの輸出入額・貿易収支の推移
  1.2 日本の対ベトナム輸出・輸入比率の推移と輸出・輸入の対前年度増減率
2．HSコードと商品分類、産業分類 74
  2.1 産業分類と商品分類
  2.2 HSコードとは何か
3．HSコードの分類階層と輸出・輸入統計部別品目表 76
4．「類」別・「項」別分析 81
  4.1 ベトナムからの輸入額（類別97分類）の推移
  4.2 ベトナムからの輸入額（類別上位9分類）の推移

第4章 フォーク株式会社の1990年代の取り組み
―縫製業のケース― 藤江昌嗣 91
1．フォーク株式会社の歴史―1903年から2023年 92
2．小谷野正道の取り組み―ユニフォーム、白衣、ベトナム 101
  2.1 小谷野被服からフォーク株式会社へ
  2.2 ユニフォーム市場の開拓
  2.3 「機能からファッションへ」「帰属からパートナー（参加）意識へ」
  2.4 医療・介護用ユニフォーム市場の開拓―スクラブ市場
3．ベトナム―海外拠点の形成 107
  3.1 海外生産への離陸―ベトナムでの工場展開
  3.2 会津工場での研修とその成果―TSSシステムの習得
  3.3 明福工場
4．フォーク社のベトナム工場の展開 113
  4.1 ベトナムでの工場展開
  4.2 ミシンの発展と技能の発展
    4.2.1 ミシンの発展と技能の発展
    4.2.2 技能習得への情熱とその変化
5．ベトナム縫製産業への貢献と事業家小谷野正道の理念 119
  5.1 強い企業とは何か
  5.2 強い企業のトップ、そのリーダーシップとは何か
6．繊維・縫製企業としてのベトナムの「離陸」への貢献 122
  6.1 第3章での確認事項
  6.2 「61類」、「62類」内の6桁分類主製品輸入額の推移
7．フォーク社のベトナム輸入品の多様化とその意味 129
小括 133

第 5 章　外国直接投資（FDI）は国民経済に役立つか？　　杉山光信　138

1．コロナ禍と工業団地　138
2．技術スピルオーバーの測定　146
3．工業団地を歩いてみる　154

第 2 部

第 6 章　巨大都市ホーチミン市の変貌と FDI　　杉山光信　160

1．あいつぐ大規模開発　160
2．200 万人の流入者たち　164
3．高級マンションと低価格アパート　171
4．遅れる MRT 工事　180

第 7 章　ベトナムの産業政策　IT 化への歩み　　東長邦明　189

1．はじめに　189
2．ベトナムの工業化の発展と現況　190
　　2.1　一人当たり名目 GNI（国民総所得）推移
　　2.2　ＧＤＰ成長率
　　2.3　総資本形成
　　2.4　名目ＧＤＰ（製造業）
　　2.5　ベトナムのＩＣＴ産業
　　2.6　輸出依存度（ＧＤＰに対する輸出額の比率。サービス輸出は含まない）
　　2.7　固定ブロードバンド普及率
　　2.8　携帯電話普及率
　　2.9　インターネット普及率
　　2.10　ベトナムＩＣＴの国際的評価
3．経済社会発展　〜　ドイモイ　197
4．産業政策の大要　199
　　4.1　1991−2000 年
　　　　4.1.1　この期間の計画・目標
　　　　　　4.1.1.1　10 カ年（1991-2000 年）計画
　　　　　　4.1.1.2　1991-1995 年の 5 年間の目標
　　　　　　4.1.1.3　1996-2000 年の 5 年間の目標
　　　　4.1.2　振り返り
　　　　　　4.1.2.1　ドイモイ以降の 10 年間（1986-1995 年）の振り返り
　　　　　　4.1.2.2　1991 年から 2000 年までの社会経済戦略の振り返り
　　　　　　4.1.2.3　90 年代の主要事象
　　　　　　4.1.2.4　民間企業の活動　〜　ＦＰＴ
　　4.2　2001-2010 年
　　　　4.2.1　環境認識

4.2.2　社会経済発展戦略　2001-2010
　　　4.2.3　2001-2010 年に策定・指示された I C T に関する戦略
　　　4.2.4　2001 年から 2010 年の社会経済開発戦略の振り返り
　　　4.2.5　民間企業の活動　〜　Viettel
　　4.3　2011-2020 年
　　　4.3.1　2011-2020 年の 10 カ年戦略
　　　4.3.2　戦略実行のための組織
　　　4.3.3　2011-2020 年の振り返り
　　　4.3.4　I C T 政策の振り返り
　　　4.3.5　民間企業の活動　〜　V I N グループ
　　4.4　2021-2030 年
　　　4.4.1　環境認識
　　　4.4.2　戦略
　　　4.4.3　D X 戦略
　　　4.4.4　実施組織
　5．おわりに　217

第 8 章　ベトナム企業の新展開と課題
―企業法の変遷と「天馬ベトナム事件」に着目して―　　　上田義朗　223
　1．はじめに：問題の背景と論点　223
　2．ベトナム企業法の変遷　224
　　2.1　企業法の変遷：1999 年・2005 年・2014 年・2020 年法
　　2.2　企業法における少数株主権の拡大
　3．「天馬ベトナム事件」の概要　232
　　3.1　問題の背景と本章の意図
　　3.2　天馬ベトナム事件の概要
　4．「天馬ベトナム事件」の諸論点　237
　　4.1　W I N-W I N 関係：「ファシリテーション・ペイメント」
　　4.2　過渡期の新興国ビジネスにおける困難性と醍醐味
　　4.3　本事件におけるベトナム政府の対応
　5．結びにかえて：ベトナム企業の新展開と課題　242
　　5.1　贈収賄防止のための提案
　　5.2　ベトナム企業のグローバル化

第 9 章　ビングループのスマホ事業への進出と撤退　　　東長邦明　248
　1．はじめに　248
　2．ビン進出前夜のベトナムのスマホ生産〜国内市場と輸出状況　249
　　2.1　国内市場
　　2.2　輸出市場
　3．スマホ生産のグローバル・バリュー・チェーン（GVC）　256
　　3.1　付加価値を伴わない ICT 輸出

3.2　スマホメーカーのバリューチェーン
　　3.3　製品内機能別の付加価値分配
　　　　3.3.1　高付加価値のキーポイント
　　　　3.3.2　主要企業の戦略ポイント
4．撤退の諸形態　260
　　4.1　LG～市場でのポジショニングの失敗
　　4.2　小米（シャオミ）～製品開発能力不足
　　　　4.2.1　ビジネスモデル
　　　　4.2.2　小米スマホの衰退とその原因
　　4.3　日本各社
　　　　4.3.1　バルミューダ～高価格帯市場参入の失敗
　　　　4.3.2　京セラ～ポートフォリオ調整のための撤退
　　　　4.3.3　FCNT～資金力不足
　　4.4　撤退～見切りと展望
5．ビングループによるスマホ事業への進出と撤退　264
　　5.1　事業計画と初動
　　5.2　ベトナム仕様化
　　5.3　海外進出
　　　　5.3.1　スペイン進出
　　　　5.3.2　ミャンマー進出
　　　　5.3.3　ロシア進出
　　5.4　海外展開戦略
　　5.5　国内市場トップ3入り
　　5.6　製造技術の向上
　　5.7　受賞歴
　　5.8　撤退
6．Vinの進出と撤退の意味を考える　273
　　6.1　市場参入戦略
　　　　6.1.1　戦略の価値
　　　　6.1.2　ビンの市場参入戦略
　　　　6.1.3　ロールモデル
　　　　6.1.4　ビンの参入戦略の評価
　　6.2　撤退の意味
　　　　6.2.1　ビンの説明
　　　　6.2.2　ビンにとっての製造業
　　　　6.3.3　製造業のサービス化

第10章　Tiger Vietnam のケース
―ベトナムでの人材育成への取り組み―　　　　　　　　　　藤江昌嗣　282
1．魔法瓶の歴史と事業内容　282
　　1.1　魔法瓶の歴史

1.2　魔法瓶が日本にやって来た日
　　　1.3　魔法瓶の国産化
　　　1.4　大阪のガラス工業と魔法瓶
　　　1.5　戦時中、戦後の魔法瓶
　２．タイガー魔法瓶の歴史　285
　３．タイガー魔法瓶の事業内容　293
　４．TIGER VIETNAM　295
　　　4.1　TIGER VIETNAM の設立とタイガー魔法瓶のグローバル生産体制にお
　　　　　ける位置づけ
　　　4.2　TIGER VIETNAM（TVN）のミッション
　　　4.3　TVN 工場管理の歴史
　　　　　4.3.1　Tiger Vietnam(TVN)従業員数と売上高の推移（2014‐2022
　　　　　　　　年）
　　　　　4.3.2　TVN の生産・出荷品目の推移
　　　　　4.3.3　売上部材比と現地調達率の推移
　　　4.4　人事強化施策
　５．タイガーマーケティングベトナム　300
　６．TVN のミッションと経営・事業運営方針　300
　７．TIGER VIETNAM の組織づくり　301
　　　7.1　TVN の経営・事業方針を実現する機能組織づくりのポイント
　　　7.2　TVN の人材育成と皆越浩社長
　　　7.3　TVN の組織づくりと人づくり
　　　　　7.3.1　旧組織
　　　　　7.3.2　新組織への移行
　　　　　7.3.3　新組織の特徴と活動の特徴
　　　　　7.3.4　TVN スタッフ・従業員によるコミュニケーション
　　　おわりに：Tiger Vietnam（TVN）の人材育成の取り組みとその魅力　311

第 11 章　ベトナムにおけるガス供給機器メーカーのグローバル戦略
　　　　　　―矢崎総業、Ｉ・Ｔ・Ｏ、桂精機製作所（カツラベトナム KVN）を通して―
　　　　　　　　　　　　　　　　　　　　　　　　　　　　　　藤江昌嗣　314
　１．日本におけるプロパンガスの歴史と供給器の歴史　315
　２．ガスエネルギー供給機器メーカーと生産製品の推移　316
　　　2.1　LP ガス事故の歴史
　　　2.2　ガス栓の生産台数の推移
　　　2.3　小型圧力調整器の生産台数の推移
　　　2.4　圧力調整器を含むエネルギー供給機器の直近（2021～2023 年度）の生
　　　　　産量の推移
　３．矢崎総業の歴史と国際化戦略　323
　　　3.1　矢崎総業の歴史

3.2　矢崎エナジーシステムとガス供給機器―あらゆるエネルギーの総合プロデュース企業
　3.3　矢崎総業グループのグローバル化に関する取り組みの歴史
　3.4　「矢崎 EDS ベトナム」誕生
4．I・T・O グループのグローバル戦略　330
　4.1　I・T・O の沿革と ITO ベトナムの設立
　4.2　I・T・O のグローバル戦略
5．桂精機製作所とそのグローバル戦略―KATSURA VIETNAM の意義　333
　5.1　カテゴリー別の歴史
　　5.1.1　本社・国内工場関係
　　5.1.2　製品関係
　　5.1.3　資本金・製品関係
　　5.1.4　技術提携と販売独占契約等
　　5.1.5　合弁・子会社化に関する動き
　　5.1.6　カーボンニュートラルに向けて
　5.2　KVN の設立の経緯と沿革
　　5.2.1　KVN の設立の経緯
　　5.2.2　ベトナムを選んだ理由
　5.3　KATSURA VIETNAM の企業理念と経営理念
　　5.3.1　企業理念（設立趣旨）
　　5.3.2　経営理念
　　5.3.3　カツラの製品安全方針
　　5.3.4　カツラのガス体エネルギーへの思い GAS Value Innovation
　5.4　KVN の基本戦略
　5.5　KVN の課題・留意点
　5.6　KVN の製品差別化戦略
6．KVN の到達点と課題　345
小括　346

終　章　ベトナムの未来
　　　　―「経済安全保障」という視点から―　　　　　　　　　　　　藤江昌嗣　351
1．ベトナムの「安全保障」と「経済安全保障」　351
　1.1　「ベトナムの安全保障と ASEAN」
　　1.1.1　ASEAN による安全保障
　　1.1.2　「均衡（バランシング）政策」と「関与（エンゲイジメント）政策」
　1.2　ベトナムの安全保障―「三つの No」の論理と実践―
　　1.2.1　ベトナムの安全保障―「三つの No」の論理と実践―
　　1.2.2　ベトナムの安全保障認識と安全保障上の課題
　　　1.2.2.1　ベトナムの安全保障認識―「全方位外交」と「総合安全保障」
　　　1.2.2.2　ベトナムの安全保障上の課題

2．「日本の経済安全保障政策」　357
　　2.1　坂井昭夫の日米経済摩擦・ハイテク摩擦論
　　2.2　村山裕三の「経済安全保障」論
　　　　2.2.1　「経済安全保障」論
　　　　2.2.2　日本の「経済安全保障」論
　　　　2.2.3　国家安全保障戦略の中の「経済安全保障」論
　　　　2.2.4　日本の「経済安全保障」論への懸念
3．ベトナムの「総合安全保障」上の課題　362
　　3.1　ベトナムの安全保障上の課題
4．ベトナムの未来に思う　369
　　4.1　ベトナムの中所得化と日本企業の開発協力の在り方
　　4.2　ベトナムの「全方位外交」・「総合安全保障」論と日本の「経済安全保
　　　　障」論のズレからの懸念
　　結び　372

おわりに　　藤江昌嗣　378

編著者紹介　380

第1部

第1章

日本の ODA 政策とベトナム

藤江昌嗣

　日本とベトナムの間の経済的関係は、日本の国際協力の歴史であり、ベトナムへの開発援助の歴史でもある。「東アジアの奇跡」と言われる 1960 年代以降 30 年以上継続した東アジアの発展と時期的に同期していた訳ではないが、ベトナムの経済的発展、とりわけ 1990 年代の助走段階から 2000 年以降の発展は目覚ましく、その要因は多数あるが、本章で取り扱うように日本との関係、とりわけ、ODA 政策との関係をみていくことがその発展の正確な理解に近づくものと考える。

　したがって、日本からみれば国際協力の歴史であり、ベトナムへの開発援助の歴史である ODA を軸に考察していくことが本章の目的である。民間企業の取り組みについては、章を改めて考察する。

1.　ベトナムへの戦後日本の ODA 援助

1.1　ベトナムへの日本の ODA 援助（1998 年まで）

　1975 年のサイゴン解放、「南北統一」を経て、ベトナムは、その経済発展のために不可欠なベトナム戦争参戦国であった米国、韓国、フィリピン、タイ、オーストラリア、ニュージーランドなどとの関係改善を模索していた。ベトナムは 1991 年に、それまでのソ連との関係を基軸にした外交から全方位外交へ転換し、1995 年の米越国交正常化で、周辺のアジア・太平洋地域の国家との関係を正常化し、経済発展のための国際環境を整えた。[*1]

　その後、1986 年より「刷新（ドイモイ）」路線を打ち出し、市場経済原理の導入等経済を中心とする開放を進め、IMF・世銀との協調の下で構造調整計画を実施してきている。また、上記のように日本を含むアジア・太平洋地域の西側諸国や中国との関係改善・拡大という政策をとっている。

　1997 年 9 月末、最高指導部の交替によりカイ新政権が誕生した。アジア経済危機の中でベトナム経済の競争力強化を図ることが急務となっており、

第1章　日本のODA政策とベトナム

　また、ASEAN加盟国として貿易・投資の自由化促進の義務を負う等、引き続き改革課題を抱えていた。*2

　ベトナムは、1991年11月に中国との関係正常化を行うとともに、1992年7月のASEAN外相会議の場において東南アジア友好協力条約（バリ条約）に加入するなど、近隣諸国との関係改善を急速に進めてきた。また、ベトナムは、世界及び地域経済の枠組みへの参加を進めた。1995年1月WTOに加盟申請、同年7月ASEAN加盟、1996年1月アセアン自由貿易地域（AFTA）参加、2006年までに共通実効特恵関税（CEPT）協定に基づく関税の削減を目指した。また、1996年6月にはAPECへの加盟申請、1998年に加盟が承認された。

　米国との関係改善も、1994年2月の米国の対越禁輸解除決定を経て、1995年8月に米越の国交を回復し、外交関係を樹立した。また、1998年12月にはハノイでASEAN公式首脳会議を開催し、ベトナムはASEANのメンバーとしての役割も担い始めた。

　その後、1989年頃から「刷新（ドイモイ）」政策の効果が現れはじめ、1992～96年の平均GDP成長率は8.9%を達成し、1997年は8.2%となった。*3

　しかし、1997年のアジア経済危機の間接的影響は免れ得ず、慢性的な貿易赤字基調に加え、自国製品の輸出不振、外国民間投資の大幅減少に伴い、失業率、物価が上昇する中で経済成長が大きく減速し、また、金融システム・国公営企業改革等の構造問題も経済成長の足かせとなっていた。これらの問題に対し政府指導部は、外資奨励・輸出促進に関する具体的施策を打ち出す等、現状打開に向けた積極的な努力を行ったが、1998年の実質GDP成長率は3.5%へと低下した。

　また、戦争や投資不足による基礎的な社会経済インフラの未整備ないし劣化・老朽化が今後の経済発展の障害となることが予想され、その整備が急務となっており、経済的課題としては、

　1）社会経済インフラや農業基盤の整備
　2）財政、金融面での制度改革、国営企業改革の促進
　3）市場経済に適合した法制度整備、人材育成
　4）拡大しつつある貧富の差の是正（都市・農村間の格差是正）
　5）各種不正行為（汚職、密輸等）の防止*4

があった。

第 1 部

　経済に占める農業の割合は大きく、総労働人口の 70%以上が農業に従事していた。コメについては、1989 年より輸出が可能となり、タイ、米国に次ぐ世界第 3 位の輸出国となっていた。一方、農業生産の増加による価格低迷も見られた。

　また、日本の政府開発援助では、以下の分野が重点分野とされていた。

（イ）人造り・制度造り（特に市場経済化移行支援）

　　市場経済化を推進しているベトナムにおいては、人材育成と法制度、税制、金融制度等の制度造りが緊急の課題となっている。このため、（a）新たな経済システムの構築に資する行政分野、市場経済関連分野及び法制度整備分野への協力と（b）職業訓練関連分野における協力を積極的に行う。

（ロ）電力・運輸等インフラ整備

　　輸出指向型経済成長のための外国投資導入に資するインフラ整備を行う。（将来的な需要の増加に対応するための電力分野での協力、各交通形態の特性に応じた運輸分野での協力）

（ハ）農業・農村開発

　　ベトナムの主要産業である農業分野では、生産性向上のための農業インフラ*5の整備（社会経済基盤の整備が遅れている地域では農業基盤整備に社会経済インフラ整備を伴う農業適地開発）及びポスト・ハーベスト（貯蔵、流通、加工）の向上、並びに農業生産の多様化を図るため農業技術の開発・普及等に資する協力を行い、地方における生活水準の向上を目指す。

（ニ）教育、保健・医療

　　ベトナムでは、高い進学率や識字率が社会指標に表れているが、教育環境や医療設備は改善の余地が極めて大きい。（a）教育分野（初等・高等教育機関の施設・設備の整備）、（b）保健医療分野（医療サービス向上のための施設・設備の整備）、（c）人口・エイズ分野を重視する。

（ホ）環境

　　環境分野の案件については、（a）自然環境保全、（b）居住（都市）環境の改善、及び（c）公害防止に資する各種協力*6をベトナム側の優先度を考慮し、具体的な協力を検討する。また、環境分野で活躍する NGO に対する支援を積極的に検討する。

第 1 章　日本の ODA 政策とベトナム

表 1.1　1990 年までの日本のベトナムへの政府開発援助実績

年度	有償資金協力	無償資金協力
1959	27.00 億円	なし
	ダニム水力発電　(27.00)	
69	なし	6.20 億円
		附属診療所のための医療用機材等　(2.60)
		食糧援助　(3.60)
70	16.20 億円	5.00 億円
	サイゴン・ディーゼル発電　(16.20)	ダニム水力発電所の修復工事　(3.00)
		チョーライ病院用医療機材　(2.00)
71	77.90 億円	9.08 億円
	カントー火力発電所　(57.60)	ダニム水力発電所の修復工事　(6.88)
	サイゴン首都圏電話　(20.30)	孤児職業訓練センター　(2.20)
72	10.70 億円	5.60 億円
	ダラトーカムラン間送電　(10.70)	孤児職業訓練センター　(2.72)
		ダニム－サイゴン間送電線修復工事用機材　(2.88)
73	82.50 億円	98.53 億円
	商品借款　(82.50)	チョーライ病院用医療機材　(1.00)
		難民住宅建設資機材等　(5.00)
		孤児職業訓練センターのための訓練用機材　(0.90)
		ダニム－サイゴン間送電線修復のための技術指導　(0.42)
		医薬品・難民住宅等建設資材等　(50.00)
		チョーライ病院建物(病院本館建物等)　(41.21)
74	90.00 億円	10.19 億円
	商品借款　(90.00)	チョーライ病院用機材　(5.40)
		チョーライ病院建物(講堂、食堂等)の贈与　(4.79)
75	なし	85.00 億円
		経済の復興と発展のための無償援助　(85.00)
76	なし	50.00 億円
		経済の復興と発展のための無償援助　(50.00)
77	なし	40.00 億円
		経済の復興と発展のための無償援助　(40.00)

第1部

78	100.00 億円	1.00 億円
	商品借款　(100.00)	災害緊急援助(洪水被害)(日赤経由)　(1.00)
79〜		
82	なし	なし
83	なし	0.45 億円
		ハノイ大学 LL 機材　(0.20)
		災害緊急援助(台風被害)　(10 万ドル＝0.25)
84	なし	なし
85	なし	0.67 億円
		災害緊急援助(台風被害)　(0.20)
		災害緊急援助(日本脳炎)(日赤経由)　(20 万ドル＝0.47)
86	なし	0.31 億円
		災害緊急援助(台風被害)　(15 万ドル＝0.31)
87	なし	0.48 億円
		災害緊急援助(台風被害)　(15 万ドル＝0.24)
		文化省に対するビデオ機材　(0.24)
88	なし	なし
89	なし	0.18 億円
		災害緊急援助(台風被害)　(15 万ドル＝0.18)
90	なし	0.23 億円

（出所）　外務省ホームページ

https://www.mofa.go.jp/mofaj/gaiko/oda/shiryo/jisseki/kuni/j_90sbefore/901-02.htm

　1990 年までのベトナムへの政府開発援助実績を示しているのが表 1.1 である。

　1959 年から 1990 年までの日本の政府開発援助は、上記の（イ）人造り・制度造り（特に市場経済化移行支援）　（ロ）電力・運輸等インフラ整備　（ハ）農業・農村開発　（ニ）教育、保健・医療　（ホ）環境　という 5 つの重点分野に、押し並べて行き渡るというよりも、医療施設、発電関係のインフラ整備や台風被害からの復旧支援等が中心となっていた。

　その背景としては、1978 年末のカンボジア侵攻による日本とベトナムとの関係の停滞がある。しかし、1991 年 10 月のパリ和平協定署名の後、日

第 1 章　日本の ODA 政策とベトナム

本とは、本格的な関係強化が進められ、幅広い交流が進んできた。

　1986 年から始まった「刷新（ドイモイ）」路線も順調に進んできたわけではない。しかし、日越間の貿易は、従来低い水準にあったが、その後、着実に拡大し、1998 年には対日輸出が約 17.5 億ドル、輸入が約 13.3 億ドルに達し、ベトナムの貿易黒字となった。ベトナムからの主な輸入品目は、原油、海産物（エビ、イカ）、繊維品等であり、日本からの主な輸出品目は自動車、バイク、機械類等である。

　また、外国投資は 1998 年末まで約 338 億ドル（2,387 件）であるが、投資環境整備の遅れやアジア通貨危機の影響により、1996 年の約 85 億ドルに対し、1997 年は約 47 億ドル、1998 年は約 37 億ドルへと減少した。主要投資国は、シンガポール、台湾、香港、日本であった。

1.2　ベトナムへの日本の ODA 援助（1998 年以降）

　日越間の貿易収支は、投資環境整備の遅れや 1997 年のアジア通貨危機の影響もあったが、1998 年以降もベトナムの貿易黒字が続いてきた。こうした時期以降、日本の東アジアの国々への ODA 援助（1998 年以降）がどのように推移、変化してきたのかを援助先上位国の変化を通じてベトナムに軸を置きつつ確認していくことにする。

　先ず、1998 年以降の日本の二国間 ODA 上位 10 乃至 11 カ国の推移を示す表 1.2 に基き、また、外務省「対ベトナム社会主義共和国 国別開発協力方針」も参考に振り返ってみよう。

　まず、表 1.2 の 1998 年以降の日本の二国間 ODA 上位 10 乃至 11 カ国の順位の推移をまとめると以下のようになる。

　1998 年の上位 5 カ国は、中国、インドネシア、タイ、インド、パキスタンであった。この年、ベトナムは 388.6 百万ドルで 6 位であった。しかし、翌 1999 年には 1.8 倍の 680.0 百万ドルで順位を 2 つ上げ、インドネシア、中国、タイに次いで 4 位となった。この 4 カ国にインドあるいはフィリピンを含む 5 カ国が 2000 年、2001 年に上位 5 カ国を占めた。

　中国は 1998 年に 1,158.2 百万ドルでトップを示し、その後も、金額の上下の変動はあるものの、2009 年まで上位 3 位以内を続けていた。しかし、2010 年には 11 位と前年の 2 位から一挙に順位を下げた。償還額が影響を与えたのである。以降も 2015 年の 6 位、2016 年の 3 位を除き、2021 年まで 10〜11 位と順位を落としていた。

21

第 1 部

表 1.2　日本の二国間 ODA 上位 10 乃至 11 カ国の推移（1998 年～2021 年）
（支出純額ベース、百万ドル）

順位	1998年 国名	1998年 金額	1999年 国名	1999年 金額	2000年 国名	2000年 金額	2001年 国名	2001年 金額	2002年 国名	2002年 金額	2003年 国名	2003年 金額
1	中国	1158.2	インドネシア	1605.8	インドネシア	970.1	インドネシア	860.1	中国	828.7	インドネシア	1,141.8
2	インドネシア	828.5	中国	1226.0	ベトナム	923.7	中国	686.1	インドネシア	538.3	中国	759.7
3	タイ	558.4	タイ	880.3	中国	769.2	インド	528.9	ベトナム	374.7	フィリピン	538.3
4	インド	505.0	ベトナム	680.0	タイ	635.2	ベトナム	459.5	フィリピン	318.0	ベトナム	484.2
5	パキスタン	491.5	インド	634.0	インド	368.2	フィリピン	298.2	タイ	222.4	カンボジア	125.9
6	ベトナム	388.6	フィリピン	413.0	フィリピン	304.5	タンザニア	260.4	カンボジア	98.6	ラオス	86.0
7	フィリピン	297.6	ペルー	189.1	パキスタン	280.4	パキスタン	211.4	ラオス	90.1	マレーシア	79.2
8	スリランカ	197.9	パキスタン	169.7	カンボジア	217.1	スリランカ	209.6	モンゴル	79.0	モンゴル	67.3
9	バングラデシュ	189.1	ブラジル	149.4	バングラデシュ	201.6	マレーシア	184.7	マレーシア	54.2	ミャンマー	43.1
10	マレーシア	179.1	シリア	136.2	ペルー	191.7	ペルー	156.5	ミャンマー	49.4	東チモール	8.9
11	—	—	—	—	—	—	—	—	東チモール	5.7	タイ	-1,002.2

順位	2004年 国名	2004年 金額	2005年 国名	2005年 金額	2006年 国名	2006年 金額	2007年 国名	2007年 金額	2008年 国名	2008年 金額	2009年 国名	2009年 金額
1	中国	964.7	インドネシア	615.3	中国	123.1	ベトナム	569.4	ベトナム	640.0	ベトナム	1,191.4
2	ベトナム	615.8	中国	1,064.3	ベトナム	602.7	中国	562.9	中国	435.7	中国	142.0
3	マレーシア	256.5	フィリピン	256.5	フィリピン	276.4	マレーシア	263.6	マレーシア	223.0	カンボジア	127.5
4	フィリピン	211.4	ベトナム	211.4	マレーシア	100.6	フィリピン	201.9	カンボジア	222.2	ラオス	92.4
5	カンボジア	86.4	カンボジア	86.4	カンボジア	56.5	カンボジア	106.3	ラオス	113.6	マレーシア	91.8
6	ラオス	71.7	ラオス	56.5	ラオス	54.1	ラオス	64.1	モンゴル	81.5	モンゴル	74.7
7	モンゴル	65.6	モンゴル	54.1	モンゴル	33.4	モンゴル	47.0	ミャンマー	51.6	ミャンマー	48.3
8	ミャンマー	26.8	ミャンマー	33.4	ミャンマー	25.5	ミャンマー	30.9	東チモール	30.5	東チモール	26.5
9	東チモール	9.9	東チモール	21.8	東チモール	-2.1	東チモール	21.8	フィリピン	13.1	フィリピン	8.4
10	東チモール	-55.6	東チモール	-55.6	インドネシア	-284.4	インドネシア	-73.9	インドネシア	-222.5	フィリピン	11.9
11	インドネシア	-318.5	タイ	-313.9	タイ	-463.3	タイ	-477.4	インドネシア	-284.9	インドネシア	-512.8

（参考：タイ -150.3、インドネシア -748.5）

第1章　日本のODA政策とベトナム

順位	2010年 国名	金額	2011年 国名	金額	2012年 国名	金額	2013年 国名	金額	2014年 国名	金額	2015年 国名	金額
1	ベトナム	807.8	ベトナム	1,013.1	ミャンマー	1,646.7	ミャンマー	2,528.3	ベトナム	1,523.1	ベトナム	1,074.9
2	カンボジア	147.5	カンボジア	130.9	ベトナム	182.4	ベトナム	1,306.9	ミャンマー	213.9	ミャンマー	351.1
3	ラオス	121.5	モンゴル	75.6	モンゴル	110.7	モンゴル	165.2	タイ	157.1	ラオス	102.7
4	インドネシア	61.1	ラオス	48.5	カンボジア	92.8	カンボジア	141.5	カンボジア	124.3	カンボジア	101.8
5	モンゴル	53.9	ミャンマー	42.5	ラオス	88.4	ラオス	76.0	モンゴル	104.1	モンゴル	87.0
6	ミャンマー	46.8	東チモール	26.7	東チモール	18.8	東チモール	22.2	ラオス	103.3	フィリピン	70.3
7	東チモール	27.7	マレーシア	-21.0	マレーシア	-5.2	マレーシア	-160.5	東チモール	19.2	東チモール	19.3
8	マレーシア	-53.2	タイ	-184.0	タイ	-242.5	フィリピン	-193.1	マレーシア	-30.4	マレーシア	-48.3
9	フィリピン	-87.7	フィリピン	-481.3	フィリピン	-418.8	タイ	-401.5	フィリピン	-92.6	タイ	-83.3
10	タイ	-143.5	中国	-566.9	中国	-836.4	中国	-792.6	中国	-885.7	中国	-742.8
11	中国	-192.7	インドネシア	-633.7	インドネシア	-879.5	インドネシア	-820.9	インドネシア	-1,192.2	インドネシア	-999.1

順位	2016年 国名	金額	2017年 国名	金額	2018年 国名	金額	2019年 国名	金額	2020年 国名	金額	2021年 国名	金額
1	ベトナム	756.9	ベトナム	1,166.0	カンボジア	928.0	ミャンマー	15,934.0	ミャンマー	1,093.5	フィリピン	732.9
2	フィリピン	498.5	モンゴル	506.8	ミャンマー	501.1	フィリピン	536.9	フィリピン	649.4	カンボジア	459
3	ミャンマー	154.9	ミャンマー	175.3	ベトナム	379.1	カンボジア	203.8	モンゴル	263.1	ミャンマー	404.4
4	ラオス	148.6	カンボジア	136.0	ラオス	183.3	ベトナム	84.4	カンボジア	260.1	ラオス	48.85
5	カンボジア	85.8	タイ	111.7	フィリピン	91.7	モンゴル	68.5	ラオス	83.5	東チモール	21.7
6	モンゴル	71.1	ラオス	58.8	モンゴル	72.4	ラオス	62.2	ベトナム	75.2	モンゴル	19.05
7	東チモール	49.1	東チモール	36.7	東チモール	24.1	東チモール	31.6	東チモール	19.2	タイ	-63.7
8	マレーシア	-72.2	マレーシア	-94.4	マレーシア	-89.6	マレーシア	-98.3	タイ	15.8	マレーシア	-69.36
9	タイ	-505.0	フィリピン	-210.6	タイ	-141.7	タイ	-540.5	マレーシア	-81.0	ベトナム	-163.19
10	インドネシア	-863.4	中国	-949.2	中国	-949.0	中国	-931.9	インドネシア	-149.1	インドネシア	-314.1
11	中国	-883.0	インドネシア	-1,206.3	インドネシア	-1,048.1	インドネシア	-947.8	中国	-857.0	中国	-800.55

第 1 部

　カンボジアは 2002 年に 6 位と中位に登場し、それ以降ほぼ 5 位以内に入っている。

　モンゴルも 2002 年に 8 位として登場し、以降も、ほぼ 3 位から 6 位をキープしている。

　さて、タイは 1998 年から 2000 年まで 3〜4 位と上位国であったが、2001 年は 209.6 百万ドルと 7 割近く減少し、8 位と大きく順位を下げ、上位から外れた。タイはこの後 2002 年に 5 位となり、2014 年、2015 年、2017 年もランクを上げたが、その後は 9 位前後にランクを下げたままである。

　また、インドネシアも 2002 年の 2 位、2003 年の 1 位から翌 2004 年には償還額が大きくなったため 11 位となり、翌 2005 年には再び 1 位となったが、2006 年以降は低位を推移してきている。

　ミャンマーは 2002 年に 10 位に入ったが、その後は傾向的に順位を上げてきており、2013 年には 1 位となった。

　さて、ベトナムであるが、ベトナムは 2000 年には、前年比 1.4 倍の 923.7 百万ドルで、さらに 2 つランクを上げ、2 位に浮上した。ベトナムのこの 2 年間の増加率は 54.2％という高い伸び率を示した。しかし、翌 2001 年には 459.5 百万ドルと半減し、順位も 4 位と 2 ランク下げた。ベトナムは、翌 2002 年は 374.7 百万ドルとさらに減少したが、順位は一つ上げ 3 位となった。2003 年も 484.2 百万ドルで 4 位、翌 2004 年は 615.3 百万ドルで 2 位、2005 年は 276.4 百万ドルで 4 位、2006 年は 562.9 百万ドルで 2 位となった。

　ベトナムは、その後 2007 年から 2012 年までトップを続け、2013 年こそ 2 位となったが、翌 2014 年から 17 年まで再び 1 位を維持し、その金額もピークの 2014 年には 1,523.1 百万ドルとなった。しかし、2018 年には 203.8 百万ドルと激減し、以降、ランクを下げ続け、2021 年には償還額が増加したため、9 位まで順位を下げた。

　日本からベトナムへの ODA は、2018 年以降大きく減少し、位置づけが変化したのである。

1.3　「対ベトナム社会主義共和国　国別開発協力方針」
1.3.1　我が国の ODA の基本方針
　ここで上記で確認した動きの背景にある日本側の ODA に関するスタンスを外務省「対ベトナム社会主義共和国　国別開発協力方針」(以下、「方針」)

から振り返ってみよう。

2003 年に投資環境改善のための官民合同の枠組である「日越共同イニシアティブ」が開始され、2009 年にはベトナムにとって初めての二国間経済連携協定（Economic Partnership Agreement, EPA）である日・ベトナム EPA が発効した。

また、2015 年には「アジアの平和と繁栄のための広範な戦略的パートナーシップ」へと協力関係を発展させている。同国の勤勉な国民性、豊富な労働力及び資源・エネルギーに加え、政治的安定性や治安の良さも相まって多くの日系企業がベトナムに進出しており、同国は我が国にとって、経済活動の重要なパートナーであるとしている。

こうした経緯とポジティブな位置づけを確認した上で、「方針」は以下の課題を提示している。

①急速な経済成長に伴い増大している運輸交通・エネルギー等の経済インフラ需要に対する、同国内のインフラ整備の不足

②経済運営や金融セクター整備を含むビジネス環境のさらなる改善

③地域経済の統合が進展する中、持続的な成長には産業の高度化を含めた競争力の強化

④依然として低い農村部の所得水準、地方の少数民族を中心とした貧困層の存在

⑤環境汚染・破壊への対応

⑥地域間格差の是正

⑦保健医療・社会保障分野の体制整備等

⑧急速な経済成長の負の側面として顕在化している脆弱性への対応

⑨上記の問題全般に共通する課題として、ガバナンスの強化

今後、「ベトナムの持続的な経済成長のために、経済安定化と成長のバランスに留意しつつ、これらの課題の克服に一層積極的に取り組んでいく必要があり」、日本が、「これらの課題の解決に向けた同国の取組を積極的に支援していくことは、同国の持続的経済成長を下支えし、二国間関係のさらなる強化につながるもの」であり、「ASEAN・メコン地域における連結性の強化や経済発展にも資するもの」であり、「自由で開かれたインド太平洋戦略」の推進にも貢献するとしている。[7]

第1部

1.3.2 我が国の ODA の基本方針（大目標）と重点分野（中目標）

＜我が国の ODA の基本方針（大目標）＞

　ベトナムの社会経済開発戦略・計画を踏まえ、ベトナムの国際競争力の強化を通じた持続的成長、ベトナムの抱える脆弱な側面の克服及び公正な社会・国づくりを包括的に支援する。

＜重点分野（中目標）＞

　中目標には（1）成長と競争力強化　（2）脆弱性への対応　（3）ガバナンス強化の 3 つがある。以下これらに含まれる具体的な目標を示しておく。

（1）成長と競争力強化

　国際競争力の強化を通じた持続的成長の達成に向けて、市場経済制度の改善、財政・金融改革、国有企業改革の推進等の市場経済システムの強化を図るとともに、産業競争力強化（投資環境整備、工業化戦略、中小企業／裾野産業振興、農林水産業の高付加価値化（バリューチェーン）、ICT 利活用）及び産業人材育成を支援する。また、経済成長に伴い増大している経済インフラ需要に対応するため、幹線交通及び都市交通網の整備、エネルギーの安定供給等を支援する。

（2）脆弱性への対応

　成長の負の側面に対処すべく、急速な都市化・工業化に伴い顕在化している環境問題（都市環境、自然環境）、災害・気候変動等の脅威への対応を支援する。また、社会・生活面の向上と貧困削減、格差是正を図るため、高齢化や非感染症疾患などの新たな課題への取組も含め、保健医療、社会保障・社会的弱者支援等の分野で体制整備等の支援を行う。

（3）ガバナンス強化

　ベトナム社会全般に求められているガバナンスの強化を図るため、人材育成等を通じて行政組織の合理化・効率化（行政改革を含む）の取組を支援する。また、司法・立法・法執行能力の強化等、統治能力向上のための取組を支援する。

第 1 章　日本の ODA 政策とベトナム

2.　戦後日本の ODA 援助

2.1　末廣昭の概括 *8

　戦後日本を理解するうえで欠かすことのできないキーワードの一つが、ODA（政府開発援助）、あるいは経済援助である。ここに ODA は、Official Development Assistance の略語である。しかし、末廣は、政府自らは ODA について「経済援助」の言葉を使わず、『年次報告書（白書）』のタイトルの変遷を追えば、「経済協力」（1970 年代から 90 年代まで）、「政府開発援助（ODA）」（2000 年代）、そして「開発協力」（2015 年以降）というように変わってきていたことを指摘している。

　そこで、これらを ODA と統一したうえで、「日本の ODA はいくつかの世界的な事件を契機にして、その目的も組織形態も大きく変えてきた」 *9 とする。

　末廣は、日本の ODA 政策は、始まりとしての 1954 年のコロンボプランを通じた技術協力から、幾つかの紆余曲折を経て、2015 年の開発協力大綱の制定に至るまでの時期を対象とすれば、その動きをほぼ 10 年ごとに 5 つの時期に区分して考えることが可能であるとしている。以下では、末廣の解題に沿って、この日本の ODA 政策の 5 つの時期の動きを確認しておくことにする。

【第 1 期】1950 年代末から 60 年代の ODA

　米国を中心とする西側（資本主義）陣営とソ連を中心とする東側陣営が競い合う「東西対立」の時代で、この対立を前提に、両陣営は植民地支配から独立したばかりのアジア・アフリカ・ラテンアメリカ諸国（AALA）を取り込むための経済援助競争を展開した。 *10

　国際連合も 1960 年代を「国連開発の 10 年」と定義し、「南北経済格差（南北問題）」を目標に掲げ、AALA の経済開発に対する支援を始めた。その後、国際機関や OECD 諸国の ODA の国際的指針になった。末廣はその代表的な事例として、国連貿易開発会議（UNCTAD） *11 が 1964 年に採択した「プレビッシュ報告」、世界銀行の国際開発委員会が 1969 年に提出した「ピアソン報告」そして国連開発計画（UNDP）が 1970 年に行った国連開発計画（UNDP）「第二次国連開発の 10 年」の枠組みである「ティンバーゲン報告」を挙げている。 *12

【第2期】1970年代のODA
　この時期は、南北問題の南を構成する発展途上諸国が、「持てる国」（産油国や資源保有国など）と「持たざる国」（非産油国や資源貧困国）に分裂し、「南北問題の解消」という国際的理念が崩れたこと。また、その結果、「西側諸国のODAはより自国の利益を優先するようになった」ことが特徴である。
　日本も海外での食糧確保、石油をはじめとするエネルギー資源の確保のためにODAを利用するという、日本の国益を念頭に置いた主張が前面に出た。同時に、ODA（無償資金協力と技術協力）の実施を束ねる機関の必要性が強まり、1974年に円借款協力を除くODAを統一的に管理する国際協力事業団（Japan International Cooperation Agency, JICA）が設立された。

【第3期】1980年代のODA
　この時期、日本は高度経済成長期を経て、米国に次ぐ「経済大国」になった。その結果、先進国首脳会議における要請などもあり、1978年のODA第一次中期目標から1988年の第4次中期目標まで、概ね3年ごとに援助額を倍増させる目標を立て、実施していった時期である。1989年には、ODAでも米国を抜いて世界最大のODA支出国（支出純額ベース）となった。
　日本は、高度経済成長期以降、この時期までに培ってきた強い競争力をもとに形成した外貨（貿易黒字分）を、「資金還流計画」（1987年）として、ODAの支出を通じて発展途上国などに還元していったのである。[*13]
　また、1986年にはマルコス政権が退陣し、同政権を支える資金提供について「マルコス疑惑」も起きた。この年の日本の国会による調査とODA改革は、最終的に1992年にJICA初の「ODA憲章（開発協力大綱）」の制定をもたらした。
　1989年には東欧革命がおき、ベルリンの壁も崩壊した。末廣によれば、「これに伴い1950年以降、OECD加盟諸国のODA支出を直接間接に規定してきた「冷戦体制」という枠組みがなくなり、日本のODAも新しい時代を迎える」[*14]こととなった。

【第4期】1990年代から2000年代初めのODA
　末廣によれば、1991年に勃発した湾岸戦争への対応（日本の場合、130

億ドルの拠出という金銭的貢献）が、「何らかの軍事的協力（例えば、多国籍軍への自衛隊派遣等）」を求める欧米諸国と「拠出金が軍事費に該当するのではないか」という国内の批判という両面からの批判を生んだ。1980 年代に制定されていた軍事行動を伴わない国際協力（国際緊急援助隊派遣法）の規定はあるものの、改めて、日本の ODA の目的、範囲、援助形態について明確にすることが求められた。その回答が、「軍事協力をしないこと」を明文化した 1991 年の「ODA 四方針」であり、1992 年 6 月に策定された「第一次 ODA 大綱」であった。 *15

　今少し補足しておく。1990 年 8 月のイラクによるクウェイト侵攻後、1991 年 1 月 17 日、多国籍軍が国連安保理決議 678 に基づく武力行使で開始された湾岸戦争 *16 は、戦争に対する金銭的貢献と何らかの軍事的協力を欧米諸国から求められることとなった。ここに軍事的協力とは、「多国籍軍への自衛隊派遣」などであったが、1991 年 6 月、最初の自衛隊海外派遣であるペルシア湾への海上自衛隊掃海艇派遣が行われた。

　また、1992 年には「国際平和協力法（United Nations Peacekeeping Peace Operations Act.）」いわゆる「PKO 法」が成立し、国連の平和維持活動（PKO）への参加の道が開かれた。 *17

　1991 年 4 月に政府発表された「ODA 四指針」は、ODA の受取国について、以下の 4 点について十分注意を払うこと、すなわち、①環境と開発の両立、②軍事的用途及び国際紛争助長への ODA 使用の回避、③国際平和と安定の維持・強化、④開発途上国の民主化の促進や市場志向経済導入の支援を示した。

　また、「第一次 ODA 大綱」は、ODA を発展途上国への経済援助に限定するのではなく、以下の「四つの原則」と五つの「重点課題」を示した。と同時に、アジアを初めて重点地域に指定したのである。

　ここで、「四つの原則」と五つの「重点課題」についても補足しておく。

　「四つの原則」とは、①軍事支出の推移、②大量破壊兵器の開発と製造の現況、③武器の輸出入の動向、④民主化と基本的人権の実態を考慮するというものである。

　また、「重点課題」とは、①環境など地球的規模の問題への取り組み、②基礎生活分野（Basic Human Needs, BHN）への支援、③援助対象国による

第1部

自助努力の基礎となる人材の育成、④インフラストラクチャーの整備、⑤累積債務問題の解決に向けた支援の五つである。＊18

1997 年のアジア通貨危機に対して、日本は巨額の緊急救済資金（宮澤プラン）や特別円借款の供与によりアジア地域への関与を強め、2003 年 8 月には「第二次 ODA 大綱」を策定した。

この「第二次 ODA 大綱」は、五つの基本方針、四つの重点課題、援助政策の実施体制を内容としているが、「第一次 ODA 大綱」との相違は、ODA の基本方針を初めて明確に示したことと援助の実施体制について踏み込んだ検討を行った点にある。＊19

五つの基本方針、四つの重点課題、援助政策の実施体制についても以下に列挙しておく。

五つの基本方針は、①開発途上国の自助努力支援、②人間の安全保障の重視、③公平性の確保、④日本の経験と知見の活用、⑤国際社会における協調と連携の推進である。

また、四つの重点課題は、①貧困削減、②持続的成長の実現、③地球的規模の問題への取り組み、④国際平和の構想である。

そして、援助政策の実施体制については、一貫した援助政策の立案や効果的な政策立案のための評価体制の構築の必要性と NGO・NPO をはじめ、国民の幅広い参加を訴えた点が新たな特徴とされる。＊20

また、2008 年 10 月には、技術協力の実施と無償資金協力の促進を担ってきた JICA と、円借款など有償資金協力の実施を担当していた旧 JBIC（Japan Bank for International Cooperation, 国際協力銀行）の海外経済協力部門が統合され、新 JICA が誕生した。外務省が実施してきた無償資金協力の実施業務の一部も移行され、技術協力、有償資金協力、無償資金協力という 3 つの援助手法を一元的に実施する総合的な援助実施機関となった。

円借款、無償資金協力、技術協力の実施を JICA（独立行政法人国際協力機構）により一元化したのである（図 1.1 参照）。＊21

【第 5 期】2015 年以降の ODA

2015 年 2 月 10 日「政府開発援助（ODA）大綱」を改定した「開発協力大綱」を安倍晋三政権が閣議決定した。

末廣は「従来の「ODA 大綱」を廃棄し、新たに「開発協力大綱」を制定した」＊22 とし、「開発協力」という言葉を採用した背景には、「国際コミュ

第 1 章　日本の ODA 政策とベトナム

図 1.1　ODA（政府開発援助）実施体制・実施機能

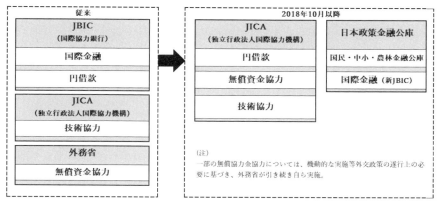

（出所）外務省 HP
https://www.mofa.go.jp/mofaj/gaiko/oda/about/keitai/taisei.html

ニティの間で ODA という言葉が発展途上国への経済援助をもっぱら指しているため、政府が目指す、より広い世界の平和構築と経済成長、そして、日本の安全保障に役立つ対外協力を示す「開発協力」に用語を差し替えた経緯がある」[23] としている。

　また、末廣は「新大綱」すなわち「開発協力大綱」では、これまでなかった「国益の確保に貢献する」という文言が初めて明記されたことを指摘している。[24]

　また、末廣は「新大綱」制定以降の開発協力を特徴づけているものは 2 つあり、一つは「中国の積極的な対外経済協力（一帯一路イニシアチブなど）への対抗を強く意識した「質の高いインフラ投資の推進」であり、いま一つは、2015 年 6 月に国連サミットで採択された SDGS との連携」であるとする。

　前者の「質の高いインフラ投資の推進」は同時に ODA の対象地域の拡充という変化を生み出す。すなわち、ODA の対象地域を中国や東南アジアから南アジア、さらには、アフリカ（TICAD）へと戦略的に拡充しようとしたことも特徴としている。[25]

　以上が末廣の的確な特徴・変化を指摘した概括である。

第 1 部

2.2　荒木光弥の回想

　末廣によるほぼ 10 年刻みの時期区分での日本の ODA 政策の 5 つの動き
をみてきたが、こうした ODA 政策への荒木光弥のかかわり方、その回想
は如何なるものであったのか？

　以下では、荒木自身の回想と末廣による荒木についての記述とを併記し、
「国際協力の戦後史」としてその流れや変遷を確認しておくことにする。

　『国際開発ジャーナル』*26 は 1967 年に創刊されたが、その後、二代目
編集長を務めたのが荒木光弥である。荒木はその著書『国際協力の戦後史』
で「賠償から援助へ」、「賠償という名の貿易促進」、「経済協力から国際協
力へ」「資源獲得戦略と JICA 創設」、「資源確保から開発輸入へ」、「経済協
力か国際協力か」、「アメリカの対日圧力と ODA の増加」、「援助と外交」、
「外圧による ODA 予算の急拡大」、「ODA の終焉と開発協力大綱」、「ODA
の終焉から新しい国際協力へ」というテーマで、荒木の経験と視点からこ
うした推移の背景について記述している。

【第 1 期】1950 年代末から 60 年代の ODA
　日本は 1951 年のサンフランシスコ講和条約締結後、「戦後の経済復興」、
「国際社会への復帰」、「アジア諸国との経済関係の再構築」の 3 つが不可
欠の課題となり、「基本方針」として「米国からの経済的支援を受けつつ、
中国を除くアジア諸国との正式な外交関係の構築（平和条約の締結）、太平
洋戦争中に日本が与えた経済的人的損害への対応（賠償協定の締結）、アジ
ア諸国の経済開発に対する支援（経済協力の提供）」*27 の 3 つが示された。

　ビルマを賠償協定の最初の締結国とし、1958 年のインドから始まった有
償資金協力（円借款）やその後の国際機関への出資は、国連や世界銀行が
掲げた「発展途上国の経済支援」や「南北問題の解消」という国際的理念
に賛同し、その理念の実現を目的とするものであった。

　末廣によれば、「南北問題の解消」という国際的理念の実現と賠償責任の
遂行が課題であったこの時期に、荒木は大来佐武郎の下で ODA を学んだ
のであった。

　荒木は、1967 年の『国際開発ジャーナル』の創刊にも携わった。

【荒木の回想】
　1951 年のサンフランシスコ講和条約締結後の 3 つの課題である「戦後の

32

第 1 章　日本の ODA 政策とベトナム

経済復興」、「国際社会への復帰」、「アジア諸国との経済関係の再構築」に
対応する基本方針が、平和条約の締結、賠償協定の締結、経済協力の提供
の 3 つであった。

　賠償についての基本的枠組みはサンフランシスコ講和条約でできたが、
実際にこれを国内で動かしたのは、岸信介をはじめとする「戦前組」（戦前
派議員）であったこと。結果として、賠償額をできるだけ値切りたい大蔵
省に対峙し、交渉にあたる外務省を助けたのである。*28

　また、「賠償と協力のセット」という形は、岸の考える流れであり、「賠
償プラスその後の経済協力と全部関連して、最後には OECF、つまり、今
の JICA（国際協力機構）の円借款の方を担当していた海外経済協力基金の
母体をつくった形」*29 になった。

　荒木は、賠償問題をバックアップしたのが、フィリピン・グループやビ
ルマグループで、一番強かったのがインドネシア・グループと回想してい
る。*30

　岸信介が発案したアジア開発基金構想が OECF（Overseas Economic
Cooperation Fund, 海外経済協力基金）創設に繋がっていったが、「そこには
大東亜共栄圏的発想が横たわっていたかもしれない」*31 としている。それ
は、ODA における日本特有のマスタープラン（総合開発計画）という手法・
考えは、満州の総合開発計画からきており、途上国の開発援助をするとき
に、「その国のマスタープランをつくって援助のプライオリティを決めてい
く」*32 というやり方を指している。

　上述のように、荒木は 1967 年の『国際開発ジャーナル』の創刊にも携わ
った。当時は、南北問題、ベトナム戦争、そして日本は世界の GNP の 0.7%
を目指しており、援助の増加の気運もあった。

　当時を振り返り、荒木は、「時代の流れは米ソの東西対決から南北問題へ
と大きく動いていた」*33 のである。「米ソが対立していては世界的な平和
は訪れず、本当の世界平和を達成するには独立を果たしたものの発展から
取り残されているアジアやアフリカなどの若い国々を助けることではない
か」というケネディ大統領の呼びかけをきっかけとして 1960 年代は国連
が掲げた「開発の 10 年」となり、1967、68 年には「70 年代の途上国の援
助をどうすべきか」という議論が世界的に起こってきた。*34 こうしたこと
を背景に、1967 年に『国際開発ジャーナル』が創刊されたのである。

　しかるに、日本での問題意識は、大きなギャップがあった。「世界はもう

第 1 部

南北問題の時代に突入しているのに、日本社会も日本政府も盛り上がらないという状態で、言ってみれば、日本はまだ、賠償の延長みたいなところに留まっているような状態」[35] であった。

荒木は、アメリカはアジアやアフリカの新興国を対象に資本主義社会を構築しようとし、かたや、ソ連は社会主義の国をつくっていきたいという競い合いとなり、「二国間の冷戦が全部、南北へなだれ込んでいく」[36] という背景があったとしている。

また、荒木は、日本がアジアに対して行ってきたことは、「賠償という名の貿易促進」[37] であったと喝破する。日本の行っている「賠償を通じた援助」とは、日本で生産した産品、工業製品や資本財を東南アジアに持っていくという「日本からの資本財輸出であり、貿易促進」である[38] と。戦後の日本の産業界、経済の発展のインパクトにはなったが、「援助は賠償の続き」であり、アジア、アフリカの国々の発展、南北問題の解消という視点は、国民、産業界には弱かったとしている。政府もほぼ同様と言えよう。

こうした認識不足は、やがて、フィリピン、インドネシア、タイにおける貿易赤字、また、資本収支の赤字を生み、「貿易戦争」[39] が顕在化することになったのである。

また、荒木は、「賠償が「日本の本格的な経済協力の入り口」であり、日本にとっては、賠償の実施を通じて援助経験を習得し、それによって本格的な日本の経済協力が始まったといっても過言ではない」[40] としている。

【第 2 期】1970 年代の ODA
　「資源獲得戦略と JICA 創設」[41]

末廣はこの時期の特徴として、南北問題の南を構成する発展途上諸国が、「持てる国」（産油国や資源保有国など）と「持たざる国」（非産油国や資源貧困国）に分裂し、「南北問題の解消」という国際的理念が崩れたこと。また、その結果、「西側諸国の ODA はより自国の利益を優先するようになったこと」[42] を挙げている。

日本も、海外での食糧確保、石油をはじめとするエネルギー資源の確保のために ODA を利用するという、日本の国益（傍点は引用者）を念頭に置いた主張が全面に出た。同時に、ODA（無償資金協力と技術協力）の実施を束ねる機関の必要性が強まり、1974 年に円借款協力を除く ODA を統一的に管理する国際協力事業団（JICA）が設立された。

第1章　日本のODA政策とベトナム

【荒木の回想】

　荒木は、日本の賠償の問題点として、不透明で、試行錯誤であった点や統一性がなくバラバラで相手の求めに従うだけの欠陥だらけのものであったことを指摘していた。

　すなわち、1970年代にはいってから、日本の賠償の問題点も顕在化してきた。一つは、きちんとした国家の開発計画に基いて賠償援助が行われたわけではなく、不透明で、試行錯誤であったこと。いま一つは、「隠れた欠陥」、「大欠陥」と言えるもので、「政府間の話はあるけれど、もう一つ下では、さまざまなところからいろいろなニーズが出てきて、統一性がないバラバラ出てきた案件を、賠償に当てはめていく」という「相手の求めにしたがって…（中略）…相手に従ってやった…（中略）…欠陥だらけの援助だったこと」[43]である。

　1970年代は「片貿易」[44]の問題が反日運動（例えば、1973年のタイやインドネシア）という形で暴露された。既に1960年代半ば以降、貿易の黒字幅が増大し、韓国への輸出超過が最大で、次いで、タイ、中華民国、南ベトナム、そして、ビルマ、カンボジア、パキスタン、ラオス、セイロン等に対しても大幅な輸出超過が続いており、これら各国はいずれもわが国に対し「貿易不均衡の是正」を強く求めていたのである。

　また、冷戦期の日本に期待された「経済援助」という点でも荒木は以下のように指摘している。

　JICA創設は資源確保を目的としていたが、1972年から73年にかけては、食料・石油危機と資源ナショナリズムが席捲した時期であった。荒木は、国際協力事業団JICAの創設に深くかかわったが、JICAは石油危機と穀物危機という2つの危機に対応するために、通産省は鉱物資源の確保、農林水産省は食料確保、飼料確保を考えた結果、生まれた機関（団体）であり、荒木は農林水産省寄りに立ち位置を定め、JICAに組み込むことに力を注いだ。

　荒木は、JICAは日本に必要な飼料などを確保できるような基盤整備を国際協力により取り組むこと、また、「経済協力によって日本のいちばん弱いところを補てんするような開発輸入をやっていこうではないかという発想」[45]の取り組みなのである。

　ここに、開発輸入とは、小売業が自ら企画開発し、自らのリスクで海外メーカーに独自製品の製造を依頼して出来上がった製品を輸入販売するこ

第1部

と。原材料や製造のコストが低減でき、輸入コストを含んでも国内生産より製造原価を削減することができる。自社企画のため他社との差別化を図ることも可能である。

開発輸入（develop-and-import scheme）とは、資金力や技術力の乏しい開発途上国において農産物などの資源を製品化するために、先進国が資金や技術を提供し、それによって生産された製品を先進国が輸入する貿易方式を指す。この「開発輸入」という呼称は、先進国と開発途上国の片貿易是正を提唱した 1963 年の UNCTAD（the United Nations Conference on Trade and Development：国連貿易開発会議）で用いられたのが最初とされる。[46]

【第3期】1980 年代の ODA

経済大国化した日本の ODA をめぐる話である。大国化したにもかかわらず、日本側の利害ではなく、米国や先進国の意向に振り回される日本の姿が示される。

一つの特徴は「日本の ODA の運営に関わる権限が、外務省、通産省、農林水産省、大蔵省が構成する「四省体制」から予算を牛耳る大蔵省へと、全部とはいえないまでもかなり移ったこと…（中略）…日米構造協議は外務省ではなく大蔵省の管轄であり、日米構造協議の影響を強く受けていた「ODA 中期目標」も、当然ながら大蔵省の意向を反映することになった。」[47] ことが示された。

【荒木の回想】

この時期について、荒木は、「アジア重視と福田ドクトリン」を回想する。

「福田ドクトリン」[48] とは、1977 年 8 月 17 日、福田赳夫総理が東南アジア諸国歴訪の最後の訪問地、マニラで発表したものである。スピーチ全体を指すこともあるが、今日では、スピーチの締めくくりに挙げられた次の三つの原則を指すことが普通である。

「第一に、わが国は、平和に徹し軍事大国にならないことを決意しており、そのような立場から、東南アジアひいては世界の平和と繁栄に貢献する。

第二に、わが国は、東南アジアの国々との間に、政治、経済のみならず社会、文化など、広範な分野において、真の友人として心と心のふれ合う相互信頼関係を築き上げる。

36

第1章　日本のODA政策とベトナム

　第三に、わが国は、「対等な協力者」の立場に立ってASEANおよびその加盟国の連帯と強靱性強化の自主的努力に対し、志を同じくする他の域外諸国とともに積極的に協力し、また、インドシナ諸国との間には相互理解に基づく関係の醸成をはかり、もって東南アジア全域にわたる平和と繁栄の構築に寄与する。」というものである。

　荒木は、ASEAN政策について国会で質された外務大臣からASEANという言葉が一言も出ない中、「ASEANという言葉で、ASEANを支援すべきだと国会で演説をぶった政治家」として福田赳夫を回想している。故大平正芳の「環太平洋構想」もこの福田ドクトリンをベースにしていると語っている。 [*49]

【第4期】1990年代から2000年代初めのODA

　この時期、外務省が主導するODA組織改革の時代で、ODAの主導が大蔵省から再び外務省に戻った。第1回目のODA改革懇談会、第2回目のODA改革懇談会（2001年4月から）、ODA総合戦略会議（2002年6月から、座長渡辺利夫）が開催された時期である。

【荒木の回想】

　1992年の「第1次ODA大綱」において、アジアが重点地域に指定されたが、それはその中の「5つの重点課題」の中の「地球規模の問題への取り組み」においてアジアがこの課題を実施する重点地域と位置付けられていたからである。

　荒木は、アジアを推した理由について、一つは、切っ掛けは最初に追いかけた「アジアの賠償」があったことに触れた後、「インドネシアや中国が相手で、そこには中国共産党の影響やベトナム戦争もあった。賠償は大きく言えば、日本の安全保障上重要なこと」[*50]であり、「アジアが、良い時代も悪い時代も含めて日本にとって重要だった」[*51]からとしている。

　いま一つは、「ASEANについての援助の拡充」である。当時、一般の人々には、ASEANという枠組みで捉える意識というのは、まだなく、外務省もどちらかというと国別援助の志向で、ASEANに加盟している各国との外交どまりであった。ASEANについてもマルチの思想がなかったことを語っている。[*52]

　また、大来佐武郎の実践した手法、すなわち、東南アジアの指導者たち

第1部

とアメリカのアジア政策について話し、それを日本の財界や政界と話し、それを持ってワシントン（アメリカ）へ行き、アジアの国々のアメリカの政策の受け止め方（不満を含め）をフィードバックし、それを聞いたワシントンの反応を再び、東南アジアの国々に伝えるという手法で大来が「政策的なメッセンジャー」[53]の役割を果たしていたとする。こうした日本・ASEAN・アメリカのネットワークは「アジア重視」の体現であり、荒木も共鳴していた。

【第5期】2015年以降のODA

　この時期は、「開発協力大綱」の策定につながった「ODA大綱の見直しに関する有識者懇談会」（2014年3月から。事実上の第3次ODA改革懇談会）[54]が立ち上がった。

　荒木が到達したODAのあるべき姿とは、「「政府」開発援助ではなく、「国民」開発援助を前提とする国民基金構想であった。つまり、民間企業やNGOや市民が自主的に参加し、国民の合意を前提とした基金を創設して、新しい時代の国際協力に貢献する」というものであった。[55]

【荒木の回想】

　一番大きな変化は名称の変更である。ODAが始まって60年経った節目に「ODA大綱」という名称が消え、「開発協力大綱」になったこと。[56]

　その理由は、ODAはオフィシャルなイメージが強く政府だけがやっているイメージとなってしまうが、NGOやNPO、企業、民間組織が係るものになってきているので、オフィシャルなイメージをとり、開発協力としたのである。

　また、開発途上国に流れる民間資金の大きな増加がある。

　東南アジアの発展が示すように、賠償から始まり、ODAが大きな役割を果たしたことは確かであるが、その後の、「民間企業の投資、進出による雇用創出などがあったからこそ、東南アジアテイクオフがあったことは明らか」[57]である。

　永久に政府が援助するというのは限界にきており、「援助の概念を超えて、国際交流、国際協力を中心にした概念でやっていかないと、もう無理だろうと。」[58]している。また、外務省はそれを外交としてどうとらえていくかを考えることが良いとしている。

3. 「開発協力大綱について」

　以下では、2015 年 2 月 10 日の閣議決定「開発協力大綱について」に基づき、上記の点について、今少し詳しく触れておくことにする。前岸田政権もアジアの国々に対し、「政府開発援助（ODA）大綱」から「開発協力大綱」に基く「開発協力」を進めていく方向をとっていたからである。

3.1 「開発協力大綱」の認識と理念

　「平成 4 年に閣議にて決定され、平成 15 年に改定された政府開発援助（ODA）大綱は、これまで我が国の ODA 政策の根幹をなしてきた。

　ODA 60 周年を迎えた今、日本及び国際社会は大きな転換期にある。この新たな時代に、我が国は、平和国家としての歩みを引き続き堅持しつつ、国際協調主義に基づく積極的平和主義の立場から、国際社会の平和と安定及び繁栄の確保に一層積極的に貢献する国家として国際社会を力強く主導していかなくてはならない。また、国際社会が直面する課題の解決のために開発途上国と協働する対等なパートナーとしての役割を更に強化すべく、日本の ODA は更なる進化を遂げるべき時を迎えている。

　また、現在の国際社会では、多額の民間資金が開発途上国に流れ、企業や地方自治体、非政府組織（NGO）を始めとする様々な主体がグローバルな活動に携わり、開発途上国の開発課題の解決と持続的成長に重要な役割を果たしている。このような状況下にあって、我が国は、ODA のみならず、様々な力を結集して、開発課題に対処していかなくてはならない。

　以上の認識に基づき、平成 25 年 12 月 17 日に閣議決定された国家安全保障戦略も踏まえつつ、・・・（中略）・・・、ODA 大綱を改定し、開発協力大綱を定めることとする。」

　以上が「開発協力大綱」の認識であるが「開発協力大綱」における「開発協力」とは、「開発途上地域の開発を主たる目的とする政府及び政府関係機関による国際協力活動」を指すものとするものの、狭義の「開発」のみならず、平和構築やガバナンス、基本的人権の推進、人道支援等も含め、「開発」を広くとらえることとするとしている。

　また、主体間の関係でみると、こうした開発協力は、我が国政府及び政府関係機関によるそれ以外の資金・活動（ODA 以外の公的資金（OOF）、

第1部

国際連合平和維持活動（PKO）等）や開発を目的とする又は開発に資する民間の資金・活動（企業や地方自治体、NGO を始めとする多様な主体による資金・活動）との連携を強化し、開発のための相乗効果を高めることが求められるとしている。

　また、開発協力大綱のテーマは、「－平和、繁栄、そして、一人ひとりのより良き未来のために－」である。

　「現在の国際社会では、もはやどの国も一国のみでは自らの平和と繁栄を確保できなくなっている。そのような時代においては、開発途上国を含む国際社会と協力して世界の様々な課題の解決に積極的に取り組み、平和で安定し繁栄する国際社会の構築を実現するとともに、そうした取組を通じて、国際社会の様々な主体と強固かつ建設的な関係を構築していくという真摯な取組の中にこそ、我が国が豊かで平和な社会を引き続き発展させていく道がある。我が国がそうした外交を機動的に展開していく上で、開発協力は最も重要な手段の一つであり、「未来への投資」としての意義がある。」とする。

　そして「以上の認識に基づき、我が国は、国際社会の平和と安定及び繁栄の確保により一層積極的に貢献することを目的として開発協力を推進する。こうした協力を通じて、我が国の平和と安全の維持、更なる繁栄の実現、安定性及び透明性が高く見通しがつきやすい国際環境の実現、普遍的価値に基づく国際秩序の維持・擁護といった国益の確保に貢献する。

　その際、現在の国際社会では、民間企業、地方自治体、非政府組織（NGO）を始めとする多様な主体が、開発課題の解決、そして開発途上国の持続的成長にますます重要な役割を果たしていることを踏まえれば、ODA のみならず、多様な力を結集することが重要である。その意味で、ODA は、開発に資する様々な活動の中核として、多様な資金・主体と連携しつつ、様々な力を動員するための触媒、ひいては国際社会の平和と安定及び繁栄の確保に資する様々な取組を推進するための原動力の一つとしての役割を果たしていく。」とするのである。

3.2　基本方針
　①非軍事的協力による平和と繁栄への貢献
　②人間の安全保障の推進
　③自助努力支援と日本の経験と知見を踏まえた対話・協働による自立的

第1章　日本のODA政策とベトナム

発展に向けた協力

3.3　重点政策
3.3.1　重点課題
　①「質の高い成長」とそれを通じた貧困撲滅
　②普遍的価値の共有、平和で安全な社会の実現
　③地球規模課題への取組を通じた持続可能で強靭な国際社会の構築

3.3.2　地域別重点方針
　アジア地域については、日本と緊密な関係を有し、日本の安全と繁栄にとり重要な地域であることを踏まえた協力を行う。特に、東南アジア諸国連合（ASEAN）地域については、連結性の強化を含むハード・ソフト両面のインフラ整備支援、域内及び各国内の格差是正を柱として、共同体構築及びASEAN全体としての包括的かつ持続的な発展を支援する。とりわけ、メコン地域への支援を強化するとともに、一定の経済成長を遂げた国々についても、「中所得国の罠」に陥ることのないよう、生産性向上や技術革新を促す人材育成等の支援を継続する。同時に、防災対策や災害対処能力の向上、安定した経済社会活動の基盤となる法の支配促進等のための支援を重視する。また、ASEANが一体となって取り組む課題の解決のため、地域機関としてのASEANとの連携を推進する。
　さらに、南アジアについては、同地域の安定と同地域が有する様々な潜在力の発現に向け、インフラの整備やアジア域内を含めた連結性の強化を始めとする貿易・投資環境の整備等、成長を通じた経済発展の基盤を構築するための協力を行うとともに、保健、衛生、教育等の基礎 生活分野の支援、貧富の格差を和らげるための経済社会インフラ整備支援等を行う。
　中央アジア・コーカサス地域については、域内の格差にも留意しつつ、隣接地域を含めた長期的な安定と持続可能な発展のための国づくりと地域協力を支援する。
　以上が「開発協力大綱」である。

小括

　本章では、日本のODA政策について、その具体的な内容を確認すると

第1部

　ともに、第二次世界大戦において世界の国々、とりわけアジアの国々に大きな人的損失、物的損失を与えた日本が、敗戦後、アジアの国々と政治的、社会的、文化的そして経済的関係を回復、構築していくために、その深い反省とこれらの分野における具体的な取り組み―謝罪と支援―が不可欠であったことを先ず確認した。

　こうした点からすれば、末廣昭が指摘するように、「戦後日本を理解するうえで欠かすことのできないキーワードの一つが、ODA（政府開発援助）、あるいは経済援助である。」

　末廣は、日本のODA政策は、始まりとしての1954年のコロンボプランを通じた技術協力から、2015年の開発協力大綱の制定に至るまでの期間を対象とすれば、その動きをほぼ10年ごと、5つの時期に区分して考えることが可能であるとした。

　また、こうしたODAが誕生するときから、大来佐武郎のサポート役として活躍するとともに「国際開発ジャーナル」の編集長としても活躍した荒木光弥は、「国際協力の戦後史」という視点でODAを回顧し、「戦前派」の水脈―「満州国」経営―も意識しつつ、「賠償から援助へ」という形で「賠償という名の貿易」を進めてきた「経済協力」であったことを指摘していた。

　そして、荒木は、この経済協力が「国際協力」というものに変化してきたことも指摘している。

　JICAの創設が「資源獲得戦略」―この場合の資源は主に石油と食糧―と深く結びついた「資源確保」であること、また、この「資源確保」から「開発輸入」へと変化してきたことも指摘した。

　荒木は、JICAの国際協力が冷戦期の日本に期待された経済援助であり、日米貿易摩擦の中で日本の黒字還流計画として、アメリカの対日圧力によって、ODAが急増していったことも指摘した。外圧によるODA予算の急拡大である。その顛末は「マルコス疑惑」に象徴的に示された「政治家と援助」の伏魔殿であった。

　こうしたODAを見直すベースは存在したものの、ODAの大きな転換は、国際関係の変化によりもたらされた。他でもない「冷戦の終結」である。

　1980年代から始まっていたODA改革の議論は、「冷戦の終結」により弾みをつけ、とりわけ「アジア重視」が明確に定められた。「福田ドクトリン」はそのベースになるものとされてきた。

第1章　日本のODA政策とベトナム

　「第一次ODA大綱」では、日本・ASEAN・アメリカのネットワークが重視され、第二次ODA改革懇談会では21世紀に向けてのODAの在り方が模索されたが、政府だけでない、より多くの国民参加論が「国益論」を押しやった。

　ODAの実施により、1990年代に現れたことは、日本が貿易・投資面で東アジアに大きく依存し、東アジアも日本企業の生産拠点化で製品の外国輸出、技術移転、雇用機会の拡大などの面で大きな利益を得ていたこと、すなわち、経済的相互依存関係が成立していたことであった。[59]

　その上で、日本のODAは公共投資ともいえるインフラ整備や技術協力（人材育成など）を通して相手国の経済・社会の発展に寄与して、経済的互恵のバランスをとる潤滑油的な役割を果たしていたこと。また日本企業も、アジア全体の売上高に比し、税引き後利益の割合は50％を超える高さとなっていた。[60]　荒木は、ODAが「相互理解」効果を持っていたとしている。

　本章で確認してきたように、日本のODAの背景と、ベトナム戦争終結後20年以上経た1990年代後半に、日本のODA援助がいかにベトナムを重視してきたのかがわかる。

　また、社会主義国ベトナム民主共和国（非資本主義国）においても、ベトナム戦争、カンボジア紛争を経て、その「グローバル化」・「近代化」・「先進国化」に向け、ベトナム国家という主体が、その経済・社会・政治システムをグローバル化に向けてどのように開いてきたのかを確認する作業にとっても、日本からのODAの意図と役割、その変化について確認することは意義がある。

　最後に、新たな動きとして政府安全保障能力強化支援（OSA：Official Security Assistance）についても触れておく必要がある。

　2022年12月16「国家安全保障戦略」が閣議決定され、そこに定めのある「同志国の軍等に対する支援」に関して、国家安全保障会議において「政府安全保障能力強化支援（OSA）の実施方針」が決定された。今後、この実施方針に従って、OSAを着実に実施していくということである。

　ODAにこのOSAが加わり、「国際協力」が進められていくことになるのであるが、「援助と国益」、「安全保障」の組み合わせは、ASEAN、日本、中国、韓国、南アジア、西アジアを含む「アジア」の「国際協力」の在り方と深く結びつき、少なくない影響を与えていくと思われる。

第1部

　日本の ODA のランキングで 2018 年以降、その額と共に順位を下げてきているベトナムへの ODA は今後、どのような方向に向かうのか、注視していかなければならない。 *61

註

1　古田元夫「現在のベトナムにとってのベトナム戦争と米国」『東京大学アメリカ太平洋研究』第 14 号. 1991 年

2　以下、外務省『我が国の政府開発援助 2000 年度版』2000 年.

3　同前.

4　同前.

5　灌漑システム等

6　自然環境保全：植林事業、森林経営計画策定、生態系保護等、居住環境改善：上下水道・排水設備の整備、公害防止：大気・海洋汚染防止、産業廃棄物処理等

7　外務省「対ベトナム社会主義共和国 国別開発協力方針」2017 年 12 月

8　以下は、荒木光弥著　末廣昭・宮城大蔵・千野境子・高木佑輔編『国際協力の戦後史』東洋経済新報社、2020 年に基づくが、荒木光弥の他の文献等も参照している。

9　末廣昭　「解題　戦後日本の ODA と荒木光弥」荒木光弥[2020]. 261 頁.

10　末廣同前.

11　UNCTAD については、例えば、笠原重久[2001]「UNCTAD その活動の回顧と展望」日本貿易振興会アジア経済研究所『[概説] UNCTAD の新発展戦略』を参照されたい。

12　荒木前掲書、262-263 頁.

13　同前、264-265 頁.

14　同前、265 頁.

15　同前.

16　1990 年 8 月 2 日のイラクによるクウェイト侵攻を発端とし、クウェイトから撤退しないイラク軍に対する国際連合の強制措置として多国籍軍がイラクを攻撃した事で勃発した戦争。イラクがクウェイトに侵攻し、国連安全保障理事会でイラクへの無条件撤退を求めた決議が全会一致で採択された 1990 年 8 月 2 日から多国籍軍が空爆を開始した 1991 年 1 月 17 日までを湾岸危機とし、空爆開始後を湾岸戦争と区別している。

17　カンボジア内戦への自衛隊の派遣、アメリカ軍のアフガニスタン攻撃に際してテロ特措法による海上自衛隊のインド洋給油活動、2004 年のイラク戦争での陸上自衛隊の派遣である。戦後一貫して専守防衛に徹していた日本が、初めて自衛隊を海外に出すという転換を遂げ、「国際貢献」という名の下に大転換がはかられたのが湾岸戦争の日本にもたらした影響である。

18　荒木前掲書、194-195 頁.

19　同前、195 頁.

20　同前.

第 1 章　日本の ODA 政策とベトナム

21　「一貫性のある援助政策の立案」について、外務省は以下のように説明している。
　　日本では 1 府 12 省庁が ODA に携わっている。2006 年 4 月に内閣に設置された海外経済協力会議では、議長である内閣総理大臣の下、内閣官房長官、外務大臣、財務大臣および経済産業大臣が重要事項を機動的かつ実質的に審議している。これまでに海外経済協力の在り方、ODA の質と量を巡る課題、地域別（アジア、アフリカ、アフガニスタン・パキスタン、中央アジア・コーカサス、大洋州など）および分野別（法制度整備支援、食料安全保障など）の海外経済協力の方針などについて審議された。また、海外経済協力会議が審議する基本戦略の下、援助政策の企画立案および政策全体の調整をする外務省と、関係府省庁が密接に連携することにより、各府省庁による ODA が相矛盾することなく立案され、ODA を戦略的に実施し最大限の効果を発揮する体制をとっている。
　　また、外務大臣の下に設立された国際協力企画立案本部では、外務省の国際協力局と地域担当局などが、国際協力の方針や地域別課題、重点課題の取組方などを協議し、外交政策全体の中での役割を常に確認しつつ、より効果的な ODA の企画・立案に努めている。2006 年 8 月に設置された外務省国際協力局は、援助にかかわる政策を総合的に企画・立案するとともに、政府全体を通ずる調整の中核役となっている。
　　また、「政府と実施機関の連携」については、外務省は、海外経済協力会議の議論の結果や、外務省が作成する年度ごとの国際協力重点方針を迅速に援助の実施に反映できるよう、援助実施機関との連携を図っているとしている。
　　さらに、「現地機能の強化」については、開発途上国政府との政策協議を強化するため、多くの開発途上国で、在外公館および JICA 現地事務所などで構成される現地 ODA タスクフォースを設置している。開発途上国による援助需要の把握に加え、国別援助計画や事業展開計画の策定への参画、他の援助国や国際機関との連携への参画、援助手法の連携や見直しに関する提言、中期的な援助重点分野や援助政策の現地政府との共有、援助候補案件に関する提言などを行っている。
　　また、「政策協議の強化」については、より効果的な開発支援のため、開発途上国との緊密な政策協議を行い、互いの認識や理解を共有する取組を進めており、自助努力の支援のため開発途上国からの要請を重視する一方、要請を受ける前の段階で相手国政府関係者と政策協議を実施することで、相手国の開発政策や援助需要を十分に理解し、日本の援助政策との協調を図っているとしている。

22　荒木前掲書、266 頁.

23　同前.

24　同前.

25　同前、267 頁.

26 1934 年（昭和 09 年）6 月に設立された国際日本協会は、1967 年（昭和 42 年）11 月に『国際開発ジャーナル』を創刊し、その後、1971 年（昭和 46 年）5 月に株式会社 国際開発ジャーナル社に改組した。同社は、民間の立場から日本の国際協力を専門に報道してきた。同社が、「国際協調、途上国の貧困救済援助、途上国の国造り、人造り援助などの考え方を普及する」という特別な目的のために発刊した雑誌が「国際開発ジャーナル」である。創設者の主要メンバーには、故大来佐武郎氏（日本経済研究センター初代理事長、海外経済

第1部

協力基金総裁、大平内閣の外務大臣などを歴任）、故鈴木源吾氏（初代 IMF・世銀理事）が
いた。現在は、社会的公器としての雑誌媒体の独立独歩を守るために途上国の開発協力に
関わる開発コンサルタント会社が主要メンバーになっている。（以上、同社ホームページ）

27 荒木前掲書、263 頁.
28 同前、22 頁.
29 同前、23 頁.
30 同前、23-24 頁.
31 同前、25 頁.
32 同前.
33 同前、26 頁.
34 同前、26-27 頁.
35 同前、28 頁.
36 同前.
37 同前、29 頁.
38 同前.
39 同前、33 頁.
40 同前、57 頁.
41 同前、268 頁.
42 同前、264 頁.
43 同前、61 頁.（傍点引用者）
44 「片貿易」については、既に、『わが外交の近況』（第 11 号）（1967（昭和 42）年 12 月外
　務省）で以下のような記述がなされていた。

　　アジア貿易は従来からわが国の大幅な輸出超過が基調となっている。この貿易の特色は
　1966 年においても例外でなく、輸出超過の幅は近年むしろ拡大傾向を示している。1964 年
　に 4 億ドル、1965 年に 7 億 8,100 万ドルであった貿易の黒字幅は、1966 年には実に 10 億
　ドルに達している。このうち韓国への輸出超過が 2.6 億ドルに達し、タイ、中華民国、南
　ヴィエトナムへの輸出超過がそれぞれ 1 億ドルを越えているほか、ビルマ、カンボディア、
　パキスタン、ラオス、セイロン等に対しても大幅な輸出超過が続いており、これら各国は
　いずれもわが国に対し貿易不均衡の是正を強く求めている。このうち韓国は貿易不均衡を
　強く不満とし対日機械の輸入制限の動きを示し、またカンボディアも片貿易が改善されて
　いないことを理由に日本との貿易取決め延長に難色を示し、混合委員会の開催を提唱して
　いる。資本財を中心としたわが国の対アジア輸出が年々増大しているのに反し、アジア諸
　国からの輸入が伸び悩んでいることが貿易不均衡拡大の根本的原因であるが、これはアジ
　ア諸国の輸出産品が多様性を欠くほか、品質、価格等で他地域、殊に先進国の同種産品に
　比し競争力に乏しいこと等に因るものである。

45 同前、92 頁.
46 佐久間信夫編『増補版 現代経営用語の基礎知識』学文社、2005、p.51
47 同前、269 頁.
48 枝村純郎「「福田ドクトリン」から三十年 －理念主導の外交」日本国際問題研究所コラム

第 1 章　日本の ODA 政策とベトナム

2008-04-09　『霞関会会報』2008 年 4 月号に掲載された論文の転載.
49 荒木前掲書、202 頁.
50 同前、203 頁.
51 同前.
52 同前、204 頁.
53 同前.
54 同前、270 頁.
55 同前、271 頁.
56 同前、252 頁.
57 同前.
58 同前.
59 鈴木光弥、前掲書、395-396 頁.
60 1999 年『通商白書』.
61【協力対象】
　安全保障上の能力強化を支援する意義のある国の軍等が裨益者となる協力を対象。
　無償による資金協力であることに鑑み、原則として開発途上国を対象。
　相手国における民主化の定着、法の支配、基本的人権の尊重の状況や経済社会状況を踏まえた上で、我が国及び地域の安全保障上のニーズや二国間関係等を総合的に判断して対象国を選定。
【協力分野】
　以下のような、国際紛争との直接の関連が想定しがたい分野に限定して協力を実施。
①　法の支配に基づく平和・安定・安全の確保のための能力向上に資する活動
　（領海や領空等の警戒監視、テロ対策、海賊対策等）
②　人道目的の活動（災害対処、捜索救難・救命、医療、援助物資の輸送等）
③　国際平和協力活動（ＰＫＯに参加するための能力強化等）
　　また、ODA に対する大野泉の評価は下記のようなものである。
敏感な費用感覚や債務持続性の確認に関する提言・教訓
事例：高い技術と、それに裏打ちされた高いプロフェッショナリズムを元にベトナムのインフラ開発に取り組んでいくという方向性は、今後も日本が堅持すべき重要な特長である。その一方で、ベトナム政府も国民も、全ての事業の費用の高低に敏感であることや、他ドナーやベトナム企業といった競争相手が増えてきていることから、より敏感な費用感覚が、重要性を増していく。（ベトナム国別評価、2015）

第1部

第2章

「アジアの奇跡」と技術発展

—1990年代のベトナムの「離陸」—

藤江昌嗣

　第1章でふれたように、ベトナムでは 1989 年頃から刷新（ドイモイ）政策の効果が現れはじめ、1992～96 年の平均 GDP 成長率は 8.9％を達成した。しかし、1997 年のアジア経済危機の間接的影響は免れ得ず、1997 年こそ GDP 成長率は 8.2％にとどまったが、翌 1998 年の実質 GDP 成長率は 3.5％に低下した。慢性的な貿易赤字基調に加え、自国製品の輸出不振、また、外国民間投資の大幅減少にともなう失業率の上昇、他方での物価上昇が起きる中、経済成長が大きく減速したのである。また、金融システム・国公営企業改革等の構造的問題も経済成長の足かせとなっていた。

　上記の問題に対し、政府指導部は、外資奨励・輸出促進に関する具体的施策を打ち出す等、現状打開に向けた積極的な努力を行ってきた。すでにベトナムは、1991 年 11 月に中国との関係を正常化し、1992 年 7 月東南アジア友好協力条約（Treaty of Amity and Cooperation in Southeast Asia, TAC, バリ条約）に加入し、近隣諸国との関係改善を急速に進めてきた。また、ベトナムは、1995 年 1 月世界貿易機構（World Trade Organization, WTO）に加盟申請、1995 年 7 月 ASEAN 加盟、1996 年 1 月アセアン自由貿易地域（ASEAN Free Trade Area, AFTA）に参加、2006 年までに AFTA における共通実効特恵関税（Common Effective Preferential Tariff, CEPT）協定に基づく関税削減を目指した。また、1998 年にアジア太平洋経済協力（Asia-Pacific Economic Cooperation, APEC）加盟が承認された。

　そして、1994 年 2 月米国の対越禁輸が解除され、1995 年 8 月に米越の国交回復により外交関係を樹立した。また、1998 年 12 月には ASEAN 公式首脳会議をハノイで開催した。

　また、1978 年末のベトナムのカンボジア侵攻以降、日本とベトナムと

48

第2章 「アジアの奇跡」と技術発展

の関係は停滞していたが、1991 年 10 月のパリ和平協定署名の後、日本とベトナム間においては、本格的な関係強化が進められ、幅広い交流が進められてきた。日本以外の国々との関係についても同様のことがいえる。しかし、1990 年代前半から中盤にかけての考察は、1998 年以降のベトナムの目覚ましい変化、発展もあり、顧みられなくなっている。それは、ベトナムにおいて、1998 年以降、外資奨励・輸出促進策における中核産業が変化し始め、貿易構造の変化とそれに伴う産業構造の変化が進んでいったからである。

　その変化の背景には、ポスト「東アジア」の動きと日本における貿易構造の変化―「新三角貿易」―と対ベトナム投資活動の活発化―韓国との競争―が関係している。この点を理解するために、本章では、まず、「アジアの奇跡」といわれる中でのアジア諸国の牽引産業を「三角貿易」 *1 という国際分業の形態の確定を含め、一つの到達点を示した杉原薫の研究に基づき、確認する。その後、技術の変化・発展についても確認していくことにする。いわゆるファクトリーオートメーション（FA）やデリバリーオートメーション（DA）の発展である。モノづくりにおける生産プロセスや搬送プロセスの発展は、流通構造やロジスティクス、サプライチェーンのハード・ソフト両面のあり方にも大きな影響を与える可能性のあるものであるが、この 1998 年を境にする技術の発展はこうした点での、「後発者利益」ともいうべきものをベトナムにも与えたか否かを確認するためである。

　それは、1990年代の1998年までのベトナムの発展が、「アジアの奇跡」さらには、FA 化、DA 化というメカトロニクス技術の発展の恩恵をどの程度受けたのであろうか？　という問いへの解答なのである。

　そこで、本章では、「アジアの奇跡」を支えてきた技術発展、とりわけ、いわゆるメカトロニクス化以降の生産技術、ロジスティクス構築における日本の技術の発展を、それを支えてきたマテリアルハンドリング（Materials Handling） *2 産業・企業において確認し、こうした技術発展が、1998 年までのベトナムの「工業化」の離陸において、どのような「後発者利益」をもたらしたのかという点も明らかにしていくことにする。

　また、いわゆる「離陸」について、一人当たり GDP の水準の変化を他の国々との比較の中で確認し、判断を加えていくことにする。

49

第1部

1. 杉原薫のアジア間貿易
―「三角貿易」の形成と「アジアの奇跡」

　1950 年代以降の世界の経済発展において、日本や韓国、台湾などの東アジア諸国や東南アジア諸国はその重みを増してきた。そしてベトナムも東南アジア ASEAN の構成国として、2000 年以降そのウェイトを増してきた。

　杉原薫はその著書で、詳細なデータ分析の上、1950 年代以降の世界の経済発展における東アジアの位置づけ、評価を行っている。それは、ベトナムの発展の経路や特徴を考える際に有効なものである。そのポイントを以下で紹介していくことにする。[*3]

　杉原は「三角貿易」に注目し、1950 年代の世界経済の発展において、生産面、需要面そして経済発展の型について分析している。ここに「三角貿易」とは、三か国が、それぞれ原材料、中間財、最終財の生産に特化した輸出・輸入における交易関係を指す。

　生産面では、東アジアの比重は継起的に増加していること、また、発展の型としては「東アジア型経路」の東南アジアなどの地域への拡張が進んできており、これを杉原は「競争的学習型工業化」と名付けている。

　また、需要面での変化としては、先進国への輸出に加え、一人当たり GDP の上昇により、アジア市場自身の拡大が進行してきたことも指摘している。これが、1990 年代以降の日本の停滞と中国の急成長というコントラストを作ってきたとしている。それを踏まえ、この間のアジア経済の動きは、日本、NIEs、ASEAN、中国の順序で着実に上昇してきたとする。

　また、アジアを東アジアと東南アジアに区分した場合、「東アジアと東南アジアの経済成長」の特徴から見えることとして、ガーシェンクロン型の「キャッチアップ」戦略やソ連型の経済発展にしたがった場合よりも、国際分業体制に組み込まれ、そこで比較優位を発見した場合の方が、より労働集約型、資源節約型の発展経路をとることにつながっていったとしている。

　そして、日本と改革開放前の中国を除くほとんどの国では、都市インフラや交通網などの社会資本形成のかなりの部分が外国資本の融資あるいは誘導によって行われたこと。さらに事業に欧米諸国の参加が必要になり、また、望ましくなるにつれて、国際分業、とくにアジア太平洋における国際分業の枠組の構築が東アジア経済の地域的成長に必須の条件となって

第 2 章 「アジアの奇跡」と技術発展

いったことも指摘している。

　その意味で、東アジアと東南アジアで発生した融合は「真にグローバルな現象」であり、アジア間貿易の成長とアジア域内の新しい国際分業体制が、太平洋貿易・世界貿易の同時的成長とそれによるこの地域の資源基盤の拡大なしには生まれなかったものであると捉えたのである。そして、この変化を産業構造レベルで主導したのは、日本であり、アメリカではないことも強調している。

　こうした、杉原の分析した「三角貿易」をキーワードにした東アジアでの分業についての上記の枠組みを、「高度化する三角貿易」として表現し、その「らせん形態の産業発展」としていたのが、『通商白書 2005』（以下、『白書 2005』）である。これもいま少し見ておくことにする。

　『白書 2005』は、貿易財を生産工程別に分類し、中間財と最終財について産業別に国際競争力を分析すると、繊維、雑貨等で「らせん形態の産業発展」が観察されるとし、以下のように記述している。

　「東アジア域内では、日本、NIEs、中国、ASEAN がそれぞれの経済基盤の特性に応じた産業の競争力を有しており、生産面で補完的な経済圏が存在している。しかもその補完性は静的なものではなく、経済成長や生産技術の段階に応じて動的に変化している。」*4

　その変化は、例えば、高い生産技術が要求される「高度技術集約財」については、その貿易取引では、東アジアにおける各国の技術レベルがある程度分散していること。また、東アジアの中では日本が優位性を維持し、また、中国は相対的に単価が高い財を生産する割合が低い一方で、ASEAN では傾向に違いが見られ、域内各国でそれぞれの強みを持つ財に特化した結果を反映している可能性があることを指摘していた。

　また、東アジアと欧米との間では、日本・NIEs が中間財を生産し、中国・ASEAN が中間財を輸入して最終財に組立て、最終消費地である欧米へ輸出するといった「三角貿易構造」が産業横断的に成立していることを指摘していた*5。しかも、この三角貿易は、貿易額の急増に加え、全体の貿易に占める割合も上昇し、三角貿易構造の拡大がみられるとする。また、三角貿易構造内で取引される貿易財の単価は相対的に上昇していることもあり、質の面から見て三角貿易が「高度化」しているとしている。

　こうした確認の上、『白書 2005』は、以下のようにまとめている。

　「三角貿易の強化・高度化は、東アジアにおける裾野産業の成長や、

第1部

資本集約的な産業基盤の厚みが増した結果、実現されたものと言える。三角貿易構造は域内だけの閉鎖的なものではなく、欧米との貿易関係の緊密化を通じて世界経済の成長をけん引するダイナミズムの源となっていること。

また、三角貿易の拡大は、生産工程のより付加価値が高い部分を担うようになってきた東アジアに成長の原資をもたらし、更にそれが域内の需要を喚起することで、世界経済に対して外需や投資機会を提供する経済的連鎖が生まれていることである。」[*6]と。

これらは、杉原の指摘に内包されたものである。すなわち、事業に欧米諸国の参加が必要になり、また、望ましくなるにつれて、国際分業、とくにアジア太平洋における国際分業の枠組みの構築が東アジア経済の地域的成長に必須の条件となっていったこと、また、三角貿易が高度化していったことである。

2. 「アジアの奇跡」における技術発展
―メカトロニクス化の発展とロボット化

では、こうした、生産面、需要面、経済発展の型のうち、生産面で東アジア型経路の発展を生み出したものは何であろうか？

杉原は、1970年代の技術革新の方向の転換を生み出したものとして、「マイクロ・エレクトロニクス革命」に注目した。「マイクロ・エレクトロニクス革命」が「東アジア型経路」の発展に決定的な影響を与えたとするのである。

例えば、1970年代および1980年代後半における工業部門の成長率には、以下のような違いが見出せる。すなわち、マイクロ・エレクトロニクス技術に直接関連している部門（以下、ME部門）の急速な成長と「旧」産業の相対的停滞である。前者のME部門には、コンピュータ、家電、情報通信、工作機械などが含まれ、後者の「旧」産業には、繊維などの軽工業と資本集約的な重工業の双方が含まれる。そして、杉原が強調するのは、この変化を産業構造レベルで主導したのは、日本であり、アメリカではないことである。

「ME革命」あるいは「Micro Electronics マイクロ・エレクトロニクス革命」は、1980年代における半導体技術とソフトウェアの結合によるマ

52

第 2 章　「アジアの奇跡」と技術発展

イクロ・エレクトロニクス分野の革命とされるが、それは、「現在のパソコンやスマートフォンの技術基盤のおおもとになる微細なマイクロ・エレクトロニクス分野の技術的変革」[7]を意味している。

　この点を今少し詳しく考察してみることにする。その際、重視する点は、機械の体系―［原動機‐伝導機‐作業機］―における原動機と作業機の発展である。それは、我が国におけるマテリアルハンドリング企業の発展と深く関係した制御技術の発展の経路ともいえるのである。

　この制御技術の発展経路の検証を踏まえ、機械の体系［原動機‐伝導機‐作業機］における原動機と作業機の制御機能が半導体や PC の発展と連動しながら進んできたことやこれらの進捗レベルとその到達時期が、アジア諸国での生産の発展に影響を与えてきた。それは本書のテーマであるアジア―東アジア、東南アジア、南アジア、西アジア等―、とりわけ、ベトナムでの特区や工業団地の形成とそこに進出する日本を含む海外企業の工場施設の在り方、あるいは、こうした特区や工業団地への進出を選択しない企業や業種にも影響を与えているのである。

　筆者は、「我が国におけるマテリアルハンドリング企業の生成と発展に関する研究―前史―」（2022 年 3 月）並びに「「アジアの世紀」における我が国マテリアルハンドリング企業の持続的発展の検証―安川電機（株）、（株）西部電機を通して―」（2023 年 3 月）で、いわゆる物の移動・搬送をコアとする物的流通を起点として発展してきたマテリアルハンドリング産業について検証してきた[8]。このマテリアルハンドリング産業の発展には、機械の体系―［原動機‐伝導機‐作業機］―における原動機と作業機の発展、そして伝導機の発展も連動しており、システム化した製品・サービスの提供により幅広い業種の発展を支えるとともに、自らもロボット製造企業としてただ「リープフロッグ企業」[9]と呼ぶことは必ずしも適切ではない。第三の柱を打ち立てたのが安川電機である。

　図 2.1 並びに図 2.2 には、時間軸を 1970 年代、80 年代、90 年代、2000 年代、2010 年代の 5 つに区分し、それぞれの時期におけるマテリアルハンドリング MH の目的と使用される代表的なハンドリング装置、そして、製品の搬送単位などのマテリアルハンドリング MH 技術を示している。

53

第1部

図 2.1 マテリアルハンドリング技術の変遷とメカトロニクスの発展―クレ

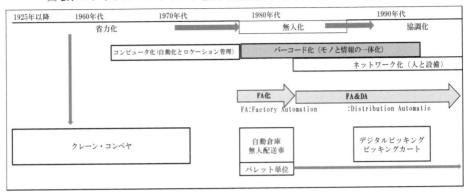

(出所) ダイフク社資料を基に、筆者作成。

2.1 作業機の制御機能の発展

　1970年代、80年代、90年代、2000年代、2010年代にマテリアルハンドリング機器や装置、すなわち技術に求められたものは、ダイフク社によれば、1970年代が「省力化」、80年代が「無人化」、90年代が「協調化」、2000年代が「高頻度化」そして、2010年代が「自律化」であったとされる（図2.1参照）。

　また、これらの時期はコンピュータの開発が進み、PCの利用技術―制御対象―は、1970年代の「省力化」においては、「コンピュータ化」すなわち、「自動化とロケーション管理」であり、1980年代の「バーコード化」においてはモノと情報が一体化されて処理される技術であり、また、1990年代の「ネットワーク化」においては、人と設備、設備と設備の間の調和―連結であった。そして、2000年代には「SCM（Supply Chain Management, SCM）」―供給連鎖管理で全体最適化が求められ、2010年代は「インダストリー4.0とクラウド化」であった。

　こうして実現した技術は、基本的にはFA（Factory Automation 工場の自動化）やDA（配送（流通）の自動化 Distribution Automation）という形に結実した。すなわち、1960年代末から1980年代半ばまではFA化が主流となっていたが、1980年代半ば以降、2010年代まではFA化とDA化が主流となった。そして、2010年代に入ると多様化が追求されるようになった。

第2章 「アジアの奇跡」と技術発展

—ン・コンベヤから FA 化・DA 化、SCM、クラウド化等）図 2.1 続き

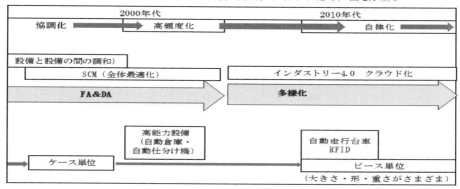

図 2.2 マテリアルハンドリング技術の変遷とメカトロニクスの発展
—メカトロニクスの発展と主な成長製品

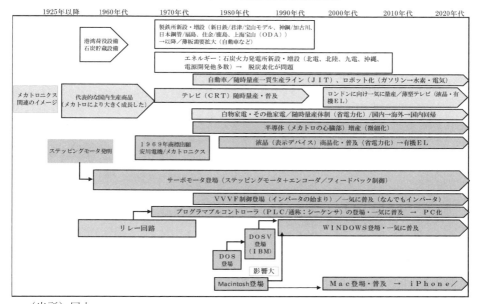

（出所）同上。

第1部

　こうした FA 化や DA 化の実現のために利用される作業機であるマテリアルハンドリング機器は、1970 年代までがコンベヤ（クレーン）、1980 年代が自動倉庫（無人配送車の利用）、1990 年代がデジタルピッキング・ピッキングカート、2000 年代が高能力設備（自動倉庫・自動仕分け機）、そして、2010 年代が自動走行台車（RFID）であった。この間、取り扱う商品のロットも、自動倉庫（無人配送車の利用）がパレット単位、デジタルピッキング・ピッキングカートや高能力設備（自動倉庫・自動仕分け機）がケース単位、そして、自動走行台車（RFID）はピース単位というようにダウンサイズしてきた。そして、ピース単位は、大きさや形、重さはさまざまとなっており、要求される作業も高度化してきたのである。

　以上が 1960 年代末から、2010 年代までの搬送に留まらない作業機という視点も含めたマテリアルハンドリングの技術の変遷である。

2.2　制御器―原動機―の機能の発展

　ここでは視点を変え、これを原動機（モータ）を軸とする制御技術の発展という視点からみてみよう。この視点からは、作業機とは異なる発展の経路がみえてくる。以下は、太宰修治氏のヒアリングと藤江（2022）並びに同（2023）に基づく、制御技術の発展史の概略である。

①ステッピングモータ

　我が国において、制御技術の発展を先導したのは、安川電機製作所と西部電機の 2 社である。

　原動機（モータ）を軸とする制御技術の発展は、図 2.2 に示したマテリアルハンドリング技術の変遷とメカトロニクスの発展にあるようにステッピングモータの発明を起点としている。ステッピングモータは、制御モータの一種で，電流を流す相を切り替えることで時計のように一定の角度ずつ動いて回転する仕組みのモータである。センサなしに位置決めができ、パルスモータ、ステップ、ステッパモータなどとも呼ばれる。

　また、ステッピングモータはその構造によって、2 相，3 相，5 相に分類される。時計のように回転するステッピングモータの場合、1 パルスで動かせる角度である「基準ステップ角」が細いほど，滑らかでより精度の高い動きが可能となる。

第2章　「アジアの奇跡」と技術発展

②サーボモータ

その後、サーボモータが登場したが、サーボモータはステッピングモータにエンコーダとフィードバック制御を加えたものであり、1980年代に普及が始まり、作業機に対し、高い繰返し精度、高速化、高頻度を可能にしたため、その後、ロボットなどにも利用されることになる。安川電機の発展はこれをベースにしており、西部電機も DIO システムの開発をはじめ PC を利用したピッキングシステム等の開発などがあり、両社の制御システムの発展への貢献は大きなものがある。

③「メカトロニクスの誕生」―安川電機―YASKAWA

「Mechanism」と「Electronics」を融合した概念である「Mechatronics メカトロニクス」は、今では世界中で通用する言葉になっている。この「メカトロニクス」というコンセプトは安川電機が 1960 年代後半に、顧客企業の機械装置と安川電機の電機品を融合し、より高い機能を発揮できるように世界に先駆けて提唱したものである。機械の制御に電子技術を応用し、高性能化を図るメカトロニクス技術は、今日では様々な産業の自動化・効率化に大きく役立っている。

安川電機 - YASKAWA - は、「メカトロニクス」を 1969 年に商標出願した（表 2.1 安川電機のメカトロニクスへの道のり、参照）。

この名称のアイデアは、森 徹郎工場長のアイデアである。以下に紹介する。

「メカトロニクスの誕生」- 森 徹郎

森 徹郎工場長は、「Motor（電動機）＋ Machine（機械）」＝「Mochine（モシネ）」、さらに「Control（制御）」を加えて「Mo・chine・trol」（モシントロール）という新しい製品概念を提唱し、さらにこれを発展昇華させ、ついには顧客の機械まで変えてしまおうという概念「Mechanism ＋ Electronics ＝Mechatronics」（メカトロニクス）」を造り出したのである。「メカトロニクス」の誕生である。「メカトロニクス」は、1972 年に商標登録をしたが、その後、登録を継続しなかったため、大きく広がり、現在では世界で広く使われている。こうして自動化機器は、同社の第 3 の事業として力強く活動を始めたのである。

（安川電機製作所株式会社『百年史』より）

第1部

表 2.1　安川電機のメカトロニクスへの道のり

1950 年～	電動機とその応用　初期のミナーシャモータ
1954	・ブラウンボベリ社(スイス)と直流機器に関する技術提携
1957	・行橋工場開設
1958	・DC サーボモータ(ミナーシャモータ)を発明
1960～	産業用エレクトロニクス　東京工場開設
1961	・小倉工場開設
	・セア社(フランス)とプリントモータに関する技術提携
1969	・「メカトロニクス」の商標登録出願(登録は 1972 年)
1970～	産業のオートメーション
	国内初全電気式産業用ロボット MOTOMAN-L10 1 号機
1974	・フロッピーディスクドライブを国産化
1979	・ベクトル制御インバータを製品化
1980～	FA・メカトロニクス　デミング賞
	・AC サーボドライブシリーズを製品化
	・デミング賞実施賞受賞
1989	・インバータ工場新装完成
	・配電機器工場開設
1990～	FA・メカトロニクス　AC サーボドライブ「Σシリーズ」

（出所）安川電機『百年史』より作成

④リレー回路とプログラマブルコントローラ（PLC：通称シーケンサ）
　その後、リレー回路も開発され、1970 年代からプログラマブルコント
ローラ（PLC：通称シーケンサ）が登場し、一気に普及していった。そ
して、これが PC 化されていくのである。

⑤VVVF 制御とインバータ
　制御機能という点では、1970 年代には、VVVF（Variable Voltage,
Variable Frequency）制御が登場し、いわゆるインバータが始まり、一
気に普及していった。「なんでもインバータ」といわれる状況となっ
たのである。交流電動機で、任意の回転数、任意の周波数と電圧を発
生させる制御装置のこと。

第 2 章　「アジアの奇跡」と技術発展

⑥Macintosh、DOS、DOSV の登場と WINDOWS への発展そして Mac の登場
　Macintosh 登場後、1980 年代の DOS の登場は、IBM による DOSV の登場につながり、その後 1990 年代に WINDOWS を登場させ、一気に普及していったのである。また、1990 年代後半には、Mac が登場し、普及していった。それはやがて、iPhone として一気に普及していったのである。

　1970 年代以降、半導体（メカトロの心臓部）が増産され、また微細化が進んだ。
　また、1980 年代に電卓から始まった液晶（表示デバイス）が商品化され、省電力化のため、有機 EL の開発、実用化も進んでいったのである。

2.3　メカトロにより大きく成長した代表的な国内生産商品
　こうした制御機能の発展—メカトロ—により大きく成長した代表的な国内生産商品は下記の通りである。
（1）FA 化—製鉄所、エネルギー、テレビ、自動車産業
・1960 年代の製鉄所新設・増設（新日鉄/君津/宝山モデル、神鋼/加古川、日本鋼管/扇島、住金/鹿島、上海宝山（ODA））、以降は薄板需要拡大（自動車など）
・エネルギー分野では石炭火力発電所の新設・増設（北電、北陸、九電、沖縄、電源開発他多数）（現在は脱炭素化が課題となっている）
・1960 年代後半のテレビ（Cathode Ray Tube, CRT ブラウン管使用のモニタ）随時量産・普及
・1970 年代以降の自動車の随時量産、一貫生産ライン（Just In Time, JIT）、その後のロボット化（現在は、ガソリンから水素・電気への転換が模索されている）

（2）DA（Distribution Automation）化
　また、上記の FA 化とともに、DA 化も進んだ。搬送はマテリアルハンドリングの基本であるが、1970 年代からの DA（Distribution Automation）化は、その範囲として 3 つに分類可能である。
　すなわち、
①　生産者から消費者までの DA（食物など）

第 1 部

② 原材料取得先（あるいは港）から生産工場までの DA（材料）
③ 生産工場（あるいは港）から消費者までの DA（商品）の 3 つに分類されるが、これらはメカトロ技術の発展により大きく発展した。

　以上、杉原の研究を出発点に「アジアの奇跡」における技術発展―メカトロニクスの発展が生産面で日本を含む東アジア型経路の発展を生み出す大きな要素となったことが確認できた。その際、メカトロニクスを原動機―伝導機―作業機の創る機械の体系として捉え、たんに制御の対象としてだけではなく、制御の主体の視点からロボットにつながる Mechanical Handling の一つの到達点として捉えることの有効性への注目も肝要である。

3. 1990 年代のベトナムの「離陸」と日本の投資・貿易関係

3.1　1990 年代のベトナムの「離陸」

　1990 年代にベトナム経済は「離陸」した。経済成長率は図 2.3 にあるように、1990 年が 5.0%、91 年は 0.8 ポイント上昇し、5.8%となったが 6%には届かなかった。しかし、翌 1992 年からは 8.7%と 3 ポイント強、急上

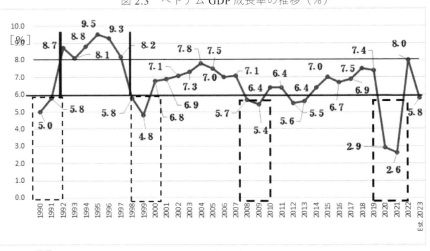

図 2.3　ベトナム GDP 成長率の推移（%）

（注）⌞ ⌝ は、低成長率期を示す。

（出所）World Economic Outlook database: April 2023　より引用者作成

第2章 「アジアの奇跡」と技術発展

昇し、93年は8.1%、94年は8.8%、95年は9.5%と10%に迫る状況で、翌96年も9.3%、1997年も8.2%となり、高い成長率が5年間続いた。この1992年から1997年はベトナム経済の「離陸期」といえよう（図2.3参照）。図には成長率が6.0%と8.0%の水準に横線を施している。

その後、アジア経済危機のあった1997年こそ8%を超えたが、98年は5.8%、99年も4.8%とベトナムの目指す「中成長」の6%を下回ったが、2000年以降は6%台の「中成長」を続けた。図2.3にあるように、2000年の6.8%から2007年の7.1%まで8年間「中成長」を続けたのである。その後、現在まで、6%の成長率を下回った時期（期間）は3回あったが、それはリーマンショック後の2008年から2010年の時期と2012年から13年の時期であり、また、3回目の景気後退期は、2020年から2021年にかけての時期であり、これはコロナ禍の影響が大きい。

3.2　1990年代のベトナムの「離陸」と日本・韓国の投資

既述のように、1990年代から2000年以降、アジア諸国は、産業間分業から「産業内分業」へと大きな構造転換を示し、また、低賃金によるコスト優位を活かした労働集約型の輸出志向型工業化から、労働コスト上昇による「資本集約型工業化」への転換を進め、「中所得化」してきている。進行する「アジアの世紀」において、日本政府や日本企業等がアジア諸国との連携という形で、グローバル化しつつ、その持続性を維持、構築してきたが、その一つがベトナムである。この点は「第1章　日本のODA政策とベトナム」を参照されたい。

しかし、この1990年代、ベトナムの「離陸」期に日本のメカトロニクス化の発展やロボット化はどのように貢献できたのであろうか？

この点を少し考えてみよう。

①日本と韓国からの対ベトナム投資の動き

マテリアルハンドリング企業は、物流システムに関するコンサルティングとエンジニアリングおよび設計・製造・据付・サービス、また、搬送システム、保管システム、仕分け・ピッキングシステム、制御システム、物流機器の製造販売やその他事業（電子機器、洗車機）を行っていたが、こうした幅広い事業を行うマテリアルハンドリング企業は、これまでの国内や欧米市場向けの事業エリアに加え、「アジア市場」への展開を構築し、

61

第 1 部

実行してきた。

　生産システムや物流システムのインフラともいえる産業分野に資本集約的性質の強い製品を供給するマテリアルハンドリング企業は、これまでの欧米市場向けではなく、アジア市場向け、すなわち、アジア各国の輸出志向型製品、内需対応の製品のための立地並びに生産戦略を踏まえその戦略の再構築を行ってきた。それは、ベトナムにおける工業団地の形成そのものや工業団地に進出する日本企業・日系企業の計画するFA, DAなどのインフラ整備に自らの戦略を重ねていくものとなる。例えば、工業団地は日本の商社や外資により建設されたが、そこに進出する企業の求めるFA, DA施設とシステムを提供するのがマテリアルハンドリング企業である。

　この点を、日本また韓国からの対ベトナム投資の動きから見てみよう（図 2.4 参照）。

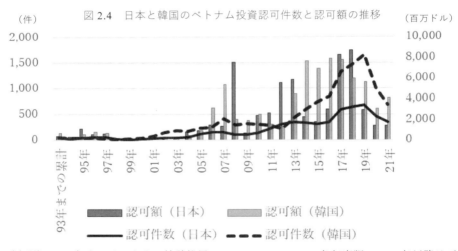

図 2.4　日本と韓国のベトナム投資認可件数と認可額の推移

（出所）2014年まではベトナム統計総局"Statistical Year Book"各年度版。2015年以降はジェトロ「世界貿易投資報告 国別編」（2020年より「世界貿易投資動向シリーズ」に名称を変更）に基き、筆者作成。

　図 2.4 は日本と韓国のベトナム投資許可件数と認可額の推移を示しているが、1993 年以前はそれぞれの累積件数（額）である。これを見ると、1990 年代は件数、額とも小さなものにとどまっている。日本の投資が本

第2章　「アジアの奇跡」と技術発展

格化したのは、2004年以降で2008年には著増となっている。その後、2012年から13年にかけての時期と2017年から2018年にかけての時期にやはり大幅な増加を示しているが、韓国に比べるとその動きが遅く、世界経済の動向やベトナムにおける戦略的投資に必ずしもつながっていないのではないかという疑問が残る。

　他方で、韓国も2004年から投資が本格化し、2006年、2007年と著増となったが、リーマンショックの影響もあり、その後、投資は抑制された。しかし、2013年以降、再び大幅な増加を続け、2017年をピークに抑制し始めてきている。しかし、足元（2022年）では、再び増加を示している。

　韓国企業のベトナム進出は依然、活発で、中国に代わる生産拠点を、ベトナムに求める動きが続き、それを反映している。エレクトロニクス業界では、セットメーカーのベトナム進出に伴い、部品メーカーがベトナムに集積しつつある。さらに、サービス産業でも、消費市場の拡大を見越した進出が相次いでいる[10]。また、2018年には対ベトナム直接投資額は過去最高を更新した。

②1990年代の工業団地

　1990年代以降の造成された工業団地には、VSIP1、Bien Hoa1&2、Loteco、Amata、Tan Thuanなどがある。その中で、日系企業の進出が多いのは、Tan Thuan（タン・トゥアン）輸出加工区、AMATA工業団地、そしてロンハウ工業団地である。

　Tan Thuan（タン・トゥアン）輸出加工区は1991年設立で、ベトナムで最も古い工業団地といわれている。また、AMATA工業団地は1994年にドンナイ省ビエンホアに設立され、入居企業の半数ほどが日系企業で占められている。筆者もかつて同工業団地入居のBrother Industry Saigon、Tiger Vietnam、同工業団地管理会社、Nisshin Seifun、桂精機、小金井製作所等のメーカー（完成品）を訪問している。

　また、ロンハウ工業団地は、2006年にホーチミン市から南に位置するロンアン省に設立された。入居企業の約3割強が日系企業となっており、近年ではビル型のレンタル工場も建設している。Tan Thuan（タン・トゥアン）輸出加工区同様、同工業団地管理会社、中小食品加工会社、中小メーカー（完成品）が進出している。

　1999年に訪問した印象では、「アジアの奇跡」を支えてきた技術発展、

第1部

とりわけ、いわゆるメカトロニクス化以降の生産技術、ロジスティクス構築における日本の発展した技術が十分活用されていることは確認できなかった。1990年代のベトナムの工業化の「離陸」において、ベトナムに「後発者利益」を生み出していたとは考えにくいのである。

3.3　1990年代のベトナムの「離陸」と貿易関係

　1991年10月のパリ和平協定署名の後、日本とベトナム間では、本格的な関係強化が進められ、幅広い交流が進んできた。しかし、工業団地を通した立地戦略が展開していくための動きは、1990年代後半こそ投資額は増えたが、2国間の貿易額自体の動きは必ずしも顕著なものではなく、1997年のアジア経済危機の影響もあり、停滞していたが、1998年を境にその貿易関係には変化が見られた。

　日本とベトナム間の貿易は、従来低い水準にあったが、その後、着実に拡大し、1998年は対日輸出が約17.5億ドル、輸入が約13.3億ドルに達し、2.2億ドルの貿易黒字となった。そして、ベトナムからの主な輸入品目は、原油、海産物（エビ、イカ）、繊維品等であり、我が国からの主な輸出品目は自動車、バイク、機械類等であった。後述するように、上記の製品を中心とした日本向け輸出の構成（「貿易構造」）は、のちに再び変化していく（第3章参照）が、この構成は、実は、1988年頃からのベトナムの輸出入における全体の特徴を残している。この点について触れておくことにする。

①輸出品

　トラン・ヴァン・トウによれば、ベトナムの主要輸出品は、原油、石炭、ニッケル、ゴム、衣服、靴、刺繍品、民芸品、また、食糧・食料品では、米、落花生、コーヒー、お茶、冷凍品（魚、イカ、エビ）などであった。統計上の制約もあるが、原油（1,000トン単位）は、1989年1,514、1990年2,617、1991年3,919、1992年5,446、1993年6,153、1994年6,949、1995年が7,652と増加を続けていた。また、石炭（1,000トン単位）も、1989年579、1990年789、1991年1,173、1992年1,623、1993年1,432、1994年2,028、1995年が2,881と増加を続けていた。また、ニッケル（トン単位）も1989年805、1990年1,808、1991年3,440、1992年4,537、1993年2,969、1994年3,182、1995年が3,283と増加を続けていた。

第2章　「アジアの奇跡」と技術発展

　また、衣服（100万ルーブル＊ドル（1972年）単位）も、1989年140、1990年215、1991年117、1992年190、1993年239、1994年476、1995年が766と増加を続けていた。＊11

　米（1,000トン単位）も、1989年1,420、1990年1,621、1991年1,033、1992年1,946、1993年1,722、1994年1,893、1995年が1,988と増加を続けていた。

　この間の平均成長率（1985〜1995年の幾何平均）は、原油が31.0％、石炭が92.3％、ニッケルが26.4％、衣服が32.7％、米が5.8％、ゴムが15.5％というように米を除き、高い伸び率となっている。1990年代に入り、輸出の核となっていた商品であった。ちなみに、冷凍品（魚、イカ、エビ）も少しずつ増加を示していた。

②輸入品

　1989年以降の輸入品の中心は、ガソリン、窒素肥料、運搬車両、セメント、鉄鋼、砂糖、布、綿花などであるが、1990年代のガソリンは継続的に増加し、1993乃至94年頃からは、その他の商品の輸入が増加し始め、鉄鋼、セメントなどは1995年から増加し始めた。工業団地造成などの動きが反映しているとみられる。

4.　一人当たりGDPの推移

　また、一人当たり名目GDPの推移（表 2.2 参照）をIMF *Economic Outlook* でみてみると、ベトナムは、1980年代から、1990年代にかけて「低所得国」に分類されている。また、2000年代に入っても「低所得国」に分類されており、2010年代に「下位・中所得国」に分類され、ようやく「低所得国」から脱し始めたことがわかる。一人当たりGDPでみる限り、1990年代のベトナムの「離陸」は判断しにくいものがある。しかし、日韓のベトナムへの投資や両国を含む世界の国々とのベトナム貿易は進展しており、1990年代のベトナムはその経済発展の歩みを始めていたことは間違いない。

小括

　「アジアの奇跡」と技術発展―1990年代のベトナムの「離陸」をテー

表 2.2　アジア主要国の所得水準の推移（1人当たり名目GDP、単位：ドル）

	1980年	1990年	2000年	2010年	2013年	2019年
高所得国 ↑	50,000 30,000 米国 10,000	日本 日本 米国 香港 シンガポール	日本 中国 香港 シンガポール 台湾 韓国	米国 シンガポール 日本 香港 韓国 台湾	シンガポール 中国 日本 香港 韓国 台湾 マレーシア	中国 シンガポール 香港 日本 韓国 台湾 マレーシア 中国
上位所得国 ↑	日本 香港 シンガポール 5,000	台湾 韓国		マレーシア	中国 タイ	タイ
下位・中所得国 ↑	3,000 台湾 2,000 韓国 マレーシア 1,000	マレーシア タイ	マレーシア タイ フィリピン	タイ 中国 インドネシア フィリピン インド ベトナム ラオス	インドネシア フィリピン ベトナム ラオス インド ミャンマー カンボジア	フィリピン インドネシア ベトナム ラオス ミャンマー インド カンボジア
低所得国 ↑	フィリピン タイ インドネシア ベトナム 500 中国 ラオス インド ミャンマー	フィリピン インドネシア インド 中国 ラオス カンボジア ベトナム ミャンマー 0	中国 インドネシア インド ベトナム カンボジア ラオス ミャンマー	ミャンマー カンボジア		

（出所）IMF Economic Outlook より作成

第2章 「アジアの奇跡」と技術発展

マとした本章は、まず、「離陸」に至る大きな動きをみてきた。キーワードは、「アジアの奇跡」と技術発展である。

日本と韓国のベトナム投資許可件数と認可額の推移は、1990年代は件数、額とも小さなものにとどまっており、この点からは、「揺籃期」とも言えるかもしれない。日本の投資が本格化したのは、2004年以降で2008年には著増となっている。その後、2012年から13年にかけての時期と2017年から2018年にかけての時期にやはり大幅な増加を示している。

杉原の研究を出発点に「アジアの奇跡」における技術発展、すなわち、メカトロニクスの発展が生産面で日本を含む東アジア型経路の発展を生み出す大きな要素となったことを確認した。その際、いわゆるマテリアルハンドリング産業における機械の体系－制御技術の発展の経過をやや詳細にたどりながら、FA化、DA化、あるいはロボット化へ至るその道のりにベトナムが同期化していくのは1990年代ではなく2000年代に入ってからであることも確認した。それは、工業団地の増設、日韓や他国企業の進出とそこでのシステムの導入が必須となる。また、制御技術の発展段階からすれば、やがて、原動機―伝導機―作業機の創る機械の体系として、制御の対象としてだけではなく、制御の主体の視点からロボットにつながるMechanical Handling として捉えることの有効性にも注目すると、いずれベトナムもロボット化あるいは「完全自動化」も視野に入れる必要が出てくる。

また、ベトナムの経済発展にとり重要な点であるが、「アジアの奇跡」を受けて後発の工業化を目指したベトナムは、いわゆる「後発者利益」ともいうべき、モノづくりにおける生産プロセスや搬送プロセス、いわゆる流通構造やロジスティクス、サプライチェーンのハード・ソフト両面の充用、組み込みが可能となったはずであるが、1990年代を対象にする限り、この「後発者の利益」が見えにくいものであることも確認した。大型のショッピング・センターの建設は2000年代に入ってからである。

ベトナムの1990年代の発展は、日本の高度経済成長期のような、拠点地域と拠点産業により工業地帯や工業地域を全国に形成し、銀行グループを核とした「フルセット型工業化」ではなく、また、所得の上昇という点でも課題が残っていた。ベトナムは、2000年代以降、低付加価値からの脱出、低賃金からの脱出を含む、「インダストリー4.0」という状況下での工業化と「脱工業化」という道を歩んでいくことになる。日本の「フルセ

第 1 部

ット型工業化」の再演―国際分業の担い手にとどまり、日本企業のコスト低減には貢献するという形ではなく、グローバルなレベルでの FA 化、DA 化、そしてロボット化を体現した生産を担っていく展望を開いていくことが望まれる。

　しかし、ベトナム経済の 1990 年代が何も残さなかったのかというと、それは誤りとなる。杉原が指摘した、相対的に停滞したとされる非 ME 部門である「旧」産業の動向はベトナムの「離陸」に重要な役割を果たしている。

　ME 部門には、コンピュータ、家電、情報通信、工作機械などが含まれ、後者の「旧」産業には、繊維などの軽工業と資本集約的な重工業の双方が含まれる。日・ベトナム間の貿易、そして投資関係で 1990 年代以降貢献した産業として、軽工業に注目し、今少し、分析する作業が必要である。とりわけ、繊維産業に注目し、章を変えて、1990 年代のベトナム経済の「離陸」に貢献した産業部門をいま一度確認していくことにする。

註

1　「アジアの三角貿易」とは、そもそもイギリス、インド、中国という三国間での綿製品（インドからイギリスへの綿製品の輸出）、銀・茶（中国からイギリスへの輸出）、阿片（インドから中国への輸出）という貿易取引を指す関係として用いられた。アメリカの世界の工場の地位が確立された 19 世紀末は、欧州の「大不況」期であったが、この時期「アジアの三角貿易」も行われていた。

2　マテリアルハンドリング（Materials Handling）産業は、国際標準産業分類 ISIC あるいは日本産業分類 JSIC には存在しない分類名であるが、マテハン産業もしくはマテハン企業、あるいは MH 産業もしくは MH 企業と称される。情報化における IT 産業と同様、業種横断的な存在、コードである。

3　以下は杉原の下記の書に負っている。杉原薫『アジア間貿易の形成と構造』ミネルヴァ書房、1996 年. 同『世界史の中のアジアの奇跡』名古屋大学出版会、2020 年.

4　経済産業省『通商白書 2005』166 頁.

5　同前.

6　第 3 節　東アジアの成長を支える貿易構造　〜高度化する三角貿易　172 頁.
　　『通商白書 2005』経済産業省

7　富田義典「ME 化――「ME 革命」・「IT 革命」とは労働にとって何であったか」（2011）

8　藤江「我が国におけるマテリアルハンドリング企業の生成と発展に関する研究―前史―」（明治大学経営学研究所、『経営学論集』第 69 巻、3・4 号、2022 年 3 月）並びに藤江「アジアの世紀」における我が国マテリアルハンドリング企業の持続的発展の検証―安

川電機（株）、（株）西部電機を通して―」（明治大学経営学研究所、『経営学論集』第70巻、3・4号、2023年3月）では、いわゆる物の移動・搬送をコアとする物的流通を起点として発展してきたマテリアルハンドリング産業の生成と発展について、検証している。

9 「飛び越し型」「リープフロッグ」については、伊藤亞聖『デジタル化する新興国』中公新書、2020 や野口悠紀雄『リープフロッグ 逆転勝ちの経済学』文春新書、2020 を参照されたい。

10 Jetro「韓国企業のベトナム進出ラッシュが続く」2019年3月18日.

11 トラン・ヴァン・トウ「ベトナム長期経済統計：1976‐1995」一橋大学経済研究所、D97-13,1998. トラン・ヴァン・トウによれば、為替レートは1989年3月以前のベトナムの通貨ドンと米ドルの公定レートはほぼ固定され、ドンとルーブル（旧ソ連）との関係によって規定されてきた。またこのレートは国内諸取り引きの内部決算のため便宜上定められたものに過ぎなかった。1989年3月からこうした内部決算用為替レートが廃止され、その代わりに為替レートが外貨の需給関係、国際収支勘定（貿易収支、借入、債務を含む）などを反映するように設定されるようになった。このため、1990年以降、公定レートと市場レートとの差は無視できるほど小さくなった。

　ベトナムは1991年まで旧コメコン諸国との貿易はルーブル、それ以外の地域との貿易はドルで決済された。従来の貿易データはその2つの単純合計として公表され、単位もルーブル・ドルという異様なものであった。そのようなデータも表示されているが、同時にドル決済の貿易データも出されている。1992年以降、すべての地域との貿易はドル決済になった（12頁）。

第1部

第3章
1990年代のベトナムの経済発展と日本・ベトナム貿易―繊維産業への注目―

藤江昌嗣

　前章では、ベトナムの経済発展にとり重要な「アジアの奇跡」を受けて後発の工業化を目指した時期が日本などにおけるいわゆる「メカトロニクス化」を起点とする生産、流通におけるFA化やDA化を中心とする時期であったことを確認した。モノづくりにおける生産プロセスや搬送プロセス、また、流通構造やロジスティクス、サプライチェインのハード・ソフト両面のその充用、組み込みが可能となったはずであるが、1990年代を対象にする限り、ベトナムにおけるこの「後発者の利益」は見えにくいものであったことも確認した。

　しかし、1990年代のベトナム経済が何も残さなかったというと、それは誤りとなる。「アジアの奇跡」の中で、相対的に停滞したとされる繊維などの軽工業と資本集約的な重工業の双方が含まれる「非ME部門」である「旧」産業は、ベトナムの「離陸」に重要な役割を果たしていたと考えられる。

　この点を、1990年代以降貢献した産業として、軽工業に軸を置きつつ、日本・ベトナム間の貿易関係を通じて、今少し、分析作業を行う。特に、軽工業の中でも、繊維産業に注目し、1990年代のベトナム経済の「離陸」に貢献した産業部門としてより詳細に確認していくことにする。

1. 日本とベトナムの輸出入額・貿易収支の推移、輸出・輸入の対前年度増減率、対ベトナム輸出・輸入比率の推移

1.1 日本とベトナムの輸出入額・貿易収支の推移

　日本とベトナム間の貿易状況を、貿易統計を用いてみていく。先ず、2国間の輸出入と貿易収支を確認しておくことにする。表3.1には、1988年か

第3章　1990年代のベトナムの経済発展と日本・ベトナム貿易

ら 2008 年までの期間を対象とした、日本からみたベトナムへの輸出、輸入、貿易収支、対前年比の輸出の増減率、同輸入の増減率、輸出・輸入比率の数値が示されている。ここから、輸出額、輸入額、貿易収支の3つを取り上げ、グラフ化したものが図 3.1 である。

　期間全体でみても日本の輸入、すなわち、ベトナムの日本への輸出が、日本からの輸入を上回っていることがわかる。したがって、日本の対ベトナム貿易収支は、常に赤字となっており、その額も徐々に大きくなっていることがわかる。また、期間を 1988 年から 1999 年までに限定した場合には、

表 3.1　日本の対ベトナム輸出入額・貿易収支、対前年比増減率等の推移〈1988‐2008 年〉

（単位：千円、%）

暦年	輸出 （単位：千円）	輸入 （単位：千円）	貿易収支 （単位：千円）	輸出の 対前年 伸び率 （%）	輸入の 対前年 伸び率 （%）	対ベトナム 輸出・輸入 比率
1988	24,779,569	25,028,977	▲ 249,408	-	-	0.990
1989	23,403,149	47,991,435	▲ 24,588,286	-5.6%	91.7%	0.488
1990	31,150,277	84,940,568	▲ 53,790,291	33.1%	77.0%	0.367
1991	29,181,325	89,148,516	▲ 59,967,191	-6.3%	5.0%	0.327
1992	57,009,327	110,009,800	▲ 53,000,473	95.4%	23.4%	0.518
1993	70,670,257	118,658,242	▲ 47,987,985	24.0%	7.9%	0.596
1994	65,892,775	137,898,341	▲ 72,005,566	-6.8%	16.2%	0.478
1995	86,439,312	161,487,441	▲ 75,048,129	31.2%	17.1%	0.535
1996	123,964,619	219,548,311	▲ 95,583,692	43.4%	36.0%	0.565
1997	154,877,875	264,470,665	▲ 109,592,790	24.9%	20.5%	0.586
1998	173,802,006	228,925,523	▲ 55,123,517	12.2%	-13.4%	0.759
1999	185,086,959	223,021,932	▲ 37,934,973	6.5%	-2.6%	0.830
2000	212,870,017	284,602,039	▲ 71,732,022	15.0%	27.6%	0.748
2001	216,383,676	316,736,449	▲ 100,352,773	1.7%	11.3%	0.683
2002	266,342,981	316,278,342	▲ 49,935,361	23.1%	-0.1%	0.842
2003	303,346,574	358,048,596	▲ 54,702,022	13.9%	13.2%	0.847
2004	343,830,698	417,067,631	▲ 73,236,933	13.3%	16.5%	0.824
2005	396,368,713	501,639,159	▲ 105,270,446	15.3%	20.3%	0.790
2006	481,507,891	615,559,275	▲ 134,051,384	21.5%	22.7%	0.782
2007	665,896,933	719,756,852	▲ 53,859,919	38.3%	16.9%	0.925
2008	810,210,827	941,689,453	▲ 131,478,626	21.7%	30.8%	0.860

（出所）財務省「普通貿易統計」より作成

第1部

図 3.1　日本とベトナムの輸出入額・貿易収支の推移（1988-2008 年）

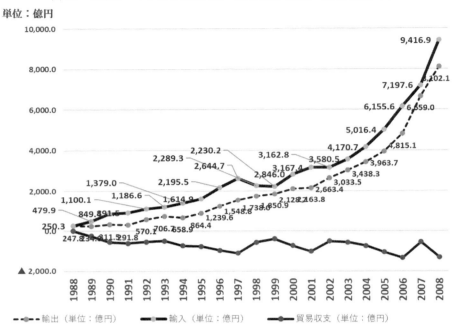

（出所）普通貿易統計

貿易収支は当然赤字であるが、1997 年の赤字額が約 1,096 億円と最大となっている。

　日本からの中間財等の輸出を上回る、ベトナムからの完成財や中間財の輸入である。三角貿易の「高度化」（ch.2, p.51）が進んだのである。

1.2　日本の対ベトナム輸出・輸入比率の推移と輸出・輸入の対前年度増減率

　ここで、日本とベトナム 2 国間の輸出と輸入の関係をみるために、貿易収支ではなく、日本からの輸出と輸入の比率を計算したものを表 3.1 に掲載している。日本からみれば、この比率は輸入 1 単位当たり、どのくらいの輸出が行われているかを示すものとなる。輸出/輸入＝1.000 であれば、貿易収支は均衡しているが、1.000 を下回れば貿易赤字となっていること

第3章　1990年代のベトナムの経済発展と日本・ベトナム貿易

を示している。日本の輸出・輸入比率は、1988年は0.990で、1.000を若干ではあるが下回り、それ以降も1.000を下回っている。日本からみれば、輸入1単位に対し、1単位以下の輸出が行われていることを示すが、逆にベトナムからみれば、この比率が低いほど貿易黒字額が大きくなっていることになる。

図3.2をみると、対ベトナム輸出・輸入比率は、1988年の0.990から翌1989年には0.448に急低下し、その後、1991年には0.327となった。この1991年を底に、上方反転し、1997年までは、0.4から0.5台の値を推移し、1998年以降、2008年までは0.7から0.8台を推移した。ただし、2001年は0.683の下振れ、2007年は0.925の上振れとなった。

図3.2　対ベトナム輸出・輸入の対前年伸び率と輸出・輸入比率の推移（1998-2008）

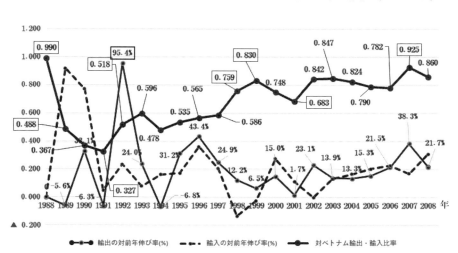

（出所）同前

この輸出・輸入比率の変化は、輸出入額それぞれの対前年増減率の結果でもある。図3.2にはこれらの増減率の推移も示している。これをみると、日本からの輸出の伸び率が、前年を下回る年は、1989年の▲5.6％、1991年の▲6.3％、1994年の▲6.8％と3回みられたが、この間も輸入の伸び率は、それぞれ、91.7％、5.0％、16.2％となっており、ベトナムからの輸入は順調

73

第 1 部

に拡大していたのである。

　1991 年から 1997 年までの輸出輸入比率が 0.5 台の時期においては、1992 年の輸出の伸び率 95.4%が目立つが、同年の輸入伸び率も 23.4%となっており、結果として輸出輸入比率は 0.518 となった。この年は、日本からの輸出はどのような商品であり、また、輸入もどのような商品であるのかは、のちに分析する予定である。また、アジア通貨危機のあった 1997 年は伸び率こそ低下したが、マイナスにはならなかった。この頃までは日本からの輸出の伸びの方が輸入の伸びを上回る年が多かった。しかし、リーマンショック後に変化が始まった。輸入の伸びが、1998 年が▲13.4%、1999 年が▲2.6%と 2 年連続で前年を下回ったのである。その結果、1998 年以降、輸出輸入比率は 0.7 から 0.8 台を推移する新しい段階に変化した。ちなみに、1998 年の輸出の伸び率は 12.2%、輸出輸入比率は 0.759 で、1999 年は同 6.5%、同 0.830 となっている。

　この変化は何を意味しているのであろうか？

2.　HS コードと商品分類、産業分類

　1990 年代を中心に日本とベトナム間の貿易取引を財務省「普通貿易統計」を用いて分析していくが、この「普通貿易統計」における品目分類を紹介しておく。

2.1　産業分類と商品分類

　産業分類は商品分類とは異なり、経済活動の種類を分類するもので、ここには、有形財と無形財、あるいは市場で取引される財か否かなどの区分がある。市場で取引される財（有形財・無形財）を中心に企業活動を分類する単位であり、教育を含め、公教育や公務、非法人活動などもあり、商品分類に比べ、厳密性をやや欠いている。

　国際分類には、国際標準産業分類第 4 版（Department of Economic and Social Affairs, UNSD, Statistics Division, International Standard Industrial Classification of All Economic Activities Revision 4 以下、ISIC.Rev.4）がある。国際標準産業分類（ISIC）は、1958 年に国連統計局が定めた国際的な産業分類である。2008 年に第 4 版 ISIC.Rev.4 に改訂され、国際機関や各国政府による国内産業構造の分析に利用されている。また、日本では、産業分類

第 3 章　　1990 年代のベトナムの経済発展と日本・ベトナム貿易

表 3.2　　（大分類）

A	農業・林業及び漁業
B	鉱業及び採石業
C	製造業
D	電気・ガス・蒸気及び空調供給業
E	水供給・下水処理並びに廃棄物管理及び浄化活動
F	建設業
G	卸売・小売業並びに自動車及びオートバイ修理業
H	運輸・保管業
I	宿泊・飲食サービス業
J	情報通信業
K	金融・保険業
L	不動産業
M	専門・科学・技術サービス業
N	管理・支援サービス業
O	公務及び国防・義務的社会保障事業
P	教育
Q	保健衛生及び社会事業
R	芸術・娯楽及びレクリエーション
S	その他のサービス業
T	雇い主としての世帯活動及び世帯による自家利用のための区別されない財及びサービス生産活動
U	治外法権機関及び団体
X	分類不能

（出所）JETRO 資料より、筆者が作成

　の統一性を担保するため、総務省統計局が 1949 年に Japan Standard Industrial Classification、JSIC を制定した。
　表 3.2 は ISIC.Rev.4 の大分類を示しているが、さらに中分類、小分類、細分類の 4 層構造になっている。事業所、企業等を分類するための単位であるため、掲載していない細分類レベルでもより詳細な商品分類を統合したものとなっている。各国の産業構造の在り方やその変化を分析したり、

第 1 部

2 国間あるいは多国間の貿易構造を分析したり、産業連関分析などにも用いられるものである。

2.2　HS コードとは何か

　「HS コード」は、Harmonized Commodity Description and Coding System（略称 HS、以下 HS）に基づき定められたコード番号である。HS 自体は、「商品の名称及び分類についての統一システムに関する国際条約（HS 条約）」を指している[*1]。

　2022 年 7 月現在、世界税関機構（WCO）が管理している HS 条約には、日本をはじめ 159 ヶ国及び EU が加盟している。ただ、非加盟国でも HS コードを使用している国と地域があり、HS コードを使用している国は、それらを含めると 200 以上の国と地域に上る。

　以下では、ジェトロ JETRO の説明により、HS コードの役割を確認しておくことにする。輸入申告時に輸入申告書に記載する関税額は、従価税品となっている多くの品目では HS コード（輸入統計品目番号）ごとに定められた関税率に基づいて計算される。ただし、一部の品目は従量税品といわれ、重量に対して関税がかかる[*2]。

　HS コードは、9 桁もしくは 6 桁のコードで使用される。6 桁の HS コードは HS 加盟国・地域及び HS コード使用国・地域で同じルールに基づき分類されている[*3]。

　したがって、経済連携協定税率を適用する場合も、原産地規則や関税率は協定締約時または交渉時の HS コードにより規定されることになる。

　現在までの主要な変更は以下の通りである。

　2002 年版では、シンガポール、メキシコ、マレーシア、チリ、タイの変更があったが、2022 年 1 月からは、品目別原産地規則については 2017 年版に変更した。また、インドネシア、ブルネイ、ASEAN 諸国は、2023 年 3 月より、品目別原産地規則について 2017 年版に変更した。フィリピンは 2002 年版のまま継続。

　2007 年版で、スイス、ベトナム、インド、ペルーに変更があった。

3.　HS コードの分類階層と輸出・輸入統計部別品目表

　HS コードは、日本語で「輸出入統計品目番号」、「関税番号」あるいは「税

第3章　1990 年代のベトナムの経済発展と日本・ベトナム貿易

番」などと呼ばれる。また、HS コードは、あらゆる貿易対象品目を 21 の
「部」（Section）に大分類し、6 桁の数字で表される。また、6 桁のうち、
上 2 桁を類（Chapter）と呼び、この「類」を含む上 4 桁を「項」（Heading）、
項を含む上 6 桁を「号」（Sub-heading）と呼ぶ。HS の分類改訂は、加盟国
の同意により、上記のように、ほぼ 5 年ごとに見直しがなされ、直近では
2022 年 1 月 1 日に改正され。これにより、同日付けでわが国の関税率表な
ども分類が改正された。

　2022 年の改正の主要点は、①食糧関連（昆虫食の新設、ヨーグルトの範
囲拡大）、②加熱式・電子たばこの新設、③3D プリンターの新設、④スマー
トフォンの新設、⑤ドローンの新設、⑥技術革新を反映した分類の明確
化―例えば、ガラス繊維、発光ダイオード（LED）、半導体デバイス等など
である[*4]。

　大分類である「部」（Section）は 21 あるが、表 3-3 に示されている。こ
れをみると、

　第 1「部」は、「動物（生きているものに限る。）及び動物性生産品」で、
「類（Chapter）」は第 1 類から第 5 類まで 5 つある。また、第 2「部」は「植
物性生産品」で第 6 類から第 14 類まで 9 類ある。以下、同様に第 3「部」
は「動物性、植物性又は微生物性の油脂及びその分解生産物、調製食用脂
並びに動物性又は植物性のろう」で第 15 類のみ。第 4「部」は「調製食料
品、飲料、アルコール、食酢、たばこ及び製造たばこ代用品、非燃焼吸引
用の物品（ニコチンを含有するかしないかを問わない。）並びにニコチンを
含有するその他の物品（ニコチンを人体に摂取するためのものに限る。）」
で、第 16 類から第 24 類の 9 類。第 5「部」は「鉱物性生産品」で第 25 類
から第 27 類までの 3 類。

　第 6「部」は「化学工業（類似の工業を含む。）の生産品」で、第 28 類か
ら第 38 類までの 11 類。第 7「部」は、「プラスチック及びゴム並びにこれ
らの製品」で、第 39 類から第 40 類までの 2 類。第 8「部」は「皮革及び
毛皮並びにこれらの製品、動物用装着具並びに旅行用具、ハンドバッグそ
の他これらに類する容器並びに腸の製品」で、第 41 類から第 43 類までの
3 類。

　第 9「部」は「木材及びその製品、木炭、コルク及びその製品並びにわ
ら、エスパルトその他の組物材料の製品並びにかご細工物及び枝条細工物」
で、第 44 類から第 46 類までの 3 類。

第1部

　第10「部」は、「木材パルプ、繊維素繊維を原料とするその他のパルプ、古紙並びに紙及び板紙並びにこれらの製品」で、第47類から第49類までの3類。

　第11「部」は、「紡織用繊維及びその製品」で、第50類から第63類間での14類。また、第12「部」は、「履物、帽子、傘、つえ、シートステッキ及びむち並びにこれらの部分品、調製羽毛、羽毛製品、造花並びに人髪製品」で、第64類から第67類までの4類。

　第13「部」は、「石、プラスター、セメント、石綿、雲母その他これらに類する材料の製品、陶磁製品並びにガラス及びその製品」で、第68類から第70類までの3類。

　第14「部」は、「天然又は養殖の真珠、貴石、半貴石、貴金属及び貴金属を張った金属並びにこれらの製品、身辺用模造細貨類並びに貨幣」で、第71類のみ。第15「部」は、「卑金属及びその製品」で、第72類から第83類までの12類。

　第16「部」は、「機械類及び電気機器並びにこれらの部分品並びに録音機、音声再生機並びにテレビジョンの映像及び音声の記録用又は再生用の機器並びにこれらの部分品及び附属品」で、第84類から第85類までの2類。第17「部」は、「車両、航空機、船舶及び輸送機器関連品」で、第86類から第89類までの4類。第18「部」は、「光学機器、写真用機器、映画用機器、測定機器、検査機器、精密機器、医療用機器、時計及び楽器並びにこれらの部分品及び附属品」で、第90類から第92類までの3類。第19「部」は、「武器及び銃砲弾並びにこれらの部分品及び附属品」で、第93類のみ。

　第20「部」は、「雑品」で、第94類から第96類までの3類。また、第21「部」は、「美術品、収集品及びこつとう」で、第97類のみとなっている。

　以上みてきたように「部」の数は21でISIC.Rev.4の分類不能を含めた22とほぼ同じ数となっている。しかし、このいわば大分類に当たる「部」レベルでは、二国間貿易における輸出入の具体的な商品をみるには未だ粗いものである。そこで、「部」レベルの下位の「類」（中分類）レベルまで、さらには、「項」レベル、9桁分類レベルまで下りて、日本とベトナム間の貿易関係、日本のベトナムからの輸入を中心にみていくことにする。

第 3 章　1990 年代のベトナムの経済発展と日本・ベトナム貿易

表 3.3　輸出・輸入統計部別品目表（2023 年 4 月版）

第 1 部　動物（生きているものに限る。）及び動物性生産品
第 1 類から第 5 類
第 2 部　植物性生産品
第 6 類から第 14 類
第 3 部　動物性、植物性又は微生物性の油脂及びその分解生産物、調製食用脂並びに動物性又は植物性のろう
第 15 類
第 4 部　調製食料品、飲料、アルコール、食酢、たばこ及び製造たばこ代用品、非燃焼吸引用の物品（ニコチンを含有するかしないかを問わない。）並びにニコチンを含有するその他の物品（ニコチンを人体に摂取するためのものに限る。）
第 16 類から第 24 類
第 5 部　鉱物性生産品
第 25 類から第 27 類
第 6 部　化学工業（類似の工業を含む。）の生産品
第 28 類から第 38 類
第 7 部　プラスチック及びゴム並びにこれらの製品
第 39 類から第 40 類
第 8 部　皮革及び毛皮並びにこれらの製品、動物用装着具並びに旅行用具、ハンドバッグその他これらに類する容器並びに腸の製品
第 41 類から第 43 類
第 9 部　木材及びその製品、木炭、コルク及びその製品並びにわら、エスパルトその他の組物材料の製品並びにかご細工物及び枝条細工物
第 44 類から第 46 類
第 10 部　木材パルプ、繊維素繊維を原料とするその他のパルプ、古紙並びに紙及び板紙並びにこれらの製品

第 1 部

第 47 類から第 49 類
第 11 部　紡織用繊維及びその製品
第 50 類から第 63 類
第 12 部　履物、帽子、傘、つえ、シートステッキ及びむち並びにこれらの部分品、調製羽毛、羽毛製品、造花並びに人髪製品
第 64 類から第 67 類
第 13 部　石、プラスター、セメント、石綿、雲母その他これらに類する材料の製品、陶磁製品並びにガラス及びその製品
第 68 類から第 70 類
第 14 部　天然又は養殖の真珠、貴石、半貴石、貴金属及び貴金属を張った金属並びにこれらの製品、身辺用模造細貨類並びに貨幣
第 71 類
第 15 部　卑金属及びその製品
第 72 類から第 83 類
第 16 部　機械類及び電気機器並びにこれらの部分品並びに録音機、音声再生機並びにテレビジョンの映像及び音声の記録用又は再生用の機器並びにこれらの部分品及び附属品
第 84 類から第 85 類
第 17 部　車両、航空機、船舶及び輸送機器関連品
第 86 類から第 89 類
第 18 部　光学機器、写真用機器、映画用機器、測定機器、検査機器、精密機器、医療用機器、時計及び楽器並びにこれらの部分品及び附属品
第 90 類から第 92 類
第 19 部　武器及び銃砲弾並びにこれらの部分品及び附属品
第 93 類
第 20 部　雑品

	第 94 類から第 96 類
第 21 部　美術品、収集品及びこつとう	
	第 97 類

（出所）財務省「貿易品目統計」に基づき、筆者作成

4.　「類」別・「項」別分析

　以下では、先ず、ベトナムからの輸入額の推移を「類」別 97 分類レベルで確認し、その後、「類」内の製品コード数の変化を分析し、日本のベトナムからの輸入、ベトナムからみれば、日本への輸出において貢献してきた商品を確認していく。この作業は、ベトナムの企業・産業の発展、そこにおける両国企業、産業の発展を跡付けるものとなる。

4.1　ベトナムからの輸入額（類別 97 分類）の推移

　輸出・輸入統計部別品目表の 21 ある大分類「部」（Section）の下位の中分類である「類」（Chapter）には、表 3.3 に示されていたように、総数 97 の「類」がある。

　また表 3.4 には、1988 年から 1999 年までの間のベトナムからの輸入額（類別 97 分類）の推移が示されている。表の網掛けの部分は、年間 100 億円以上の輸入額があった年を示している。対象期間の中で、比較的多年度にわたり該当しているのが、下記の 9 つの「類」である。ほぼ額の大きい順に紹介する。

27　鉱物性燃料及び鉱物油並びにこれらの蒸留物、歴青物質並びに鉱物性ろう

　3　魚並びに甲殻類、軟体動物及びその他の水棲無脊椎動物

62　衣類及び衣類附属品（メリヤス編み又はクロセ編みのものを除く。）

61　衣類及び衣類附属品（メリヤス編み又はクロセ編みのものに限る。）

94　家具、寝具、マットレス、マットレスサポート、クッションその他これらに類する詰物をした物品並びに照明器具（他の類に該当するものを除く。）及びイルミネーションサイン、発光ネームプレートその他これらに類する物品並びにプレハブ建築物

第1部

　64　履物及びゲートルその他これに類する物品並びにこれらの部分品

　63　紡織用繊維のその他の製品、セット、中古の衣類、紡織用繊維の中古の物品及びぼろ

　85　電気機器及びその部分品並びに録音機、音声再生機並びにテレビジョンの映像及び音声の記録用又は再生用の機器並びにこれらの部分品及び附属品

　42　革製品及び動物用装着具並びに旅行用具、ハンドバッグその他これらに類する容器並びに腸の製品

　また、この他、以下の「類」が年間100億円以上の該当対象期間（（　）で示す。）となっている。

　1989年という比較的早い段階から該当していた「類」としては、

第65類　帽子及びその部分品（1989年）

第72類　鉄鋼（1989-1991年）

第44類　木材及びその製品並びに木炭（1989-1999年）

がある。

　また、1993年以降の90年代央から該当してきた「類」としては、

第9類　コーヒー、茶、マテ及び香辛料（1993-1999年）

第39類　プラスチック及びその製品（1993-1999年）

があり、また、90年代の終わりから該当し始めた「類」としては、

第73類　鉄鋼製品（1998-1999年）

第84類　原子炉、ボイラー及び機械類並びにこれらの部分（1997-1999年）

第90類　光学機器、写真用機器、映画用機器、測定機器、検査機器、精密機器及び医療用機器並びにこれらの部分品及び附属品（1998-1999年）

第95類　玩具、遊戯用具及び運動用具並びにこれらの部分品及び附属品（1998-1999年）

第96類　雑品（1999年）がある。

　また、「39」が1997年と1998年該当している。また、「84」「85」は1990年代後半に該当し始め、1999年まで該当しているが、「84」は1997年から、また、「85」は1996年から該当し始めている。

　同様に「94」、「95」、「96」も1990年代後半から該当してきた。「94」は1994年から、「95」は1998年から、また、「96」は1999年から該当し始めた。1989年から90年代にかけての上記の推移は、ベトナムからの日本向

第 3 章　1990 年代のベトナムの経済発展と日本・ベトナム貿易

表 3.4　ベトナムからの輸入額（類別 97 分類）の推移　（単位：千円）

製品類番号	1988	1989	1990	1991	1992	1993	1994	1995	1996	1997	1998	1999
0	0	22,813	0	30,676	440,207	125,468	324,566	512,122	710,499	389,663	752,056	799,603
1	0	244	562	0	1,344	4,116	3,653	18,980	75,233	57,762	90,571	131,116
2	606	0	0	0	7,044	17,501	110,262	144,124	110,827	46,979	123,495	49,235
3	**11,906,352**	**12,029,537**	**17,828,123**	**16,766,951**	**19,913,371**	**25,151,380**	**31,925,976**	**31,421,017**	**37,421,371**	**46,327,361**	**44,081,550**	**41,162,768**
4	984	16,787	68,034	89,691	49,792	50,969	40,903	35,249	37,047	41,995	10,694	11,582
5	180,830	440,154	618,517	768,450	469,910	326,347	71,675	471,929	624,696	644,931	727,087	491,881
6	18,698	63,543	55,797	16,157	66,041	100,388	177,337	338,316	822,486	657,615	793,851	96,839
7	34,648	5,077	6,692	6,692	68,485	138,927	124,296	80,893	173,527	243,476	233,476	617,669
8	166,288	282,992	269,488	478,337	785,458	80,818	27,604	30,489	234,918	188,393	256,353	258,999
9	**939,660**	**1,009,473**	**1,092,311**	**938,766**	**862,251**	**691,622**	**647,554**	**741,222**	**682,752**	**576,142**	**4,132,093**	**4,395,009**
10	13,393	14,435	21,821	19,437	5,706	8,366	5,316	2,265	6,743	6,320	360,068	640,841
11	19,720	19,720	17,822	4,887	3,412	3,005	7,987	20,349	33,590	63,777	9,431	27,724
12	1,009,473	17,444	6,604	2,097	34,541	46,411	136,982	96,762	226,043	229,280	360,068	389,247
13	15,743	49,210	14,435	2,012	6,680	13,787	9,038	12,245	39,813	59,175	360,068	2,782
14	9,195	889	21,821	19,437	5,706	8,366	5,316	4,777	10,126	46,979	2,836	34,164
15	7,909	7,909	6,604	2,097	34,541	46,411	135,982	96,762	226,043	229,280	42,745	235,090
16	**647,271**	**1,003,711**	**1,313,900**	**1,317,264**	**1,993,178**	**1,496,265**	**1,749,214**	**2,969,211**	**4,327,757**	**6,179,217**	**5,566,546**	**5,636,346**
17	153,360	153,360	153,360	153,360	153,360	16,232	30,489	30,489	234,792	117,477	117,477	176,886
18	0	0	0	0	4,388	27,044	0	0	0	0	0	0
19	437	4,796	3,706	1,646	8,903	12,777	54,782	170,962	258,048	254,885	294,440	461,345
20	5,338	3,783	2,515	64,066	185,645	154,050	287,661	3,812,410	556,065	907,996	1,024,467	1,005,349
21	226	233	307	811	2,429	6,057	8,799	13,268	99,355	816,810	311,584	453,176
22	208	49,624	38,065	23,050	35,230	95,121	197,176	113,731	451,490	1,110,081	382,127	540,702
23	0	351	2,996	3,634	9,820	4,921	16,422	0	203,588	203,588	222,185	301,793
25	3,445	34,247	22,655	28,375	75,796	80,818	22,482,860	234,792	64,466	76,927	273,018	329,781
26	34,247	35,021	44,670	215,722	398,104	293,776	179,899	305,819	234,918	101,493	273,018	114,901
27	**7,415,362**	**25,733,461**	**55,740,343**	**57,323,134**	**68,445,362**	**61,445,552**	**38,877,796**	**62,217,281**	**76,650,468**	**81,221,332**	**48,194,460**	**43,323,031**
28	35,021	0	14,397	0	5,333	5,143	0	1,602	270,573	516,007	23,725	30,587
29	0	0	0	0	9,491	2,065	54,782	14,949	62,917	23,725	834,852	1,179,937
30	0	0	0	0	1,904	0	0	0	157,639	816,810	32,589	105,663
31	0	0	0	363	0	0	0	0	476	32,749	32,589	439,076
32	0	0	2,283	0	0	0	0	1,865	0	966	1,291	1,499
33	31,262	28,991	1,994	20,154	55,373	50,902	36,046	39,724	62,917	101,493	172,940	213,524
34	0	2,299	925	39,958	99,506	43,476	179,899	2,963,823	561,259	516,007	640,838	684,544
35	0	0	4,463	2,862	4,607	137,714	317,243	343,003	562,960	614,439	7,423	13,017
36	0	0	2,953	0	0	6,192	13,569	8,737	71,594	140,189	8,791	34,450
37	0	0	0	0	0	0	0	0	0	246	8,149	0
38	2,517	2,545	1,994	20,154	55,373	50,902	36,046	39,724	97,322	143,362	251,435	438,070
39	0	350	459	0	99,506	43,476	179,899	2,963,823	561,259	1,329,397	1,164,353	970,699
40	350	3,651	925	2,862	4,607	137,714	317,243	343,003	562,960	614,439	382,744	698,791
41	3,651	32,161	4,463	2,862	6,192	6,192	13,569	8,737	71,594	140,189	232,768	183,663
42	**3,265**	**2,048**	**2,953**	**47,104**	**268,985**	**902,399**	**2,132,285**	**4,192,943**	**6,525,400**	**7,436,092**	**6,405,910**	**5,755,451**
43	32,161	32,161	1,994	42,089	138,747	67,106	36,147	2,154	1,182	1,059	392	2,190
44	**792,811**	**1,102,277**	**1,619,116**	**2,631,296**	**1,891,575**	**1,553,632**	**2,132,943**	**2,914,572**	**4,336,432**	**4,558,313**	**3,824,693**	**14,219,800**
45	45,876	46,772	60,742	3,166	139,432	233,059	28,268	515,092	672,503	730,809	805,076	904,155
46	46,772	46,772	0	0	0	0	278,265	0	0	0	0	0
47	0	0	0	257	519	29,181	88,650	109,212	322,193	533,121	349,952	249,264
48	1,386	1,697	2,283	0	0	0	0	4,804	17,690	7,392	8,652	206,620
49	0	0	459	0	0	21,967	4,363	183,725	226,192	193,678	382,383	8,652
50	57,935	130,989	115,078	8,027	24,498	21,967	112,167	183,725	226,192	193,678	382,383	722,412
51	0	16,210	108,543	25,646	23,975	9,333	387	250,394	1,425	1,899	214,066	382,383
52	97,004	16,210	108,543	47,104	23,975	9,333	74,804	250,394	217,957	399,994	214,066	111,191

第1部

	1	2	3	4	5	6	7	8	9	10	11	12
53	1,412	0	0	0	411	1,479	0	0	0	0	0	253
54	17,035	8,091	23,254	23,620	5,905	7,511	0	0	0	0	0	0
55	43,685	46,492	29,136	19,109	10,327	45,941	5,060	9,648	9,462	9,648	0	0
56	490,446	470,889	491,183	560,232	67,470	62,508	9,162	37,418	0	37,418	0	1,334
57	269,348	308,979	235,573	170,148	83,929	60,797	47,904	47,904	193,207	141,959	21,720	24,315
58	53,658	83,082	271,527	603,608	447,622	279,617	358,112	335,233	141,959	193,207	113,710	18,515
59	9,747	0	34,535	12,344	5,691	0	0	0	5,210	5,210	5,210	15,131
60	3,808	2,935	4,489	523	1,823	2,662	2,662	0	0	0	0	97,339
61	14,060,331	17,102,397	18,726,011	16,329,571	12,134,278	8,797,727	6,326,600	3,558,177	1,541,947	1,976,551	719,812	217,917
62	36,125,016	38,335,819	39,732,052	36,126,819	22,263,185	17,481,860	13,303,730	7,750,683	2,938,474	2,877,695	968,595	181,841
63	7,195,089	7,658,114	7,946,130	5,964,574	4,497,576	3,600,111	2,338,923	1,532,057	1,023,284	849,424	849,424	541,204
64	4,833,924	5,071,089	9,545,039	5,230,075	1,570,360	946,943	458,337	146,860	18,331	0	0	0
65	832,149	13,096	744,930	616,815	301,369	18,118	18,118	5,250	5,250	0	463	288
66	3,014	69,892	5,601	3,248	17,211	1,787	1,787	18,118	0	0	0	0
67	45,743	179,155	225,858	10,202	4,521	4,544	4,544	3,371	2,346	2,346	608	1,962
68	90,841	806,091	678,437	88,473	41,328	19,968	16,560	85,873	58,695	41,487	25,370	25,467
69	817,952	224,915	219,445	306,687	189,731	102,903	76,414	1,366	1,366	0	41,487	0
70	288,726	0	154,321	156,687	84,110	45,957	5,894	13,951	4,117	4,706	0	3,060
71	337,934	0	0	136,687	28,962	2,307	2,307	29,946	0	4,706	4,706	0
72	20,920	4,377	5,526	0	8,925	8,925	97,625	1,976,574	2,877,695	1,966,551	4,531,972	1,966,551
73	1,585,283	1,553,345	962,050	422,134	113,397	30,207	14,455	6,951	4,009	0	0	0
74	206,620	39,086	308,662	154,329	80,552	15,352	7,714	493	493	4,539	0	25,112
75	0	0	0	0	15,382	7,714	414	0	0	493	0	0
76	62,311	93,069	15,280	2,541	10,916	0	1,066	2,203	1,097	2,203	0	3,579
77	0	0	0	0	0	0	0	0	0	0	0	0
78	743	2,057	0	0	0	1,066	0	0	0	0	0	0
79	0	0	0	13,736	640	0	640	3,513	3,513	3,513	0	0
80	0	15,889	0	2,028	0	12,945	12,945	290	0	30,442	0	132,351
81	248,774	568	289,294	142,925	8,527	213	506	0	290	41,872	0	0
82	347,890	202,657	351,190	71,137	7,282	26,168	26,910	1,768	0	0	0	568
83	0	436,961	2,637,525	681,525	1,418	1,662	5,209	2,798	3,130	601	601	0
84	4,313,943	3,721,847	7,774,173	1,858,172	194,008	38,576	95,198	3,130	33,600	5,324	5,324	0
85	16,219,477	12,258,466	320,118	75,851	417,704	99,268	99,268	55,958	0	0	0	0
86	0	391	30,023	19,763	0	0	0	0	0	0	0	0
87	238,777	247,910	0	75,851	14,813	1,732	20,883	10,827	10,827	0	398	1,350
88	9,398	11,562	585,246	19,763	6,969	6,969	32,236	0	0	10,827	0	398
89	0	5,949	0	201	201	0	0	0	0	0	0	0
90	1,874,475	16,911,366	585,246	193,586	25,910	14,662	9,131	9,131	0	0	0	0
91	509,142	34,854	14,231	24,894	12,979	6,338	1,150	0	0	9,131	0	5,550
92	16,865	95,050	10,939	22,389	22,389	0	0	262	0	1,150	0	0
93	0	0	0	0	0	0	0	0	0	0	262	1,049
94	9,732,353	9,671,490	10,081,683	6,767,792	3,521,947	2,248,286	2,248,286	165,950	61,456	61,456	14,881	2,163
95	1,413,994	1,619,560	870,535	593,392	218,213	127,290	127,290	1,575	481	1,575	1,575	1,330
96	1,229,766	681,949	297,686	256,101	66,011	89,604	89,604	19,906	6,176	19,906	2,124	964
97	18,663	38,864	22,291	42,196	29,139	4,675	4,675	3,173	4,277	3,276	547	3,658
合計	223,021,932	228,925,523	264,470,665	219,548,311	161,487,441	137,896,341	118,658,242	110,009,806	89,178,576	84,940,568	47,991,435	25,028,977

（出所）財務省「貿易品目統計」に基づき、筆者作成

けの輸出商品の広がりを示している。

　また、上記の輸入額の大きい 27、3、62、61、94、64、63、85、42 の 9「類」は、下記のような動きを示している。

　「類」番号、「3」と「27」が 1988 年から 1999 年までのすべての年が該当する。また、「9」が 1993 年から 1999 年まで、「16」と「44」が 1989 年から 1999 年まで該当し、「42」が 1994 年から 1999 年までが該当する。また、「72」が 1988 年から 1991 年まで該当する。「73」は 1998 年と 1999 年が該当する。

　また、「61」「62」「63」も 1991 年から 1999 年まで該当し、「64」が 1995年以降、1999 年まで該当する。

　全体として、以上のような動きとなっているが、ベトナムからの輸入額の「類」別上位 9 類に限定して、その推移について項を改め、みておくことにする。

4.2　ベトナムからの輸入額（類別上位 9 分類）の推移

　ベトナムからの輸入額の「類」別上位 9 類に限定して、その推移を示しているのが、表 3.5 並びに図 3.3 である。

　これら 9「類」は、ベトナムから日本への輸出額が大きい「類」である。表 3.5 並びに図 3.3 からわかるように、「27　鉱物性燃料及び鉱物油並びにこれらの蒸留物、歴青物質並びに鉱物性ろう」が 1989 年からトップを示し続けている。原油の貢献が大きい。また、次に高水準を持続しているのが、「3　魚並びに甲殻類、軟体動物及びその他の水棲無脊椎動物」であるが、海産物（エビ、イカ）が中心である。これらに次ぐのが、「62　衣類及び衣

表 3.5　ベトナムからの輸入額（類別上位 9 分類）の推移　　　単位：千円．$

製品類番号	1988	1989	1990	1991	1992	1993	1994	1995	1996	1997	1998	1999
*27	7,415,362	25,733,461	55,740,343	57,323,134	68,445,362	61,445,552	58,877,796	62,217,281	76,650,468	81,221,332	48,194,460	43,323,031
*3	11,906,352	12,029,537	17,828,123	16,766,951	19,913,371	25,151,580	31,923,976	31,421,371	37,421,371	46,327,361	44,081,550	41,162,768
*62	87,361	181,841	908,595	2,938,474	7,750,683	13,303,730	17,481,860	22,263,185	36,126,819	39,732,052	38,335,819	36,125,016
*61	97,339	217,917	749,812	1,541,947	3,558,177	6,326,600	8,797,727	12,134,278	16,329,571	18,726,011	17,102,597	14,060,331
*94	2,163	14,881	9,578	61,456	165,950	0	2,248,286	3,821,947	6,767,792	10,081,683	9,671,490	9,732,353
*64	0	0	0	18,331	146,860	458,337	946,943	1,570,360	5,230,075	9,545,039	5,071,089	4,833,924
*63	303,152	541,204	849,424	1,023,284	1,532,057	2,338,923	3,600,111	4,497,576	5,964,574	7,946,130	7,658,114	7,195,089
*85	0	0	0	0	55,958	95,168	99,268	417,704	1,858,172	7,774,173	12,258,466	16,219,477
*42	3,265	2,048	2,953	47,104	268,595	902,399	2,132,285	4,192,943	6,525,400	7,436,092	5,755,451	5,755,451
9類の合計	19,814,994	38,720,889	76,148,828	79,720,681	101,837,403	110,022,289	126,108,232	142,536,291	192,874,242	228,789,873	188,428,495	178,407,440
9類の割合	79.2%	80.7%	89.6%	89.4%	92.6%	92.7%	91.5%	88.3%	87.9%	86.5%	82.3%	80.0%
輸入額の合計	25,028,977	47,991,435	84,940,568	89,178,576	110,009,806	118,658,242	137,898,341	161,487,441	219,548,311	264,470,665	228,925,523	223,021,932

（出所）財務省「貿易品目統計」に基づき、筆者作成

第1部

類附属品（メリヤス編み又はクロセ編みのものを除く。）」であり、1991年から増加を続けている。これら「27」「3」「62」類は1995年以降、1996年から1997年へと増加の弾みをつけていたが、アジア経済危機のあった1997年をピークに1998年には減少に転じた。

また、1992年以降、上記の3つの「類」とは異なり、堅実な増加を続けてきたのが、「61　衣類及び衣類附属品（メリヤス編み又はクロセ編みのものに限る。）」である。「62」との関連で、興味深い動きである。メリヤス編み又はクロセ編みの衣類及び附属品が増加してきているのであるが、これは、衣類・衣類附属品の種類の拡大を反映している。ベトナムにおける衣類・衣類附属品生産の技術の発展を示していると考えられる。

上記以外に、目立つ動きを示しているのは、「85　電気機器及びその部分品並びに録音機、音声再生機並びにテレビジョンの映像及び音声の記録用又は再生用の機器並びにこれらの部分品及び附属品」であり、いわゆる家

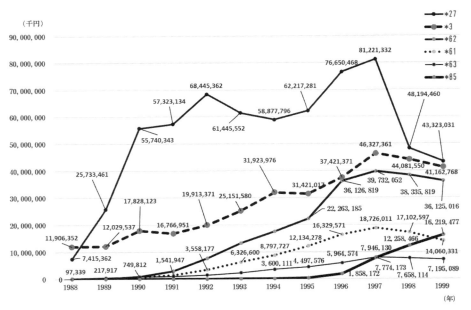

図 3.3　ベトナムからの輸入額（上位9分類）の推移

（出所）財務省「貿易品目統計」に基づき、筆者作成

第3章　1990年代のベトナムの経済発展と日本・ベトナム貿易

電製品、情報家電製品の主に工業団地による生産が軌道に乗り始めたことを反映している。

そのほか、「94　家具、寝具、マットレス、マットレスサポート、クッションその他これらに類する詰物をした物品並びに照明器具（他の類に該当するものを除く。）及びイルミネーションサイン、発光ネームプレートその他これらに類する物品並びにプレハブ建築物」、「64　履物及びゲートルその他これに類する物品並びにこれらの部分品」、「63　紡織用繊維のその他の製品、セット、中古の衣類、紡織用繊維の中古の物品及びぼろ」、「42　革製品及び動物用装着具並びに旅行用具、ハンドバッグその他これらに類する容器並びに腸の製品」は上記の5つほど額は大きくないが、堅調に推移していることがわかる。

図3.4には、日本のベトナムからの輸入総額の推移と上位9「類」の輸入額に占める割合が示されている。これをみると、日本のベトナムからの輸入総額が1988年から1997年まで年平均24.8%という高い伸び率を示しながら、順調に推移し、1997年をピークに下方に反転したことがわかる。

図3.4　日本のベトナムからの輸入総額と上位9「類」の輸入額に占める割合の推移

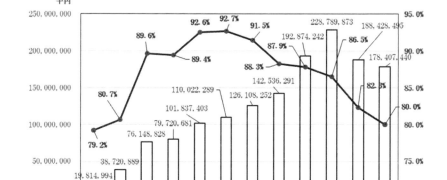

（出所）財務省「貿易品目統計」に基づき、筆者作成

第 1 部

　しかし、上位 9「類」の輸入額に占める割合は、1988 年の 79.2%から 1989 年には 80.7%に上昇し、翌 1990 年には 89.6%と 8.9 ポイントも上昇している。その後、1992 年には 92.6%と 90%台に乗り、これをピークに下方に反転し、1995 年には 88.3%と 90%を割った。その後も徐々に低下し続け、1999 年には 80.0%となった。こうした動きはあるものの、上位 9「類」、より絞れば、上位 5 つの「類」で 8 割から 9 割を占める状況が 1990 年代に続いていたことがわかる。

　このことは、ベトナム経済の 1990 年代が残したもの、日本企業との協力関係の中で、相対的に停滞したとされる非 ME 部門である「旧」産業における繊維産業の生産・貿易における貢献を示している。また、「離陸」期におけるその役割が確認できるのである。

表 3.6　類別輸入分類コード数の推移〈1988 年から 1998 年〉

製品類番号	1988	1989	1990	1991	1992	1993	1994	1995	1996	1997	1998	10 年間の平均伸び率（%）
3	16	18	25	32	35	40	48	57	56	68	57	13.5%
27	2	2	2	3	2	4	3	2	2	4	5	9.6%
16	25	9	7	11	10	16	15	17	13	17	18	-3.2%
42	2	1	2	4	7	12	16	16	19	19	20	25.9%
44	20	17	30	32	40	46	38	44	40	37	31	4.5%
63	4	4	6	10	8	11	20	26	17	18	24	19.6%
9	3	8	7	11	9	10	11	13	16	16	17	18.9%
61	2	11	18	20	19	67	84	124	129	141	147	53.7%
62	12	13	25	28	28	79	86	117	111	116	104	24.1%
94	4	4	6	10	12	11	16	16	28	24	29	21.9%

（出所）財務省「貿易統計」各年次版より作成

　ここでは、個別企業のケーススタディではなく、財務省「貿易品目統計」を用いて、「類」とその下位である「項」（Heading）を含む上 6 桁の「号」（Sub-heading）のさらに下位の商品分類を示す 9 桁分類を用いて、「類」の中の商品項目の変化を分析する。ベトナムから日本への輸出品の「類」における商品項目の変化がベトナムにおける対日輸出のための生産体制の構

第3章　1990年代のベトナムの経済発展と日本・ベトナム貿易

築、ベトナムにおける「離陸」の一つの内実を示すものと判断できるからである。

図3.5　輸入額上位9「類」の製品コード数の推移

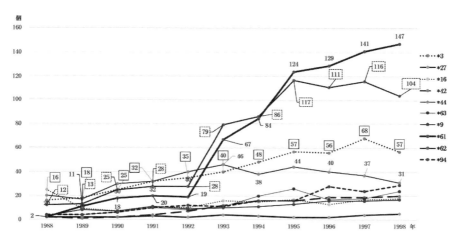

（出所）財務省「貿易統計」各年次版より作成

　表3.6は、1988年から1998年までの類別輸入分類コード数の推移と1989年から1998年までの10年間のコード数の平均伸び率（幾何平均）を示している。

　これをみると、1998年時点で「類」内のコード数の一番多いのが「61」で157、次いで「62」が104となっている。衣類関係がコード数、すなわち商品数を大きく伸ばしていることがわかる。また、10年間の平均伸び率は、「61」が53.7%、「62」が24.1%と高いものとなっている。

　次いで、コード数が多いのは、「3」の57で、その伸び率は13.5%、またコード数こそ20にとどまってはいるが、伸び率が高いのは「42」で25.9%となっている。

　また、類「9」の平均伸び率は、18.9%となっているが、これを上回っているのが、「94」の21.9%、「63」の19.6%である。

　本項の分析では、1990年代において、日本の輸入額の大きい「類」3, 27以上に、コード数が堅実な増加を続けていたのが、「61　衣類及び衣類附属

第1部

品（メリヤス編み又はクロセ編みのものに限る。）」と「62　メリヤス編み
又はクロセ編みの衣類及び附属品」であることが確認できた。日本の輸入
額の増加は、衣類・衣類附属品のコード数、すなわち、その種類の拡大を
反映している。これはベトナムにおける衣類・衣類附属品生産の技術の発
展を示すものである。

　原油を中心とした類「27」や魚介類を中心とした類「3」と同様、繊維関
係のベトナムの輸出も 1980 年代から行われていたが、繊維産業は、その商
品数の増加により 1990 年代のベトナム経済の「離陸」に貢献した産業部門
として、位置づけられるのである。

　この発展が、貿易加工区や工業団地を利用したあるいは別の形態での地
場産業の発展であるのかは、ベトナムと日本の企業の選択の結果であるが、
1990 年代にこの経路を作り、発展のレールに乗せた企業・産業の一つが縫
製業であったことが確認できる。そこで、このベトナムの縫製業を発展さ
せた日本企業について、章を改めてみていくことにする。

註

1　7 桁目以降の番号（統計細分・NACCS 用番号）について説明しておく。
　　HS コード 6 桁目より後の番号については、各国が国内法に基づいて統計細分等の番号を
　　設定することができる。日本では第 7〜9 桁目を輸出入統計細分、10 桁目を NACCS（輸
　　出入・港湾関連情報処理センター株式会社が運営する、税関その他の関係行政機関に対す
　　る手続及び関連する民間業務をオンラインで処理するシステム）用として使用している。
　　例えば、現行の実行関税率表の「米（10.06 項）」は、以下のように細分化されている。
　　　　ただし、輸入品用の実行関税率表とは別に、輸出品用の「輸出統計品目表」では、米（10.06）
　　の統計品目番号の 7 から 9 桁目は、すべて 000 となっている。
　　　　10.06.10.090.† もみ、10.06.20.090.† 玄米、10.06.30.090.† 精米（研磨又はつや出しし
　　てあるかないかを問わない）、10.06.40.090.† 砕米というものとなっている。
　　https://www.jetro.go.jp/world/qa/04A-010701.html 参照。
2　HS コードを正しく特定しないと正しい関税額を計算することができないことになる。
3　ただし、それぞれの輸入国・地域で輸出入のつど HS コードの判定が行われるため、同じ
　　商品であっても輸入国・地域によって異なる分類がなされることがある。こうしたことも
　　あり、更正処分や修正申告を避けるためには、税関の「関税分類の事前教示制度」の利用
　　などにより、事前に HS コードや関税率について確認しておくことが望まれている。JETRO
　　のサイト（注 1）参照。
4　JETRO サイト. 同前。

第4章

フォーク株式会社の 1990 年代の取り組み

―縫製業のケース―

藤江昌嗣

　前章では、1980 年代から行われていた原油や魚介類を中心としたベトナムの日本への輸出と同様、繊維関係の輸出も 1980 年代から行われていたこと、しかし、その後、上記の原油、魚介類という「一次資源」輸出産業とは異なり、繊維産業は 1990 年代において、ミシンを含む製造技術の発展の中で、日本への輸出商品種類が拡大し、それにともない輸出額も増大し、ベトナム経済の「離陸」に貢献した産業部門として位置づけられることを確認した。

写真 4.1　左端 小谷野正道相談役、右端 小谷野淳代表取締役社長、左より 2 人目 東長邦明、右より 2 人目 藤江

　そしてこの発展は、独自の生産や委託を行う委託加工貿易や、あるいは、工業団地を利用した発展という経路で進行していったのであるが、それは、ベトナムや日本の企業がそのおかれた環境を背景に、それぞれが選択した「地場産業」の育成・発展でもあった。本章では、1990 年代に独自の経路をつくり、ベトナム縫製業を発展のレールに乗せた日本の縫製企業であるフォーク株式会社（以下、フォーク社）を取り上げ、フォーク社が日本の縫製メーカー・販売企業の中でもいち早く、ベトナム（ホーチミン）に工場を創り、ユニフォームの製造販売業―SPA

第 1 部

Speciality Store Retailer of Private Label Apparel－として、ベトナムの縫製企業・産業、そしてベトナム経済の「離陸」に貢献したことを確認していく。

　フォーク社は小谷野淳社長、創業 1903（M.36）年、設立 1943（S.18 年 2 月 26 日）で、2023 年に創業 120 周年を迎えた歴史ある企業である。その事業内容は、女子オフィスユニフォーム、メディカルウエア等の企画、製造、販売である。

　フォーク社は、現埼玉県加須市で創業したが、現在は、東京本部を東京都千代田区岩本町 3-11-6 に、また、埼玉支社を鴻巣市赤城台 362 番 20 に置く、資本金 1,500 万円、従業員数 140 名、自社工場として会津工場と岩手工場をもつ優良企業である。

　先ずは、その歴史を同社のホームページを基に辿ってみることにする（以下、表 4.1 参照）。

1.　フォーク株式会社の歴史－1903 年から 2023 年

　1903（M.36）年に小谷野徳三郎が小谷野商店として綿布青縞の買継問屋を開業した。その後、1920 年代後半に広幅生地の需要が増加し、綿布全般の加工原料を販売し、業容を拡大した。

　さらに、1927（S.2）年には、青縞、足袋等の手工業から幅広織物の学生服、作業着、トレパン、軍服等の縫製工場へと転換した。その後、1934（S.9）年にはミシンを導入し、作業用シャツ・ズボン等の本格的な生産を始めたが、これが小谷野被服の前身となった。

　また、1940（S.15）年縫製工場（本社工場）を建設、1943（S.18）年に資本金 7 万円の有限会社に組織を変更。1947 年に復員した小谷野清が二代目社長として、小谷野商店を継承した。

　同社は、戦後、婦人服や子供服も手掛けたが、1950 年代から 60 年代においても柱となる事業は定まらなかった。こうした中、小谷野清は 1960（S.35）年に東レ*1 と提携し、事務服の製造販売を開始したが、それがユニフォームメーカーとしての端緒となった。1960 年代は素材革命の時代であった。その後、1968（S.43）年には、小谷野被服株式会社に改組、翌 1969（S.44）年には東京小伝馬町に東京営業所を開設した。

　また、工場、企業としての評価という点では、1977（S.52）年に埼玉県標準工場の指定を受け、1978（S.53）年には優良企業として中小企業庁長官

賞を受賞した。この技術向上には、当時の埼玉県中小企業総合指導所　逆井清直氏の指導が大きかった。

1980（S.55）年には資本金を1500万円に増資するとともに、本社工場を新設した。また、1982（S.57）年には、福岡市に九州フォーク株式会社を開設した。この年、優良申告法人の表彰を受けたが、これは、1977年以降の埼玉県標準工場指定、翌78年の中小企業庁長官賞（優良企業）受賞に続く、企業の社会的責任を果たしていることの証左であった。

1984（S.59）年には大阪営業所を開設し、また、翌1985（S.60）年に福島県白河市に白河工場を新設した。

この1985年は同社にとり大きな変化の始まりの年であった。この年同社は、商号を小谷野被服株式会社からフォーク株式会社に変更した。これについてはのちに詳述する。

1988（S.63）年には、本社工場にCADシステムを導入し、中小企業庁より、中小企業合理化モデル工場に指定された。また、岩手県に新工場を新設した。

1990（H.2）年は同社にとり、誉れ高い年となった。秋の叙勲で社長　小谷野清が黄綬褒章を受章したのである。

また、同社は、1991（H.3）年に海外生産拠点としてベトナム明福縫製工場を開設したが、この開設は同社にとり、大きな決断であった。ベトナムにおける同社の展開は、本章の核となるものである。同年、専務取締役　小谷野正道が三代目取締役社長に就任した。また、同年岩手工場を新設した。

1988（S.63）年の本社工場へのCADシステム導入から5年後、1993（H.5）年に会津工場へCAD、CAMシステムを導入し、仙台営業所を開設した。また、1997（H.9）年には、関連会社サンフォーク株式会社を設立。1998（H.10）年には九州フォーク株式会社を合併し、九州営業所とした。また、同年、株式会社小川白衣（札幌市）と業務提携。1999（H.11）年には、仙台営業所を移転し、その際、ショールームを併設した。そして、2000（H.12）年には、札幌営業所を開設し、生産、販売体制を含め、会社組織・体制を再構築していったのである。

生産体制のグローバル化という点では、2001（H.13）年中国江蘇省に中国工場を開設し、常州福可曼制衣有限公司が「ISO9001」認証を取得した。

また、ベトナムでは、1991年の明福工場以来となるミンホアン工場を2003（H.15）年に新設した。それは、2005（H.17）年の中国工場移転の受

第1部

け皿となった。

　また、メディカル衣料という市場への参入も始まった。2007（H.19）年株式会社ワコールと提携し、メディカル白衣の共同開発を発表した。

　2008（H.20）年には、札幌営業所と株式会社小川白衣を合併し、フォーク北海道株式会社を設立した。これは後述するが、大きな決断であった。

　また、同年、ノーブルスター株式会社を合併し、ノーブルスター事業部（園児服）を設置したが、これも新しい市場への参入であった。

　そして、2009（H.21）年に小谷野淳が4代目の代表取締役社長に就任した。小谷野淳は、新ブランド介護ユニフォーム『Ange club』を新規事業として立ち上げ、2010年（H.22）には、株式会社ウィルコムとの共同企画スクラブを発表した。また同年4月に株式会社アイ・キュー・シーを合併、2011（H.23）年には、パントン社、国境なき医師団との共同企画スクラブを発表。12月には森伍株式会社の白衣事業を継承した。

　また、2012（H.24）年2月に、サンフォーク（株）と泰進繊維（株）を合併し、3月には株式会社ダイイチ大宮を合併した。

　そして、2013（H.25）年に創立110周年を迎えたのである。この年、ハローキティ（株式会社サンリオ）を事務服ブランド nuovo のキャラクターに起用し、また、2012年の小倉優子の事務服ブランド nuovo のイメージモデル起用から、2013年には優木まおみを事務服ブランド nuovo のイメージモデルに起用した。また、2015（H.27）年には足立梨花を事務服ブランドnuovo のイメージモデルに起用。この年、PANTONE COLOR OF THE YEAR（エメラルド）スクラブを発表した。小谷野淳は製品の品質と生産体制の内外構築を意識しながら、ブランドづくりに力を入れていく方向を示したといえよう。

　また、スクラブ関係のブランド展開については、下記の通りである。

　2014（H.26）年 PANTONE COLOR OF THE YEAR（ラディアント・オーキッド）スクラブの発表、「ジップスクラブ®」ならびに「ジップアップスクラブ®」商標登録。意匠登録。「ジップスクラブ®　シリーズ」2014年度グッドデザイン賞受賞。

　2015年の PANTONE COLOR OF THE YEAR（マルサラ）スクラブの発表。ディッキーズ社のライセンス取得。2016（H.28）年の PANTONE COLOR OF THE YEAR（セレニティとローズクォーツ）スクラブの発表、2017（H.29）年の PANTONE COLOR OF THE YEAR（グリーナリー）スクラブの発表、

第4章　フォーク株式会社の1990年代の取り組み

また、SPI 社との提携。CHEROKEE（チェロキー）のライセンス取得を行った。2018（H.30）年には、PANTONE COLOR OF THE YEAR（ウルトラヴァイオレット）スクラブを発表、そして、2019（H.31）年の PANTONE COLOR OF THE YEAR（リビングコーラル）スクラブ発表、そして 2020（R.2）年 1 月には、PANTONE COLOR OF THE YEAR 2020「クラシックブルー」に加え、「ミッドナイトネイビー」「チャコールグレー」を新色スクラブとして発表した。

　また、前後するが、2015 年には、ガリガリ君（赤城乳業株式会社・ガリプロ）をイメージキャラクターに商品を発表した。

　この年、埼玉県鴻巣市に埼玉支社を新設し、旧埼玉本社と商品センターの機能を統合し、東京支店を東京本部に改称した。

　また、同年 5 月に、中国山東省でユニフォームの製造販売を行う、青島森華達職業服装有限公司へ出資した。

　2020 年 2 月には、フォーク社展示会「働くを替える」を東京・大阪・福岡の 3 都市で開催し、大きなメッセージを発信した。同社のビジネスユニフォームを軸とした多様な展開を予感させるものであった。また、同月には名古屋営業所を開設し、国内ネットワークを作りあげた。

　以上が、1903 年から 2023 年までのフォーク株式会社の歴史である。

表 4.1　フォーク株式会社の歩み

西暦（和暦）	出来事
1903（M.36）	小谷野徳三郎が小谷野商店として綿布青縞の買継問屋を現加須市で開業。
	昭和初期広幅生地の需要が増加し、綿布全般の加工原料を販売する。
1927（S.2）	青縞、足袋等の手工業から幅広織物の学生服・作業着等の縫製工場へ転換。

第1部

1934（S.9）	ミシンを導入。作業用シャツ・ズボン等を本格的に生産。小谷野被服の前身となる。
1940（S.15）	縫製工場（現本社工場）を建設。
1943（S.18）	資本金7万円の有限会社に組織を改める。
1960（S.35）	東レと提携し、事務服の製造販売を開始。
1968（S.43）	小谷野被服株式会社に改組。
1969（S.44）	東京小伝馬町に東京営業所を開設。
1977（S.52）	埼玉県標準工場の指定を受ける。
1978（S.53）	優良企業として中小企業庁長官賞を受ける。
1980（S.55）	資本金を1500万円に増資する。本社（加須）工場を新設する。
1982（S.57）	福岡市に九州フォーク株式会社を開設する。優良申告法人の表彰を受ける。

第4章　フォーク株式会社の1990年代の取り組み

1984（S.59）	大阪営業所を開設。
1985（S.60）	小谷野被服株式会社からフォーク株式会社に商号を変更する。福島県白河市に白河工場を新設。
1988（S.63）	本社工場にCADシステムを導入。中小企業庁より、中小企業合理化モデル工場に指定される。
1990（H.2）	秋の叙勲で社長 小谷野清 黄綬褒章 受章。
1991（H.3）	岩手工場を新設 海外生産拠点としてベトナム明福縫製工場開設。 専務取締役 小谷野正道 取締役社長に就任。
1993（H.5）	仙台営業所開設。会津工場へCAD、CAMシステムを導入。

第1部

1997（H.9）	関連会社サンフォーク株式会社設立。
1998（H.10）	九州フォーク株式会社を合併し、九州営業所とする。株式会社小川白衣と業務提携。
1999（H.11）	仙台営業所 移転、ショールームを併設。
2000（H.12）	札幌営業所 開設。
2001（H.13）	中国江蘇省に中国工場 開設。 常州福可曼制衣有限公司「ISO9001」認証取得。
2003（H.15）	ベトナムミンホアン工場新設。
2005（H.17）	中国工場移転。
2007（H.19）	株式会社ワコールと提携。メディカル白衣共同開発発表。

第4章　フォーク株式会社の1990年代の取り組み

2008（H.20）	札幌営業所と株式会社小川白衣を合併し、フォーク北海道株式会社設立。
	ノーブルスター株式会社を合併し、ノーブルスター事業部（園児服）を設置。
2009（H.21）	小谷野淳　代表取締役社長就任。
	新ブランド介護ユニフォーム『Ange club』新規事業立ち上げ。
2010（H.22）	株式会社ウィルコムとの共同企画スクラブ発表。
	4月、株式会社アイ・キュー・シーを合併
2011（H.23）	パントン社、国境なき医師団との共同企画スクラブ発表。
	12月、森伍株式会社の白衣事業を継承。
2012（H.24）	2月、サンフォーク(株)と泰進繊維(株)を合併。
	3月、株式会社ダイイチ大宮を合併。
	小倉優子を事務服ブランド nuovo のイメージモデルに起用。

第1部

2013（H.25）	創立110周年を迎える。 ハローキティ（株式会社サンリオ）を事務服ブランドnuovoのキャラクターに起用。 優木まおみを事務服ブランドnuovoのイメージモデルに起用。 PANTONE COLOR OF THE YEAR（エメラルド）スクラブを発表。 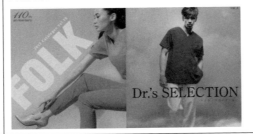
2014（H.26）	PANTONE COLOR OF THE YEAR（ラディアント・オーキッド）スクラブを発表。 「ジップスクラブ®」ならびに「ジップアップスクラブ®」商標登録。意匠登録。 「ジップスクラブ® シリーズ」2014年度グッドデザイン賞受賞。
2015（H.27）	PANTONE COLOR OF THE YEAR（マルサラ）スクラブを発表。 ディッキーズ社のライセンス取得。 ガリガリ君（赤城乳業株式会社・ガリプロ）をイメージキャラクターに商品を発表。 足立梨花を事務服ブランドnuovoのイメージモデルに起用。 埼玉県鴻巣市に埼玉支社を新設（旧埼玉本社と商品センターの機能を統合）。 東京支店を東京本部に改称。
2016（H.28）	PANTONE COLOR OF THE YEAR（セレニティとローズクォーツ）スクラブを発表。 

2017 （H.29）	PANTONE COLOR OF THE YEAR （グリーナリー）スクラブを発表。 SPI 社と提携。CHEROKEE（チェロキー）のライセンス取得。
2018 （H.30）	PANTONE COLOR OF THE YEAR （ウルトラヴァイオレット）スクラブを発表。 2 月、北海道営業所開設。 5 月、中国山東省でユニフォームの製造販売を行う、青島森華達職業服装有限公司へ出資。
2019 （H.31）	PANTONE COLOR OF THE YEAR （リビングコーラル）スクラブを発表。 2 月、フォーク社展示会 [:Mixed:] を東京・大阪・福岡の 3 都市で開催。
2020 （R.2）	1 月、PANTONE COLOR OF THE YEAR 2020「クラシックブルー」に加え、「ミッドナイトネイビー」 2 月、フォーク社展示会「働くを替える展」を東京・大阪・福岡の 3 都市で開催。 2 月、名古屋営業所開設。
2023 （R.5）	2 月、広島営業所開設。

（出所）フォーク株式会社ホームページより一部加筆の上、掲載。

2．小谷野正道の取り組み—ユニフォーム、白衣、ベトナム

2.1 小谷野被服からフォーク株式会社へ

　フォーク社の現在の基本的な商品カテゴリーの道を開くとともに、ベトナムとの関係を築いたのは、現相談役小谷野正道（以下、小谷野）である。小谷野が小谷野被服株式会社に入社した 1973 年当時、同社の総売上高 8 億円のうち、ユニフォームのシェアは 50％であったが、この年、ユニフォームに完全専業化し、一般衣料はゼロとなった。その後、1982（S57）年には福岡市に九州フォーク株式会社を開設し、全国を視野に、販売は勿論のこと、情報収集強化のための営業拠点づくりを進めた。また、同年、優良申告法人の表彰も受けた。

　そして、1985（S.60）年には小谷野被服株式会社からフォーク株式会社に商号を変更し、現在の社名が誕生した。この社名は「商店から企業へ」という思いを込めて名付けられたものである。

第 1 部

　また、同年、福島県白河市に白河工場を新設した。同工場では、女子オフィスユニフォーム（シャツ、ブラウス）を中心に生産を行っていたが、組み立て工程には、生産効率の高いベルトコンベヤを利用したピッチコントロールシステムが導入され、年間 5 万着のブラウスが生産されている。会津の工場は、多様化するユニフォーム需要もにらみながら、クイックレスポンスを実践する戦略的な工場である。

　初代小谷野徳三郎の小谷野綿布店の時代を第一期とすれば、二代目小谷野清の小谷野被服株式会社の第二期はブラウス、作業用シャツ・ズボンを含む一般用品（衣料品）を中心とした時期であり、その後、小谷野正道の第三期は、小谷野清が端緒を作ったユニフォーム事業の承継とともにそれをさらに発展させる時期であった。

　小谷野はこの時期を自ら「再創業」の年と位置づけ、「謙虚に挑戦する精神－強い考え方と生き方－」を胸に現場を歩き続け、模索と思考を深め、幾つかの光明を見出し、実践した。一つは、営業体制の強化（支店開設と既存組織の改編を含む）であり、いま一つは、流通の変化と古い商慣習を見極め、一般衣料に見切りをつけ、ユニフォーム専門の製造販売メーカーとして新しい事業領域を拓くことであった。

　しかし、ユニフォーム市場には難しさも内包されていた。青縞、足袋等の手工業から幅広織物の学生服・作業着等の縫製への転換、その後、生地の卸しと一般衣料から体育衣料などの縫製への転換、そして、1960 年の事務服の製造販売を端緒とするユニフォームメーカーとしての展開を通してフォーク社の発するメッセージはどのようなものであったのであろうか。以下では、この点をみておくことにする。

　それは、マーケットの単位への注目である。青縞、足袋等から幅広織物の学生服・作業着等の縫製への転換、さらには事務服・ユニフォームへの転換から 2 つのことを読み取ることが可能である。すなわち、戦後のベビーブームにともなう 18 歳人口の急増－いわゆる「団塊世代」－は、大学生も学生服を着用する時代でもあり、学生服への需要を見込めるものであった。しかし、第二次ベビーブーマーの作り出すピークは表 4.2 並びに図 4.1 にあるように 1992 年であり、その後、18 歳人口は減少していくというトレンド（傾向）が明確に読み取れた。小谷野は、「流通変革の時代に一般衣料の卸しは主軸たりえない。」と判断した。

2.2 ユニフォーム市場の開拓

それでは、ユニフォームはどうであろうか？

ユニフォーム uniform は、お馴染みの、「いつもの服」を意味するが、学校や、会社・事務所、現場、軍隊、官服など組織への帰属を示す服でもあり、スポーツやレジャー用の同じチームのメンバーであることが分かるようにした揃いの服を指す。ただ、役割や職種、階級の違いを示すためにユニフォームに加え、刺繍や襟章、帽子などを利用し、より細かな違いを示すことも専らであった。

しかし、こうした帰属を示すための「画一性」は、個性・自由の承認と矛盾するものでもある。その結果、ユニフォームが廃止され、服装が自由化される流れもあった。加えて、バブル経済が弾け、いわゆる「失われた30年」が始まる1990年代は、企業はそのコスト削減と人員削減のため、真先にユニフォームの廃止、削減に取り組むということもあり、ユニフォーム市場は「曲がり角」に直面していた。

こうした厳しい環境の下、小谷野は、事務服・ユニフォーム市場のトレンドを読み切る必要があったのである。すなわち、企業数や事業所数という18歳人口よりも減少傾向の小さい市場に注目しつつ、そこを塊で見ず、また、楽観視せず、より精かく市場のトレンドを追いかけたのである。

考えてみれば、1970年代は「福祉社会の構築」が叫ばれていたが、繊維産業にはその衰えが見え始めていた。1980年代は家電（情報家電）産業、次いで自動車産業が燃費向上等による競争力を背景にアメリカへの集中豪雨的輸出を行い、グローバル化という潮流への熱狂を焚きつけ、日米貿易摩擦を再燃させた。そして、それは、1985年9月のプラザ合意以降の円高不況を克服するために、公共投資を中心に内需拡大を創り出し、また金融市場における過剰流動性を背景に、株価と地価の上昇が「熱狂」を生み出し、「バブル経済」へ突入し、1991年1月にそのバブルが弾けたのである。

弾けた後に残ったのは、雇用・設備・債務の3つの過剰であった。企業は、1990年代末から2000年代初めにかけての厳しいリストラを経て、これら3つの過剰を解消し、より強固な財務体質への転換へと向かったのである。すなわち、企業は、一方で、過剰な設備－過剰な供給能力－を整理し、それとともに、過剰な人員をリストラし、人員を減少させていく選択をしていく。他方で、過剰な債務を減らすために、より一層のコスト削減を進める。この中で、会社が支給するユニフォームは企業にとりコストと

第1部

表 4.2　年齢 3 区分別人口の推移（1950 年〜2021 年）

年　次	人口総数 （千人）	総人口に占める割合 (%)			
		15 歳未満	15〜64 歳	65 歳以上	うち 75 歳以上
1950	83,200	35.4	59.7	4.9	1.3
1955	89,276	33.4	61.3	5.3	1.6
1960	93,419	30.0	64.2	5.7	1.7
1965	98,275	25.6	68.1	6.3	1.9
1970	103,720	23.9	69.0	7.1	2.1
1975	111,940	24.3	67.7	7.9	2.5
1980	117,060	23.5	67.4	9.1	3.1
1985	121,049	21.5	68.2	10.3	3.9
1990	123,611	18.2	69.7	12.1	4.8
2000	126,926	14.6	68.1	17.4	7.1
2005	127,768	13.8	66.1	20.2	9.1
2006	127,901	13.6	65.5	20.8	9.5
2007	128,033	13.5	65.0	21.5	9.9
2008	128,084	13.5	64.5	22.1	10.4
2009	128,032	13.3	63.9	22.7	10.8
2010	128,057	13.1	63.8	23.0	11.1
2011	127,834	13.1	63.6	23.3	11.5
2012	127,593	13.0	62.9	24.1	11.9
2013	127,414	12.9	62.1	25.1	12.3
2014	127,237	12.8	61.3	26.0	12.5
2015	127,095	12.5	60.8	26.6	12.8
2016	127,042	12.4	60.4	27.2	13.3
2017	126,919	12.3	60.0	27.6	13.7
2018	126,749	12.2	59.8	28.0	14.1
2019	126,555	12.1	59.7	28.3	14.5
2020	126,146	11.9	59.5	28.6	14.7
2021	125,502	11.8	59.4	28.9	14.9

（出所）総務省統計局「人口推計（2021 年（令和 3 年）10 月 1 日現在）」に基き筆者作成
注）各年 10 月 1 日現在。1950 年〜2005 年、2010 年及び 2015 年は国勢調査人口
（年齢不詳を按分した人口）、2020 年は国勢調査人口（不詳補完値）による。
1970 年までは沖縄県を含まない。

図 4.1 日本の総人口と年齢 3 区分別人口の割合（％）の推移

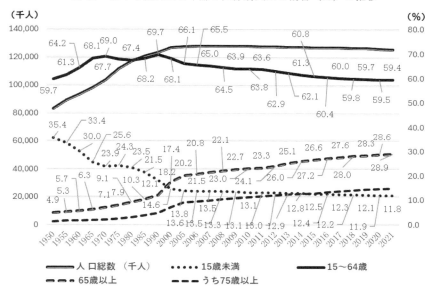

（出所）表 4.2 に同じ。

なったのである。ユニフォームに資金を拠出するというには財務環境が悪すぎたのである。

2.3 「機能からファッションへ」「帰属からパートナー（参加）意識へ」

　こうした状況下で、フォーク社（小谷野）は、ユニフォーム市場の変化をどう読み取ったのであろうか？

　小谷野は女性の社会進出を展望し、ユニフォーム観の変革について、以下のように語っている。「機能からファッションへ」として変化の特徴をとらえた。そして、ファッション性の高い商品はデザインにより決まってくるが、デザインの定義はさまざまである。筆者は、デザインとは、美しさ、機能性、製作者の思いという 3 つの要素から成り立っていると思うが、小谷野は、機能も優れた高いファッション性のあるユニフォームを目指すということになる。軸は固まったのである。

　小谷野は、ユニフォーム観の変革すなわち、「働く人のプロ意識が高まり、

第1部

仕事内容に合ったユニフォームなら年齢を超えて抵抗なく着用できる人が増えてきたこと」を踏まえ、「美しいウェアに身を包み、ビジネスの世界で華麗に活躍する姿を思い浮かべながら、これからも創造的な仕事に取り組んでいくこと」を目指した。

小谷野は、「ユニフォームは企業文化だという信念が出発点であり到達点であり、常に新しいものを目指すユニフォームの専業メーカーとして、内容の濃い、質の高い仕事をしていくこと」を大きな目標として掲げたのである。カタログ製作にも力を入れ、働く人がそのビジネスシーンに合わせたユニフォームを「見て、選んで、着て」三度楽しんでもらえるような、ビジネスファッションとしてのユニフォームづくりに邁進していくのである。

小谷野は、こうした「機能からファッションへ」、また、「帰属からパートナー（参加）意識」への変化を織り込みながら、新しいユニフォーム市場の開拓に進んだのである。

考えてみれば、バブル経済の時期は、「高齢化が進み、労働力が不足する」と喧伝され、賃金も上昇した。「機能からファッションへ」という変化は、「豊かさ」の変化の反映でもあった。他方で、「高齢化」は福祉社会の到来でもあり、介護も含め、医療へのニーズも高まってくる時代でもあった。しかし、バブル経済が進行する中、こうした課題は忘れられ、また、バブルが弾けた後、1997 年にはアジア経済危機が起こり、国内でも三洋証券、北海道拓殖銀行、山一証券の破綻が続いた。高齢化社会の問題は、足元の3 つの過剰という課題の後景に退いてしまった。これが 1990 年代から、2000 年にかけての状況であった。

2.4　医療・介護用ユニフォーム市場の開拓―スクラブ市場

しかし、1997 年に介護保険法が成立したことが重要な環境の変化の一因となった。介護保険は、65 歳以上及び加齢に伴う病気を患う 40 歳以上の全員を対象とすること、また、医療施設での介護、在宅ケア、そして地域における介護サービス受給費用も補償の対象となった。また、介護保険制度は、介護支援専門員（ケアマネジャー）という新しい専門職の拡大を促し、介護場面における医者、看護師そして介護士に加え、新たな職種を生み出した。

こうした状況の中、2007 年に看護師用のユニフォーム作成でワコール社

第 4 章　フォーク株式会社の 1990 年代の取り組み

と提携した。ビジネスとしては、その後、30 万着、8 億円の市場を開拓した。すなわち、新創業としてスクラブ市場を作り出したのである。

　しかし、これを可能にしたのは、ワコール社との提携に遡ること 9 年前、1998 年の札幌にある株式会社小川白衣との業務提携であった。フォーク社によるこの買収は、病院用白衣事業への端緒となり、そのベトナムでの生産の経験を通じて、2007 年のワコール社との提携へと発展していったといえるのである。フォーク社とワコール社とのメディカル白衣共同開発の発表により、時代のニーズにあったユニフォームとしてスクラブという事業領域が明確になったのである。

　2009（H.21）年代表取締役社長に就任した 4 代目社長小谷野淳は、このスクラブを軸とする白衣事業や隣接の事業を更に展開させ、現在に至っているのである。

　2023（R.5）年の創業 120 周年にあたり、小谷野淳社長は以下のようなメッセージを送っている。

　「いつも大変お世話になり、誠にありがとうございます。

　この度弊社は、創業 120 周年を迎えることが出来ました。これもひとえに支えてくださるお客様、販売代理店・素材関連各社・協力工場の皆様、そして社員の皆様のお陰に他ならないと深い感謝に堪えません。

　本年は私が入社して 20 年の節目にもあたります。その間、失敗も成果も様々なことがあり、またコロナ禍やウクライナ侵攻など大きな外部環境の変化もございました。世の中がいかになろうとも、自らを見つめ、相手方を想い、その言葉に耳を傾け、最善の打ち手を取るべく思索と行動を繰り返し続けること、それが成長・成功につながる普遍的真理と心得ます。弊社内外のあらゆる関係者様に“価値”を届ける、そこに弊社の存在意義を見出し、共に歩んでゆきたく存じます。

　どうか今後ともご愛顧、ご期待くださいますようお願い申し上げます。

フォーク株式会社

代表取締役　小谷野　淳」 [2]

3.　ベトナム―海外拠点の形成

　本節では、フォーク社のベトナムでの工場展開を辿ってみることとする。

第1部

3.1　海外生産への離陸―ベトナムでの工場展開

　1991（H.3）年は、当時専務取締役であった小谷野正道にとって、節目の年であった。この年、小谷野正道は、取締役社長に就任し、三代目として「謙虚に挑戦する精神」を表明した。「目的がないと、小事に悩む」のであり、先ずは、冷静に「大事と小事を区別することが肝要となる。」という言葉が小谷野の基本とするところであった。

　まず、この年、フォーク社は岩手県浄法寺に岩手工場を新設した。また、海外生産拠点としてベトナム・ホーチミン工場の開設に向けて始動した。実は、小谷野正道が海外生産を考え始めたのは、1977年頃である。この頃から、日本の繊維産業、縫製業が厳しい状況に追い込まれてきたのである。

　小谷野の脳裏にあったのは、一方では「「安かろう、悪かろう」という製品作りはできない」という品質へのこだわりであり、他方では、人員確保である。1970年代後半から80年にかけて、国内、例えば、福島県、青森県でも大量の人員確保は難しかった。せいぜい50名規模であった。そうした状況下、小谷野はアジア（東アジア、東南アジア、その後は南アジアも含む）の国々を訪問し、適地を探した。当時、タイやインドネシアに工場を立地した企業もあり、インドネシアでは、1,500人規模の雇用を可能としていたのである。

　1991年1月、社長小谷野清のアドバイス「着眼大局、着手小局」を胸に、小谷野はホーチミン市タンソニアット空港に降り立った。当時、ホーチミン市―ベトナム―にいる日本人が20人ほどの時期である。

　小谷野の動きは速かった。貿易公司の仲介でカオ・ミン・テーラー（創業社長リー・バン・ミン）を紹介された。カオ・ミン・テーラーは紳士服をオーダーメイドで作っていたが、使用していたミシンは足踏みミシンであった。交渉の中で、日本側すなわち、フォーク社は設備投資と技術指導を行うことになった。

　前者の設備投資であるが、それはそもそも工場をどこにするかという立地問題と深く結びついている。この点でも小谷野の判断と行動は速かった。トンドゥックタン（ホーチミン市1区）にある「若葉保育短期大学」の校舎を借りて操業を始めることにした（写真4.2参照）。

　ホーチミン市中心部に位置し、最大80名のスタッフが雇用可能であり、立ち上げの場所としては適地であった。

108

第 4 章　フォーク株式会社の 1990 年代の取り組み

写真 4.2

　また、技術指導については、足踏みミシンではなく、電動ミシンの使用を含め、カオ・ミン・テーラーの 2 人の息子に対し、フォーク会津工場（当時、赤城文弘工場長、以下「会津工場」）での研修期間を作り、その技能の向上を図ることにした。会津工場での研修は、その後、スタッフ対象に半年交替で行われた。
　以下、フォーク会津工場でのベトナム研修生の研修内容についてやや詳しく見ておくことにする。

3.2　会津工場での研修とその成果―TSS システムの習得

　フォーク会津工場は 1970 年に設立されたが、1985 年に新工場（耶麻郡高郷村、現喜多方市）に移転した。新工場の特徴は、TSS（TOYOTA SEWING SYSTEM トヨタ・ソーイング・システム、以下、TSS）を導入していたことである。TSS はアイシン精機が生み出した生産方法である。すなわち、野田（1986）[*3] によれば、トヨタ自動車が約 30 年余かけて作り上げた「トヨタ生産方式」にアイシン精機独自の管理改善技術を加えて、1978（S.53）年にアパレル産業向けに開発したシステムである。その核心は、「ジャストインタイム JIT」と「自働化」の 2 点にある。「ジャストインタイム JIT」は「必要なときに、必要なものが、必要な量だけ、その工程に到着すること

109

第1部

である。これは、工程上の待ちあるいは在庫各種の無駄の排除につながるものとなる。

また、「自働化」とは、「機械に、良し悪しの判断をさせる装置を組入れること」であり、普通「ニンベンのついた自働化」と呼ばれている。筆者は、この「自働化」という言葉とその実践を、1980年代末に関東自動車追浜工場（現「トヨタ自動車東日本株式会社」）追浜工場）[*4]で確認することができ印象に残っている。

TSSの生産スタイルは、野田によれば、以下の6つの特徴をもつ。

①ライン編成は、初工程から最終工程までの一貫生産ラインを複数化し、多ライン化となること

②ミシン等縫製機器は、熟練をあまり要求されない操作の容易な設備（装置）であること

③作業者の作業スタイルは、作業者が複数工程を受け持ち、助け合い作業である「連続1枚流し」を実行していたため、立ち作業（「立ちミシン化」と呼ぶ場合もある）となること、ライン全体を少人数のチームで行うので、1人が複数工程を受持つとともに、次の作業者との接点は、助け合い作業とすること、また、不良品は後工程へ絶対流さないこと

④仕掛り品の移動、束ね、ほどきなどのマテハン時間の削減により生産性の向上をはかることができること

⑤最小仕掛り生産となること、すなわち、在庫が多いと問題点が潜在化しがちである「連続1枚流し」と「標準手持ち」により、問題点を顕在化させ、絶えず改善へのニーズを生み出していくこと

⑥管理者の役割は、「問題点の発見、改善策を考え→実行→チェック→再び改善する」という「管理サークル」を回し、常に現状より、よりよい効率を求め、改善努力すること

⑦5Sの推進であり、ここに5Sとは整理・整頓・清潔・清掃及び躾[*5]のことである。そのために、常に規律の励行化と職場環境の整備が求められる

TSSの思想

野田によれば、こうしたTSSを実現することで下記の3つが実現可能となる[*6]。

第 4 章　フォーク株式会社の 1990 年代の取り組み

①リードタイムの最短化、すなわち、市場の情報・商品企画から縫製、
　出荷、販売に至るまでの、一連の流れのリードタイム（＝加工時間＋
　停滞時間）を最短化し、効率化すること。
②原価低減、すなわち、作業者の動きの観察から、付加価値を高める仕
　事である主作業とそうでない仕事に分離することができ、付加価値を
　高めない仕事は直ちに省いて無駄の排除に努めること。ここに無駄と
　は、作りすぎの無駄、運搬の無駄、動作の無駄、手持ちの無駄、在庫
　の無駄、不良の無駄、そして外注の無駄という 7 種類の無駄であり、
　これらの無駄を排除することにより、原価を低減し、生産効率を高め
　ていくことが可能となる。
③上記の①、②の 2 つの実現により多品種少量の品を品質・コストとも
　満足させながら、ジャストインタイムに市場に供給することが可能に
　なるのである。

会津工場の TSS 導入の成功と研修生の習得

　上記の立ち作業による「一枚流し（連続一枚流し）」は、1 ライン 8 人編
成でスタートしたが、導入後、会津工場の従業者は半年で習得した。TSS
は、フォーク社にとり、多品種少量生産と精度（品質）の実現を可能にす
るものであった。これの習得は、研修生の研修内容にも当然反映されるも
のとなったのである。

　ベトナム研修生の受入れは半年間のスケジュールに基づき、フォーク従
業員の 5％枠内で、毎年 6、7 名程度の受入れで 1993 年にスタートした。
生活手当が毎月 5 万円付与され、食事は自炊であったが、お米が別途提供
された。

　研修の成果はどうであったか？

　赤城工場長によれば、「当初は班長（クラス）の育成を目指していたが、
人数が増えたこともあり、この点は、実際薄まっているが、研修生はベト
ナムに帰国後、中心的役割を果たしている」[7]とのことであった。また、
研修生は「日本人の規律、ミーティング、掃除などの励行に驚いている」
とのことであった。

　会津工場は 1993 年（H.5）に、CAD、CAM システムを導入している。

第1部

3.3 明福工場

　上記の選択と実行は功を奏した。当初 28 名で立ち上げた明福工場も、3
年後の 1999 年 10 月には 140 名規模の工場となった*8。文字通り、海外生
産拠点となったのである。材料は日本から持ち込み、加工の後、日本に輸
出された*9。ベトナム製の製品も同一価格で販売されたが、オーダー側の
リードタイムを睨んで、ベトナム生産と日本の国内生産を振り分けた。す
なわち、短納期のものは日本国内で、また、3 か月位の納期のものはベト
ナムで生産というようにである。

　ただ、気を付けなければいけないのは、納期が長いことは、単純な大量
生産を必ずしも意味せず、製品種類の多様化に対する対応も要求されたこ
とである。販売予測の立てにくい、多品種小ロット生産を可能にするため
に、班を 9 名で編成し、多様化対応と同一品質を目指したのである。作業
能率でいえば、1 着当たり日本の 50 分に対し、ベトナムでは 70 分と 4 割
程効率が落ちる労働集約型の生産となっていたが、人件費はワーカーで月
2,000-3,000 円であった。ちなみに日本では、表 4.3「形態別新規学卒者の初
任給の推移」にあるように、ベトナムのワーカーと比較可能な高校卒業者
の初任給が、男性の場合 15 万 7,600 円であり、3,000 円はそのわずか 1.9%

表 4.3　形態別新規学卒者の初任給の推移（単位：千円）

年	大学卒		高専・短大卒		高校卒	
	男性	女性	男性	女性	男性	女性
1991	179.4	172.3	155.1	146.5	140.8	133.2
1992	186.9	180.1	160.9	152.4	146.6	139.5
1993	190.3	181.9	165.1	155.6	150.6	142.4
1994	192.4	184.5	166.6	157.7	153.8	145.5
1995	194.2	184.0	165.1	158.7	154.0	144.7
1996	193.2	183.6	166.8	158.7	154.5	146.1
1997	193.9	186.2	168.9	161.0	156.0	147.3
1998	195.5	186.3	168.8	161.8	156.5	147.9
1999	196.6	188.7	170.3	162.2	157.6	148.3
2000	196.9	187.4	171.6	163.6	157.1	147.6

出所：厚生労働省「賃金構造基本統計調査」各年版に基づく*10。

第4章　フォーク株式会社の1990年代の取り組み

にあたる。また、女性の場合でも14万8,300円で、3,000円はその2.0%となり、50分の1に過ぎなかったのである。

　こうした人件費の差がフォーク社に大きく貢献したことが推測できるが、明福工場での製品品質の良さがそのベースにあったことを忘れてはならない。

4.　フォーク社のベトナム工場の展開

　本節では、フォーク社のベトナムでの工場展開とミシンにかかわる技術について確認しておく。

　先ずは、フォーク社のベトナムでの工場展開を表4.4に基づき、辿ってみよう。

4.1　ベトナムでの工場展開

　トンドゥックタン（ホーチミン市1区）の工場は、1992年から1997年まで稼働したが、規模の制約があり、従業員数も上限が80名で手狭となっていた。

　そこで、1997年からホーチミン市7区のニャーベに明福工場を立ち上げた。表4.4からわかるように、トンドゥックタン工場と比較すると、従業員数が75名から120名へと60%の増加を可能にした。従業員数の内、縫製工も50人から90人へと8割も増加した。この増加は、会津工場での研修の直接の成果を示すものであり、それに加え、研修からホーチミンに戻った職工が現地採用者を教育・育成するという間接効果も反映したものである。実際、同じオフィスアイテムの月間生産枚数は、8,000枚から17,000枚へと9,000枚増え、年間生産数でみても、96,000枚から204,000へと2倍強、112.5%の増加率を示したのである。多品種少量生産を内包する規模の拡大と高品質の実現という2つの課題への対応も進んできた。年商（概算）も288,000（US＄）から714,000（US＄）へと147.9%の伸び率を示し、2.5倍増となった。

　また、フォーク社の新しいアイテムとして前面に出てきたのが、白衣である。2004年からホーチミン市ホックモン区ホックモン工場で白衣生産が始まった。ホックモン工場では、オフィス用のアイテムも並行して生産され、その後、2013年から立ち上がったビンズォン省ミンホアン工場に移管

113

第1部

された。

　ホックモン工場は従業員が130名、内、縫製工も95名とニャーベ工場と同規模の工場であったが、月間生産枚数は25,000枚、年間では、300,000枚とニャーベ工場より47.1%、約5割の増加となった。またホックモン工場は、1枚当たりの縫製工賃が3.0US$で、トンドゥックタン工場と等しく、ニャーベ工場よりも低かった。

　2011年から操業を始めたミンタン（ホーチミン市1区）工場は、従業員250名、内、縫製工も180名とフォーク社のベトナム工場としては、最大の規模の工場であった。その月間生産枚数は45,000枚、年間では、540,000枚となり、年商でも1,782,000US$とミンホアンの1,860,000US$にほぼ匹敵する高さを示した（写真4.3参照）。

　そのミンホアン工場は、ビンズォン省に位置し、オフィス向けのユニフォームを生産していたが、ミンホアン工場の工賃は、6.2US$で、ホックモン工場の2倍強であったが、この工賃差は地域差、labor costの違いだけでなく、生産工程の複雑性（工程数）によるところが大きかった。また、この工賃の高さは、ホーチミン市内での操業が難しくなってきている予兆でもあったが、ただ、白衣需要は衰えず、この需要への対応は新しい立地、すなわち、ホーチミン市外へ目を向けさせるものとなったのである。その視線の先は、ダナン市であった。

　また、表4.4に示されているように、2014年から2019年までの間、ダナン・チャウホアで白衣生産のため3つの工場を立ち上げた。いま、表4.4中のチャウホア工場を操業順にチャウホア1、チャウホア2、チャウホア3と呼ぶとすれば、2014年のみ稼働したチャウホア1の従業員が100名、内、縫製工も80名、翌2015年のみ稼働したチャウホア2は、業員が200名、内、縫製工も160名、2016年から2019年まで稼働したチャウホア3は従業員が250名、内、縫製工も190名であった。チャウホア1から3まで漸次、規模を拡大し、白衣需要に対応してきたことがわかるが、表には示していないが工賃がホーチミン市内の工場よりも安くなっている。

　2017年には、白衣生産を行うビン

写真4.3　フォーク　ミンタン工場

ズォン省タンタンフー工場が操業したが、工賃はミンホアンよりも低く抑えられていた。しかし、タンタンフー工場は、従業員が105名、内、縫製工も70名と相対的に小規模の工場であり、2019年に立ち上げたビントォン省のミンミンタン工場も従業員が170名、内、縫製工も110名とチャウホア3工場と同規模の工場であった（写真4.4参照）。フォーク社には、旺盛な需要に対応するためより大きな規模の工場が求められていた。それが、2020年から操業したダナン市のチャウホア工場であった。チャウホア工場は、従業員が320名、内、縫製工も240名とフォーク社のベトナム工場としては最大規模の工場であった。しかも、ダナン市ということで、工賃も2004年から2013年まで10年間操業していたホックモン並みの水準になったのである。

こうして、オフィス製品を中心とするビンズォン省ミンホアン工場（年間300,000枚）、白衣生産中心のビンズォン省タンタンフー工場（年間180,000枚）、ビントォン省のミンミンタン工場（年間360,000枚）、ダナン市のチャウホア工場（年間660,000枚）という4極体制が整ったのである。これらを合わせると、オフィス、メディカル合わせて年間1,500,000枚体制となったのである。

写真4.4　フォーク　ミンミンタン工場2019年

表 4.4 フォーク株式会社のベトナムでの工場展開

工場名	所在地	稼働期間	従業員数(人)	内、縫製工の人数(人)	アイテム	月間生産枚数(枚)	年間生産数(枚)	商社、直貿等の形態
トンドゥックタン	ホーチミン市1区	1992〜1997	75	50	オフィス	8,000	96,000	丸紅
ニャーベ	ホーチミン市7区	1997〜2004	120	90	オフィス	17,000	204,000	丸紅
ホックモン	ホーチミン市ホックモン区	2004〜2013	130	95	白衣	25,000	300,000	丸紅
ミンホアン	ビンズォン省	2013〜	130	90	オフィス	25,000	300,000	商社、直貿
ミンタン	ホーチミン市1区	2011〜2017	250	180	白衣	45,000	540,000	直貿
チャウホア1	ダナン市	2014〜	100	80	白衣	15,000	180,000	直貿
チャウホア2	ダナン市	2015〜	200	160	白衣	33,000	396,000	直貿
チャウホア3	ダナン市	2016〜2019	250	190	白衣	42,000	504,000	直貿
タンタンフー	ビンズォン省	2017〜	105	70	白衣	15,000	180,000	直貿
ミンミンタン	ビントォン省	2019〜	170	110	白衣	30,000	360,000	直貿
チャウホア	ダナン市	2020〜	320	240	白衣	55,000	660,000	直貿

(出所)フォーク社資料に基き、一部修正の上筆者作成。

4.2 ミシンの発展と技能の発展

ミシンの発展と熟練の発展の関係を見るためにミシンに注目する。具体的には、2013年からのビンズォン省のミンホアン工場、2017年からの同省のタンタンフー工場、2019年からのビントォン省のミンミンタン工場、そして、2020年からのダナン省のチャウホア工場で使用されているミシンの型について確認をしてみることにする。

4.2.1 ミシンの発展と技能の発展

フォーク社のベトナム工場で、従業員の技術向上や人材育成に携わってきたのは、身野明秀とタンさんである。身野に確認してみたところ、4工場共におおむね同じ機能の機種を使用していたことが分かった。本縫い1本針ミシン（自動返し縫、糸切機能付き）、オーバーロックミシン、インターロックミシン、シャツ穴開けミシンの4種である。

また、大きさ自動調整機能は、はと目穴開けミシン（大きさ自動調整機能）、カン止めミシン（長さ調整機能付き）である。その他、2本針ミシン、すくいミシン（スカート、ベストの裾始末用）、ポケット自動玉縁付けミシンなどがある。

これらは、殆どJUKI製であるが、一部中国製（価格がJUKIより3から4割位安い）で、はと目穴ミシンはドイツのデルコップ社製も使用している。

「15年位前から上記自動機能が普及してきたので、ワーカーのミシン使用技術が少しは簡素化され、生産効率は20年前よりは良くなってきている。ただ、20年以上前には1枚の製品を1人で全行程縫製技術を学ぼうとしてくれていたが、現在は単純作業なら就職したいとのワーカーが大半になり、リーダー（班長）は生産ライン管理が難しくなってきているが、ミシン機能がよくなってきた分効率は良くなっています。」[11]

1999年の明治大学経営学部学生の国際インターンシップ実施時の小谷野正道社長（当時）のレクチャーでは、「1991年当時は、カオ・ミン・テーラーでは足踏みミシンということだったと思いますが、会津工場での研修以降、電動式のミシンの利用が進められ、さらにミシンの機能についても、自動化は目覚ましく進んだということでは必ずしもないが、部分的には進められてきた。むしろ、熟練とさまざまな機能のミシンの利用による高度な作業が可能となり、生産性も維持されてきている」[12]とのことであった。

第 1 部

　「ベトナム工場での技術研修に関しましては 30 年前は確かに日本の工場との技術格差はありましたが、ベトナムのワーカーは平均年齢が 20 歳代でしたので数年である程度の習得はできていました。」[13] と語っていた。

4.2.2　技能習得への情熱とその変化

　「ただ、20 年前くらいまでは結構貪欲に技術習得に取り組んでくれていましたが、2010 年頃からは未経験者はミシン操作の基礎練習までは素直に研修しますが、ある程度ミシンが扱えるようになるとそれ以上の技術は学ぼうとせず、自身の能力に合わせた工程部分のライン内位置を要求して、管理者の配置と自分の受け持ち工程が合わなければ、能力に合った所へ簡単に転職していくようになりました。」[14] と、技術習得への情熱が弱くなっていることを指摘していた。

　「特にベトナムでは、ユニフォームはじめ一般のアパレル商品は縫製での自動化は殆どできていないのが現状ですので、やはり人間の手でミシンを利用するしかできない現状です。一部ポケットの玉縁付けとかはありますが、ある程度の部分が自動化できているのは形のあまり変わらない Y シャツの襟、カフス等です。」[15]

　また、身野は、「毎年新しく確かに便利な部分縫いの自動化ミシンはでてきていますが、ベトナムの工場では高額な設備は今の加工賃では償却できないので従来の設備をつかって安い人件費で採算をとっていくしかない現状です。研修生も現在は技術研修名目での出稼ぎですので、帰国後元の工場に再就職する人は殆どいない現況です。」[16] と語った。

　「小生が気付く点は中国製の機器が大変良くなってきており、本ミシンなどはかなり安く、また、CAD、CAM などのハイレベルな機器の性能も良いと聞いております。」[17]

　小谷野正道は、「ベトナムでの工場運営、また移転・拡張には有能なベトナム人の活用が必要です。特に、役所関係の交渉には絶対必要です。」[18] と語り、人材確保の問題と工場運営における現地化―ベトナム人の活用を重視している。

　また、小谷野淳社長も、ミシンの精度・機能について、下記のような見解を述べている。

　「特にマシンの精度・機能に関しこの約 30 年間で大きな変化は御座いません。強いて言えば、縫った後の糸切りが手動が自動に変わった程度だ

と思います。従って、日本のメーカーとしては JUKI が安心のブランドとして周知されており、日本のアパレルは JUKI を使っている会社が多いようですが、価格・性能共に中国メーカーの追随が著しく、むしろ世界的なシェアは中国メーカーの方が伸ばしてきているように聞いたことがあります。

　一部現地工場において CAD の導入は進みつつありますが、人件費とのつり合いを考えると CAM までの導入には至っていないのが全般的な状況です。

　また、技術的な部分で言えば、経年からくる熟練度の上昇に伴い、より縫製難易度の高い製品の生産を時間とともに増加させることが可能となり、結果として当社においても海外・国内の分け隔てなく（小ロットを除く）同じ製品を同じ水準で仕上げることが可能になってきております。これは熟練度の問題であり technology の進化とは別の話になります。」*19 と。

　以上、フォーク社のベトナムでの工場展開と縫製を支えるミシンの発展、さらには、ベトナム従業員の技能の発展と技能習得への情熱とその変化、すなわち技術水準の上昇について確認してきた。
　工賃や技能習得へのスタンスの変化は、ベトナムにおける所得の上昇（「中所得化」）の動きとも関係するものであるが、本章のテーマは、フォーク社がユニフォームのベトナム生産を通じて、ベトナム経済の「離陸」に貢献してきたことの確認である。これをいま一度、貿易統計やフォーク社の資料を用いながら確認していくが、その前に、こうした貢献の道筋をつけた小谷野正道の事業家としての理念を確認しておく。

5．ベトナム縫製産業への貢献と事業家小谷野正道の理念

　1990 年代において、製造技術の発展の中で、ベトナムから日本への輸出商品種類は拡大し、それにともない輸出額も増大した。そして、ベトナム経済の「離陸」に貢献した産業部門として、縫製業に注目し、その代表的企業としてフォーク株式会社の 1990 年代から 2000 年代にかけての取り組みをみてきた。ここでは、「着眼大局、着手小局」の言葉を胸に、ベトナムに着眼し、訪問し、ベトナムでの縫製業に着手し、その発展、定着を牽引してきたフォーク株式会社相談役小谷野正道の事業ならびにベトナムにか

第 1 部

ける情熱と理念、そしてとその背景について伝えておくことにする。

　小谷野正道は、1970 年代から日本の縫製業、国内生産の限界を感じ取るとともに、「流通革命」のもと、企業の生き残りのための市場開拓、製品の絞り込みと創出、併せて、グローバルな生産体制─今風に言えば、グローバルサプライチェーン─について考えていた。繊維・縫製産業における卸売り段階での情報がなかなか入りにくく、その判断に必要な情報は自ら獲得しなければならない。その意味では、「歩きながら、走りながら考える」といった方が相応しいかも知れない。

　こうした状況は、やがて自分が 3 代目社長として、引き継ぐ、小谷野被服株式会社を会社組織にしていくことも含め、試金石というより、小谷野にとっても一つの「離陸」であった。

　この時の選択、判断、その後の実践の中で、小谷野は事業家としての自らの考えを深め、とぎ澄まし、継承すべきものを確認しまた、新しいものを吸収し、また、創出していった。

　それでは、小谷野はどのような「事業家としての企業家精神・使命・リーダーの条件」を創り上げていったのか、以下でこれをみておくことにしよう[20]。

5.1　強い企業とは何か

　帝国データバンクの調査（2019 年）によると、業歴 100 年以上のいわゆる「老舗企業」は、全国に約 3 万 3000 社で上位にあるのは「貸事務所」や「清酒製造」業などである。

　「2019 年中に業歴 100 年となる企業を含めた「老舗企業」は全国に 3 万 3259 社存在することが判明し、老舗企業の全体に占める割合（老舗企業出現率）は 2.27％である。

　これを業種別に見ると、老舗企業の社数が最も多かったのは、「製造業」の 8344 社（構成比 25.1％）となり、「小売業」（7782 社、同 23.4％）、「卸売業」（7359 社、同 22.1％）が続いた。

　ちなみにフォーク社の本社のある埼玉県に限定すると、老舗企業出現率は 1.55％と 2％を切り、都道府県別順位は 41 位、老舗企業数は 953 社、構成比は 2.9％と小さなものとなっている。

　日経 BP の調査でも、100 年企業で最も多かった業種はやはり、製造業で 26.0％である。次いで小売業（23.5％）、卸業（22.3％）となっている。日本

の企業の全体の割合─産業構造─に比べ、その比率が高くなっている。1 位の製造業は、全体より 10 ポイント程度高く、2 位の小売業に至っては 13 ポイント程度高くダブルスコアに達した。3 位の卸業も全体比率より高い。

　長く存続してきていることは、それだけ多くの事業環境の変化をくぐり抜けてきたことを示しており、「強い企業」と呼ぶことが可能であると小谷野は考える。

　さて、小谷野によれば、企業は規模や業種に関わらず、5 種に分類できる。すなわち、「死んでいる会社」「腐っている会社」「起き上がった会社」「歩いている会社」「走っている会社」の 5 つである。

　「死んでいる会社」とは、何もしない会社で愚痴ばかりの会社、「腐っている会社」とは、悪いことをしている会社（例えば、社長の公私混同）、「起き上がった会社」とは、今から頑張ろうとする会社、また、「歩いている会社」とは、日々毎日コツコツ努力している会社、そして「走っている会社」とは、小さなことでも前向きに取り組んでいる会社である。

5.2　強い企業のトップ、そのリーダーシップとは何か

　小谷野は強い企業のトップ、そのリーダーシップとは何かについて、以下の 5 つの要素を挙げる。
　①創業の精神と守成の精神
　②弾力的経営に徹する
　③適正規模経営の実現
　④無借金経営を目指す
　⑤将来を予測する力

　先ず、①創業の精神と守成の精神であるが、創業とは文字通り、そもそも創造的な試みであるが、そこには、創業の精神がある。また、守成とは守り発展させることである。ここから「伝統は革新の連続である」という基本的考えが築かれることになる。②弾力的経営に徹すと③適正規模経営とは何か、それは業界において無視されない存在価値を示すことにつながる。また、④無借金経営を目指し、強い財務体質を築くことであるが、それは 2 年分の事業実施と意思決定のスピード感を保証するものとなる。そして⑤将来を予測する力である。将来の要介護人口 3000 万人時代をにらみ、将来の介護にかかわる人口を予測し、市場の質的、量的充実をフォー

第 1 部

ク社の重要な要素として、展望するのである。これは、日本だけでなくベトナムを含むアジア社会の展望と市場予測にもつながるものである。

6. 繊維・縫製企業としてのベトナムの「離陸」への貢献

本章の最後に、フォーク社がユニフォームのベトナム生産を通じて、ベトナム経済の「離陸」に貢献してきたことを、同社資料と貿易統計を用いながら確認していく。

6.1 第3章での確認事項

前章までの確認事項で強調しておきたいことは、ベトナム経済の1990年代が残したものとして、日本企業との協力関係の中で、相対的に停滞したとされる非ME部門である「旧」産業における繊維産業がベトナムの生産・貿易における貢献を示していると考えられることである。何故なら、ベトナムの伝統的輸出品の中で、衣類関係において、以下のような動き、変化がみられていたからである。

「貿易統計」ベースでみると、魚、甲殻類などの「3」類や鉱物性燃料及び鉱物油などの「27」類、衣類及び衣類附属品（一部除く）の「62」類[*21]は、ベトナムの伝統的輸出品であったが、1995年度以降、1996年から1997年へかけて増加したのち、アジア経済危機のあった1997年をピークに1998年には減少に転じた。

しかし、1992年以降、上記の3つの「類」とは異なり、堅実な増加を続けていたのが、衣類及び衣類附属品（メリヤス編み又はクロセ編みのものに限る。）の「61」類であった。「62」類との関連で、興味深い動きであるが、これは、衣類・衣類附属品の種類の拡大を反映しており、ベトナムにおける衣類・衣類附属品生産の技術の発展を示しているのである。

また、このことは、ベトナムから日本への輸出品の質的量的拡大を示している。すなわち、分類上の「類」の中の商品項目数（以下、コード数）の変化が、ベトナムにおける対日輸出のための生産体制の構築、ベトナムにおける「離陸」の一つの内実を示すものと考えられるからである。

実際、1988年から1999年までの類別輸入分類コード数の推移と増加率をみてみると、1999年時点で「類」内のコード数の一番多いのが「61」で157、次いで「62」が109となっていること。また、衣類関係がコード数、

第 4 章　フォーク株式会社の 1990 年代の取り組み

すなわち商品数を大きく伸ばしており、10 年間の伸び率は、それぞれ、30.5%、23.7%と高い伸び率となっていることなどを確認した。

　ここでは、フォーク社の製品コードの動きを通して、個別企業から上記の動きを確認していくことにする。

6.2　「61 類」、「62 類」内の 6 桁分類主製品輸入額の推移

　表 4.5 には、フォーク社が輸入している「61」、「62」類内の 6 桁分類主製品の日本全体の輸入額の推移が示されている。

　また、図 4.5 と図 4.6 には、上記のうち、相対的に輸入額の大きいものに絞り、その推移を示している。これら 2 つの図から見て取れることは何であろうか。

　図 4.2 の「61」類中の 6 桁分類の推移が示すように、日本の輸入額が最

表 4.5　フォーク社の輸入製品「61」、「62」類中 6 桁分類主製品輸入額の推移

	1991	1992	1993	1994	1995	1996	1997	1998	1999
6104.33	0	0	0	855	16,897	33,875	14,995	28,314	22,989
6104.43	0	0	3,618	8,320	38,505	80,546	53,235	6,487
6104.53	0	0	0	0	2,774	5,250	12,905	11,625	9,848
6104.63	0	0	15,629	16,543	71,117	81,973	222,073	73,226	64,437
6106.20	**126,255**	**249,303**	**1,596,392**	**730,285**	**960,852**	**850,595**	**868,988**	**870,520**	**657,715**
6107.99	0	0	0	0	0	0	0	0	0
6110.30	**145,425**	**590,406**	**1,418,120**	**1,789,415**	**2,046,686**	**2,912,546**	**3,844,158**	**3,403,647**	**2,802,393**
6203.43	**204,799**	**570,629**	**715,020**	**1,077,559**	**1,622,672**	**2,370,821**	**3,531,657**	**2,387,557**	**2,597,936**
6204.33	0	21,452	68,569	38,602	168,063	145,129	172,472	82,291	146,493
6204.43	0	26,455	68,258	121,227	176,395	81,427	162,134	208,858	168,462
6204.53	0	0	128,238	62,437	149,978	169,827	183,563	239,346	250,631
6204.63	**3,763**	**8,273**	**196,101**	**0**	**260,683**	**489,280**	**608,530**	**443,810**	**382,248**
6206.4	3,008	90,084	296,491	283,038	279,497	321,160	581,801	735,857	678,116
6211.33	**11,931**	**284,054**	**547,925**	**552,149**	**861,180**	**1,209,183**	**1,237,780**	**1,080,453**	**905,727**
6211.43	0	138,900	208,440	224,071	228,322	336,540	589,731	696,985	639,896

（出所）フォーク社資料と「貿易統計」に基づき筆者作成。

123

第1部

も大きいのは **6110.30** であるが、ここには、ジャケット、ベストなどの検診衣が含まれている。1991年から1997年まで順調に増加（年率＋72.6％）し、97年以降99年までは低下が続いている。

また、**6106.20** は、女子用のブラウス、シャツ及びシャツブラウス（メリヤス編み又はクロセ編みのものに限る。）で人造繊維製のものが含まれる。これら以外の、フォーク社が輸入している「61」類は金額的には、大きくはないが、以下のような製品である。

　6104.3　女子用ジャケット及びブレザー　合成繊維製のもの
　6104.43　ドレス　合成繊維製のもの
　6104.53　スカート及びキュロットスカート　合成繊維製のもの
　6104.63　ズボン,胸当てズボン,半ズボン及びショーツ　合成繊維製のもの
　6107　男子用のパンツ、ズボン下、ブリーフ、ナイトシャツ、パジャマ、バスローブ、ドレッシングガウンその他これらに類する製品（メリヤス編み又はクロセ編みのものに限る。）その他の紡織用繊維製のもの
　6114.30　その他の衣類（メリヤス編み又はクロセ編みのものに限る。）人造繊維製のもの　であるが、6114.30には、白衣が含まれている。

図4.2　フォーク社の輸入製品「61」類中6桁分類主製品の日本の輸入額の推移

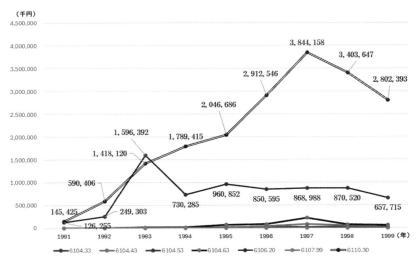

（出所）「貿易統計」より筆者作成。

第 4 章　フォーク株式会社の 1990 年代の取り組み

　また、図 4.3 には「62」類の 6 桁分類レベルの日本の輸入額が示されているが、フォーク社の輸入している商品と同じ分類のものが示されている。
　6203.43 は、男性用　ジャケット及びブレザー、合成繊維製のものであるが、1991 年から 97 年にかけて年率 60.1％で大幅な増加を続けていたが、その後、低下している。
　また、6211 はトラックスーツ、スキースーツ及び水着並びにその他の衣類であるが、6211.33 には、その他の男子用の衣類（人造繊維製のもの）が含まれている。6203.43 ほどのレベルではないが、1997 年までは 116.8％と大きな増加率増加を続けていたが、その後、緩やかに低下している。
　また、6204.63 は、ズボン、胸当てズボン、半ズボン及びショーツ（合成繊維製のもの）が含まれる。また、6211.43 は、その他の女子用の衣類（人造繊維製のもの）が含まれている。1997 年を境に、6211.43 が 6204.63 を逆転していることがわかる。

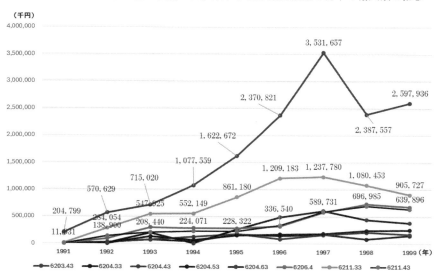

図 4.3　フォーク社の輸入製品「62」類中 6 桁分類主製品の日本の輸入額の推移

（出所）図 4.2 に同じ。

125

第 1 部

〈輸入額は「62」類が優位、コード数・製品の多様化は「61」が優位〉

　前章の図 3.3 並びに図 3.5 で確認したように「61」類と「62」類の動き
は、日本からの輸入額で見れば、1992 年以降、堅実な増加を続けていたの
が、「61」　衣類及び衣類附属品（メリヤス編み又はクロセ編みのものに限
る。）」である。「62」との関連で、興味深い動きである。メリヤス編み又は
クロセ編みの衣類及び附属品が増加してきているのであるが、これは、衣
類・衣類附属品の種類の拡大を反映している。そして、それはベトナムに
おける衣類・衣類附属品生産の技術の発展を示していると考えられる。

　また、輸入額上位 9「類」の製品コード数の推移でみると、1994 年まで
は「62」類のコード数が「61」類を上回っていたが、1995 年以降は、逆転
し、「61」類のコード数が「62」類を上回る状況となった。日本からの輸入
額において「62」類が「61」類を大きく上回ってきた中でのこの逆転は興
味深いものがある。付加価値が小さい「61」類において、製品の多様化が
進んでいることを示している。

　このことを確認するため、「61」類、「62」類のコード数の変化とフォー
ク社の輸入している製品コードの輸入額の動きをクロスさせるために表
4.6 を作成してみた。この表 4.6 を基に作図したのが、図 4.2 と図 4.3 であ
る。

　フォーク社の輸入しているコードの輸入額と日本全体の輸入額とはもち
ろん異なるものであるが、フォーク社の数値は日本全体の輸入額に含まれ
ている。

表 4.6　61,62 類内のコード数の変化と 6 桁分類主製品輸入額の推移

6桁分類	1991	1992	1993	1994	1995	1996	1997	1998	1999
6106.20	126,255	249,303	1,596,392	730,285	960,852	850,595	868,988	870,520	657,715
6110.30	145,425	590,406	1,418,120	1,260,741	2,171,082	3,399,152	3,844,158	3,403,647	2,802,393
6203.43	204,799	570,629	715,020	1,077,559	1,622,672	2,370,821	3,531,657	2,387,557	2,597,936
6204.33	0	21,452	68,569	38,602	168,063	145,129	172,472	82,291	146,493
6204.63	3,763	8,273	196,101	245,000	260,683	489,280	608,530	443,810	382,248
6211.33	11,931	284,054	547,925	552,149	861,180	1,209,183	1,237,780	1,080,453	905,727
6211.43	0	138,900	208,440	224,071	228,322	336,540	589,731	696,985	639,896
61 類	20	19	67	84	124	129	141	147	157
62 類	28	28	79	86	117	111	116	104	109

126

第 4 章　フォーク株式会社の 1990 年代の取り組み

図 4.4　フォーク社関係製品の分類コード 61 のコード数と輸入額の推移

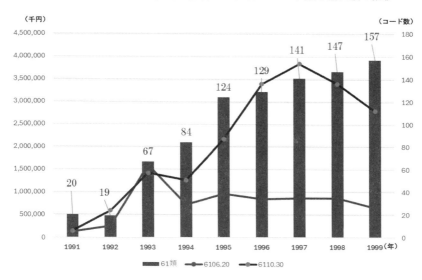

　図 4.4 は「61」類のコード数と輸入額の推移を示している。これをみると、「61」類のコード数は、縦棒グラフでその数とともに示しているが、類内のコード数が上昇し続けていることがまずわかる。このコード数の動きとほぼ同じ動きを示しているのが 6110.30 で、6106.20 は 1993 年まではコード数とほぼ同じ動きを示していたが、1994 年以降はほぼ横ばいとなっている。
　このように「61」内の分類コード数は増加しているが、アジア経済危機の影響もあり、6110.30 は製品数の増加が輸入額に連動せず、6106.20 の方が下支えしているようにみえる。
　それでは、「62」類はどうであろうか？
　図 4.5 をみると、「62」類はそのコード数が 1993 年に 79 と 1992 年の 28 から 2.8 倍となり、その後、1995 年には 117 とこの期間のピークとなった。このように「62」類では、1995 年まではベトナムでの生産製品が急速に多様化してきたことがわかる。しかし、1995 年以降は、弱含みな横這いの動きとなっている。

第1部

図 4.5　フォーク社関係製品の分類コード 62 と輸入額の推移

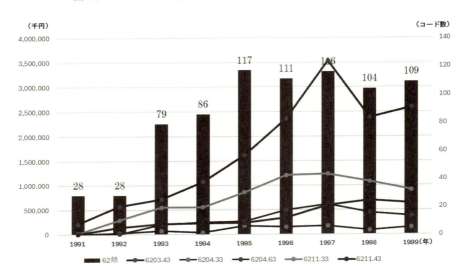

　こうしたコード数の動きに対して、「62」類における 6 桁分類での日本の輸入額はどのような動きを示したのであろうか？
　この期間、輸入額が最も大きかったのは、6203.43 で男性用ジャケット及びブレザー（合成繊維製のもの）であったが、図 4.5 から 1997 年のアジア経済危機の影響を日本への輸出の減少とコード数の減少という形で、受けた製品であることがわかる。
　また、次いで、輸入額の大きかったのは 6211.33 で、その他の男子用の衣類（人造繊維製のもの）で、新しい製品であることがわかる。また、6211.43 は、その他の女子用の衣類（人造繊維製のもの）であり、6211.33 と同様に新しい製品であることがわかる。しかも、既述のように、6211.43 は、1997 年以降、6204.63 の輸入額を上回り、逆転を示していた。
　6204.63 は、女性用ズボン、胸当てズボン、半ズボン及びショーツ（合成繊維製のもの）である。また、6204.33 は、女性用ジャケット及びブレザー（合成繊維製のもの）である。
　以上、「62」類は、「61」類のコード数―製品数―の動きと比べると、1995 年から 99 年にかけては弱く、「61」類との輸入額の大きな差を踏まえると、

第4章　フォーク株式会社の1990年代の取り組み

「新製品」の生産を含みつつ、1990年代の縫製製品の基盤をつくっていたと推測できる。「61」類においては、輸入額こそ「62」類に比べ、小さいものの、この時期において「新製品」を手掛ける動きがより強く働いていたことが伺えるのである。

7.　フォーク社のベトナム輸入品の多様化とその意味

　フォーク社のベトナム輸入品の多様化とその意味を同社の輸入品・Item・品名一覧（HS6桁分類に基く）（表4.7）により、確認していく。同社の資料は、前項でみてきた6桁分類の商品を具体的なItemや品名レベルで示してくれるもので、6桁分類よりもさらに具体的に輸入品の多様化がわかるのである。

　表4.7はHS6桁分類に基き、フォーク社のベトナムからの輸入品について、その品名数、ブランド、Item、品名を示している。

①　「6104.33」女子用ジャケット及びブレザー（合成繊維製のもの）

　ブランドはすべて事務服、また、Itemはすべて事務服、品名はOVERBLOUSE オーバーブラウス、JACKET ジャケット、JACKET ニットジャケット、JACKET ノーカラーニットジャケットで、品名数[22]は6である。

②　「6104.43」ドレス（合成繊維製のもの）

　ブランドは白衣、ItemはDRESS 品名はワンピースで品名数は6である。

③　「6104.53」スカート及びキュロットスカート（合成繊維製のもの）

　ブランドはすべて事務服、Itemは、CULOTTESKIRT と SKIRT、品名は下記の通り、後ゴムキュロットスカート、ソフトマーメイドスカート、タイトスカート、切替Aラインスカート、ベルトレスAラインスカート、脇ゴムAラインスカート、脇ゴムソフトプリーツスカート、脇ゴム片プリーツスカート、後ゴムAラインニットスカート、後ゴムソフトプリーツニットスカートなどで品名数は11と多くなっている。

④　「6104.63」ズボン、胸当てズボン、半ズボン及びショーツ（合成繊維製のもの）

　ブランドは事務服と白衣で、ItemはPANTS、品名は事務服がパンツ、パンツ（脇後ゴム）、白衣が、女子ストレートパンツ、女子ブーツカットパンツ、女子パンツ、検診衣パンツ、ブーツカットパンツなどで、品名数は10

第1部

となっている。

⑤ 「6106.20」女子用のブラウス、シャツ及びシャツブラウス（メリヤス編み又はクロセ編みのものに限る。）（人造繊維製のもの）

ブランドはすべて事務服、Item はすべて S-BLOUSE、品名は、カットソー、半袖ニットブラウス、ポロシャツで品名数は 3 である。「6106.20」の日本全体の輸入額は「61」類中では、相対的に高いが、フォーク社の場合、上記のような品目となっている。

⑥ 「6107.99」男子用のパンツ、ズボン下、ブリーフ、ナイトシャツ、パジャマ、バスローブ、ドレッシングガウンその他これらに類する製品（メリヤス編み又はクロセ編みのものに限る。）その他の紡織用繊維製のものである。

ブランドは白衣、Item は WHITEROBE で、品名は検診衣（ガウン）で品名数は 1 である。ガウンという新しいカテゴリーが登場している。

⑦ 「6110.30」ジャージー、プルオーバー、カーディガン、ベストその他これらに類する製品（メリヤス編み又はクロセ編みのものに限る。）（人造繊維製のもの）

ブランドは事務服と白衣が混合している。事務服の Item は S-BLOUSE、OVERBLOUSE、VEST の 3 種類となっているが、それぞれ品名はポロブラウス、オーバーブラウス、ベストである。

また、白衣は、Item はすべて WHITEROBE で、品名は検診衣（ジンベイ型）、検診衣（プルオーバースリット）、ポンチョ、検診衣（プルオーバー前開）*23、検診衣、検診衣（ベスト）、ニットカーディガンなど 7 つある。品名数の合計は 13 である。

⑧ 「6114.30」その他の衣類(メリヤス編み又はクロセ編みのものに限る。)（人造繊維製のもの）

ブランドは、すべて白衣で、Item は WHITEROBE、TUNIC、DRESS の 3 つ、品名は、男子上衣、メンズ上衣、チュニック、女子上衣、ワンピース、ニットスクラブ、スクラブ、男性上衣などで品名数は 10 である。

⑨ 「6203.43」男性用ジャケット及びブレザー（合成繊維製のもの）

ブランドはすべて白衣、Item はすべて PANTS、品名はストレートパンツ、メンズパンツ、カーゴパンツ、メンズストレートパンツなどで、品名数は 4 である。

第 4 章　フォーク株式会社の 1990 年代の取り組み

⑩　「6204.33」女性用ジャケット及びブレザー（合成繊維製のもの）

　ブランドはすべて事務服、Item は OVERBLOUSE、S-BLOUSE、JACKET
で品名はそれぞれオーバーブラウス、半袖ニットブラウス、ジャケットで
ある。品名数の計は 3 である。

⑪　「6204.43」女性用ドレス（合成繊維製のもの）

　ブランドはすべて事務服、Item は DRESS、品名はマタニティワンピース、
ワンピースの 2 つで、品名数は 2 となる。

⑫　「6204.53」女性用スカート及びキュロットスカート（合成繊維製のも
　の）

　ブランドはすべて事務服、Item は CULOTTESKIRT と SKIRT の 2 種類、
品名は、キュロットスカート、インサイドプリーツスカート、タイトスカー
ト、セミタイトスカート、マーメードプリーツスカート、マーメードス
カート、ソフトプリーツスカート、アジャスター付マーメードスカート、
スカート、バックアップカイロポケット付ソフトプリーツ、ウエストゴム
A ラインスカート、プリーツスカート、脇ゴムソフトプリーツスカート、
ベルトレス A ラインスカート、脇ゴム A ラインスカート、脇ゴム片プリー
ツスカートなど多様で品名数の計は 16 である。

⑬　「6204.63」ズボン、胸当てズボン、半ズボン及びショーツ（合成繊維
　製のもの）

　ブランドは事務服と白衣であるが、事務服は 1 品目で Item は PANTS、
品名はパンツである。白衣の Item はすべて PANTS であるが、品名は多様
で、ストレートパンツ、男女兼用ストレートパンツ、パンツ、ジョガーパ
ンツ、男女兼用パンツ、ストレートパンツ、ストレートパンツ（男女兼用）、
ブーツカットパンツ、ストレートパンツ（脇ゴム）、ストレートパンツ（総
ゴム）、フィットストレートパンツ、レディスストレートパンツ、スリムテ
ーパードパンツ（脇ゴム）、マタニティパンツ、レディスパンツ、スリムス
トレートパンツなど 16 あり、事務服を併せた品名数の合計は 17 となる。

⑭　「6206.40」女子用のブラウス、シャツ及びシャツブラウス（人造繊維
　製のもの）

　ブランドはすべて事務服、Item は、S-BLOUSE と L-BLOUSE の 2 つあ
り、前者の品名としては半袖ブラウスが、また、後者の品目としては、7 分
袖ブラウス、長袖ブラウス、ノーカラータックブラウスの 3 つある。品名
数の合計は 4 となる。

第1部

⑮ 「6211.33」トラックスーツ、スキースーツ及び水着並びにその他の衣類のうちその他の男子用の衣類（人造繊維製のもの）

ブランドはすべて白衣で、Item はすべて WHITEROBE であるが、品名は下記のように多数ある。

メンズジャケット（シングル）、メンズケーシー、メンズジップスクラブ、メンズジャケット（シングル）、男性診察衣シングル、男性ハーフコート長袖、男子シングルコート長袖、男子シングルコート半袖、メンズ診察衣シングル、メンズ診察衣ダブル、メンズ診察衣シングル半袖、メンズシングルコート、スクラブ、メンズニットスクラブ、男女兼用スクラブ、スクラブ（製品染め前）、チュニック、メンズジップスクラブ、男女兼用ブルゾン、男子衿付白衣長袖、男子衿なし白衣長袖、男子上衣、男子シングル医療衣長袖、男子ダブル医療衣長袖など品名数の合計は 25 である。

⑯ 「6211.43」その他の女子用の衣類（人造繊維製のもの）

ブランドは事務服が 1 つあり、Item は VEST、品名はベストである。その他は、すべてブランドは白衣であるが、そのうち Item は DRESS と TUNIC が 1 つずつで、品名はそれぞれワンピースとチュニックである。チュニックは、膝ひざの下まであるゆるやかなワンピースを指す。

その他の白衣の Item はすべて WHITEROBE で品名は下記の通りである。

ワンピース、ベスト、チュニック、レディスジップスクラブ、女子ハーフコート長袖、女子シングルコート長袖、女子シングルコート半袖、レディス診察衣シングル、レディス診察衣ダブル、レディス診察衣シングル半袖、女子ハーフコート長袖、レディスシングルコート（七分袖）、レディスシングルコート、エプロン、スクラブ、花柄スクラブ、レディスジップクラブ、花柄ジップスクラブ、フラワードットジップスクラブ、ジップスクラブ、国境なき医師 Zip スクラブ、女子衿付白衣長袖、女子衿なし白衣長袖、女子衿付白衣半袖、女子衿なし白衣半袖、レディスコート、エプロン、女子上衣、チュニック（花柄プリント）、女子医療衣長袖、女性ハーフコート予防衣などで、総計 32 品目となっている。

フォーク社の資料に基づき、同社のブランド、Item、品名その総数をみてきたが、ここから見えてくるものを含め小括としてまとめてみる。

小括

　3章では1990年代において、繊維産業がその製造技術の発展の中で、日本への輸出商品種類—貿易統計上の分類コード数—の増加とそれにともなう輸出額も増大させ、ベトナム経済の「離陸」に貢献した産業部門として位置づけられることを確認した。

　これを踏まえ、本章では1990年代にこの離陸の経路をつくり、ベトナム企業を発展のレールに乗せた日本の縫製企業であるフォーク社のベトナムへの展開と貢献について、同社資料と財務省貿易統計を用いて検証してきた。

　フォーク社は、委託加工貿易や工業団地を利用した発展ではなく、また独自の「地場産業」の育成・発展を追求してきた。

　本章での検証で見えてきたものは、以下の諸点である。

①縫製業がベトナムの離陸に貢献した事実の担い手としてフォーク社があること。それは、1991年の小谷野正道のホーチミン訪問から始まり、研修生の受け入れと帰国後のホーチミンでの実務という仕組みにより、ホーチミンでの早い立ち上げとTSS生産方式の導入、そして工場の生産の拡大、生産する商品コードの拡大という好循環を生み出したこと。フォーク社が、滑走路ではないが、「離陸」に必要な資源・技術を提供し、自走できるシステムを作りあげたこと。

②その取り組みは商品コードの拡大、すなわち、ベトナムにおける生産種類の拡大—新商品生産—という持続的取り組みであったこと。

③工場の利用期間の制約（10年契約）と人件費（工賃）の増大という課題に対応するために、工場の移転—ホーチミンから周辺、そしてダナン—を冷静に行ってきたこと。

④事務服と白衣という2本柱の確立と多様なニーズへの対応

　　事務服と白衣それぞれにおいて、二桁を超える品目数となった製品分類が多数あることは、常に顧客の変化をつかみ、多様なニーズに迅速に対応するというフォーク社の基本的なスタンスを感じさせるものである。

　　例えば、「6104.63」の品名数は10であるが、ブランドは事務服と白衣で、ItemはPANTS、また、「6110.30」ベストは事務服と白衣が混合

表 4.7 フォーク社ベトナムからの輸入品　ブランド・Item・品名一覧
（HS6 桁分類に基く）

(出所) フォーク社資料より筆者作成。

しているが、事務服の 3 Item（S-BLOUSE、OVERBLOUSE、VEST）を除いた他はすべて白衣（WHITEROBE）である。そして、その品名には、様々な検診衣やポンチョ、カーディガンなどがある。

　また、「6114.30」その他の衣類（メリヤス編み又はクロセ編みのものに限る。）（人造繊維製のもの）のブランドはすべて白衣で、品名数は 10 である。ここには、男子上衣、チュニック、女子上衣、ワンピース、スクラフなどが含まれ、Item は WHITEROBE、TUNIC、DRESS の 3 つである。

　「6204.53」は女性用スカート・キュロットスカートという事務服であるが品名数は 16 もあり、その工夫がみられる。

　また、「6204.63」は女性用 PANTS あるいは男女兼用 PANTS でそのほとんどが白衣である。ゴムの位置をはじめ多くのニーズに応えていることがわかる。

　「6211.33」は男性用白衣で品名数は 25 に上る。

　「6211.43」その他の女子用の衣類（人造繊維製のもの）はスクラブであるが、品名数は最大の 32 となっている。また、国境なき医師団、Zip スクラブなどは、CSR や SDGs などを意識した製品づくりへの取り組みが伝わってくる。

⑤事務服と白衣における多様なニーズへの対応とベトナム職工の技能の向上

⑥「その他」にみる新製品、新分類コードへの挑戦

　フォーク社が 1990 年代にベトナムから輸入した製品コードの中には、6 桁分類において「その他」扱いされる商品が少なくとも 3 つ確認できる。

　第一は、「6107.99」の検診衣である。ブランドは白衣、品名は、検診衣である。検診衣は、男子用のパンツ、ズボン下、ブリーフ、ナイトシャツ、パジャマ、バスローブ、ドレッシングガウン、その他これらに類する製品（メリヤス編み又はクロセ編みのものに限る。）、その他の紡織用繊維製のもので、従来の分類コードには入りにくいものであった。

　第二は、「6211.43」は事務服と白衣が混在する。事務服はベストで、白衣はワンピースとチュニックであった。これらは、「その他の女子用の衣類（人造繊維製のもの）」と分類されていた。

第1部

　　第三は、同じく「6211.43」その他の女子用の衣類（人造繊維製のもの）の中のスクラブである。

　　これらは、フォーク社が意欲的に新製品開発、生産に取り組んできた証左であるが、こうした新製品を生産するホーチミンやダナンの工場の管理者と職工の生き生きした姿が想像できる。

　　また、こうした取り組みが実は、貿易統計上の分類の見直し―分類コードの創設と廃止―という新分類コードへの挑戦でもあったことがわかる。

　以上、6点にわたり、1990年代における縫製業フォーク社の挑戦、ベトナムの離陸に果たした役割とその貢献について確認した。

　今後は、職工たちの技能レベルの向上と製品の多様化、また、中長期的視点からみた対応、先ずはベトナムの市場としての発展、日本市場の動向についての認識、そして日本とベトナムの生産体制―内外分業体制の再確認、人件費と工場立地という課題については10年単位でどう対応していくかが重要となる。

註

1　東レ―東洋レーヨン株式会社は、1926年1月創業で、社名にあるように日本で初めてレーヨン糸を紡いだ。また、1941年5月にナイロン6の開発に成功した。1951年10月に東洋ナイロン編物株式会社設立、1954年にはポリエステルを事業化、その後、テトロンの生産を開始した。『東レ90年小史』より。
2　フォーク株式会社「創業120周年記念特別サイト」https://www.folk.co.jp/about/120th/
3　野田隆弘「最近の縫製システムの実状」繊維機械学会「繊維工学」Vol.39,No.3（1986）,p.112.
4　追浜には、戦前は横須賀海軍航空隊が、また、戦後は、沿岸部の埋立地に日産自動車追浜工場や（旧）関東自動車工業の本社などの大規模な工場が置かれた。
　　当時、（旧）関東自動車の生産した車のボンネットに「D」のマークが入っていることを説明者から教えられ、トヨタ製の車の中における（旧）関東自動車生産であることの証を誇らしげに語られていたことを記憶している。
5　この躾という観念はどの国においても普遍的に存在するわけではない。フォーク関係者によれば、ベトナム（ホーチミン）では必ずしも存在しておらず、このことは、規律の励行化そして5Sの推進を難しくしていた。
6　野田、同前、113頁.
7　以下は、赤城文弘工場長へのヒアリング（1997年10月）に基く。
8　1999年8月に筆者も明福工場を訪問する機会を得た。電力不足には、悩まされてはいたが、活気に満ちた工場の雰囲気が蘇る。

136

第 4 章　フォーク株式会社の 1990 年代の取り組み

9　1990 年代、ベトナム素材を中国で加工していた企業としては、中塚被服株式会社（代表取締役社長　中塚恭平、広島県福山市）がある。同社は、1941 年創業、2021 年に創業 80 年を迎えた企業ユニフォームの企画・製造・販売を行っているワーキングユニフォームメーカーである。同社は、戦時中は、統制会社令（1943 年 10 月 18 日公布）により「備後第 22 被服」として、軍服という厳格な規格品を生産するようになったが、これが縫製技術の向上に大きく寄与したとしている。現在は、本社・佐賀工場・東城工場を拠点にしており、これからも『工をもって商をなす』を通じて、地域・社会に貢献したいとしている（同社 HP）。

「近年では、ほとんどが生産コストが安い中国や東南アジアでの生産となっています。しかし、高付加価値の追求、ブランド力の向上が問われる時代へと変化する中"品質"にこだわり、作りのいいものを提供し続けています。「企画・開発・生産・販売」ユニフォームメーカーとして関わるすべての品質でプロフェッショナルな集団を目指しています。」

同社 HP：https://www.nakatuka.co.jp/company/

10　本調査では、「新規学卒者」とは、進学、就職等の別を問わず、入職者のうち調査年の 3 月卒の者を指す。

11　身野明秀氏へのヒアリング

12　小谷野正道氏へのヒアリング

13　同前.

14　同前.

15　同前.

16　身野氏へのインタビュー

17　同前.

18　小谷野正道氏へのインタビュー

19　小谷野淳氏へのインタビュー

20　フォーク株式会社相談役小谷野正道は「フォーク（株）が歩んだ 110 年―「強い企業とは何か」」というテーマで、2013 年 5 月 31 日　明治大学学部間共通総合科目「青年社長育成講座」で講師として講義された。その内容を紹介し、事業とベトナムにかける情熱とその背景を伝えておくことにする。

21　正確には、「3」魚並びに甲殻類、軟体動物及びその他の水棲無脊椎動物、「27」鉱物性燃料及び鉱物油並びにこれらの蒸留物、歴青物質並びに鉱物性ろう、また、「62」衣類及び衣類附属品（メリヤス編み又はクロセ編みのものを除く。）

22　品名数であるが、6 桁分類では同一となっているが、9 桁分類では異なる可能性もあり、同社の資料での 6 桁における同一名称のものも別々にカウントしておく。以下同じ処理である。

23　この検診衣は、前開きタイプで男女兼用である。前が大きく開く、かぶるタイプで配色違い、施設のイメージは統一しつつ、男女で色分けすることも可能。開閉出来るので、触診もしやすく、スムーズなのが特徴のプルオーバータイプ。腕まくりの必要がない 7 分袖、左腰には小物を入れるポケットがついている。厚手のしっかりした生地で、透けることもなく安心して着用できるユニセックスの検診衣。（フォーク社 HP より）

第1部

第5章

外国直接投資（FDI）は国民経済に役立つか？

杉山光信

1. コロナ禍と工業団地

　2020 年初めに発生しその後世界中に感染を拡大していった新型コロナ
ウイルス禍はベトナムの産業に、とくに外資系企業に重大な影響をあたえ
ている。2021 年春まではベトナムでは感染者数はわずかで、その防疫は東
南アジア諸国のなかでは成功した模範ケースとされていたが、2021 年 6 月
以後には状況は一変してしまった。感染者数は爆発的に増大したし死亡者
数も増えていったのである。
　感染者はホーチミン市に居住する一般市民だけではなかった。市街地か
らすこし離れた土地に設置された外資系企業の工場の集中する経済特区、
輸出加工区、ハイテクパークなどで働く従業員たちのあいだでも感染の拡
大がみられるようになる。するとホーチミン市のコロナ対策の担当者たち
は「これら工業団地の労働者の感染は職場と住居の間の移動が関係してい
ることが示された」として移動を禁止する対応を指示したのであった。工
業団地工場のワーカーたちはふつうホーチミン市内の市街地に住んでいて
工業団地にバイクで通勤する。朝夕のバイクの川のような流れは毎日目に
する光景である。そしてホーチミン市当局は 7 月 15 日に「工業団地などに
拠点をおく製造企業に対して従業員の宿舎を確保するように求め、宿舎と
工場間以外の移動を禁止する新たな規制」（首相指示 16 号）を実施した。
この指示でバイクによる通勤は禁止されたのである。工場の稼働を続ける
にはどうすればいいだろうか。市が示したのは「企業にたいしてはワーカ
ーの生産、飲食、宿泊を 1 ヶ所で行う」、「工場内でワーカーを宿泊させる
施設を準備できないばあいには、寮や大型ホテルなどの宿泊施設を企業が
用意し、これらの宿泊施設と工場の間のルートのみに移動を限定する」と
いうものであった。

第5章　外国直接投資（FDI）は国民経済に役立つか？

　工場団地に設置されている外国企業の工場は従業員数が数千人から一万人をこえるほども擁する巨大な規模のものも多い。数千人を収容できる大型ホテルを借り上げるのは困難である。それでも多くの企業は工場の敷地内にプレハブハウスや個人用のビニールテントを設置したが、とても全従業員をこのような形で収容することはできない。8月初めのジェトロの海外ビジネス情報は「首相指示16号にもとづくロックダウンが実施されて、日系、韓国系、台湾系などの企業ではすでに生産停止に追い込まれたところが出ている」と伝えている。この記事によるとホーチミン市ビンタン区にある台湾の宝成工業の現地法人ボウエン・ベトナムが8月中旬に10日間の生産停止を決めたという。ナイキやアディダスのスニーカーの受託生産を行っているこの工場は従業員が6万人もいる。「工場内に数万人にのぼるワーカーの宿泊できるスペースがなく工場外に宿泊施設を確保するのも現実的でない。ボウエン・ベトナムでは8月初めに30人のコロナ感染者が確認されていたが、3日に1回各ワーカーに対して実施が求められるPCR検査費用を含めると負担額は巨大なものになる」[*1]という。

　日経新聞（2021年9月8日朝刊）は、ホーチミン市2区の工業団地、サイゴン・ハイテクパークの企業の様子を伝えている。このハイテクパークにはインテルやサムスンを初めとする企業が入居しているが、インテルでは新型コロナ対策のために7月15日からの1ヶ月間だけで6億7000万円もの追加費用がかかったという。「従業員は通常時の3〜5割しか出勤が認められない。多数の従業員を抱える外資系企業では生産活動を継続するため工場内にテントや簡易ベッドを設置し対応している」、「感染者が1人出ただけで工場を停止する事例もある」[*2]という。サイゴン・ハイテクパークのサムスンの家電を製造する巨大工場でも稼働率は3割程度に低下しているというが、同じハイテクパークには住友電気工業、矢崎総業、古河電気工業のワイヤハーネスの工場も入居している。どの企業も生産停止と追加費用の負担の影響は大きい。

　このようにビジネスニュースや日経新聞は外国企業の状況を伝えているが、私が注意をひかれたのは11月17日「ニューヨーク・タイムズ」の「ベトナムはワーカーを復帰させるのに懸命になっている」という記事である。記者はアディダス、コンヴァース、ニューバランスなどブランドのスニーカーの受託生産をしている工場のワーカー数人に聞き取りをしているのだが、彼女たちの働いていた工場は7月からほぼ3ヶ月間閉鎖され10月に

139

第 1 部

なって再開された。その間彼女たちには賃金は払われず市内の狭いアパートで仲間たちと貧しい食事でしのいできた。10 月になって工場の支配人は以前より高い賃金を払うから職場に復帰するようにと求めてきたが、復帰するつもりはないとこたえたという。彼女たちは出身地の農村に戻ろうとしている。「ホーチミン市はかつては私たちが未来を探した目的の地でした。でも、ここはもはや安全な場所ではありません」。なぜワーカーたちは職場に復帰しようとしないのだろうか。ホーチミン市で首相指示 16 号による「生産、飲食、宿泊は 1 ヶ所で」が求められたとき、スニーカー製造工場の支配人たちは対応するために生じる追加費用の負担に耐えられないと考え生産停止を選び、数千人のワーカーたちは収入を失うことになった。しかし無収入になったときのセーフティネットワークはなにもなかった。記事を書いた記者はワーカーたちが故郷の農村に帰りたがるのは経済的な理由からだけでなく 10 週間のロックダウンで「精神的に消耗」したからというベトナムの専門家の説明をあげている。政府データによると、7 月から9 月までの間に 130 万人のワーカーたちが故郷に帰り、10 月になっても数十万人がそれに続いたという。ベトナムの専門家によると 11 月時点で海外輸出区と工業団地に残っているワーカー数は 13 万 5 千人で、46％に低下している。先にみた以前より高額な賃金を条件にして工場支配人が職場復帰を勧誘するという話は、このような状況を背景としている。けれども記者が聞き取りをしたワーカーたちは復帰するつもりはないという。「パンデミックのさなかのもっとも困難な時期に、会社は私たちを放り出しました。それなのになぜ私たちは復帰するのでしょうか」 *3。問題は賃金だけではないようだ。

　もしコロナ禍のもとで、ホーチミン市の工業団地で働いていたワーカーたちがこのように考えたとすると、どういうことが生じるだろうか。工業団地にはナイキやアディダスのスニーカーを製造する工場だけでなく、婦人服のチゴス、ゴルフ関連品のキャラウェイなどの製品を作る工場も来ている。生産の遅滞は（コンテナ船輸送の混乱とも重なって）アメリカ国内のクリスマス・シーズンの贈り物需要に大きく影響してくるはずだし、この事態はアメリカのブランド企業の経営者たちをして「ベトナム・リスク」への対応を考えさせることになるだろう、と記事は結ばれている。

　この論文のテーマにとって、ニューヨーク・タイムズの記事は多くの示唆をあたえてくれる。ナイキやアディダスのスニーカーはこれまで中国で

140

第5章　外国直接投資（FDI）は国民経済に役立つか？

委託生産されていたのだが 2010 年以後アディダスは中国生産の比率を半減させ半分をベトナムでの委託生産にうつした。ナイキでも事情は同じで、両社とも今日ではスニーカーの生産の半分以上がベトナムでつくられる。移転の理由は中国の政策変化である。中国はエレクトロニクスなどより付加価値の大きいアイテムの受託生産への移行を目的とし、縫製、製靴、テキスタイルなどの分野の熟練労働をそちらにシフトさせようとしている。そこで大量生産のスニーカー生産などは東南アジアのより賃金の低い国に委託生産先を求めるようになった。とはいえナイキやアディダスは中国での生産を止めたのではなく、製靴はベトナム、ジャージや T シャツなどは中国という使い分けを行っている。そしてベトナムでの委託生産の受け手となったのが台湾系のホウユエン・ベトナムのような外資系企業や VINATEX 傘下の国営企業のような数千人のワーカーを擁する大規模な工場なのである。もちろん、この委託生産先のシフトはアメリカの対中国貿易政策の変化とかかわっていて「中国プラスその他」「中国プラスベトナムプラスその他」というアメリカ企業に共通する流れのなかにある。

　ナイキやアディダスのスニーカーについては製品の価格中で中国やベトナムのワーカーの賃金はどれくらいの割合になるかがよく話題になる。欧米のブランド・メーカー製品はアジアで法外に安い賃金でつくられているというのである。あるネットサイトは米国内では 100 ドルで販売されるスニーカーのコスト内訳を次のように示している。

表 5.1　100 ドルのスニーカー1 足のコスト内訳

金額（ドル）	内訳	
25.00	工場渡し（FOB）価格	Nike 売り上げ中の 57%
1.00	貨物輸送費と保険料	
2.50	関税（FOB 価格の 10%）	
15.00	販売促進、経営経費など	Nike 売り上げ中の 43%
2.00	税金	
4.50	利益分	
50.00	小売り上乗せ分	

（出所：https://weartesters.com/cost.breakdowm-100-nike-sneaker から作成）

141

第1部

　この表で見ると税金と管理経費（RD を含む）を差し引いた後に残る純利益はだいたい 4.50 ドルであるという。

　このデータよりすこし古いがダニエル・コアンはアメリカでは 70 ドルで売られているエア・ペガサスのコスト内訳の数字をあげている。スニーカーをつくるワーカーの賃金は 2.75 ドル、革・テキスタイルなど素材と使用機械の償却・輸送費と関税などあわせて 16 ドル（これがロサンゼルスでの引き渡し価格）、広告宣伝と利益があわせて 35 ドル、残りの 35 ドルが小売り利益を含めた流通経費である＊4。大量につくられるスニーカーのコスト構成が同じだとすると 100 ドルのスニーカー中で労賃分は約 4 ドルということになる。100 ドルの製品価格のうちたった 4 ドルしかアジア人のワーカーには払われていない。

　1986 年にベトナムが経済開放へと方向転換し、90 年代から外国資本を導入して工業化を推進するようになったとき、国内での資本蓄積は少ないが安価な労働力が大量に存在するベトナムにとって初めの足がかりとなったのがアパレル産業であったことはよく知られている。「アパレル産業のうちでも生地やファスナー、ボタンなどといった資材、副資材を縫い合わせたりする「縫製」部門をになう生産プロセスはとくに労働集約的である」。それゆえベトナムはアパレル産業の縫製部門を通じてグローバル・バリューチェーンに参加することになるのだが、それはまたベトナム国内でこの産業部門が CMT 型生産として行われるのを軌道づけることになった。この点でアパレル生産は受託側企業が資材・副資材・労働力を手配し完成品を発注側に渡す FOB 型生産を行う製靴とはややことなっている。FDI によるアパレル産業は 1990 年代初めに日本向けの輸出として始まった。このばあい日本のアパレル企業が資材・副資材をベトナムの企業に提供し、ベトナム企業は裁断・縫製・仕上げ（CMT）プロセスだけを担当し製品を日本企業に渡すといういわゆる CMT 型生産で実施された。ベトナム企業が提供するのはワーカーの労働だけである。担当する企業は主に国有企業でそこに日本企業からの技術支援が多く行われたという。今日でも CMT プロセスを担当している大規模な企業には VINATEX（国有繊維企業公司）傘下の国営企業が多いが、外資系企業も参入している。そして製品の輸出先も 2001 年に米越通商協定が発効するとアメリカが日本を抜いて最大の輸出先になる。アメリカのブランド・アパレル企業が CMT 型生産でベトナム企業に発注するようになったのである。ベトナムの縫製工場で作られて

第5章　外国直接投資（FDI）は国民経済に役立つか？

いるのは帛布素材ではシャツ、ズボン、ジャケットなど、ニット素材では
Tシャツ、ポロシャツ、スウェットシャツ、靴下、下着など、いずれも大
衆向け低価格の製品である。ナイキのスニーカーの原価内訳で労賃コスト
の小ささは先に見たが、ベトナム産業化の中心（輸出全体のうち14〜15%）
を構成するのが CMT 型生産を行うアパレル産業であるということは、ベ
トナムの国民経済にとってどういう意味をもつのであろうか。

　近年の開発経済学では途上国産業がグローバル・バリューチェーンで占
めている位置、いわゆるスマイルカーブ上の位置がよく論じられる。アパ
レル産業の生産フローを見ると、上流部門には仕様決定とブランドブラン
ディングのプロセスがあり、この部分は先進国のアパレル企業や商社が担
当している。ついで生地、ファスナー、ボタンなど資材・副資材を生産す
るプロセスがあり、これは中進国のテキスタイル企業が担当している。そ
のあとの中流部門に縫製プロセスがくるがこれをベトナムなど途上国の縫
製企業が担当する。最後の下流部門には流通・マーケッティング機能がく
るが、これは先進国のアパレル企業や商社が担当している。この上流・中
流・下流の生産フロー上の位置と、そこでつくり出される付加価値の大き
さとの組み合わせを見ると、上流と下流では付加価値が大きく中流部門は
低いという U 字曲線が描かれる。これがスマイルカーブといわれるもので
ある*5。グローバル・バリューチェーンに参加したとはいうもののベトナ
ムが担当するのはスマイルカーブの底の部分でしかない。ナイキやアディ
ダスのスニーカーの原価で見たのと同様の事態がベトナムから米国市場に
向けて輸出されるポロシャツでも見られる。

　後藤健太によると、1980年代の開放政策への転換とそれにつづく外国資
本の流入によって FDI による縫製産業の集積が見られるようになったがこ
のような CMT プロセスのみを受託生産しているのでは労働生産性の向上
もみられないし、ベトナム産業発展への寄与もおおきくないことにはベト
ナム政府も気づいており不満を持っていた。「この形態ではベトナム国内に
残る付加価値が小さい」からだ。ベトナム政府は「委託加工型の輸出形態
に依存せざるをえないのは、川上産業と川中産業である紡績・テキスタイ
ル部門が欠けているから」と考え、対策として「2010繊維産業開発スピー
ドアップ計画」を打ち出したのであった。この計画の内容は生地などの素
材産業の育成を目標とし、上流部門での紡績とテキスタイル産業に積極的
に投資すること、中流部門でのベトナム製品（資材・副資材）の調達比率

第1部

を上昇させること、そしてベトナム製のオリジナルブランドを立ち上げ縫製製品を世界市場に向けて輸出する、というものであった*6。しかし、ベトナムのアパレル産業の現状から見るとこの計画は無謀であると後藤健太は見ている。

　ベトナムのアパレル産業がスマイルカーブの底からどのようにして脱出すればいいか、世界銀行の専門家は中国のアパレル産業と比較しながら考察している。ベトナムでは外国のアパレル企業や商社が資材から生産用機械、工程知識などの一切を提供するのでベトナムの業者はデザインの自社化もしないし作業工程の改善もしない。このような状況があるのでバイヤーはコスト次第でどの企業を利用するか発注先をかんたんに切り替える。中国では国内に数千のサプライヤーが存在するので資材・副資材、使用する機械などは中国の企業で選択できる。衣料デザインと注文詳細についてもバイヤーとともに決定できる。そしてベトナムでは納期はふつう 40 日〜60 日であるのにたいして中国では 25 日〜30 日である。さらに中国では輸出促進政策により輸出額の 16％の払い戻しが受けられるなどの条件もある。それではベトナムは中国と競争できないことになるのだろうか。世界銀行の専門家は、ベトナムの場合ネックとなっているのは労働力の質と素材資材の問題であるという。ワーカーの賃金は中国よりベトナムの方が低くてポロシャツ 1 枚あたりの付加価値は 0.10〜0.20 ドルであるが、これはベトナムでの労働生産性の低さのせいでもある。1 日に 1 人のワーカーが生産するポロシャツ数はベトナムでは平均 12 着、中国（広東省）では平均 25 着である。中国での賃金の高さは熟練と仕事のハードさだけではない。この専門家は生産性のちがいは意欲のちがいでもあるという。中国の女性ワーカーは工場近くの宿舎と食事を提供されているので貯蓄ができる。ベトナムではそれがない。ベトナムでは 104 ドル〜181 ドルの賃金を払ってもワーカーを集めるのが困難になっている。政府は優遇地区を設け工場を農村部に移転させようとしているが VINATEX によるとそれでも労働力不足は 10％を超えている。アパレル産業ではワーカーをどうやって集めるかが大きな問題になっている。

　中国との競争力を制約するもうひとつの要因は素材コストの問題である。ベトナムではコストの 80％〜90％を占めるのが中国・台湾・韓国から輸入される資材・副資材でこれが企業利潤を圧迫している。だから必要な資材を国内で調達できるようにする必要がある。綿花はベトナムでも栽培され

第5章 外国直接投資（FDI）は国民経済に役立つか？

ているとはいえその量は年間 5 千トンでこれでは必要量の 2%にしかならない。2010 年に綿花価格はそれまでの 2 倍に上昇したが、素材を輸入に依存することはベトナムのアパレル産業をグローバルな価格変動にさらさせることになる。だから必要なことは「これからの成長と輸出拡大のためには製糸・紡績などバリューチェーンの上流部門の確立」であり、またバイヤー、サプライヤーと密接な関係をもつことによって品質を向上させ、納期の短縮、デザイン生産への適応能力などのある下流部門をもつことである。だからベトナムのアパレル産業ではこれまで行ってこなかった自社デザインの開発、ブランドの立ち上げ、そのためのマーケティング、新スタイルそして長期的な投資戦力が必要である。これはベトナムのアパレル企業が CMT 型生産から FBO 型生産に移行することにほかならない[7]。提案されていることはグローバル・バリューチェーン論で指摘されている上流部門と下流部門の確立とその強化ということなのだが、米国や日本のアパレル企業や商社により強固に組み上げられているグローバル・バリューチェーンのネットワークのなかに、どうやってベトナム企業がそれと対抗できるような仕方で参加できるかである。それが可能であるとしたらどのようなことが、技術移転ないし技術スピルオーバーが必要なのであろうか。

　もっぱら CMT 型委託生産を担当しているベトナムのアパレル産業が下流部門の方向に展開していくことが容易ではない理由を後藤健太ははやくから指摘していた。アパレル産業の流通過程には特有のリスクがあり、それをこの産業全体のフローのなかに分散し吸収できなければならない。しかしベトナムのアパレル産業はこのようなリスク分散し吸収できるような流通ネットワークをもっていない。たとえばポロシャツを生産するとしてどのような色とデザインにするか決定することが必要になるが、「ファッション性の高い縫製品の売れ行きは流行によって大きく左右される。「売れそうなデザインの企画・製品化を行うこと」が必要だが、このプロセスには製品が「売れ残るかもしれない」というリスクが常につきまとう。アパレル企業としてはリスクの大きさに応じて製品の見込み生産を少なく抑えたいというインセンティブをもつ」[8]。ナイキやアディダスのスニーカーでは小売り利益を含む小売り流通経費を製品価格の半分程度にもすることによってリスクを吸収しているが、ベトナムの企業にはとてもそのようなことはできそうにない。またアパレル産業では資材・副資材の生産には技術的な理由からミニマム・ロットが決まっている。資材サプライヤー側とし

145

第1部

てはアパレル企業側にミニマム・ロット分の素材などを確実に引き取って
もらうことが必要であるなど、生産と販売の継続するプロセスの引き継ぎ
場面でもリスクが生じる。スニーカーの例に見られるように有名ブランド
のアパレル産業や製靴業ではこのようなリスクを分散し吸収する仕組みが
周到につくられている。しかし CMT プロセスだけしか担当していないベ
トナムのアパレル産業は「縫製機能からより付加価値の高いデザインやマ
ーケティングといった機能を担っていく道筋を見つける」ことが課題であ
るのは明らかであるとしてもその実現は容易ではない。

　ベトナムが経済改革を行い FDI に開放したとき国内に十分な資本蓄積を
もたないという条件下では、まず労働集約型で輸出志向型の産業を担当す
る直接投資を大量に誘致することがスタート地点で必要であった。大量の
外国資本誘致によってベトナム国内に企業集積が進めば企業間での工程間
分業も進むであろうし、裾野部分を担当するベトナム企業も育ってくるで
あろうと期待されていた。ベトナムにやってくる外国企業はすぐれた技術・
経営知識・販路を備えており、ベトナムで外国企業が活動することはそれ
らの資源が国内企業にスピルオーバーされて、ベトナムの国民経済の発展
に寄与するであろうと期待されていたわけだが、FDI はその期待を実現さ
せているのだろうか。

2.　技術スピルオーバーの測定

　多くの途上国と同じように最近の 30 年間にベトナムでは FDI がベトナ
ムの経済成長にとって主要な原動力であると考えられてきた。そのため輸
出入関税の減免、工場用地の提供、インフラの整備、諸々の手続きの簡素
化などの政策がとられ、外国企業が活動しやすい環境として輸出特区、ハ
イテクパーク、工業団地の開発が進められてきた。FDI を大量に誘致すれ
ば雇用が生まれるだけでなく裾野産業として中小のベトナム企業をも生み
出すことになるだろうと考えられていた。しかし、このような政策を進め
た結果みられるのが低賃金で働き CMT 部門だけしか担当しないワーカー
が大部分という状況が続くのであれば、FDI の活動が GDP を増大させると
しても、ベトナムの国民経済に本当の意味で役立っているのだろうか。こ
のような疑問をいだく人びとが現れても不思議はない。FDI の誘致により
経済発展を進める政策をとったのは、東南アジア諸国だけでなく、EC で周

146

第 5 章　外国直接投資（FDI）は国民経済に役立つか？

辺国の位置にあるバルト海沿岸や東欧の諸国でも、ラテンアメリカ諸国でも同じであり、これらの国の中にも同様の疑問をもつ人びとがいた。そしてこの人びとはマクロ経済学のモデルを用いて FDI が自国の国民経済にもたらす貢献を測定しようと試みていた。ベトナムの研究者たちもこの測定方法をベトナム経済に適用するのである。

　FDI が途上国の経済成長に貢献するのは、FDI で設立される工場が先進的技術や高度な経営知識・情報などを有していてこれらがベトナム企業へとスピルオーバーされる、移転されるからと考えられている。そしてスピルオーバーについてはふつう 4 つのチャンネルが上げられている。1）　デモンストレーションと模倣、2）　競争、3）　産業間の垂直的リンケージ、4）　労働力・ワーカーの転職、である。デモンストレーションと模倣というのは「外国企業の活動プロセスを観察し、模倣することによって国内企業は先進技術、マーケティング・スキル、会計処理、品質管理の手法」などを手に入れることができる。競争では、外国企業が国内企業にたいして持ちこむ競争は国内企業にたいしてスキルと技術をアップグレードするように強いるからである。しかし市場での競争はベトナム企業に新知識を吸収する能力がある場合には利益を引き出すことができるが、そうでない場合にはシェアを失わせることになる。産業間の垂直的リンケージとは次のことをいう。サプライヤーであるベトナム企業から中間財をクライアントである外国企業に引き渡す取引関係があるとする。この場合、納入される中間財（製品）にたいして厳格な品質基準が要求される（上流部門関係）、あるいは外国企業サプライヤーからベトナム企業に高品質の中間財が渡される。このばあい、外国企業とベトナム企業との間の技術格差が大きければ大きいほどベトナム企業にとっては先進技術を吸収するチャンスが大きくなると考えられるが、技術レベルのギャップが大きすぎる場合には吸収できない。「外国企業が上流と下流のネットワークを作り上げるなら技術移転のスピードは加速される。高品質のインプット（中間財）を要求するので、その調達のために外国企業は技術と知識をパートナーである国内企業に移転するだろう。このことはサプライあるいは販売ネットワークに組み込まれている国内企業にたいしては先進技術へのアクセスをもたらし生産性向上に役立つ」*9。労働力・ワーカーの移転によるスピルオーバー効果はよくわかる。外国企業で働く熟練ワーカーがベトナム企業に転職するならこのことは明らかだ。一般に FDI の増大は外国企業で訓練された相対的にス

第1部

キルの高い労働力をベトナム企業が手に入れやすくするだろう。FDI 企業から国内企業への労働力移動はワーカーによって運ばれるスキルと知識を通じて生産性の改良が生じうる。これが一般的にいわれる技術スピルオーバー効果といわれるものである。

　このような技術スピルオーバー効果がベトナムでは FDI の進展のばあいその通りにはなっていないことは早くから大野健一によって指摘されている。ベトナム経済を全体としてみると「現在のところ、一方では外国との競争から保護されている国内部門と、他方ではすでにグローバル分業に参入している輸出志向の FDI 部門から構成されていて、両者間では協力が極端に欠けている。ベトナムの私企業部門はストリートショップや家族工業などの零細企業が支配的である」*10。そしてベトナムのアパレル産業でのFDI は資材・副資材ではベトナム製品を使用していないが、ベトナムの国内市場を対象とする私営企業と一部の国営企業は資材・副資材の半分をベトナム国内で生産されたものを使用している。つまり「FDI はベトナム経済の技術をアップグレードし、国内パートナーに技術と知識を提供しているのだが、国内企業にたいしてあたえるインパクトには限界をもっている。ベトナム国内の私企業の弱体さによって制約されている」というのである。

　このような制約はあるものの東南アジア諸国のうちでも FDI 誘致が後発的であったベトナムの場合、FDI にある特徴があるとベトナムの研究者はいう。ベトナムのばあい、多くの外国企業（現地法人）が中小規模であり、投資規模が 1 億ドル以下、平均では 1,240 万ドル程度であるが、これはベトナムの FDI は主として日本、台湾、韓国、香港などアジアの国から来た企業であることによる。そしてベトナムとこれらアジア諸国とのあいだの技術レベルのギャップはそれほど大きくないし、人びとの気質・習慣も似ている。このことはベトナムの国内企業への技術スピルオーバーにとって好都合ではないだろうか*11、というのである。どこまでそう言えるだろうか。

　ベトナムの研究者による FDI のベトナム経済への貢献いかんについての研究は多数あるが、ここでは 2007 年の「FDI はベトナムの労働生産性成長にインパクトをあたえているか？」*12 と 2020 年の「生産性成長にタイする FDI スピルオーバー効果の検討」*13 の二つを取り上げてみる。大野健一によるとベトナムの労働生産性の推移には 3 つのフェーズがある。1)1991-95 年の時期、これは高度成長期で市場経済の発展のための障害が取

148

第5章　外国直接投資（FDI）は国民経済に役立つか？

り除かれ「自由化と対外開放がもたらした投資、とくに製造業民間投資が
活発化し資本装備率を高める」、それゆえこの高い生産性成長は「あるべき
トレンドに追いつくための一過性のキャッチアップ」であった。2)　1996-
2012年の時期、停滞期。停滞の直接の理由は1997-98年に発生したアジア
通貨危機であるが、「重要なのは大量投資に依存する経済成長パターン及び
それにもとづく資本効率の悪化」である。つまりベトナムの成長は資本の
投下量に依存するたんなる量的なものになった。同じ時期の中国ではこの
期間も労働生産性を持続的に増大させベトナムを抜き去ったこととは対照
的である。3)　2013-現在、成長期。労働生産性の伸びは1990年代中頃に
近いものになる。成長の理由としては全要素生産性（TFP）の成長、つまり
雇用拡大よりも労働生産性の上昇のほうが成長に貢献するようになってい
る。しかしその理由について大野健一は「こうした近年の生産性上昇の原
因、およびそこに長期的にサステナブルなものであるかについては、期間
が短いこともあり、現段階ではまだわからない」*14という。ともかくこの
3つの時期区分を念頭に置いて見ていこう。

　初めに取り上げる論文「FDIはベトナムの労働生産性にインパクトをあ
たえるのか？」は、1995-1999年と2000-2002年の二つの期間のベトナム統
計総局（GSO）のデータを用いて分析を進めている。この時期は大野健一
のいう停滞期にあたるが論文著者はアジア通貨危機後の落ち込みとそこか
らの緩やかな回復が始まる時期であるとする。使用される統計総局のデー
タは産業レベルのパネルデータで、29に分類される産業部門（セクター）
は3つの産業群（鉱業採石、製造業、電機・ガス・水道）に分けられる。
また国内部門は国有企業（SOEs）とそれ以外の民間企業と家計、外国部門
は外国出資企業（合弁および完全外国資本）。総産出額（グロスアウトプッ
ト）と雇用者数は産業部門（セクター）ごとのものが利用できる。固定ア
セットでは外国部門と国内部門の区分しかない。

　さて、論者の用いるモデルはソローの開始したコブ・ダグラス型の生産
関数で次のようなものである。

$$Y_i^d = \left(K_i^d\right)^{\alpha} \left(L_i^d\right)^{1-\alpha} e^{z^i} \qquad (1)$$

　ここでdは国内産業、iはi番目の産業部門、Y_i^dはi部門の産出、K_i^d, L_i^d
はi部門の資本と労働、eの指数であるZ^iはこの産業セクターの外部性であ

149

第 1 部

る。外国部門の影響は外部性に含まれると想定され、i 番目の産業部門の資本と労働の比率、労働の質、規模の経済性、集中の程度などとともに Y に影響をあたえると想定されている(集中の程度には代理変数が用いられる)。

Z^i は β GOV と γ FOR に分解される。

両辺を L_i^d で割ると

$$Y_i^d = \left(K_i^d\right)^\alpha \left(L_i^d\right)^{1-\alpha} e^{\beta*GOV} e^{\gamma*FOR} \qquad (2)$$

$$\frac{Y_i^d}{L_i^d} = \left(\frac{K_i^d}{L_i^d}\right)^\alpha e^{\beta*GOV} e^{\gamma*FOR} \qquad (3)$$

α, β, γ はパラメータである。論者が参照する南米ベネズエラの分析では産業集中の変数が用いられているが、ベトナムではこれは利用できないので GOV(国有企業のシェア)で代用されている(国有企業が大きな地位を占める産業部門は集中化が見られると想定)。FOR はその産業部門の全雇用者中で外国企業によって雇用されている人数の比率である。論者がこのようにするのは参照した先行研究で、産業部門の総産出にたいする外国企業の総産出の比率よりも、雇用者数の比率のほうが適切とされていることによる。

先の式の両辺の自然対数をとると、

$$\ln\left(\frac{Y_{it}^d}{L_{it}^d}\right) = \mu + \alpha \ln\left(\frac{K_{it}^d}{L_{il}^d}\right) + \beta GOV + \gamma FOR_{it} + \varepsilon_{it} \qquad (4)$$

μ は定数、t は時間、ε は誤差項である。

さて論者によると α の値は正であるはずであり、β の値については「より集中が進んでいる産業は独占価格形成にかかわるからより高い生産性を示す」と想定されるからこれも正の値であると想定される。

したがってもし γ が正の値をもつなら、外国企業の存在はベトナムの国内企業にたいしてスピルオーバーの効果を持つと結論されることになる。論者はさらにスピルオーバー効果に影響をあたえるのは外国企業と国内企業のあいだの技術ギャップ、企業の資本集約程度、国内企業のリンケージ

第 5 章　外国直接投資（FDI）は国民経済に役立つか？

役割があるといい、これらに代理変数を組み込んだモデルの構築に進むが
ここでは立ち入らない。

　さきのモデルにあわせ統計総局のデータについて計算した結果は次の表
のようになる。1995-1999 年、2000-2002 年のいずれの期間についても固定
効果とランダム効果で計算されている）

表 5.2

被説明変数 ： 国内部門の労働生産性

時期	1995-1999		2000-2002	
F（固定効果）	（ランダム効果）+	（固定効果）		（ランダム効果）+
No of observations	143			
R2	0.3173	0.3940	0.0644	0.2287
Constant	-5.023734	-4.543374	-6.829876	-5.487061
	(0.4187228)　**	(0.29246)　**	(5.157828)	(1.532057) **
K/L 比率	0.0657692	0.0812018	-0.9643787	0. 0649326
	(0.0304668)　**	(0.03095)	**　(0. 7387776)	(0. 3569135)
GOV	0.0304646	0.0211598	0. 1063964	-0. 0041546
	(0.0065966)	(0.00413)	**　(0. 0864823)	(0. 0195909)
FOR	0.0307388	0.0256331	0. 066886	0. 0406693
	(0.0069492)　**	(0.00478)	**　(0. 0614172)	(0. 0234803)

Figures in pa（　）内は標準誤差　　** 1%水準で有意

（出所：Le Thanh Thui, op.cit., p.23）

　この結果から論者は 1995-1999 年においては K/L 比率と GOV は有意に
正であり、FOR も正で 0.02 から 0.03 で GOV と同程度である。したがって
この時期には外国企業は国内の平均生産性にプラスの影響をあたえている。

第1部

2000-2002 年の時期で GOV が負の値であるのは政府による価格決定がなくなり国有企業が非効率的になったことを示している。FOR も正の値を示しているからスピルオーバー効果はあったと考えられるという。さらに踏み込んでスピルオーバーに影響をあたえる 3 つの代理変数を組み込んだ計算結果を見ると、1995-1999 年の時期にはベトナム産業にたいするスピルオーバー効果は有意に正であるが、2000-2002 年の時期には有意でない。「前の時期ではベトナムは重要な構造改革を進めていて FDI の積極的なデモンストレーション効果と競争効果は大きかったが、2000-2002 年の時期では市場はもっと安定してきており、マーケット・スチーリング効果が大きくなったことを示している」という。

　取り上げてみたいもうひとつの論文は 2020 年に「経済開発ジャーナル」に掲載された「生産性成長にたいする FDI スピルオーバー効果の検討」である。この論文では統計総局（GSO）の 2007-2015 年の企業別年次統計を用いている。データは 2016 年末に完成され、企業レベル、産業部門レベルで作成されベトナム国内で活動する全企業をカバーしている。FDI については企業ごとのパネルデータを使用している。データを分析するために構築されているモデルはさきの論文と同じくソローの経済成長モデルであるが、企業間での上流リンケージと下流リンケージにおけるスピルオーバー効果を測定できるように手の込んだものになっている。

　出発点で想定されているのは次の式。

$$Y_{it} = A_{it}\left(f, a, m, g\right) L_{it}^{\beta_l} K_{it}^{\beta_k},$$

　ここで i は i 番目の企業、t は時間、Y_{it} は i 番目企業の t 期において付加されたアウトプット（これは企業利益から計測）、K_{it} と L_{it} は i 企業で t 期に使用される資本（フィジカルアセット）、L は労働（被雇用者数で計測）。A_{it} が i 企業の t 期における全要素生産性だがその内容は現存する FDI（f）、共通技術ファクター（a）、その企業の人的資本と経営能力（m）、外部知識資源（g）とされている。A_{it} は i 企業の t 期における全要素生産性、β_l と β_k は労働と資本の弾力性である。この式の自然対数をとると、

$$y_{it} = \alpha + \beta_l l_{it} + \beta_k k_{it} + \omega_{it} + \varepsilon_{it},$$

y, l, k はそれぞれアウトプット、労働、資本の自然対数、ω は全要素生産性

152

第 5 章　外国直接投資（FDI）は国民経済に役立つか？

で企業では知られているが研究者には分からない。

　そこで論者は ω_{it} の内部を水平的スピルオーバー（H-FDI）、上流リンケージのスピルオーバー（FWD-FDI）、下流リンケージのスピルオーバー（BWD-FDI）などの項にさらに分割する。上流及び下流リンケージのスピルオーバーの計測はかなり複雑な仕方で進めているので註に記しておく [15]。スピルオーバーに影響をあたえるのは技術ギャップ、集中の程度（ハーフィンダール指数）などがあり、これらを考慮に入れると、i 企業と j 企業のリンケージによる全要素生産性は次のように示されることになる。

$$TFP_{ijt} = \beta_0 + \beta_1 H\_FDI_{jt} + \beta_2 FWD\_FDI_{jt} + \beta_3 BWD\_FDI_{jt}$$
$$\qquad + \beta_4 HERF_{ijt} + \beta_5 HC_{ijt} + \beta_6 FINAN_{ijt} + \beta_7 TECH\_GAP_{jt}$$
$$\qquad + \beta_8 LABOR\_SIZE_{ijt} + \mu_i + \varepsilon_{ijt}, \qquad\qquad (3)$$

　$HERF_{ijt}$ は j 産業の i 企業のハーフィンダール指数、HC は人的資本で j 産業の平均賃金にたいして占める i 企業の平均賃金の比率、FINAN は j 産業中の i 企業の財務状態（i 企業の負債にたいする現存アセットの比率として測定される）、TECH-GAP は j 産業内での外国企業と国内企業の生産性の差、LABOR-SIZE は j 産業中の全企業の平均売上げ額にたいする i 企業の売上げ額の比率である。

　統計総局のデータをこのモデルに従って計算した結果から論者が引き出す結論は以下のようである。水平的スピルオーバーは企業の生産性と負の相関を示している。すなわち「競争は市場において国内企業のポジションを縮小させている。国内企業は優れた知識と技術をもつ強力な外国の競争者と競えていない。…外国企業により持ちこまれた競争はベトナムでは国内企業のパフォーマンスを悪化させている」[16]。

　ついで FDI から国内企業の生産性への上流リンケージでのスピルオーバーの相関係数は大きくマイナスである（$\beta = -0.036$, p-value < 0.01）。「このことはベトナムのバイヤー企業は外国企業からスピルオーバーの利益を受けとることができていないのを意味している。つまり外国サプライヤーがこのリンケージを通じて彼らの技術を国内企業に移転している可能性は小さい」。外国企業から中間財を購入しベトナム企業が製造・組み立てを行うというリンケージではスピルオーバーの効果は見られない。しかし垂直リンケージの下流に向かう方向では FDI は国内企業の生産性引き上げに寄

第1部

与している（相関係数は有意に正である）。つまり「国内企業により提供される中間財・アウトプットが、外国パートナー企業の厳格な基準にあわせることができるときには生産性を増大させている」[*17]ということを意味している。このばあいにはベトナム企業は外国企業から新しい技術を学習することができている。この結論はFDIと国内企業の生産性との関係は多くの研究者たちにとって懸念を引きおこさせるものである、と論者はいう。上流方向のリンケージではFDIのベトナム企業へのスピルオーバー効果は認められるのであるが、水平的関係と下流方向リンケージではFDIはベトナム企業にたいしてマイナスの影響を示しているからである。この状況にどのように対応すればよいのであろうか。論文は「人的資本の育成、企業財務状況の改善、技術ギャップの縮小が技術スピルオーバーを有効に生じさせるための死活の条件である」と結んでいる。

3. 工業団地を歩いてみる

FDIによる外国企業からベトナム企業への技術スピルオーバー効果、あるいは生産性向上への寄与はマクロ経済学モデルを用いた計測では期待されているほどには大きくないようである。この状況をどうこえていくかはベトナムの政府にとっては重い課題となるであろう。この課題の根底にあるのは先に見たように、FDIの誘致とともにベトナムで定着したCMT型生産形態に、スマイルカーブの底の位置にベトナム企業が軌道づけられてしまったことにある。

じっさいにベトナムに工場を移転している企業の現場を見ると技術スピルオーバーや生産性向上への寄与はどういうことになっているのだろう。もとよりマクロ経済学のモデルによる測定結果がそのまま工場の労働の現場で見られると考えているわけではない。私たちの進めた研究プロジェクトでは、アパレル産業についてはホーチミン市内で100人ほどのワーカーで病院看護師のユニフォームを製作している日本系企業、そしてベトナムではないがプノンペンにある韓国系企業、ハノイで軍が経営し主として軍の制服を製造する特殊な企業、3社を訪問している。ベトナムにもVINATEX傘下の国営で大規模な縫製工場が存在しているが私たちは見る機会がなかった。プノンペンの韓国系企業を取り上げるのはこの工場がベトナムの大規模縫製企業と経営形態が類似していると思われるからである。

第5章　外国直接投資（FDI）は国民経済に役立つか？

100人ほどのワーカーの働く日系企業のフォーク社は正確には工業団地の中ではなくやや郊外だが市街地の中に位置している。会社の形態はベトナム人パートナーとの合弁であるが実質的に経営しているのは日本側である。この企業では主として日本国内の病院などで使用される看護師・ナースのユニフォームを製造している。医師・ナースが主役のテレビドラマによくあらわれるように看護師のユニフォームはファッション性の見栄えが重要であると同時に看護作業にあたる際の高い機能性も求められる。アパレル製品としてはかなり高度で複雑な製品なのである。この会社では日本国内の病院などにカタログを送りその中から型番をクライアントに選んでもらう。つまりある型番のユニフォームについて200着とか300着の注文を受け製作する。生地その他の資材は日本から送られる。ユニークなのは製作のプロセスである。作業ラインに沿って作業が細分化され分担が割り当てられるのではなく、ワーカーたちは10人程度のグループに分かれている。グループにはグループ・リーダーがいる。会社はこのグループにたいして、例えば「20日の納期でこれこれの型番のユニフォーム200着の注文が来ているが、このグループでできるか引きうけるか」を決めさせている。作業の段取りと分担はリーダーを中心にグループで決める。製品についてはパーツをつける前と後、アイロンをかける前と後などのように検査をくり返し行い不良品が出ないように注意しているが、会社の説明では「ベトナムのワーカーたちは眼の感覚が優れていて日本人には気が付かない程度の色の違いも分かるのだ」ということであった。

プノンペンで訪問したINJAE GARMENT社も工業団地のなかではなく市街地に工場をもっている。訪れた工場のワーカー数は2000人だったが、市内にはもうひとつ1200人程度の工場があるとのことであった。経営者である姜氏は1970年代に韓国で貿易会社を立ち上げ輸出業務を行ったあと、2005年にプノンペンで工場を始めた。この工場で作っているのはニット素材のポロシャツやジャージのズボンなどで100%米国向けである。デザインと使用はソウルにある本社でアメリカのバイヤー（JCペニー、ウォルマートなど）と決めている。ニット生地、糸、ボタンなどの資材はすべて韓国から輸入しているが、これらの通関にはカンボジアの優遇措置が受けられる。バイヤーから受注するロットは150万ケースくらいで、4ないし5ラインで3ヶ月から4ヶ月間継続して同じものをつくる（日本向けの注文だと2万ケースとか4万ケースなので採算がとれないが、それでもイ

第1部

ーオンに小量出荷している）。ワーカー数は2000人で24ライン、1ライン
に80人くらい配置され各ワーカーには倉庫、裁断、縫製、梱包など細かく
職務が割り当てられている。韓国で縫製工場をやっていたときには1人の
ワーカーが2から3工程担当していたが、ここでは1人が1工程である（2
から3工程できる人は少ない）。担当する工程は固定されていて移動する
ことはない。専門リーダーもいったん部署に着くと8年でも10年でも同
じ部署を担当するのだという。リーダーはプノンペンでワーカーのあいだ
から選抜し韓国で訓練している。工場を稼働させていていつも考えること
はラインに空白ができないようにスケジュールを考えること。スタックが
1000枚きっちりの場合、それが終わった後の次の作業をいつも考える。利
益率2%から3%と低いからスケジュールと素材量、製品量の管理はとても
重要である。1万着ないし2万着の注文で素材手配を間違えて100着の余
分が出るともう利益はなくなってしまう。製品のFOBの単価が60セント
から70セントだから1万着つくって6000ドルの利益、こういう利益率の
低い仕事はアメリカ人にも日本人にもできないだろうという。

　後藤健太はベトナムで生産されるアパレル製品の輸出先と技術移転につ
いて次のように論じていた。1990年代までは日本向け輸出が主だったのが
2002年に米越通商協定のあとでは米国向け輸出が首位になった。この変化
はたんに量的な変化でなく技術移転にもかかわっている。というのは日本
向けに輸出されるのは「仕様が複雑で相対的に製品レベルと付加価値が高
い製品が中心である」。また日本向け製品は発注数量が小さく色展開も多い。
これにたいしてアメリカ市場向けではふつう数千多ければ数万枚で「アメ
リカ市場向けは相対的に仕様が単純であり価格競争がより激しい「ボリュ
ームゾーン」市場向けである。ここでは徹底してロスを最小化させるため
に仕様を簡素化し、生産効率を高めることで価格競争を実現することに重
点が置かれている」＊18。

　ここで論じられている米国向け製品をつくっているのはVINATEX傘下
のベトナム企業であるが、置かれている条件と生産形態はプノンペンの
INJAE GARMENT社工場とほとんど変わらないだろう。日本向けの製品は
使用が複雑でありロットも小さいというのもフォーク社にそのままみられ
るところである。このことは外国企業からベトナム企業への技術移転にそ
のままかかわってくるのではないだろうか。「アメリカの縫製市場では品質
にたいする要求レベルが日本ほど高くない。縫製仕様も単純で汎用性の高

第5章　外国直接投資（FDI）は国民経済に役立つか？

いものが中心である」。こうしてアメリカのバイヤー企業はもっぱら競争的な視点から発注先を選択することになり「ここではバイヤー企業からサプライヤー企業への技術移転も少ない」。プノンペンの INJAE 社ではリーダーこそ韓国で訓練されるもののラインに配置されたワーカーは単一工程の担当を何年も続けるのである。ホーチミン市のフォーク社では複雑な仕様のナース・ユニフォームをグループ内で作業を分担しあい製作するし、また要求される製品の基準もきびしい。おかれている作業の場でワーカーには技術も知識も求められるのである。

　これら二つの企業とはことなるタイプの企業をハノイで訪問する機会があった。第 26 会社（Cong Ty Co Phan 26）で社名は 1926 年に最初の会社が設立されたことにちなんでいるが、数社が合併して 1983 年に現在の形になったという。会社全体では 1000 人の従業員がいるとこのとだが、訪問した工場は 400 人でベトナム軍および警察と税関の制服、帽子、靴を製作している（ワーカー以外の職員は軍服を着ていた）。軍に納入する製品については他にも同種の会社が存在していて競争があるが、じっさいには軍からの割り当てで決まる。軍服の生地はベトナム製だがその他の資材と生産用機械は日本と中国から輸入したものとのことであった。説明してくれた担当者によると軍から発注された製品が 7 ヶ月分の仕事であるとすると残りの 5 ヶ月分については市販する製品を含めてこの会社で企画生産するという。工場では規模は小さいが緩やかなラインが構成されていて従業員はラインに沿った部署で作業していた。「軍の会社なので規律も一般の会社よりもきびしい。従業員も年間に 1 週間のホーチミン思想の学習をしている。若い従業員も軍の会社なのできびしいことは分かって入社するので問題はない」とのことであった。ベトナムのアパレル産業というと FDI による受託生産の大規模な工場を思い浮かべがちなのであるが社会主義時代の姿を残している会社も存在しているのである。

註

1　ジェトロ「海外ビジネス情報」2021.9.26 「ホーチミン市、「ロックダウン」でもデルタ株の収束見えず　新型コロナ禍の現状を駐在員視点で読み解く（3）」。
2　「日本経済新聞」2021.9.18 朝刊、「「工場隔離」ベトナムに影、敷地内で衣食住、感染拡大で稼働率低下、インテル投資見直し、サムスンは年末商戦に暗雲」。
3　*The Japan Times*, November.17.2021.（*New York Times* 記事の再録）Sui LEE WEE and Vo Kieu

第 1 部

BAO UYEN, Vietnam Struggling to Coax Workers back to Factories.

4 Daniel Cohen, *Trois leçons sur la société post-industrielle*, Seuil, 2006. pp.52-53.

5 『現代アジア経済論』、第 4 章「生産するアジア」の 3.1 「ベトナムのアパレル産業」（後藤健太担当）79-83 頁。なお、グローバル・バリューチェーンについては猪俣哲史『グローバル・バリューチェーン　新・南北問題へのまなざし』日本経済新聞社、2019 も参照。

6 後藤健太、前掲書、第 4 章、3.1 ベトナムのアパレル産業、79-80 頁。

7 Hinh T. *Dinh, Light Manufacturing in Vietnam. Creating Jobs and Prosperity in a Middle-Income Economy*. 2013, The World Bank. このうちの chap.4 Apparel, pp.53-76.を参照。

8 後藤健太、第 5 章「繊維・縫製業——流通未発達の検証」（大野健一・川端望編著『ベトナムの工業化戦略　グローバル化時代の途上国支援』、日本評論社、2003）、131-132 頁。

9 Le Thanh Thuy, Does Foreign Direct Investment Have an Impact on the Growth in Labor Productivity of Vietnamese Domestic Firms? , *REIT Discussion Paper Series 07-E-021*, （http://www.reiti.go.jp/）, p.16.

10 Le Thanh Thuy, op.cit. p.16. ここで引用されているのは大野健一、第 2 章「国際統合に挑むベトナム。2.3 二重構造下の工業化戦略」（『ベトナムの工業化戦略』所収）、41-44 頁である。

11 Le Thanh Thuy, *op.cit*., p.9

12 Le Thanh Thuy, 前掲論文。

13 PHUNG V. NGUYE, KHOA T. TRAN, NGA THUY THANH LE and HOA DOAN XUAN TRIEU, Examining FDI Spillover Effects on Productivity Growth : Firm- Level Evidence from Vietnam. in *Journal of Economic Development,* vol.45. no. 1, March, 2020.

14 大野健一、グエン・ドゥック・タイン、第 8 章、「生産性から見たベトナム経済の達成と課題」（山田満・苅込俊二編『アジアダイナミズムとベトナムの経済発展』（文眞堂、2020）、133 頁。

15 PHUONG et. al., pp. 106-107,

水平関係のスピルオーバー効果は次の式、

$$H\_FDI_{jt} = \frac{\sum_{i \in j; i = FDIfirms} TOTAL\ SALES_{ijt}}{\sum_{i \in j} TOTAL\ SALES_{ijt}}.$$

上流リンケージのスピルオーバー効果は、

$$H\_FDI_{jt} = \frac{\sum_{i \in j; i = FDIfirms} TOTAL\ SALES_{ijt}}{\sum_{i \in j} TOTAL\ SALES_{ijt}}.$$

第 5 章　外国直接投資（FDI）は国民経済に役立つか？

下流リンケージのスピルオーバー効果は、

$$FWD\_FDI_{jt} = \sum_{\forall h \neq j} \beta_{hjt} H\_FDI_{jt},$$

$$\beta_{hj} = \frac{Y_{hj}}{Y_j}.$$

16 PHUONG et. al., *op.cit.*, p.111
17 PHUONG et. al., *op.cit.*, p.114
18 後藤健太、第 4 章「グローバル経済化とベトナム縫製業の発展戦略、生産・流通ネットワークと企業パフォーマンスの多様化」（坂田正三編『変容するベトナムの経済主体』アジア経済研究所、2009）、133 頁。

第2部

第6章
巨大都市ホーチミン市の変貌と FDI

杉山光信

1. あいつぐ大規模開発

　ドイモイ改革が 1986 年に始まり、1991 年に土地法が制定されると、ベトナムの都市の建築・建設の状況は大きく変わり始める。住宅についていえばそれまでは国により提供されていた住宅が住んでいる個人に売却され、この法律で土地の使用権は家屋の建っている土地だけだが個人に属することになった。1993 年の新しい土地法は土地使用権の内容として移転、交換、相続、抵当、貸借の権利を認めている。こうして土地の所有は全人民のものであるが個別の商業地や住宅地については開発ができるようになり、その結果不動産市場が生まれ、ブームまで生じた。さらに 2003 年に施行される新しい土地法では土地の登記・取引の手続きが簡素化され、申請・紛争解決についてのルールの透明性が強められた。ホーチミン市南部でのタントゥアンの輸出特区をはじめとする 12 の工業団地と 3 つの輸出特区の設置、ハイウェーの建設、港湾の建設など大規模なプロジェクトが発展するのはこれらの法的整備によってである。

　ホーチミン市についていうと、1993 年までは新しいビルの建設はなかった。建設のための資金がなかったのである。ところが土地使用権の確立は外国資本を不動産市場に引き寄せることになる。こうしてホーチミン市の中心部である 1 区には、サイゴン・センター、シェラトン・ホテル、新世界ホテル、スンワタワー、プライスホテルなどの高級ホテルが建ちビジネスオフィスが入居する高層ビルが建てられていく。ホーチミン市人民委員会庁舎からサイゴン川へと続くグエンフエ大通りの両側やサイゴン川西岸には高層ビルが林立し、フランス植民地時代建築を代表する瀟洒な人民委員会庁舎も周囲の高いビルの間で埋もれてしまいそうになっている。2010年にホーチミン市には 225 の高層ビル建設の計画があり、2008 年から 2012

第 6 章　巨大都市ホーチミン市の変貌と FDI

年の間に許可されたのは 104 であったという[*1]。このうち 14 は都心部の 1 区であった。

　ホーチミンの都市としての相貌を変化させているのはこのようなビジネスオフィスや高級ホテルが次々と建設されていることだけではない。ほかの東南アジア諸国の首都に見られる超高層ビルもまた出現している。1 区のサイゴン川西岸で目立つのはビテクスコ・フィナンシャル・タワーである。地上 68 階地下 3 階で高さが 265.5 メートルあるこの超高層ビルはベトナムの電力会社で水力発電と再生可能エネルギー事業を展開するビテクスコ・グループが所有している。ビルは 2010 年に竣

ビテクスコタワーとグエンフエ通りのオフィスビル、撮影著者

工したが工事は韓国のヒュンダイが担当した。これに次ぐのは同じ 1 区にあるベトコンバンク・ビル（高さ 205 メートル、2015 年竣工）、サイゴン・タイムススクエア（高さ 163.5 メートル）、ペトロランドタワー（高さ 155 メートル）である。これらはビジネスオフィス、高級ホテル、ショッピング街、高級マンションなどを含む複合施設である。最近になってこれら超高層ビル群にランドマーク 81 が加わった。ランドマーク 81 は都心部の 1 区ではなくやや離れた 2 区にある。2 区はホーチミン市が現在重点的に開発を進めている地区の一つであるが、ここにベトナムの有力企業ビングループ傘下のビンホームズ社がセントラルパークという高層マンション群からなるエリアを建設した。この高層マンション群は都心部からみてもひときわ目立つのであるがこのエリアの中心に現時点ではホーチミン市で最も高い地上 81 階、地下 3 階、高さ 461.3 メートルのランドマーク 81 が出現した。このビルもショッピング街、高級ホテル、高級マンション、ビジネスオフィスなどから構成されている。

　超高層ビルの建設はまだ続いている。のちにのべるように現在ホーチミン市では都心 1 区に接しそこから北東に延びる 2 区とサイゴン川東岸のトゥーティエム地区を重点的に開発している。とくにビジネスセンターが集中するサイゴン川西岸と川を挟んで向かい合う位置にありながら低湿地で

第 2 部

あったため長年にわたり放置されていたトゥーティエム地区はいまになって内外からの熱い視線を浴びている。ここには 2 区でビンホームズ社が開発しているようなニュータウンプロジェクトが複数計画されている。サイゴン川西岸と結ぶトンネルを出てすぐの場所にエンパイアシティという超高層ビルが現在建設中である。完成すると地上 86 階でありこの地区でもっとも高くなる。この超高層ビルも高級ホテル、高級マンション、ショッピング街、ビジネスオフィスなどが入居することになっている。ビテクスコやランドマーク 81 などがベトナム国内企業主体で建設されたのにたいして、エンパイアシティはシンガポールに本拠を置くケッペルランド社、香港のガウ・キャピタル・パートナー社および国内デベロッパーがあわせて 12 億ドルを出資している。

　ホーチミン市の都市開発はこのように都心部のビジネス地区で顕著であるけれど、外国資本が参加する開発事業は高層マンション、超高層ビルの建設にとどまるだけではない。都心部から南に 5 キロメートル離れた場所に出現したフーミーフンのニュータウンや、北に 10 キロメートルほどに位置する 2 区でビンホームズ社は完成すると 30 万人もの人口を擁することになるビンシティというニュータウン建設を進めているが、このようなニュータウン建設にも加わっている。ビンシティの場合、4 区画あわせて 71 棟（22 階〜25 階）のコンドミニアムと戸建てタウンハウスで 4 万 8 千戸を建設するのにくわえ、国際病院、インターナショナル・スクール、ショッピングセンター、運動施設、広い公園もつくられ文字通りのコミュニティ、ニュータウンなのである。

　このような外国資本の導入による巨大不動産開発事業がなぜいくつも推進されているのか、またそのさいどのような問題があるのかは後に見ることにして、現在ホーチミン市で進められている 2 区およびトゥードック地区の開発についてもう少し触れておこう。

　ホーチミン市北東部で開発が進められているのはサイゴン川東部であるがこれまでの行政区分からいうとここは 2 区、9 区、トゥードック区から構成されていた（このばあいの区は District）。面積は 211 平方キロメートル、人口 150 万人をふくむこの地域の開発をスムースに進めるには行政の一元化が必要であるといわれ、中央政府はこれら地域をあらたに「トゥードック区」として統合することを 2021 年 11 月に決定した＊2。2022 年 4 月にはサイゴン川とトゥーティエム地区を結ぶ第二トゥーティエム橋が完成

162

した。「新橋は 6 車線で、取り付け道路を含めた全長は 1.465 キロメートル、うち橋本体は 886 メートル。BT（建設譲渡）方式でダイ・クアン・ミン不動産が受注した。建設費は 3 兆 1000 万 VND（1 億 3500 万ドル）に上り、ホーチミン市の橋としては最高額となるという。橋上の塔からケーブルの伸びる斜張橋の外観も特徴。4 月 28 日に開通すると、帰宅途中や周辺に住む市民らが見物に押しかけた。新橋は新たな市の名所になりそうだ」[3] と記事はのべている。

　しかしはなばなしい話だけではないようだ。トゥーティエム地区開発の過熱状態は若干の混乱を生み出している。そのひとつはオペラハウスの計画停止である。2022 年 8 月 29 日には次の記事があらわれた。「計画投資局は人民経済予算委員会に提出した 2016 年〜2025 年期の市の公共事業に関する報告で、678 件の進捗が遅いと評価。このうち停止中の事業としてカットライ港と環状 2 号線間の直結道路建設とともに、オペラハウス建設を挙げた」というのである。遅れている理由は新型コロナ感染拡大によるホーチミン市経済への打撃が大きく、それよりも社会福祉政策や景気刺激策を優先させざるをえなかったからだという。しかしオペラハウスはトゥーティエム地区の文化的中心として期待されていたものである。「計画していたオペラハウスは座席数 1700 席で、18 年に人民評議会で建設が承認された。1 区レズアン通り 23 番地の土地使用権入札による収入を財源とし、投資額は 1 兆 5080 億 VND（約 6400 万ドル、89 億円）、工期は 18〜22 年を予定していたが、その後になって投資額は 1 兆 9880 億 VND に引き上げられ、完工を 24 年に変更することが提案されていた」のだが、インフラ整備の遅れなど課題が多いなか、「計画の推進は優先順位を間違えている」との批判があいついで出てきたのだという[4]。

　もう一つの記事は、トゥーティエム地区開発に参加し土地使用権入札に参加していた国内大手デベロッパーの動静を伝えるものである。「ベトナムの不動産開発大手タン・ホアン・ミン・グループは 1 月 12 日、落札していたホーチミン市直轄トゥードック市トゥーティエム新都市開発の用地購入を、自主的に辞退すると発表した。高価格の落札結果に対して、財務相が「市場に悪影響を与え混乱が生じる」との懸念を臨時国会で表明していたことなどに対応したもの」[5] と政府公報などが伝えたのだという。ホーチミン市当局はトゥーティエム地区の入札にかんしては「落札者は 30 日以内に土地使用料の 50％を、90 日以内に残りの 50％を支払うように通知し

第 2 部

ていた」という。入札結果に中央政府が介入するのはいかにも社会主義国らしいが落札価格支払いの問題があったのかもしれない。いずれにせよ上海の浦東地区にもなぞらえられるサイゴン川東岸の大規模な開発は波乱を含みながら進行している。

2. 200万人の流入者たち

ホーチミン市の人口は2022年に907.7万人で東南アジアのほかの大都市と比べると、ジャカルタ（2016年で950万人）より少ないがバンコク（2020年で558万人）より多い。人口規模だけでなくホーチミン市は人口増加のスピードでも際立っている。10年前の2013年には686.1万人であったからこの間に221.6万人増えて1.32倍になっている。20年前の2003年と比べると当時は486.6万人であったから421.1万人の増大で1.86倍になっている。じつに20年間で2倍近い増加である。この急速な人口増加はインフラストラクチャーの整備と建設にとって大きな圧力になっているだけでなく、市民の福利厚生と環境問題に大きなゆがみをもたらしていることは後にふれるとおりであるが、ホーチミン市の人口については多くの研究者はじっさいの人口は公式統計の数字よりもっと大きいと考えている。公式発表の数字をそれとは独立につくられた他種の統計数字と付き合わせると200万人程度の違いが見られるのである。

このことについてデイヴィッド・デイピスたちが興味深い検討を行っているのでそれを追ってみよう[6]。デイピスたちは雇用、モーターバイク所有、新築登記された面積数の統計の数字と比較している。

ホーチミン市の雇用数は年次企業調査では次のようになっている。

表 6.1

年次	人口（A）	雇用数（B）	B/A
2002	5,480,000	1,080,000	0.1970
2005	5,890,000	1,500,000	0.2546

（出所）D.Dapice et. als.op.cit.,p.3

この表ではホーチミン市に居住する人のうちフォーマルセクターに仕事を持つ人は2002年には5人に1人であったのに、2005年には4人に1人に増大している。たった3年間にフォーマルセクターで仕事を持つ人の割

合がこのように劇的に増大することはあるだろうか。フォーマルセクターで新しく創出された雇用（42万人）がすでにこの都市に居住している人たちによってではなく新たに他省から流入した人々によって占められたとするならば、公式統計上の増加分41万人は「家族をともなわずにホーチミン市に流入した新しいワーカーから構成されている」ということを意味する。しかし、この都市での人口増加分の一部はもともとの住民のうちでの出生によるものであるにちがいないし、新しく流入するワーカーは家族（配偶者と子供）とともに流入しているとおもわれる。とすると新たに創出された雇用がすべて流入者により占められていると考えるのは無理である。新たに雇用されるワーカーはふつう配偶者と子供をともなっているが、おおくのばあい配偶者らはインフォーマルセクターで仕事をしている。だから新しく雇用される人のすべてが流入者であり、流入者が平均して2人の家族をともなっているとすると人口は3年間で42万人増大したのではなく126万人増大したことになるはずである。ホーチミン市の人口が3年間で126万人増加というのは非常に大きいが、2003年の人口も公式発表の数字よりも大きかったとすれば十分にありえることである（もし流入者が平均して3人の家族をともなっているとすれば、3年間の人口増加は168万人になる）。

　モーターバイクについては次のようである。ホーチミン市がモーターバイク依存都市でありこの交通手段が市内の移動に欠かせないのはよく知られている。2004年の東南地方生活水準調査によるとホーチミン市の全家庭のうち71%がモーターバイクを所有している。他方2002年のHoutrans個人移動調査ではホーチミン市全家庭の90%以上がモーターバイクを所有し、55%は2台ないし3台を所有している。ところでホーチミン市交通局では毎営業日に1300台のモーターバイクが登録され市内交通に追加されている。バイク1台につき1.5人が利用していると想定すると48.75万人が毎年追加されていることになる。もし2003年の人口が486.6万人でなくて870万人であるとすると48.75万人という数字は1年につき5.6%になるが、デイピスたちはこれがこの都市の人口増加率の上限をなすとみている。

　新築住居の面積数というのはこうである。ベトナムでは新たに建設される個人の住宅と集合住宅建造物は建築許可をえることが必要である。建築許可にかんしては住人1人にについて10平方メートル必要というというのがルールである。許可された面積数の推移は次のようである。

第2部

表 6.2

	2002	2003	2004	2005	2006	2007
許可された面積（100万平米）	1.79	2.72	3.35	4.75	4.71	5.73
人口増加数（単位1000人）	17.9	27.2	33.5	47.5	47.1	57.3

（出所）D. Dapice et. als., op.cit., p.4

　新築許可の要件についてはその後に基準のアップデートがあり1人あた
りの面積は増大している。しかしこれについては許可なしの建設や拡張に
よって相殺されると考えられる。その上でこの表を見ると、2002年から
2007年末までの人口増加は210万人（232.3万人）で年平均では42.5万人
になる。
　こうして公式発表の数字とは独立してつくられた諸統計からえられる毎
年の人口増加を見ると次のようになる。

表 6.3

公式の人口統計	198,000人
企業データによる増加	400,000〜500,000人（家族数2人ないし3人として）
モータバイク	487,000人（バイク1台を1.5人で使用として）
建築許可からみた増加	425,000人（1人10平米、インフォーマル建築除外）

（以上のデータから著者が整理したもの）

　この結果が示すのはホーチミン市のじっさいの人口増加数は、公式発表
の数字よりも毎年40万人多い。じっさいには40万人をこえる増加がある
のにその半分の20万人の増大しかカウントしていないということである。
雇用、モーターバイク、建築面積の統計がそれなりの妥当性をもつとする
なら公式統計の示す純増加は「浮動的（フローティング）」とされる他省か
ら流入してきた人びとその家族の捕捉にかんして大きな欠落をもっている
のでないだろうか。
　この相違が生じるのは他省からホーチミン市に流入した「常住地外の人
びと」、ホーチミン市の常住者でない100万組の夫婦の存在の扱い方から
説明される。公式統計とほかの統計の数字のくいちがいは人口と住民移動
の数を、区（District）の下位レベルの行政単位であるWard（役所）で集約
するところで生じるのである。マイケル・リーフは「この相違は記録漏れ

第6章　巨大都市ホーチミン市の変貌とFDI

でも意図的に隠されているのでもない。Ward の担当者は、これらの人びとがどこにいるか知っている。戸籍と人口計算のシステムは住民の移動を追跡することを目的としてつくられている」*7 という。リーフの指摘の意味を理解するためにはベトナムの戸籍制度を知っている必要がある。ベトナム政府は 2017 年 11 月に「常住戸籍帳」による常住登録住民管理の方式を廃止し、個人識別コードを通して管理することとしたが、それ以前では「戸籍システムは食料、土地、家屋、教育、医療、雇用の分配と密接に接合していた」。もちろん国民は常住戸籍に登録されている土地を離れて移住することはできたが、その場合には移住先での「一時居住戸籍」が必要である。それゆえ「常住戸籍」と「一時居住戸籍」の関係は必ずしも対応しているわけではなく、4 つのカテゴリーのいずれかに分類されていた*8。

表 6.4

KT1	常住戸籍と一時居住戸籍が一致
KT2	不一致だが同じ省内
KT3	他省からの移住だが 3 年以上居住（長期滞在）
KT4	他省からの移住だが短期滞在

（出所）Vietnam Plus 紙の記事から整理

　他省からホーチミン市に移住してくるマイケル・リーフのいう「不動的な人びと」は KT4 に分類される人びとである。このカテゴリー表のどの項目に属する人がどれほどいるかはホーチミン市の財政、とくにインフラストラクチャー投資や教育、福利厚生に大きく影響する。というのはホーチミン市政府がこの都市のインフラに投資するとき配分できる予算は、このカテゴリー表の項目ごとに登録される人口に依存することになっているからである。ベトナムでの財政運営の基本方針は豊かな省でも貧しい省でも全国で平等に国民が社会サービスを受けられるようにするものである。それゆえ中央政府はホーチミン市および隣接する諸省などの豊かで収入の多い地方政府から中央政府に収入の一部を吸い上げ、他方で各省政府に再配分してきた。ホーチミン市の場合、中央政府にかなりの額を払い込むとともに中央政府からの再配分もうけとっていた。ところで 2004 年に財政方式にかんして分権的改革が行われた。この改革ではどの分野や種類の税収を中央政府の収入とし、他の種類の税収を省政府の収入とするかを明確化

167

第 2 部

したのだが、その結果ホーチミン市が中央政府に払う額はこれまで通りで再配分を受ける額については減額されることになった。そしてこの場合に再配分される金額算定の基礎となるのは人口なのである。したがって貧しく大都市に人口が流出している農村部の諸省ではじっさいに居住する人口ではなく「常住戸籍」に登録されている人口を算定の基礎に用いようとする。他方、ホーチミン市では、インフラストラクチャー投資や各種社会サービスの規模の決定においてじっさいの居住者数よりも「常住戸籍」をもつ人びとの数だけを基礎として算定することで必要金額を低く抑えられる。このように豊かな省と貧しい省でのそれぞれの思惑が働いて、一方では人口を多く報告し、他方では人口を少なく報告しようとするインセンティブが働く。常住戸籍保有者しかカウントされないことになるのである[9]。こうしてホーチミン市の公式統計上の人口とじっさいの人口がほぼ 200 万人も違うという状況が放置されることになってくる。ホーチミン市内における路上の交通渋滞のひどさ、住宅不足、そのほかのインフラストラクチャーの不足と不備の多くはこのことに起因している。

　ところでホーチミン市の公式統計の数字より 200 万人多いとされるこの「浮動的人口」、流入者たちはホーチミン市のどこにどのような形で存在しているのだろうか。オフィス街としての再開発が進められる都心部では人口の減少がいわれている。人口が増加しているのは市の北部と西北部で、これまでホーチミン市では農村的な周辺とされていた地域である。

　Go Vat 区や Binh Tan 区など市の周辺に位置する区域は古くからの農地であった。マイケル・リーフによるとこれら周辺部の農村地区に住む人びとにはドイモイ改革以前から、彼ら自身の居住する土地をどのように使用するかについてある裁量権が認められていたという。ドイモイ以後、市場経済が浸透してくるとこの地域にも工場が建つようになる。FDI による工場建設では大規模な工業団地と輸出特区を思い浮かべられがちだが、ホーチミン市で近年郊外住宅開発の進行が著しい地区でも外国資本による工場が建ち始めている。ホーチミン市の郊外住宅地区の主要な道路を通ると住宅に混ざり、鋼板圧延工場、プラスチック工場、モーターバイク修理工場などあらゆる種類の中小の工場が見られるが、これらの多くは台湾、シンガポール、マレーシアそのほかの国のパートナーと組んでつくられた合弁企業により「ゲリラ的投資」で建てられたものなのだ。他省からの流入者たちは雇用を見つけ住宅を求めるようになる。この状況でもともとの住民た

ちは彼ら自身の住居の敷地内にベトナムで nha tro とよばれる長屋形式の簡易住宅を建て、「農民から小規模地主へと変身していった」*10。これらの簡易住宅は各室が 10 平方メートルないし 12 平方メートルのコンクリートブロック積みの部屋の連続として構成されている。そして月払い家賃で流入者たちに賃貸される。マイケル・リーフがこの地域のある Ward で行った調査によると、Ward 内で KT1 をもつ住民が 13,000 人いるのにたいし、簡易住宅に住んでいる KT4 の流入者たちが 12,500 人いた。そして住民のうち 553 家族が nha tro の所有者として登録されていた *11。

　Go Vap 区や Binh Tan 区などの周辺地域の住民にとって、地目が農地から住宅地に変更される一方で、他方では安価な住宅への需要が増大している現実をまえに、土地を所有している住民たちは所有する小土地から利益を生み出す機会をもつことになった。そして小地主になったのである。今日では他省からホーチミン市に移ってくる人びとだけでなくこの都市の労働者階級の人びともここに住むようになっている。

　さいきん Go Vap 区と Bin Tan 区でこれら簡易住宅について調査した別の研究者にしたがってこれら長屋式簡易住宅の様子を見てみよう。これらの住居はどれも一様でコンクリートブロックを積んでつくられている。広さは 8 平方メートルから 15 平方メートルで中二階がついていることもある。たいていの時間帯には光はほとんど入らないし、通風も防音装置もない。この研究者が訪れた住宅の大部分には小さな個人用バスルームがついていた。もっと安価な部屋の場合は外部にある共同バスルームを使用する。入居時には部屋にはなにもない。ベトナム国家統計局の分類に従うとこれらの簡易住宅は、特に屋根がブリキ鉄板でふかれているばあい、半永久的住宅に分類される。

　賃借人はこれらの部屋を月単位で借りている。Go Vap 区や Binh Tan 区では月間家賃は 90 万〜250 万 VND（40〜110 ドル）であり、部屋のレベルにより異なる。この価格帯より高く広いものも若干存在する。快適さの基準は面積、採光、立地であり、やや大きな道路に面している住宅は細い小道に位置するものより高い。電気と水道は入居者が使用量に応じて払う。これらを含めるとここでの居住にかかる費用の総計は 100 万〜300 万 VND（45〜135 ドル）であり、ここに入居する人びとは月に 400 万〜800 万 VND 稼いでいるのがふつうなので、人びとの収入に適したものとなっている。ふつうに見られるのは結婚した夫婦ですむものでときには子供がいる。夫

第2部

婦で二部屋借りていることもあるが、一人だけで一室借りているケースはごくわずかである *12。

　ホーチミン市で周辺地域の住民が自宅の敷地内にこのような長屋式簡易住宅を建てて貸し出すことは制度的には合法的ではないのだが、Ward 行政レベルでは許容されている。住民の建てたこれら簡易住宅は Ward（役所）で登記されている。許容されているだけでなく推奨されているようなのである。なぜそうなるのだろうか。マイケル・リーフは、ベトナムで現在進められている分権化という政策コンテクストがここでは理解の鍵をなしているという。分権化によってホーチミン市のなかで、区（District）や Ward のレベルでの財政負担力、行政が行う政策のための収入調達の圧力が高まっているからだというのである。Ward 内の住民が低コストで長屋式簡易住宅をたくさん建て他省からの流入者を多く受け入れることは、この地域に安価な労働力を集めることである。安価な労働力が豊富に存在していることはこの地域に外国資本が「ゲリラ的投資」の形で建てている工場が必要とする低賃金労働者の需要に応えることができる。「ゲリラ的投資」であるにせよ Ward 内に外国企業を引き寄せることができれば、ホーチミン市内での他の地区との競争にとって有利になり、これらの工場からの税金と手数料の徴収を通じて Ward と区の財政が強化される。地域レベルの行政単位にとって有利なことなのである。長屋式簡易住宅を建てる KT1 の住民たちは家賃収入が入るから利益となることはいうまでもない。「こうして他省から流入してくる人びとには安価な住宅、KT1 の住民にとっては家賃収入、「ゲリラ的投資」の工場や地元サービス業にとっては安い労働力、そして Ward や区にとっては収入源の確保と拡大、このような利益提携のネットワークが形成されている。これがホーチミン市の周辺地区で長屋式簡易住宅が増殖している理由なのである。」 *13

　ところでマイケル・リーフによると、このような利益提携のネットワークは諸利益の生態系ということができるものだが、ホーチミン市はもちろんベトナム全体での不動産開発においても見られることなのである。「この生態系には国内・国外のみならず国家と国以外のアクターが引き込まれていて、中央政府から Ward に至るまで、そして Ward 内の諸個人にいたるまでのスケールに及んでいる。住宅開発をフォーマルかそうでないかカテゴライズして、ホーチミン市の高度のフラグメント化した郊外住宅開発の光景を見るよりも、高度にセグメント化されているとはいえ国家と国以外の

第6章　巨大都市ホーチミン市の変貌とFDI

アクターの利益の癒着から生じてくる、さまざまなレベルとスケールで外国資本を巻き込んでいる、ひとつの統合されたシステムとして理解を始めるのがよい」*14。現在ホーチミン市で進められているトゥーティエム地区開発などの巨大プロジェクトについてもこのような視点で見ることができるだろう。

3.　高級マンションと低価格アパート

　ホーチミン市はもともと水田と湿地に囲まれた地形の場所に位置し、また長期にわたる戦争で流入してきた人も多かったから、人口密度は高かった。そこにドイモイ改革と経済の自由化が進み、外国資本への開放とともに生じた住宅建設ブームやビル建設ラッシュが続くことになる。「ホーチミン市の中心部のわずか142平方キロメートルのエリアで商業実務の中心エリアというべき高密度地域が形成されている。とくに中心部の8つの区(44平方キロメートル)では180万人が居住する超高密度エリア（夜間平均人口密度410人/ヘクタール）が形成されていた」*15。人口密度の高さだけではない。このせまい地域には縦に細長いビルが、かつて建物の正面幅にたいして課税されていたためとされるが、多く存在していた。ホーチミン市が国際的ビジネス都市となり企業オフィス需要が高まるとこれらの細く上に高いビルは解体され、かわって高層のオフィスビルや住居ビルが建設されるようになっていく。

　さらにまた商業実務の中心エリアをなすこの地域はフランス植民地時代に建てられたヨーロッパ風建築物を多く残存させている歴史地区なのである。これらの建物の一部はホーチミン市人民委員会庁舎のように政府機関や国有企業が入居し現在も利用されているが、ほかのものは独立宮殿（かつての大統領官邸）のように観光スポットとして利用されている。主要な建造物は保存されているが、それほど重要とみなされていないものは、たとえば1880年代にたてられたサイゴン・タックストレード・センターは地下鉄駅と合体した40階建てのオフィスビル兼ホテルを建設するために、解体されてしまった。このように歴史的価値が高いと思われていない建築物は現代的なビルを建てるために解体されているが、ホーチミン市民はこの動きに危機感を感じだしている*16。中心部での都市開発はオフィス需要の増大や人口密度の引き下げなどへの対応とならんで、「かつて「東洋の真

171

第2部

珠」といわれたこれら建築物を含む歴史地区を保存する」課題も重要になってきている。

　これらの要請にたいしてホーチミン市では 1993 年に、2020 年目標の都市再開発のためのマスタープランを策定した。このマスタープランはホーチミン市建築計画局の下部機関である都市計画研究院でつくられ首相承認を経たものである。ホーチミン市の変貌の速度は急速であったから開発の方が計画を追い越してしまい、2016 年には 2025 年を目標とする修正版マスタープランが示されることになる。当初のマスタープランでは 4 つのことが軸となっていた。（1）ホーチミン市の 1 区と 3 区、つまりサイゴン川西岸に沿って集中しているビジネス・金融機能や大型商業施設を複数の副都心ないしサテライト地区に分散させる。（2）工場誘致については工業団地や輸出特区などに集中させ、また住宅については大規模ニュータウンを開発する。すでにホーチミン市南東部のタントゥアンで輸出特区が計画されていた。（3）中心部に存在している高人口密度エリアの人口を減少させるためにこの地区への人口流入を制限し、すでに居住している人びとにたいしては補償を払い移転を促進させる。（4）ホーチミン市内でまだ開発されていない周辺地区に緑地帯や技術的に高度な農業経営からなるグリーンベルトを設置する。というものであった*17。

　このマスタープランについては将来の開発の方向を示しただけのものであり、何らの法的拘束力をともなっていなかったといわれることが多いが、当初の意図としては必ずしもそうではなかった。というのはホーチミン市内で「建築を行う者は、そのために必要となるさまざまな許認可協議をプロジェクトのサイズ（投資金額、開発規模）、用途、投資の種類（民間資本、外国資本、ODA など）により、ことなる担当部局（国、市、区などの行政レベル）と行うことになる」し、必要協議のなかには「立地承認」や「建築計画承認」を得る必要がふくまれ、これらの申請にあたってはそれぞれの行政レベルの担当部局で、プロジェクトがマスタープランに示されている将来土地利用図や計画基準に合致しているかを審査されることになっていたからである*18。とはいえ、マスタープランには法的拘束力がなく将来の方向を示しただけといわれてもしかたがない面もあった。1990 年代初めに土地使用権の個人化が認められ、1993 年の新土地法では土地使用権の移転、交換、相続、譲渡、貸借の権利が認められたとはいえ、ホーチミン市のように「戦争で土地所有の形態が大きく変化した地域では、土地建物の

権利関係は依然混乱している状態にあり、証書の発行は進んでいない。2004年時点で、土地登記簿は市全域では60%整備されたが、郊外地域では未整備なところも多いという」。その結果どのようなことが生じたかというと、市内での開発は多くは正式の書類なしの審査や許可を得ていない違法なものになった。「1993年〜2002年の10年間で15万件の違法建築が確認され」ており、「市建設局の記録では 2001 年〜2003 年の期間では全建築のうち66.7%が違法建築となっている」 *19 というのである。マスタープランが実効性を持たない理由の一つはこのことによる。

　もう一つの理由はじっさいの開発進行の早さがマスタープランの展望を見直させたからである。これについてはフーミーフン（Phu My Hung）でのニュータウン開発の成功例を欠かすことができない。フーミーフンはホーチミン市中心部から南に5キロメートルに位置し、開発が開始される以前は無人の沼沢地、湿地であった。経済的には無価値であり、開発など困難で、この土地の開発から利益が生じるとはベトナムの人はだれも考えなかった。ところが1996年に政府は台湾企業のCT&D（中央貿易開発公司）にこの土地の開発を認めた。開発から得られる利益の50%を政府に支払うという条件であったといわれる。ところで「台湾企業は経験の蓄積もありまた資金も十分にあったので、きわめて品質の高いコミュニティを建設した。ここには25,000人の人びとが居住するだけでなく、ホーチミン市で最も羨望される住宅団地のひとつになった」*20。このニュータウンはきわめて高級な戸建てヴィラを中心に、その周りに低層の高級マンションを配置し、さらにその外側をたくさんの高層のマンション棟が取り囲んでいる。また同じ区画内には病院、インターナショナル・スクールやショッピングセンターがつくられ、ここだけで生活が完結するようになっている。フーミーフンをふくむサイゴン・サウス地区には3300ヘクタールの土地に50万人が居住するニュータウンを建設することが予定され、台湾企業が開発したのは計画全体のうち東側の 20%で、2.5 万人の入居する部分だけであったが、いずれにせよ、無人の湿地にホーチミン市の人びとの羨望の的となる高級ニュータウンを出現させたのである。

　そしてフーミーフンの成功はホーチミン市における都市開発の光景を変化させることになる。マスタープランでは都心部に集中しているビジネスや金融などの機能をいくつかの副都心に分散させようとしているが、その各副都心にフーミーフンに見られるようなニュータウンの建設を想定する

第 2 部

ようになったのである。ベトナムの不動産企業はフーミーフンの成功をみて市内の他の地域でもこれを模倣した高級マンションやコンドミニアム棟からなるニュータウン建設を計画し、建設する。よく知られているのはベトナムで最大のデベロッパーであるビンホームズ（Vinhomes）が同市 2 区で計画しているビンシティ（Vin City）である。位置はホーチミン市中心部から 8 キロメートルほど北東に離れているが、建設予定地の近くにはサイゴン・ハイテクパークなどの先進企業の集まる工業団地やいくつもの大学が存在し、ドンナイ省とビンズン省の工業団地も近い。ホーチミン市とハノイを結ぶハイウェーに沿っているし竣工近い MRT1 号線の駅も近くにある。ここにビンホームズは 4 区画、あわせて 365 ヘクタール、22 階から 25 階建てのコンドミニウムを 71 棟予定し、そのほかにもタウンハウスを含むニュータウンを計画している。販売される予定は 4.82 万戸で完成の暁には 20 万人が居住するとされている。

　現時点では青写真の段階にとどまっているが、サイゴン川東岸で工事が始められているトゥーティエム地区でも同様である。トゥーティエム地区もフーミーフンと同じように湿地と水田からなる土地で、サイゴン川の氾濫時には冠水する。フーミーフンと異なるのは、ここは無人の土地ではなく低所得層の人びとが劣悪な生活条件下で多く生活していたことである。トゥーティエムの開発ではこの人びとの立ち退きと補償が大きな障害となっていた。そのため計画は長い間手つかずであったが、近年になって補償額を 3 倍に引き上げることで解決したのだという。そして国内・国外の開発企業がこの土地に入りフーミーフンやビンシティのようなニュータウンがこの地域にいくつも計画されるようになった。それらの計画にはエンパイアシティ（この中心に立つのがエンパイアシティ・タワーである）、ロッテ・エコスマート・シティなどがある。いくつものニュータウンが併存するだけでなく、オペラハウス、パーフォーミング・アートセンター、ショッピング街などが全体を有機的につなぐように配置され、古くからこの地にあったトゥーティエム教区教会の建物も保存が予定されている。トゥーティエム地区開発ではベトナムの大手不動産企業ダイクアンミン社が主要な役割を果たしており、この会社のオフィスタワーもここに建設されるようである [21]。

　このようなニュータウン開発の分野には日本企業も参加している。ホーチミン市内ではなく北隣に位置し外国企業が進出する工業団地を多く擁す

第 6 章　巨大都市ホーチミン市の変貌と FDI

るビンズン省でのニュータウン計画であるが、ここには東急グループがビンズン省政府系企業であるベカメックス IDC 社と合弁企業を設立し「東急ベカメックス・ガーデンシティ」を建設中である。110 ヘクタールの土地に高層マンション 2 棟、中低層マンション群、テラスハウスなどを 3 エリアに配置し、7500 戸の住宅供給を予定している。ここでもインターナショナル・スクール、病院、オフィス、ショッピングセンターなども設置されることになっている。このニュータウンの近くにはベトナムとシンガポール企業が開発を進めるミーフック工業団地も存在している[*22]。

　ビンズン省のニュータウンもホーチミン市内で建設されているマンションやコンドミニアムもそうなのだがどれも高品質で居住性の高いハイエンドの住宅なのである。東急ビンズン・ガーデンシティの HP には「従来のベトナムにはない洗練されたデザインや快適な居住空間、高い住宅品質を提供します」とある。フーミーフンのニュータウンと同様なアメニティの高いハイエンドな住宅のイメージを前面に出している。FDI による工業団地で働く外国人ビジネスエリート（インターナショナル・スクールの設置は彼らをターゲットにしている）と近年のベトナムの経済成長のなかで生まれている「中間階級」の人びととがこれら高級マンションの購入者層とされているのだが、人びとの所得はこれら高級マンションの価格と対応しているのだろうか。

　フーミーフンで台湾企業の CT&D による開発成功の後、それに隣接する区画にベトナム国内の開発会社が宅地造成に活発に参加するようになった。これはホーチミン市で土地と住宅価格が急騰する時期のことであった。この時期の住宅価格事情についてデイピスたちは興味深いデータを示している[*23]。CT&D 社が開発した高級マンション群に隣接する地区の土地価格はバブルの頂点である 2007 年後半には 1 平方メートルあたり 3600 万 VND まで上昇し、2008 年後半にバブルが崩壊すると 1600 万 VND まで下がった。この地区で 60 平方メートルの土地を購入し、2 階ないし 3 階のタウンハウスを建てようとする家族はどのくらいの金額を用意する必要があるだろうか。

　　　　フーミーフン隣接地（7 区）での住宅建設費用
　土地の価格　　1600 万 VND　×　60 平米　＝　9.6 億 VND
　家屋建築費　　400 万 VND　×　80 平米　＝　3.2 億 VND

総費用　　　　　　　　　　　　　　　12.8 億 VND

　この 12.8 億 VND という金額をすべて銀行ローンで支払うとすると、利子率を 10%、ローン期間 30 年間として、この家族は毎年 1.35 億 VND を払い続けなければならない。だが、この金額の大きさは毎月 500 万 VND を貯蓄できるアッパーミドルクラスの家庭でも支払いをするのは困難である。

　これは購入する顧客の側からみた数字であるが開発を担当するデベロッパー側の開発コストの内訳を見るとどのようになっているのだろうか。

　　　デベロッパーの開発費用の内訳
プロジェクト区画の総面積　　8.16 ヘクタール
住宅部分面積　　　　　　　　3.93 ヘクタール
農家への立ち退き補償　　　1331.4 億 VND（1 平米あたり 163 万 VND）
土地使用権費用　　　　　　 315.8 億 VND
インフラ投資コスト　　　　 653.4 億 VND（1 平米あたり 80 万 VND）
総投資額　　　　　　　　　1856.8 億 VND

　総投資額を住宅部分面積 3.93 ヘクタールで割ると 1 平方メートルあたり 472 万 VND になる。デベロッパーが 1 平方メートルの開発にかける費用は 472 万 VND であるけれど、フーミーフン隣接地区の土地価格は 1600 万 VND になっているのでデベロッパーはこれを 1 平方メートルあたり 1600 万 VND で分譲するだろう。この開発プロジェクトの 1 区画を購入する家族は 6 億 300 万 VND を支払わなければならない。これはさきのタウンハウスのケースのほぼ半分であるが、これを利子率 10%で期間 30 年のローンで払う場合には、この家族は毎年 6400 万 VND の返済をしなければならない。デベロッパーの投じた費用と同じ 1 平方メートルあたり 472 万 VND であれば総額は 6 億 300 万 VND であり、これなら同じ条件のローンでは年に 6400 万 VND になるからこの時点ではホーチミン市のミドルクラス家庭でも手の届く範囲にあったのだが、バブル後の 2008 年ではそれは可能ではなくなってしまったのだ。

　ミドルクラス家庭の手が届かなければデベロッパーはこの分譲物件を売ることができない。デベロッパーとして考えることはタウンハウスの形で販売するのではなく高層マンションとすることである。20 階建ての高層住

第 6 章　巨大都市ホーチミン市の変貌と FDI

宅を建設するとしてこの場合 65 平方メートルの部屋はどれくらいの費用でつくれるだろうか。

> フットプリント比率　　50%
> 階数　　　　　　　　　20 階
> 高層ビル建設コスト　　1600 万 VND/平米
> 部屋の 1 平米あたり建設コスト　960 万 VND（565 ドル）
> 65 平方メートルの部屋　6 億 2500 万 VND（36,700 ドル）

　20 階建ての高層マンションで 60 平方メートルの部屋にデベロッパーがかける費用は 6 億 2500 万 VND である。この金額であればホーチミン市のミドルクラス家庭でも届く範囲の価格であるが、デベロッパーはこの価格で部屋を販売するのではない。ホーチミン市内のハイクラス・マンションの相場は 1 平方メートルあたり 1600 万 VND から 1800 万 VND である。デベロッパーはこの価格で売り出すのである。こうなると 60 平方メートルの土地に建つタウンハウスの価格と変わらない。こうして 2007 年の不動産バブルの後では良質の住宅はホーチミン市の一般の市民にとってはどんどん遠くて手の届かないものになっているのである。
　1986 年にドイモイ改革が開始される前には、ベトナムでは人びとは国から住宅を支給されるか、住宅を建築するさいに援助金を国から受け取っていた。ドイモイ改革以後では、住宅にかんして国はこの役割から退きすべて個人のイニシアティブに委ねる政策に転換した。1990 年代に数度にわたり土地法が制定され修正され土地使用権は明確化されていくが、この時期には国内企業や外国企業は住宅建設の分野への参加はまだ少なく、住宅建設は個人の手によるものであった。そして個人による新築・改築のブームが生じたが、まだ土地使用権の登記が十分進まず正式の権利者が必ずしも明確ではなかった。それでホーチミン市では住宅建設の 50%以上が正式の許可なしに行われたといわれている。「2002 年に 97 万 900 の家庭が建築申請を出したのに、正式の土地使用権証書が発行されたのは 25%にすぎなかった」から多くの個人住宅は違法に建てられていたのである。
　これにくわえホーチミン市では市街地区域には住宅建設に適した土地が不足していたし、上記のように建設申請から正式許可が得られるまで長時間を要したので、このこともたえず土地価格を押し上げていた。2000 年代

第2部

以降になるとFDIの増大とともにベトナムは年率6%の経済成長を見るようになる。経済成長は国内の民間企業の活動も活発化させる。こうして2000年代に入るとホーチミン市の人びとの生活水準は上昇し、一部の富裕化した人びとは居住目的だけではなく投資目的で、あるいはステイタス・シンボルとして住宅を手に入れようとするようになった。ホーチミン市では2003年に住宅不動産のバブルがみられ、これは翌年には沈静化するものの2006年にベトナムがWTOに加入すると外資流入の期待から再び住宅不動産のバブルが生まれることになった。このときも翌年にはバブルは沈静化するとはいえ不動産価格は高い水準にとどまることになってしまった。収入住宅価格比は2007年に前年の二倍の5.8になり、以後もこの水準に張り付いている*24。

図6.1 アフォーダブル住宅の新築数と収入住宅価格比の推移

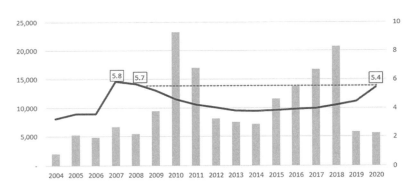

棒線はアフォーダブル価格の住宅建築数、折れ線は収入住宅費比率
（出所）https://www.joneslanglasalle.co.jp/en/trend-and-insights/research/rising-house-price-to-income-ratio-in-hcmc（現在はアクセスできない）

すでに2007年のバブルの時期に低所得の人びとの住宅需要はみたされず、「低所得の人びとの多くにとって違法でない住宅は手の届かないものになっている」、「低所得の人びとはなんの保護もなく市場の力にさらされている」と指摘されていた。2000年代になって国内および外国の不動産開発企業が手がけるもののほとんどは高収入の人びと向けの住宅建設であった。

第 6 章　巨大都市ホーチミン市の変貌と FDI

「現在のところ、ハイエンドのアパートには高い需要がある。これらはミドルおよびアフォーダブルなレベルのアパート価格の 3 倍もする」。「ハイエンドの住宅建設では、ホーチミン市では外国資本による不動産開発事業が 121 存在し、その総額は 5500 億ドルに達する」*25。そしてこれら FDI による住宅開発はサイゴン・サウスのフーミーフンとその周囲、北東部のトゥードック区、トゥーティエム区の巨大規模のニュータウン開発に集中されているのである。

　2010 年と 2011 年、2016 年から 2018 年まではアフォーダブル・レベルの住宅は 1 万 5000 戸から 2 万戸程度の提供があったのだが 2019 年以後には 5000 戸程度に低下し、収入住宅価格比は再び上昇しはじめ、これら市内北東部と東部のニュータウン開発が進み出すとともに、再び低所得者向け住宅の不足に注目の目が集まっている。

　関連するニュース記事を追ってみよう。「サイゴン市当局は低所得住宅の不足を認めた」（2019.9.17）ではホーチミン市人民委員会議長のグエン・タン・フォンは他省からの流入者について言及し「彼らの多くは住宅を得ることができず、現在滞在しているところの賃料も払うことができない。従って低所得者のために公的資金を用いて低価格アパートを建設することが必要であり、とくに他省からの流入者にたいしてそうである」*26 と発言した。2020 年 12 月には、ホーチミン市建設局が同市人民委員会に住宅建設マスタープランの承認を求めたことが報じられている。このマスタープランは同市の人口は 2030 年には 1100 万人になると想定し、この人口に対応するためには総床面積 900 万平方メートル、総数 16 万戸のアパートが必要になるとし、「この目標を達成するためにホーチミン市は 10 ヘクタール以上の規模の住宅開発プロジェクトを推進するデベロッパーには、その計画のうち 20% を公営住宅ないしアフォーダブルなアパートを建設するように要求する」ことを提言している。この記事はまたある民間企業が開発したアフォーダブル住宅 1000 戸が発売と同時に完売した例を挙げ、低価格帯アパートの需要が非常に高いこと、しかし「公営住宅建設は利益が少ないのでデベロッパーの関心を惹かない」ことに触れている。郊外地区でのこのレベルの住宅建設については申請から許可までの手続きの遅延が問題となっている。ルタン不動産社長は、同社が手がけた投資計画は許可が下りるのに 1 年かかったといい、別の企業が同市 8 区で計画している公営住宅計画では数年経つのにまだ手続きが完了しないという *27。ニュータウ

179

第 2 部

ン開発のような国内大企業や FDI が参加するプロジェクトでは、フーミーフンの例のように台湾企業 CT&D とベトナム側の IPC のような政府系組織が合弁企業をつくり実施するので手続きは滞らないのに、利益の上がらない低所得者向け住宅ではそのような便宜は皆無のようである。

　2021 年になっても同じような記事は続いている。ホーチミン市建設局長のトラン・ホアン・クアンは「2021 年前半に投資されるはずの 14 プロジェクト、12000 戸のアパートのうち、7200 ユニット（60％）はハイエンド、残りはミドルレンジのものである。アフォーダブルのものは含まれていない」といい、またホーチミン市不動産業協会長のル・ホアン・チャウは「ホーチミン市ではハイエンド・アパートは供給過剰であるが、公営住宅・アフォーダブル住宅は不足している」ことを認めている。同会長によると、1 平方メートルあたり 4000 万 VND のものがハイエンド、2500 万 VND 以上がミドルレンジであり、それ未満のものがアフォーダブル・アパートとされるのであるが 2016-2021 年にハイエンドのものは 37.2％、ミドルレンジのものが 44.6％でアフォーダブルなものは 18％にすぎない。2020 年にホーチミン市民の平均月収は 654 万 VND であることを考えると、「市場構造は明らかに需給のアンバランスを示している。市場は高級住宅で飽和しているが、他方アフォーダブル住宅は不足している」、「多くのワーカーや会社員たちは住宅を購入しようと苦労しているがホーチミン市ではアフォーダブルな部屋が不足している。物件がないのである」[28]という。同会長は「市場のこのアンバランス状態はこれから数年続くであろう」と付けくわえている。

4.　遅れるＭＲＴ工事

　ホーチミン市のモーターバイクの多さはよく知られている。この都市を初めて訪れる人は、道路を横断しようとしても絶え間ないモーターバイクの流れに立ちすくんでしまう。バイクの多さはモーターバイク依存都市としてのこの都市の研究を多数生み出させているほどなのだ[29]。

　ホーチミン市がバイクの爆発的増大を見るのは 2000 年代に入ってからである。それ以前からも台数の増加はあったが急増するのは 2000 年以後である。この年にモーターバイクの輸入関税が引き下げられ、2000 ドルした日本製バイクが 1000 ドルで手に入るようになり、もっと安い中国製バ

イクは 500 ドルで購入できるようになった。FDI 導入によるベトナム経済の成長とともに人びとの所得も上昇していたから、ベトナム全体で 2000 年から 2007 年までにモーターバイクの台数は 640 万台から 2020 万台へと 3 倍に増え、これはベトナム国民の 4 人に 1 台の割合になる。全国平均より富裕であるホーチミン市では 2007 年末で 340 万台のモーターバイクが登録されていた。公式の人口をもとに計算すると 2 人に 1 台ということになる。すでに 2002 年の時点でホーチミン市の家庭の 92%は 1 台か 2 台のモーターバイクを所有していた。バスないし自転車のみを使用の家庭は 5%しか存在していない[*30]。

　このようなモーターバイク台数と利用の多さはホーチミン市でさまざまな問題を生じさせることになった。朝夕の通勤時間だけでなく一日中交通渋滞が生じるし、交通事故も多発する。排気ガスによる大気汚染も悪化し多くの人びとはマスクをしてバイクに乗っている。さまざまな「都市サービスへのアクセスが困難になり、効率的な経済活動が困難になっている」のである。

　経済成長にともなって生じたこの状況にたいしてホーチミン市では都市再開発マスタープランが策定されるのとほぼ同時に別の部局によって都市交通マスタープランが立案・改訂され、交通インフラの整備と交通渋滞の解決策が求められることになる。2013 年に承認され 2030 年を実現目標とするこのマスタープランは、都市交通システム（MRT）と高速バスシステム（BRT）とを組み合わせた公共交通システムの構築を内容とするものであった。この計画はほぼすべてバイクで行われている「都市内移動を 2020 年までに 25%、2030 年までに 45%を公共交通で担当する」[*31]ことを目標としていた。

　この当初の都市交通マスタープランに高速バスシステム（BRT）が含まれているのは興味深い。というのは後発国の大都市での人びとの移動は、初めは歩行や自転車による段階から、バスによる公共交通の段階を経て、さいごに自家用車やモーターバイクなど原動機付き私的交通手段を利用する段階に達すると考えられている。ところがホーチミン市やそのほかのベトナムの主要都市ではバスによる移動の段階を飛び越えて第 3 の段階に移行しているのである。ホーチミン市の交通政策の歴史を振り返るとバスの導入と普及が計画されなかったのではなかった。ベトナム統一後にホーチミン市のバス交通は、統一前からの企業であるサイゴンバス会社と小型バ

第2部

スを所有している自営業者たちが組織するバス運行協同組合の二つで担当されていた。前者は 900 台の大型バスを、後者は 28 の小規模業者で 2300 台のバスを動かしていたがほとんどは小型バスである。ホーチミン市は 1994 年にオーストラリア企業とサイゴンバス会社で合弁企業を設立させ、ベンタイン広場から放射状に走る路線を軸にバス事業を活性化しようとした。この計画は都市交通マスタープランに取り入れられ中央政府からも推奨され、「モデルバス」と「パイロット路線」の導入によりバス利用者は 2002 年の 57 万人から 2007 年の 380 万人まで 7 倍に増加したのであった。しかし、この間のホーチミン市の人口増大は急速で、市内での交通移動量も増大した。そしてバス事業活性化改革はこの変化に対応することができなかったのである[32]。

　地下鉄と高架鉄道を組み合わせた都市交通（MRT）については 1998 年に構想が始まり、2020 年目標で計画がすすめられていく。まず国外のコンサルタント会社に調査が依頼された。イギリスの調査会社の示したプランはバスと MRT を組み合わせたもので、もう一つの日本企業の提示案はホーチミン市の公共交通を主に MRT とするものであった。二つの案は統合され 2007 年にホーチミン市都市交通マスタープランとなりさらに改訂されて 2030 年目標のマスタープランとして承認された。これは MRT 6 路線、トラムとモノレール各 1 路線、そしてハイウェー3 路線から構成されるものである。MRT 6 路線、全長 161 キロメートルを建設するのに必要とされる金額は 97 億ドルと計算されていた。このような巨額の費用を中央政府もホーチミン市も自力で負担することはできない。ではどうすればいいのか。1990 年代からベトナム政府は国際協力機構に打診を始め、いくつかの機構が呼びこまれる。

　最初に資金提供に応じたのは JICA であった。JICA は 2004 年に公共交通開発レポートを発表し、MRT1 号線については実現可能であるという調査結果を示した。そしてこの事業のうち第 1 期工事への資金提供を 2007 年に承認している。ついで日本以外の国からも MRT 建設計画への出資者が呼びこまれる。ドイツ政府、アジア開発銀行（ADB）、欧州投資銀行（EIB）が出資団をつくり MRT2 号線の第 1 期工事への出資を承諾した。さらに ADB, EIB とスペイン政府は MRT5 号線への出資を決定し、世界銀行は BRT（バス交通網整備計画）への出資者となる。それぞれのプロジェクトに対してベトナム政府も 15%の出資を行い、2 号線計画では ADB につぐ第 2 位

第 6 章　巨大都市ホーチミン市の変貌と FDI

の出資者になっている [*33]。

表 6.5 当初の MRT 計画路線、区間、出資者と金額、工事時期

1 号線	ベンタイン スオイティエン 間	14 駅　うち 地下 3 駅 高架 11 駅	19.7km	JICA 2.2 VN-G 0.289	2010 2020 竣工
2 号線 1 期	ベンタイン タムルロン 間	11 駅　うち 地下 10 駅 高架 1 駅	11.3km	ADB 0.45 KfW 0.313 EIB0 .195 VN-G 0.326	詳細調査 2020 竣工
5 号線 1 期	サイゴン橋 ベイビエン 間	8 駅　うち 地下 7 駅 高架 1 駅	8.9km	ADB 0.5 Esp-G 0.2 EIB 0.2 VN-G 0.2	詳細調査 2018 完成
BRT2 号線	アンラック カットライ 間	32 停車場	23.5km	WB 0.142mil VN-G 0.013mil	詳細調査 2018 サービ ス開始

出資額単位 10 億 US ドル、MAUR Report 2012-2013.
（出所）PADDI

　これらの出資者誘致の努力にもかかわらずマスタープラン実現のために
ベトナム政府はさらなる出資者を探さなければならないでいる。ところで
マスタープラン実現にさいし問題となるのは出資者だけではない。工事が
始まってみると当初よりも必要な費用が増大する問題がもちあがってくる。
MRT1 号線では当初に見積もられた 11 億ドルから 25 億ドルになっている
し、2 号線第 1 期段階の工事では 2009 年の 14 億ドルから 2013 年の 21 億
ドルと 1.5 倍以上になっている。「この状況はベトナム政府にとっても懸念
されていて、ベトナム政府は出資者たちとこの増大した費用にたいして追
加的出資を求める交渉をすることを余儀なくされている」。1 号線について
は当初 11 億ドルとされていたものが、2016 年では 2361 億 400 万円とさ
れ、最近のニュース記事では約 2535 億円（うち約 8 割が JICA の円借款供
与）と数字が増大している。この増加費用の負担はどうなっているのだろ

183

第 2 部

うか。

工事の遅れとそれによる事業費の増大はホーチミン市だけに限られるものではない。このような大規模な都市交通システムの建設では追加的費用の発生はどこの国でも生じるものであるとされている。この追加的費用は建設費だけに関係するのではない。資金提供国

（MRT1 号線タオディエン駅付近の工事、2018 年に著者が撮影）

のローン承認のさいに付される条件もある。JICA による資金は ODA による援助である。ベトナム国を借入人とし、金利 0.4%、40 年償還という条件での借款であるが、条件はそれだけではない。「タイドローン」なのである。契約上の事業内容として、(1) 地下区間（ベンタイン～バーソン間、3 駅）の工事、(2) 高架区間（バーソン～スオイティエン間、11 駅）の工事、(3) 車両調達・電気・通信・信号システム・開通後 5 年間のメンテナンス、(4) 運営維持管理会社 IT システム、(5) コンサルティング・サービスが含まれているが[*35]、これらすべてが「タイド」の制約を受ける。つまり「日本で生み出された技術と専門的知識の利用が条件とされる。…すべての構成部分を日本企業あるいは日本主導の国際コンソーシアムから提供を受ける」[*36] ことになっているのである。これは日本のばあいだけでなくドイツの融資を受ける 2 号線でも同様である。融資された資金の使用について条件がついている。アジア開発銀行（ADB）からの融資だけは「アンタイド」で、このばあいは各構成部分の入札はオープンで国内国外の企業に開かれている。

出資国・出資者が多数いることは借り入れる側のホーチミン市にとってはより多くの資金を手に入れることができることでは有利なのであるが、

第6章　巨大都市ホーチミン市の変貌とFDI

借り入れる側は出資者の押しつける条件に従わされることになる。外国の技術や工法への依存を強いられることになるが、これら技術や工法は各国で同じではない。それゆえ資金源の多様化は、都市交通システムは統一的で一元的なシステムとして作動するのが好ましいのに、この点で非効率・非生産的になるという問題をはらんでいる。最近のニュース記事によると改札方式では共通の電子化システムが協議されているようである。

　MRT1号線は当初2018年末に運行開始と発表されていたが、操業開始は幾度も延期され、現時点（2022年12月）では2023年中には実現とされている。2022年8月22日にファム・ミン・チン首相が1号線建設現場を視察し、このときホーチミン市人民委員会議長のファン・バイ・マイは「2023年第四四半期には完成するように提案した」と報じられている*37。なぜMRT工事はこのように遅れるのであろうか。当初MRT1号線は地下と国道1号線に沿って建設されるので、取得が必要な土地面積はそれほど大きくないと見られていた。取得されるはずの土地に居住する人びとに補償金を払い代替地を提供するなどの困難はそれほど大きくないと見られていた。しかし工事が開始されてみると、車両基地、駅、電力設備、換気シャフトなどのために土地が必要なことがわかってくる。ホーチミン市政府は土地の取得にくわえ、住民の立ち退きと補償金支払いの問題も解決しなければならない。そしてこれがなかなか面倒なのである。

　MRT1号線はバーソン駅から地上に出て国道1号線に沿って高架上を走る。現れてくる駅はタオディエン、アンフなど同市2区でも発展がめざましい地域で、アンフ駅の周囲には高層マンションが林立し、タオディエン駅でも二つの高層マンションが際立っている。MRTの駅設置予定の土地は情報に通じた開発企業によって買い占められていた。このような事情を知っている住民は、立ち退きがMRT建設という公共利益に必要であることは理解してはいるものの、容易には立ち退かなくなっている。「工事による退去には反対しないが、提示された補償金額では納得しない」のである。さきにみたようにホーチミン市民は不動産価格のブームを2回も体験している。初めに住民に補償金額が住民に示される時期からじっさいの立ち退きまでには数年かかるのがふつうであるといわれている。この数年の間に土地の価格は上昇してしまう。すると住民は初めに示された金額には同意しなくなる。また退去する住民のあいだでは同じように暮らしていても正式な土地使用権を持つ人とそうでない人（KT1とKT4など）とがいて、補

第 2 部

償金額に大きな差がありこれも問題を複雑にしているといわれている。用地問題は遅れるばかりなのである＊38。

だが建設事業の遅滞の最も大きな理由はそれではない。2022 年 2 月 14 日の NNA 配信記事は市交通管理局（MAUR）のグエン・クォク・ヒエン局長の談話を伝えている。「新型コロナ感染拡大が深刻であった昨年（2021 年）6 月から 10 月に資材・設備の輸入、運搬、設置が大きな影響を受けたと振り返り、「今年は 2023 年の商業運行開始に向けて、たいへん重要な年になる」と強調した」＊39 という。しかし、関係者は事業の遅れの理由は新型コロナ感染よりも、「政府から市への ODA 資金の配分が遅れている問題」に起因していると見ている。MRT1 号線にたいする資金は JICA からベトナムへの ODA 供与である。この借款契約では借入人はベトナム社会主義国政府になっている。つまり資金はベトナムの中央政府に払い込まれ、ついでホーチミン市委員会へ、さらに市交通管理局（MAUR）へと渡ることになっている。制度がこうなっているところで事業進捗の遅れと追加費用の発生が生じるとどういうことになるだろうか。2021 年 10 月 6 日の日経新聞は問題の核心を説明している。工事は 2012 年に着工し 2018 年の運行開始をみこんでいた。事業費の大部分は日本の ODA であるから支払い遅延は生じないはずなのだが、設計変更などで事業費が 3 倍に増えたことが問題を複雑化することになった。「予算の修正は国会の承認が必要とされたが、政府は公的債務残高の拡大を避けるため、国会審議がなかなか進まなかった。中央政府からの予算措置が遅れたことが未払いにつながった」。未払い問題は深刻で、2019 年には 4 年以上におよぶコンサル業務への未払いを理由にコンサル事業体が業務の停止を行ったこともあったのである。記事はこう続けている。「背景にはベトナム政府の現行法令の問題がある。インフラ工事当局者が「ゴーサイン」を出した後、手続きのミスや事故などの問題が発覚したばあい、さかのぼって刑事罰に問われる可能性がある。党幹部から汚職を絡めて捜査されるケースがあり、「誰も責任を取りたがらない」 ＊40、こう工事関係者は打ち明けている。

MRT1 号線の車両の日本からの搬入は完了し（2022 年 5 月 19 日）、現在全車両の運行テストが行われており、長期間ホーチミン市内の目抜き通りを塞いでいた工事用フェンスも撤去された。MRT の開通をホーチミン市民は待ち望んでいる。しかしベトナムを他の東南アジア諸国と比較したばあい「一党支配する共産党、中央政府、市の権限のあいまいで政府が絡む案

第 6 章　巨大都市ホーチミン市の変貌と FDI

件は特に時間がかかる」状況には、外資の側から敬遠する動きも出ている
のである。FDI による都市開発への参加はホーチミン市民にとって必ずし
もすべてがよいわけではないようである。(終わり)

註

1 Than Bao Nguyen, D. Ary A. Samsura, Erwin van der Krabben, Anh-Duc Le, City Profile, Saigon-Ho Chi Minh City. In *Cities 50* (2016), p.21.

2 Atharva Deshmukh, Vietnam's Thu Duc City: A New Innovation Hub for Ho Chi Minh City, February 8,2020. および「ホーチミン市直轄の新都市計画案に政府が同意」、ジェトロビジネス短信、2020/11/26.

3 「第 2 トゥーティエム橋が開通、HC 市」、VNN, 2022/04/29

4 「トゥーティエムのオペラハウス、計画停止」、VNN, 2022/08/29.

5 「ホーチミン市新都市開発で高価格の落札者が辞退」、ジェトロビジネス短信、2022/09/24

6 David Dapice, Jose A. Gomez-Ibanez, Nguyen Xuan Thanh, Ho Chi Minh City: The Challenges of Growth, Prepared under UNDP-Harvard Policy Dialogue Papers., June, 12, 2013. https://www.undp.org/Vietnam/publications/ho-chi-minh-city-challenges-growth ここでは「じっさいの人口とホーチミン地区の人口成長」での議論を要約している。

7 Michael Leaf, New Urban Frontiers: Periurbanization and (Re) territorialization in Southeast Asia, in Carolyn Loeb and Andreas Luescher (eds.) *The Design of Frontier Spaces, Control and Ambiguity,* Ashgate Publishing (2015), p.197.

8 Vietnam Press 紙「政府は「常住戸籍帳」による常住登録住民管理の方式を廃止し、個人コードを通じて管理する方式に替える案に同意した」、(2017 年 11 月 7 日). http://www.el.tufs.ac.jp/preas/html/pc/News20171210-093749html (現在はアクセスできない)

9 D. Dapice et. al., op. cit. p.5.

10 Michael Leaf, op. cit., pp.203-204. また松村茂久「Ho Chi Minh City, ミニ開発が加速させる郊外スプロール」、『家とまちなみ』、63 (2011.3) も参照。

11 Michael Leaf, op. cit., p.201. KT4 の人がホーチミン市に戸籍を移し KT1 になることは可能であるが、そのばあいはもとの戸籍にもっている田畑の使用権を放棄しなければならない。それで人々は KT4 にとどまるのである。

12 Clare Jullien, *Nha Tro*, Rooms for Fragments of Life. Temporary Footprint of Rural Migration in Ho Chi Minh City. *Russian Journal of Vietnamese Studies*, 2021 special issue, pp.55-59.

13 Michael Leaf, op. cit., p.203.

14 Michael Leaf, op. cit., p.204.

15 松村茂久、岩田鎮夫、「ベトナム・ホーチミン市における都市計画マスタープランの運用実態に関する研究」(日本都市学会　都市計画論文集、No.39-3, 2004 年 10 月)、278 頁。

16 Aidan Wee, Ho Chi Minh City's Urban Renewal Thought 2025. P.5

17 松村、岩田、前掲論文、277-278 頁。

第 2 部

18 松村、岩田、前掲論文、278 頁。

19 松村、岩田、前掲論文、279 頁。

20 Michael Leaf, op. cit., pp.198-200. Dapice et al., op.cit., p.14.

21 A Guide to District2, Ho Chi Minh City – Thu Thiem New Urban Area. https://www.vietnam-briefing.com/news/hcmc-guide-thu-thiem-new-urban-area.html
東急ベカメックスについては、https://tokyugardenncity.com/ja/　を参照。

23 D. Dapice et. al., op. cit., pp.15-16.　この論文の「新都市地域の開発」の部分でおこなっている議論を整理・要約している。

24 Income housing price rate in Ho Chi Minh City. https://www.joneslanglasalle.co.jp/en/trend-and-insights/research/rising-house-price-to-income-ratio-in-hcmc（現在はアクセスできない）

25 Michael Waibel, Ronald Eckert, Michael Bose, Volker Martin, Housing for Low-income Groups in Ho Chi Minh City between Re-integration and Fragmentation, *Asian 103* （April 2007）, p.65.

26 HCM City faces shortage of affordable housings, *VNA*, Wednesday, June 23, 2021. https://en.vietnamplus.vn/hcm-city-faces-shortage-of affordable housings/203622.vnp

27 HCM City in need of more affordable housings, *VNA*, Tuesday, December 08,2020. https://vietnamnews.vn/society/822893/hcm-city-in-need-more-affordable-housing.html

28 Vietnam still lacks more affordable low-priced apartments, *VNA*, Saturday, June 12, 2021. https://vietnaminsider.vn/vi/vietnam-still-lacks-low-income-houses/

29 Minh C. Chu, Assessment of Motorcycle Ownership, Uses, and Potential Changes due to Transportation Policies in Ho Chi Minh City, Vietnam., in T*ransportation engineering of ASCE*, October, 2019.など。

30 D. Dapice et. als., op. cit., p.7

31 D. Dapice et. als., op. cit., p.7

32 Dapice et. als., op. cit., p.10

33 Clement Musil et Charles Simon, Building an ambitious public transport system in Ho Chi Minh City., Working Paper Urban Development Management Support Center-PADDI.pp.6-7. https://www.codatu.org/wp-content/uploads/WP-PADDI-01-ENG-low-quality.pdf.,

34 Clemet Musil, Charles Simon, op. cit., p.6

35 JICA 「ホーチミン市都市鉄道建設事業 1 号線　評価報告書」（2016）、https://www2.jica.go.jp/ja/evaluation/pdf/2017_1600715_1_s.pdf

36 Clemet Musil et Charles Simon, op. cit., p.7

37 JICA ビジネス短信　2022/08/12

38 Clement Musil et Charles Simon, op. cit., p.9. 2019 年の調査で訪問したホーチミン市にある会計事務所の鈴木氏から、2018 年度から導入された移転価格税制度について説明をうけた。ベトナム政府はインフラ投資の財源について苦慮しており、そのため外資企業から厳格に徴税することが新制度導入の目的であるという。

39 NA News 2022/02/14

40 「ベトナム都市鉄道、再延期　日立が車両供給、開業 2 年遅れ　支払い遅延、政治が壁にハノイは 10 年度計画変更」、日本経済新聞、2021 年 10 月 6 日。

第7章

ベトナムの産業政策　IT化への歩み

東長邦明

1.　はじめに

　1975年のベトナム戦争終結後、荒れ果てた国土と、低い生産性の農業とともに立ち上がったベトナムであったが、1990年の1人当たりGDP（名目）は、98USドルで、アフリカ諸国と並び世界最貧国の一つであった。

　ところが、1991-2010年の20年間、平均7.4%増の成長を遂げた結果、その値は2008年に1000USドルを越え、世界銀行基準による「低所得国」から「低中所得国」となったのである。

　この間の、また、続く10年間の「工業化と近代化」を目指す国策については、多くの研究が蓄積され、FDI（外国直接投資）を呼び込む法的整備、その実質的効果、WTO加盟による貿易体制整備、中長期計画等々が研究されてきた。

　そうしたFDIの一つであるサムスンの携帯電話製造事業は、この国が域内随一の輸出額を誇ることとなった成長のキーであった。同時に、このモデルの産業政策としての功罪についても、多くの指摘がなされてきた。

　本稿で我々が注目するのは、国策「工業化と近代化」の工業化目標の変化である。ソ連社会主義の伝統に沿って国家運営を始めたベトナムは、当然のように「工業化」を掲げたが、その内容は、ソ連由来のフルセット型の重工業化路線であった。この路線が、「最貧国のIT化への挑戦」*1を経て、最終的に現在のICT（情報通信技術）を用いたデジタル化へとシフトし、DX（デジタル・トランスフォーメーション：デジタル技術を用いた顧客主導の企業・社会変革）、第4次産業革命を目標と定めるに至った経緯を追うこととしたい。

　最初に、諸統計をグラフ化して概観し、ベトナムの工業化の進展と現状を確認する。ついで、1986年の「ドイモイ（Đổi mới 刷新）」政策を起点と

第2部

して、およそ 10 年単位の経済発展戦略を、党大会に沿って検討していく。その際、民間経済の自由な競争が経済発展のキーとなっている現代世界において、この国が共産党に領導されるという政治的特色の下、計画経済・国家管理という社会主義イデオロギーと折り合いをつけながら前進せざるを得なかった点に留意する。

2. ベトナムの工業化の発展と現況

2.1 一人当たり名目 GNI（国民総所得）推移

1990 年に 90US ドルであった名目 GNI の値は、10 年後の 2001 年に 400 ドルを越えた。その後、2007 年の 980 ドルから 2008 年の 1303 ドルに増加したことで、低位中所得国の仲間入りを果たし、2010 年には 1,632 ドル、2020 年には 3,433 ドルと成長を続けた。

その上の上位中所得国の基準は、4,256〜13,205 ドル（2023 年基準）であるので、2023 年実績値の 3,961 ドルからみて、2024 年に上位にランクインするのは確実だとみられている。

Felipe らは、1950 年以降に低所得国から低位中所得国入りし、その後、

図表 7.1 一人当たり名目 GNI 推移 （単位：US ドル）

資料：GLOBAL NOTE　出典：国連

第 7 章　ベトナムの産業政策　IT 化への歩み

上位中所得国にステップアップした国は 9 カ国あり、その卒業に要した年数の平均（中央値）は 28 年であると計算している[*2]。ベトナムが 16 年で上位中所得国に移行できるとすれば、この期間、平均以上の高い経済成長率を維持した証左となろう。

本図の対象とした中所得国 5 カ国の中の比較では、長らく最下位であったが、他国が成長に足踏みする中、着実に右肩上がりの成長を遂げ、2022 年実績値で、フィリピンを 250 ドル超上回って、順位をあげた。

2.2　GDP 成長率

GDP 成長率は、1990 年より一貫して 5％以上を維持し、2006-2010 年は、10％以上であった。

2020, 2021 年の 2 年間は、コロナの影響で、他の ASEAN 主要国同様、「過去 20 年で最低の落ち込み」[*3] となった。各国のなかでは、「コロナ感染拡大の抑制に比較的短期間で成功したベトナムが 2.9％と唯一のプラス成長」[*4] とした。2022 年には、8％を超えるまでに回復し、競合国を上回る成長率となっている。

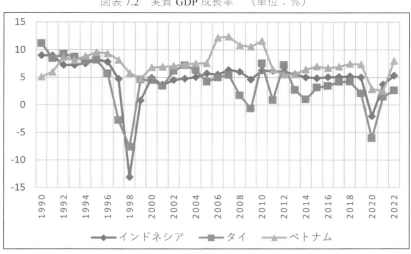

図表 7.2　実質 GDP 成長率　（単位：％）

資料：GLOBAL NOTE　出典：国連

第 2 部

2.3 総資本形成

経済発展の基盤となる総資本形成は、制度的には 2006 年の WTO 加盟が大きな画期となり、海外直接投資の呼び水となった。同時に、企業法、投資法が改正され、投資環境を整えた。2009 年にはサムスンの本格的進出が始まっており、中国からベトナムへの製造拠点の移管も多くの企業で進められた。

また、この時期、国有企業の株式化が進められる一方、民間企業の経営の自由度が増し、ビングループなどの巨大コングロマリットが成長して、資本形成の一翼を担った。

図表 7.3　ベトナムの総資本形成　（単位：百万 US ドル）

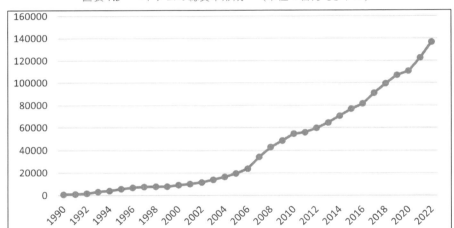

資料：GLOBAL NOTE　出典：国連

2.4　名目 GDP（製造業）

ベトナムの製造業は、1990 年には 788 百万ドルだったが、2000 年には、その 7.3 倍、2010 年には 32 倍、2020 年には 105.3 倍の 83,005 百万ドルと成長した。マレーシアとの比較では、90 年には、ベトナムの GDP はマレーシアの 13.5 分の 1 であったが、2019 年に 79,535 百万ドル対 78,181 百万ドルと追い越し、その後も差を広げている。

図表 7.4　名目 GDP（製造業）　（単位：百万ドル）

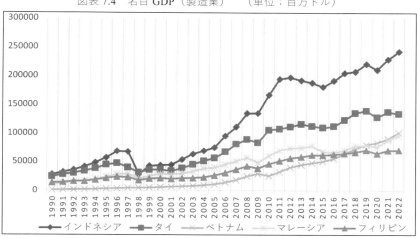

資料：GLOBAL NOTE　出典：国連

2.5　ベトナムの ICT 産業

　ベトナムの ICT 製品輸出額は、2010 年前後より伸長し、2014 年以降、タイ、マレーシアを追い抜き、2018 年にはシンガポールに次ぐ ASEAN 第 2 位の地位を占めている。

図表 7.5　ICT 製品輸出額　（単位：US ドル）

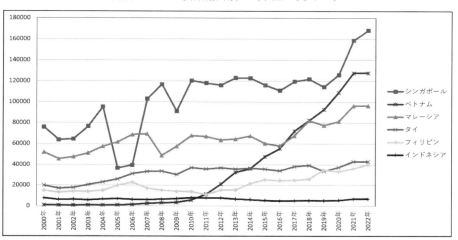

資料：GLOBAL NOTE　出典：UNCTAD

第 2 部

2.6 輸出依存度（GDP に対する輸出額の比率。サービス輸出は含まない）

ベトナムの輸出への依存度は、1990 年には、27%だったが、96 年には 30%近くなり、99 年に 40%を超えた。50%を超えたのは、2003 年、60% が 2013 年であり、その後、増加を続け 2021 年以降は 90%を上回っている。

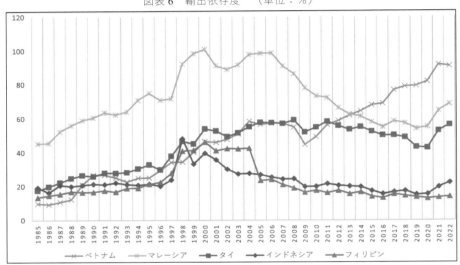

図表 6　輸出依存度　（単位：%）

資料：GLOBAL NOTE　出典：UNCTAD

2.7 固定ブロードバンド普及率

国家の IT 化基盤整備のメルクマールとなる固定ブロードバンド普及率は、2017 年以降、ASEAN の他の中所得国 4 カ国を上回っている。

「2000 年代中ごろまでほぼゼロであった固定ブロードバンドの加入数は、2022 年時点では 2,125 万件まで増加している。固定ブロードバンドの加入率は 21.7%に達し、増加傾向で推移している。主要な事業者は、VNPT グループ、Viettel Telecom、FPT Telecom である。ブロードバンド化が戦略的に進められており、後発の FPT Telecom が 2014 年から主要都市で固定インターネット回線を光ファイバに置き換えるプロジェクトを展開するなどし、

第7章 ベトナムの産業政策 IT化への歩み

2018年末時点で63の第一級行政区のすべてでサービス提供が行われている。ベトナムにおいて、固定ブロードバンドの普及率が高い要因は、固定ブロードバンド料金が安価であることに起因している。エントリーレベルの無制限ファイバーブロードバンドパッケージの料金は、2018年時点で約11.2米ドルとなっている。一方で、アクセス回線がベトナムの都市部に集中し、地方部の普及が進んでいないという課題がある。ベトナム政府は、地方の村や学校、病院、行政機関など、大都市圏以外の地域への固定ブロードバンド・インフラの拡大に注力している。」[5]

地方格差については、2010年9月公布の「ICT早期強化プロジェクトに関する首相決定（Decision 1755/2010/QD-TTg）」では、2020年までの目標として、ほぼすべての村へのブロードバンド・ネットワークの整備を指示しているが、格差解消には至っていない。

図表7　固定ブロードバンド普及率　（単位：％）

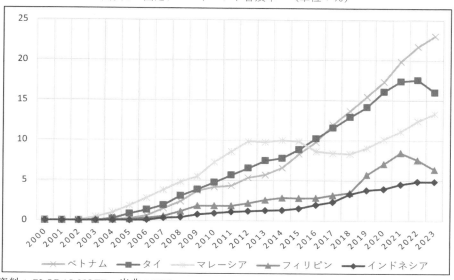

資料：GLOBAL NOTE　出典：ITU

第2部

2.8 携帯電話普及率

携帯電話普及率は、2008年に同グループ内2位となった。

図表8 携帯電話普及率 （単位：％）

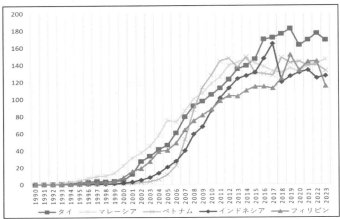

資料：GLOBAL NOTE　出典：ITU

2.9 インターネット普及率

インターネット普及率は、シンガポール、マレーシアには10年程度遅れていたが、近年数年にまで縮まっている。

図表9 インターネット普及率 （単位：％）

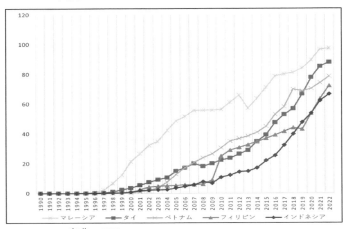

資料：GLOBAL NOTE　出典：ITU

第 7 章　ベトナムの産業政策　IT 化への歩み

2.10　ベトナム ICT の国際的評価

ベトナム ICT の国際的評価は、上昇しており、現状は以下のとおりである。

- 国連電子政府ランキングで ASEAN トップ 4[6]、
- インターネット・ユーザー数で世界 13 位（2023　7,210 万人）[7]、
- IPv6（インターネットプロトコル最新版）採用率で 9 位（2023　ASEAN 内では 2 位）[8]、
- ICT Development Index（IDI、情報通信技術のインフラ、利用、スキルを評価）[9]で 67 位（2023）、
- Global Innovation Index[10]で 48 位（2023　東南アジア、東アジア、オセアニア地域に限れば 10 位）、
- 日本におけるオフショア開発国別希望ランキング 1 位[11]　等。
- 世界のアウトソーシング対象国（オフショア市場）の魅力度ランキング 5 位[12]
- デジタル国トップ 50 の 7 位[13]
- ホーチミン市は「スーパーシティトップ 100」のうち 28 位、ハノイは 32 位[14]
- ハノイは「世界のダイナミックな都市トップ 20」の 3 位、ホーチミン市は 8 位[15]

3.　経済社会発展　〜　ドイモイ

ベトナムの経済社会発展に関わる政策を考えるにあたっては、「ドイモイ（Đổi mới 刷新）」を提起した第 6 回党大会（1986）[16]が一つの起点となる。今でこそ、資本義諸国と対等な競争を行っている東南アジアの一国とのみ見られがちなベトナムであるが、我々はこの国が独立以来共産党に領導される社会主義国家であり、マルクス・レーニン主義とホーチミン思想を掲げて国家経営を行っていること、かつて旧ソ連を盟主としていたことに十分留意する必要がある[17]。

すなわち、ソ連のペレストロイカ、中国の経済開放政策にならうようにドイモイにふみきるにあたっては、政府内、共産党内、国内にある社会主義の保守本流の立場からの反論・反発に対する説得、もっといえば闘争があったと想像される[18]。その間の事情について、トラン・ヴァン・トゥは

第 2 部

以下のように説明している。

「1980 年代初頭、ベトナムには有能なテクノクラートや知識人が多くいた。彼らは経済危機の原因が計画経済の欠陥にあること、その経済体制を改革しなければならないことを理解できたし、また指導者をどう説得するかについて知恵を出し合って協力した人たちであった。彼らはまず、最高実力者の 1 人である保守的理論家でもあったチュオン・チンに問題の所在を理解してもらうことを考えた」*19

これを受けて、やがて国家主席となったチュオンは、共産党第 6 回全国大会の地方予備大会の一環としてハノイ党委員会大会で基調演説を行った際（1986 年 5 月）、「計画経済の欠陥、社会主義の建設を急いで実施することが不可能なこと、長期にわたる非国有セクターの存在、価格メカニズムの重要性などを認めなければならないとの認識を示した。そのうえ〔で〕、発想の刷新（ドイモイ）、経済制度の刷新（ドイモイ）を呼びかけたのである」*20

全国大会報告案の「最終チェックはファム・ヴァン・ドン首相とド・ムイ副首相に一任された。両氏は政治報告のドラフトの大胆な内容に動揺したようで、10 カ所の修正を起草委員会に指示したが、起草メンバーが、既に政治局が賛成された内容で修正すべきでないと粘り強く主張したため、首相ら〔は〕修正指示を撤回した」*21

この 1986 年 12 月の全国大会に向けた「経済に関する政治報告のポイントは 3 つあった。1 つ目は経済管理の原則が従来の集中的官僚制による指令価格か、市場経済のメカニズムに基づくかであった。2 つ目は生産手段の所有形態に関することで、国営企業と合作社以外の企業形態が認められるかどうかであった。最後に産業構造に関する考え方で、従来の方針のような重工業の発展を重視すべきかどうかであった。」*22

最終的に大会で採択されたドイモイの内容は以下の通りである。

「第 1 に・・当面社会主義的要素と異なる生産要素の多様な所有形態などを認めなければならないとの認識が明確に示された、・・第 2 に産業の発展路線は・・第 5 回全国大会の時点の考え方は・・投資配分も重工業優先であったのに対して、86 年に生まれた戦略の発想はベトナムの比較優位を意識した国際分業型発展路線であった。第 3 に、はじめて外国直接投資の積極的導入を主張した」*23

第7章　ベトナムの産業政策　IT化への歩み

　このドイモイの決定は、経済発展取組みの考え方を、守旧的イデオロギーを乗り越えるという観点で整理したが、これはベトナムがこの時期にあって、具体的な経済施策策定以前の段階をふまざるを得ない状況にあったことを表している。

　これは、ASEAN 域内で先行する国の工業化の情勢と比較すれば、その遅れがよくわかる。

　タイでは、「50 年代末から工業化政策が始まり、61 年に経済開発計画が導入され、60 年代には、積極的な外資導入による輸入代替工業の育成が推進されてきた。しかし、資本財輸入等を通じて貿易不均衡が拡大し、国際収支の悪化をもたらした。70 年代に入ってからは輸出指向型産業育成に方針転換された」[24]。

　またインドネシアでは、「1970 年代から 1990 年代後半にかけては、経済政策・制度の整備を進め、食糧増産、工業化、社会開発を促進した。また，1969 年には第 1 次長期開発計画及び国家中期開発計画（REPELITA）の策定が始まり、以後 5 年ごとに REPELITA が策定・実施することになった。まさに、開発が国家政策の柱として位置づけられ、開発政策の優先順位が中央政府主導の経済開発に置かれ、工業化による経済の立て直しが進められた」[25]。

　ベトナムが、近隣の競争相手に比べ、およそ数十年遅れてスタートラインに立ったこと、またその事情を、私たちは過小評価すべきではなかろう。

4.　産業政策の大要

　「ドイモイ」を提起した第 6 回党大会（1986）の後、農業政策を中心とした 10 年の試行錯誤を経て、工業化を軸に 2020 年を展望する長期国家戦略を設定したのは、第 8 回党大会（1996/6）[26] である。そこで、以下では、91-2000 年の 10 年間以降、ベトナムが打ち出してきた 10 カ年計画[27] に沿って、10 年ごとの枠組みを設定し、この過程の直前の第 7 回から、最新の第 13 回大会（2021）までを、工業化戦略の重心がデジタル戦略へ移っていく変化を念頭に追うこととする。（党大会として、10 カ年計画を掲げた、第 7 回、9 回、11 回、13 回大会を取り上げる。なお、「工業化と近代化」を明確に打ち出した 96 年の第 8 回大会にも触れる。）叙述は、10 年単位毎の計画とその振り返りの順とし、必要に応じ、その前に党の環境認識を示し

第2部

た。

4.1　1991-2000年
4.1.1　この期間の計画・目標
4.1.1.1　10カ年（1991-2000年）計画 *28

　第7回党大会（1991）*29 中央委員会は、2000年に向けた戦略の全体目標につき、危機から抜け出し、社会経済状況を安定させることであると参加者の94.5％が賛成投票したことを明らかにした。貧しい低開発国の状況を克服し、国民生活を改善し、国防と安全保障を強化し、21世紀初頭に国がより速く発展するための条件を作り出すよう努めるという目標である。

4.1.1.2　1991-1995年の5年間の目標

　中央委員会の審議では、5年間の目標を策定するためには、まずベトナムにおける現在の社会経済危機の主な内容を特定する必要があるという多数意見があった。具体的には以下のようなものがあげられた。
- 生産の伸びが遅く、不安定
- インフレが依然として高く、巨額の財政赤字がある
- 失業者または不完全雇用労働者の数は依然として多く、むしろ増加している
- 国民のかなりの部分、特に賃金や社会保障で暮らしている人々の生活は多くの困難に直面しており、労働再生産を確保するのに十分ではない。多くの社会分野の劣化は深刻で、社会悪が増加している

　要するに、以前に比べれば、危機のレベルは幾分軽減されたとはいうものの、依然として社会経済危機から脱却したわけではない、ということである。

　投票の結果、94.7％の参加者が、1995年までの目標を、「困難と課題を克服し、社会経済的発展を安定させ、政治的統治を強化し、否定性と社会的不正義を撃退し、基本的に我が国を取り戻すこと」とすることに同意した。

　こうした目標設定にあたっては、反論も含め議論の対象とし、最終的に多数決投票で合意を得ており、ベトナム共産党の合意形成プロセスの一端がうかがわれる。

第 7 章　ベトナムの産業政策　IT 化への歩み

4.1.1.3　1996 -2000 年の 5 年間の目標

　96 年に開催された第 8 回大会は、「我々の中心的な任務は国の工業化と近代化を進めること」とした。「工業化と近代化は、すべての経済部門の礎」、「科学技術は工業化と近代化の原動力」との認識のもと、「工業化・近代化を通じて、2020 年には GDP を 90 年水準の 8〜10 倍の水準にまで高め、工業国の仲間入りを果たす」という目標を掲げたのである。

　この「近代化」については、情報技術、バイオテクノロジー、新素材技術、機械製造の新技術などの先端技術を理解し、決定的な段階がきたら迅速に近代化に移行できるようにする、としている。

　この基本方針を受けて、政治局は第 2 回会議を召集し（12/16-24）、2 つの決議を採択した。一つは、「工業化と近代化の時代における教育と訓練の戦略に関する決議」、もう一つは、「工業化と近代化の期間における科学技術開発の戦略に関する決議」である。

　同第 4 回会議では、冒頭ド・ムオイ書記長が 11 の重要な視点の一つとして、「市場メカニズムを導入するが、国家は社会主義の方向性に従って管理および規制しなければならない」と述べている。これは、大会決議が 6 つの教訓の一つとした「社会主義の方向性に従って国家の管理役割を強化しながら、市場メカニズムに従って運営されるマルチセクターの商品経済を構築する」に呼応した姿勢である。それは、工業化・近代化を、国営企業を軸にして進め、外資、民間セクターには制限を加えるという方針の表明に他ならなかった[*30]

4.1.2　振り返り

4.1.2.1　ドイモイ以降の 10 年間（1986-1995 年）の振り返り

　第 8 回党大会（1996/6）では、ドイモイ後の 10 年間を、「工業化の前提を整えるという移行期の第一段階に向けた任務は基本的に完了し、国の工業化と近代化が加速する新たな時代への移行が可能になった」と総括した。

　その後半の 1991 年から 1995 年の振り返りとして、「5 年間に第 7 回党大会によって設定された社会経済の安定化と発展という課題は成功裡に実施され、5 か年計画の主な目標は達成された。社会経済危機から脱却し、国の工業化と近代化を促進するという、新たな発展段階に移行するために必要な前提が整備された」とした。

　一方、各セクターについては、国有企業は未だ効率性を確保しておらず、

第 2 部

主導的な役割を十分に果たしていない。他のセクター（外資、民間）はまだその可能性を十分発揮できていないと評価している。

4.1.2.2　1991 年から 2000 年までの社会経済戦略の振り返り

先の振り返りと 5 年間の重複があるが、この 10 年間の社会経済戦略について、第 9 回党大会（2001/4）＊31 において、以下の通りの成果があったと振り返った。

①戦略の実施から最初の数年間を経て、この国は社会経済危機から脱却した。国内総生産（GDP）は 2 倍以上（2.07 倍）となり、経済構造は好転した。GDP に占める農業の割合は 38.7％から 24.3％に減少し、工業と建設は 22.7％から 36.6％に減少し、サービスは 38.6％から 39.1％に増加した

②国有企業セクターは経済において主導的な役割を果たしており、段階的に再編され、主要分野で大企業が形成された。個人経済、民間経済、外国投資経済は急速に発展している。

③ベトナムは、包囲され禁輸措置を受けていた状態から、ほぼすべての国との経済関係を回復し、多くの国際経済組織や地域経済組織に参加し、ますます積極的な役割を果たし、世界経済に効果的に参加してきた。輸出売上高の成長率は GDP の成長率のほぼ 3 倍。外部から多額の資本を導入し、多くの先進技術と経営経験を蓄積している。

④教育レベル、人材の質、社会の活力が大幅に向上し、文盲を撲滅し、全国で初等教育を普及させるという目標を達成した。大学生・専門学校生の数は 6 倍に増加し、職業訓練も拡充された。科学研究態勢が強化され、多くの先進技術が実用化されている。

⑤社会経済発展の成果は、主権、統一、領土一体性、政治的安定、社会秩序と安全の確保に資する結果となった。

なお、②の「国有企業セクターは経済において主導的な役割を果たしており」との表現は、前項の「国有企業は未だ効率性を確保しておらず、主導的な役割を十分に果たしていない」と矛盾するが、他セクターとの比較では相対的に「主導的」ではあるが、セクター自体の評価としては期待するレベルに達していない、と理解すべきであろう。

一方、以上のすべての項目について、（この手の文書の常ではあるが）・・

第 7 章　ベトナムの産業政策　IT 化への歩み

まだまだ多くの弱みがあり、克服されていないとも指摘し、それが、党・政府の決議を実施する組織のリーダーシップ、指導、管理における欠陥によるものと指摘している。

4.1.2.3　90 年代の主要事象

　上記①が言及している「戦略の実施から最初の数年間を経て、この国は社会経済危機から脱却した」について、主要事象を確認すると以下の通りである。

　91 年の第 7 回党大会に続いて 1992 年 4 月に、国会で新憲法が採択され、ドイモイ路線を、国家基本法のレベルで再確認した。対外関係については、互いの独立、主権、領土保全の尊重、相互不干渉に基づき、政治的・社会的体制の違いを問わず、世界のすべての国との交流と協力を拡大するという全方位的な開放路線を再確認した*32。

　91 年 10 月カンボジア和平が成立、11 月は中越関係も正常化した。92 年11 月には日本政府が ODA 再開を決定し、12 月には、韓国との国交を樹立した。95 年に終戦後 20 年になる米国との国交を正常化し、ASEAN への正式加盟も果たした。これらをふまえ、「対外関係の多様化、多角化」というスローガンが第 3 回中央委員会総会で提示され、対外開放路線の方針が明確化された*33。

　こうした対外状況の改善と 1990 年代初頭以降の良好な経済的パフォーマンスとを確認したことから、94 年 7 月の第 7 期第 7 回中央委員会総会は、「国土の工業化と近代化の方向に沿った工業・技術の発展と、新たな段階における労働者階級の建設」に関する決議を採択した*34。これが「工業化と近代化」を通じて発展するという第 8 回党大会の決議へとつながっていく。

　ベトナムが、工業化に踏み出し、経済的テイクオフを目指すという国家戦略は、このように方向付けられたのである。

4.1.2.4　民間企業の活動　〜　FPT

　1988 年に創立され、90 年代に入って IT 産業にフォーカスを開始したFPT は、「1998 年には国税庁のシステム開発を担当して e-ガバメントの分野に参入した。この間、IT 関連の有力誌『Vietnam PC. World Magazine』の誌上で読者から連続して『ベトナムで最も有力な IT 企業』に選ばれるな

第 2 部

ど、ベトナム ICT 業界のトップ企業としての地位を確立した。」*35

　また、1999 年には、「ソフトウェア専門組織『ソフトウェア・アウトソーシング・センター』（現在の FPT ソフトウェアの前身）を設立し、米国、日本、インドに事務所を設立し、アウトソーシング（ソフトウェア制作のオフショア受託）を中心にソフトウェアの『輸出』に本格的に取り組むことになった」*36

　オフショア・ビジネスは、労働集約的な IT 開発業務を、安価な人件費で受託できる、政情不安等の少ない国の産業として適性が高い。世界的に見ると、インド、中国、ベトナム、フィリピン、ウクライナ、ポーランドなど、アジア地域では、ベトナム、フィリピン、中国、インド、バングラディシュ、ミャンマーなどの人気が高い。*37

　現在ベトナムの ICT 産業の大きな柱となっているオフショア・ビジネスは、FPT が牽引してきたといってよい。後に（2006 年）FPT 大学を設立し、ベトナムの IT 人材の供給源とするが、この学校の特色は、日本向けの即戦力技術者を育成することを目的としていることである。そのため、「日本でのシステム開発経験がある技術者を日系企業から講師として招き、日本のシステム開発手法を教え込む。教育カリキュラムは経済産業省の IT スキル標準（ITSS）や米国の IT 関連学会「ACM」の基準を参考に策定」*38 している。インド、中国、その他の競合国と違い、日本語でコミュニケーションがとりやすく、日本の事情も学んできている IT 人材を、日本に提供するのが、FPT の戦略である。

4.2　2001-2010 年
4.2.1　環境認識

　第 9 回党大会（2001/4）では、国家をとりまく世界の状況については以下のように認識した。「科学技術革命、特に情報技術とバイオテクノロジーは飛躍的な発展を続け、ますます直接的な生産力となり、知識経済の発展を促進し、経済構造を急速に変化させ、社会生活のあらゆる分野を大きく変えている。知識と知的財産が果たす役割はますます重要になっている」、また、「グローバル化はとどめようもなく進展しており、各国はこの流れに乗り遅れまいとしている。その潮流はほぼすべての分野に及び、各国間の協力の促進とともに、競争圧力と相互依存の両方をもたらす。二国間および多国間関係は、経済、文化、環境保護、犯罪予防、自然災害、パンデミ

ックなどの分野でますます深まっていくであろう」と。

その上で「国の情勢と国際情勢は、わが党と全人民が革命攻撃の精神を高度に推進し、革新を継続的に促進し、国全体の総合力を促進し、社会主義に向けて迅速かつ着実に前進することを要求している。それができなければ、周辺諸国に比べて経済発展がさらに遅れ、国民の信頼、政治的・社会的安定、国家安全保障に直接影響を与えることになる」との危機意識を表明している。

社会主義国家たるベトナムが、資本主義世界で勝ち抜かなければならない、というこの表現に、我々は、資本主義国家の経済政策と同一視することなく、十分留意する必要がある。政府部内、また党大会の諸議員の意思統一を政府は、実に慎重に行っている。それは、大会や諸委員会の決議が、いわゆるシャンシャン会議ではなく、いろいろな意見がある中、小数点以下の多数比率も考慮して決議している諸議事録にも表れている。

4.2.2 社会経済発展戦略 2001-2010

議会は、上述の危機意識を共有したうえで、これからの 10 年間の経済発展戦略として「2020 年までに近代工業国となるための基盤を構築する」ことを目標とすることに意見を統一した。人的資源、科学技術能力、インフラ、経済的機会、防衛と安全保障を強化することで、社会主義指向の市場経済を形成し、国際舞台における地位を強化する、という方針が一致点である。

その具体的な産業政策は、以下の通りとした。

①競争上の優位性を促進することで、国内市場を占有し、輸出を促進できる産業として、農林水産加工品、衣料品、皮革および履物、エレクトロニクス情報技術、一部の機械製品および消費財などを選定し、急速に発展させる

②今後の育成産業は、ハイテク産業、特に情報技術、電気通信、エレクトロニクス、オートメーションとし、成長率を誇れる経済部門に育成することに注力する

③また、工業団地と輸出加工区を効果的に開発し、多数のハイテクパークを建設し、大規模な産業クラスターと開放経済区を形成する

④最新の情報ネットワークを開発し、社会生活のあらゆる分野、特にリーダーシップ、管理システム、金融、商業および教育サービス、医療、

第 2 部

コンサルティングなどにおける情報技術の応用を加速する。

以上の諸戦略は、環境変化を見定めたうえでの、ソ連由来の産業政策の大きな転換を示しており、「重工業に偏重する従来の路線から、科学技術の発展やグローバル化といった新たな趨勢を踏まえ、国際経済への参入を進めつつ知識経済発展に向けて付加価値の高い製造品目の生産を拡大する路線へと工業化の重点がシフトした」といえるのである。*39

とりわけ、情報技術、情報ネットワークを含む ICT を、近代工業国となるための今後の育成産業と見定めたこと（②）は重要である。

4.2.3　2001-2010 年に策定・指示された ICT に関する戦略

上記戦略の具体化にあたり、まず、戦略的ブレークスルーとして以下方針を打ち出した。

（1）公正な競争環境の創出と行政改革に重点を置き、社会主義志向の市場経済制度を完成させる。

（2）国家教育制度の根本的かつ包括的な革新に焦点を当て、人材、特に質の高い人材を迅速に育成する。

（3）交通システムと大規模な都市インフラに焦点を当てた、同期インフラシステムを構築する。

続いて以下の政府決定を行い、情報技術戦略を国家の競争力の核と位置づけた。

- 2000 年 10 月 17 日付の政治局の指令第 58-CT/TW「工業化と近代化のための情報技術の適用と開発の促進」
- 2001 年 10 月 18 日の首相決定第 158/2001/QD-TTg　2010 年までのベトナムの郵便・電気通信開発戦略と 2020 年に向けた方向性
- 2005 年 10 月 6 日の首相決定第 246/2005/QD-TTg　2010 年までのベトナム情報通信技術開発戦略と 2020 年に向けた方向性
- 首相;2010 年 9 月 22 日の決定第 1755/QD-TTg　2020 年にベトナムを ICT 先進国に変革する

4.2.4　2001 年から 2010 年の社会経済開発戦略の振り返り

この社会経済開発戦略を実施した 10 年間では、地域金融と世界金融の 2

206

つの危機によるマイナスの影響を克服し、大きな成果を上げることができた。その目に見える成果が、2008年に低所得国の状態から抜け出し、中所得国（の低位グループ）に入ったことである。地元紙も大きく報道し、国民の自国への誇りをかきたてた。

また、この期間には「ベトナムの工業化にとっての2つの重要な転機——制度面と実態面——があった。

ひとつは、2007年1月に実現した世界貿易機関（WTO）への加盟という制度面の変化である」[40]「もうひとつは、外国投資と輸出に牽引された高成長が始動したことにより、2008年に1人当たりGDPが1000ドルを超え、低開発状態からの脱却と中所得国入りを達成したという実態面の変化である」[41]

「WTOへの加盟は、当該国の輸出市場へのアクセスを改善し、外国投資誘致の展望を開く一方で、同時に高いコストも課す。WTOは自由貿易と市場経済のルールを厳格に適用するがゆえに、加盟後は貿易を歪める政策採択することは許容されない。また、近年、加盟交渉過程のなかで、加盟申請国はほぼ例外なく強い市場自由化圧力にさらされるようになってきている。

この帰結として、新たにWTOに加盟しようとする発展途上国の多くは、工業化の初期段階から貿易・投資の自由化を余儀なくされるばかりか、現在の工業国がかつて工業化推進のために用いた輸入数量規制、国産化規制、輸出補助金といった政策ツールを利用する道を閉ざされているのである」[42]。

これを所与の条件として社会経済運営を実施したことが、ベトナム経済の強化につながったことは間違いあるまい。

一方、今大会は、この振り返り期間には課題も多かったとして、以下のようなポイントを指摘した。

「近代的工業国」へのジャンピングボードとなるべき「戦略的ブレークスルー」（4.2.3）は果たせず、その3項目である「市場経済制度、人材の質、インフラストラクチャー」は依然として発展を妨げるボトルネックとなっている。ベトナムが「近代工業国」となるための基盤はまだ完全に形成されているとは言えない、と。

具体的には、ここまでの成果は国が持つ潜在力に見合っておらず、経済発展は持続可能ではない。経済の成長の質、生産性、効率性、競争力は低

207

第2部

く、マクロ経済のバランスは危うく、電力供給は要件を満たしていない。リソースの計画的な活用は依然として限定的で、非効率であり、集中的な投資はできていない。おしなべて企業の国営管理には依然として多くの弱点があり、国有企業の株式会社化などの所有権整理は不十分である*43。経済成長は依然として大規模な開発の有無に大きく依存している、といった諸点が指摘された。

上記の限界と弱点は、「社会主義志向の市場経済」への移行途上の新たな前例のない取組みであるから、といった客観的な理由による部分もあるが、むしろ主に自国自らの態勢に起因するものである、と整理している。すなわち、法制度にはまだ多くの欠点があり、しかも厳格に執行されておらず、国家行政は未だ脆弱であること。組織機構は煩雑で、役人や公務員の一部は能力も質も低いこと。組織的活動は効果に乏しく、物事を確実に遂行する態勢にないこと。画期的な進歩、重要な段階、差し迫った社会問題の解決に対応しきれていないこと。人民主権を実現させる取組みが不十分なこと。規律が厳格でなく、汚職を撲滅できていないこと等が問題なのである、と。

この振り返りは、「社会主義志向の市場経済への移行」というミッションに、行政機構が対応できていないことを、率直に認めており、重要なポイントである。党中枢が、行政機構のレベルの低さを指摘し、督励する状況は、客観的に見れば、「社会主義志向の市場経済への移行」という必ずしも具体的なタスク指示を伴わない方針を、行政機構のそれぞれで実行させようとする難しさを表しているといえよう。

4.2.5　民間企業の活動　〜　Viettel

その前身である Electronics and Communication Equipment Corporation（SIGELCO）の設立（1989年）に始まる Viettel 社は、現在、世界で急成長している通信企業トップ15、世界で最も価値のあるネットワーク事業者トップ150の中で28位にランクされ、ブランド価値は58億ドルに達し、東南アジアで1位、アジアで9位にランクされている。通信、IT、電子・通信の研究・製造、防衛産業、サイバーセキュリティおよびデジタルサービスの5分野のビジネスを展開しており、世界で最大級かつ影響力のあるベトナム国有企業と見なされている*44。

同社が、初めて VoIP（Voice over Internet Protocol）をハノイ・ホーチミン

に開通させたのは 2000 年であった *45。2001 年には国際通話を、翌年には インターネットサービスを開始した *46。

2006 年、カンボジアでの国際電話サービスを始め、2009 年にはラオスに 進出した *47。進出先は、その後拡大し、ハイチ、モザンビーク、東チモール、カメルーン、ペルー、ブルンジ、タンザニア、ミャンマーなどに及んでいる。

2001 年には 3G、2017 年には 4G、2019 年には 5G サービスを提供してきた。

4.3 2011-2020 年

4.3.1 2011-2020 年の 10 カ年戦略

第 11 回党大会は「2020 年までに基本的に近代工業国となるよう努力する」とし、「社会経済発展戦略 2011-2020」 *48 にて、「科学技術のレベルをますます高めて生産力を発展させ、これによって、社会主義志向の市場経済における生産関係を完成させる」方針とした。そのために、「あらゆる障害を取り除き、生産力を解放し強力に発展させるための好ましい条件を作り出し、科学技術の応用を促進するために制度を改善する。開発のためにすべてのリソースを動員し、効果的に使用する。経済部門と各種ビジネスの迅速かつ調和のとれた発展を目指す」、との決意を示した。

そして以下を柱とした戦略を策定した。

①国有企業に偏重することなく、民間経済を軸として国家運営を進めていくこと

②これに合わせ外国投資の活用方法に留意すること

③国内の付加価値を高めていくことを考慮した工業生産を計画していくこと

④人材育成にとりわけ尽力すること

これら 4 本柱のそれぞれに関する具体的方策は以下のようである。

(1) ①について：あらゆる種類の企業、生産形態、混合所有権を有する事業組織、特に株式会社の発展を奨励する。計画と法的規制に従って民間経済を強力に発展させ、民間セクターの形成を促進し、民間個人が国有企業に資本を寄付することを奨励するメカニズムと政策を整備する。

(2) ②、③について：経済・技術分野、地域、新たな価値観の観点から

第2部

工業生産を再構築する。科学技術の内容と製品における国内付加価値の割合を高める。加工製造業、ハイテク産業、エネルギー産業、鉱業、冶金、化学、防衛産業を選択的に発展させる。競争優位性のある製品、ハイテク産業、機械産業、情報技術産業および通信、製薬産業などの生産ネットワークとグローバルバリューチェーンに参加できる製品の開発を優先し、裾野産業を強力に育成する。

(3) ④について：人材、特に質の高い人材の育成と質の向上は、成長モデルを変革する上での戦略的突破口であり、最も重要な要素である。競争上の優位性、を確保し、迅速かつ効果的かつ持続可能な開発を保証する。優れたリーダーとマネージャーのチーム、専門家チーム、優れた経営管理者、熟練労働者、一流の科学技術責任者のチームを育成する。

4.3.2　戦略実行のための組織

2011 年から 2020 年までの社会経済発展戦略を成功裏に実施することは、全党、全人民、全軍、そして中央から草の根レベルまでのあらゆるレベルと部門の中心的な任務である、とした。

その意味するところは、各レベルの党委員会、党労働組合、党委員会は、党全体、全人民、全軍、各級、支部全体に戦略の内容を指示し、深く把握し、指導力を強化し、全党の団結を形成する、ということである。

各組織の国会党委員会は法制度の構築と完成を指揮し、戦略の実施を監督する。

政府党委員会は、国の利点の促進とあらゆる資源の効果的な活用を確実にするため、産業、製品、領土の発展のための行動計画、戦略、計画の策定と実施を指示する。すなわち「経済再構築のプロセス・成長モデルの変革、5 年および年次の社会経済開発計画、国家プログラム」という 3 つの戦略的取り組みを効果的に実施するよう組織に指示する責務は同委員会にある。

4.3.3　2011-2020 年の振り返り

第 13 回党大会 *49 においては、2011-2020 年の社会経済発展戦略を振り返り、以下のように評価した。

この間、国の地位と力が強められ、経済規模、成長可能性、競争力が高まった。経済の自律性が向上する中、社会経済開発における党のリーダー

第7章　ベトナムの産業政策　IT化への歩み

シップ、方向性、管理をどうすべきかについても経験値を高めてきた。マクロ経済は基本的に安定しており、経済界や社会からの信頼も高まっている。経済成長の質は徐々に向上し、経済構造は当初より深化し、経済への投入要素の利用効率は大幅に向上した。経済の開放性が高まり、大規模な海外直接投資（FDI）を呼び込んでいる。民間部門の貢献は増加しており、国の経済発展を促進する重要な原動力となっている。

　しかし、達成された成果の一方、国の経済には依然として多くの限界、弱点、困難、課題、そして多くの潜在的なリスクが存在するとして多岐にわたる問題を以下のように列挙した*50。

　「基本的に我が国を近代工業国に変える」という目標は達成されておらず、開発格差は縮小せず、地域諸国への追いつきもみられない。経済の生産性、品質、競争力は高くなく、一部の分野や地域のビジネス環境は依然として整っておらず、オープンさに欠ける。戦略的なブレークスルー（4.2.3 参照）はまだ実現しておらず、人材、特に優秀な人材の質が要件を満たせていない。科学、技術、イノベーションは実際のところ発展の原動力になっていない。インフラシステムは均一性と効率性を提供できていない。都市開発マネジメント、成長モデルの革新に伴う経済再構築は依然として不十分で遅れており、成長モデルは科学、技術、イノベーションに基づいていない。経済の自律性は依然として低く海外に大きく依存している。労働生産性と経済の競争力を向上させるためのバリューチェーンと国内供給に十分な注意を払っていない。

　科学技術の開発と応用に関するガイドラインと政策策定およびその実施は依然として不十分で、科学技術、特にハイテクの金融、移転、応用、開発に関する制度は未整備である。統一的な解決策や省庁、支部、地方自治体間の緊密な連携が欠如している。科学技術活動における人材の仕組みや政策は、依然として国家管理の下にあり、創造性を促進し、才能を引き付けるための好ましい環境は構築されていない。科学技術への投資、その効率も低く、科学者の創造的能力も伸びてはいない。融資、税金、開発支援、企業が技術革新に投資するインセンティブの創出などに関する合理的な政策は存在しない。科学技術情報および統計システムは、戦略と政策を策定するための要件を完全には満たしていない。知的財産の保護は満足できるものではない。国の急速かつ持続可能な発展に役立つ、自然科学、科学―技術、社会科学―人文科学、および政治理論科学の間には密接なつながり

第 2 部

はない。

4.3.4　ICT 政策の振り返り

　振り返ると、情報技術分野の発展は次のような政策を通じて推進されてきた。

　「第 1 は、ハイテク活動への投資に対して税制や地代の最高水準の優遇を定めたハイテクノロジー法（2008 年公布）である。ここでは、情報技術、バイオテクノロジー、新材料技術、自動化技術の 4 技術が優遇対象に指定された。

　第 2 に、情報技術産業に特化した政策である。2006 年情報技術法の施行細則を定めた 2007 年の政府議定 71 号は、重点情報技術製品の研究開発および生産、情報技術（IT）工業団地への投資の優遇を定め、ソフトウェアとデジタルコンテンツも優先的発展対象とした。2007 年には、デジタルコンテンツの発展プログラムも採択された（首相決定 56 号）。

　第 3 に、科学・技術省の主導によるイノベーティブ・スタートアップ・エコシステム支援プログラムである。2016 年の首相決定 844 号に基づくことから『プログラム 844』と呼ばれるこの取り組みには、情報ポータルの設置、研修の実施、スタートアップ支援センターの設立、インキュベーターやアクセラレーターの支援などが含まれる。」[*51]

　一方、そうした政策の効果については疑問の指摘もなされている。

　「ハイテク法については、2019 年 8 月時点でハイテク企業あるいはハイテク活動の認証を受けている企業はわずか 36 社にとどまる。背景としては、対象となる 4 技術にかかわる活動に従事する企業が少ないことに加え、売上高に占めるハイテク製品比率が 70％以上でなくてはならないという条件がいっそう難易度を上げていることがあげられる（Sturgeon, Timothy and Ezequiel Zylberberg 2016. "The Global Information and Communications Technology Industry: Where Vietnam Fits in Global Value Chains." WPS 7916. Trade and Competitiveness Global Practice Group, The World Bank.）。プログラム 844 についても、スタートアップ企業の数を増加させることに終始し、科学技術の発展への貢献は限定的であること、公的資金による支援が限られていることといった問題点が指摘されている。（Klingler-Vidra, Robyn and Robert Wade 2020. "Science and Technology Policies and the Middle-Income Trap: Lessons from Vietnam." The Journal of Development Studies 56（4）: 717-

第 7 章　ベトナムの産業政策　IT 化への歩み

731.）。」[*52]

4.3.5　民間企業の活動　〜　VIN グループ

　1993 年に創業されたビングループは、2000 年代初頭に観光、不動産で成功を収めた。不動産を担保とした資金調達をテコに、小売り、教育、医療等、幅広い業態を手がけるベトナム最大のコングロマリットとなったが、2017 年には自動車、バイク 2018 年にはスマホ、テレビで製造業に進出した。

　進出時期は、ASEAN 自由貿易協定の関税撤廃がベトナムにも適用になった 2018 年 1 月前後で、政府は自動車輸入に関して、非関税障壁というべき新たな手続きの導入を決め、この自国の自動車産業の立ち上がりを支援している。

　留意すべきは、EV やスマホが、ICT 技術のかたまりだという点である。この分野で競争力を保つためには、競合社よりも高機能、低価格な IT 部品を確保し続けることが必要となる。ビンの戦略は、豊富な資金力を背景に、IT 部品製造のノウハウ、経験、知的財産を持つ企業を買収、またはそうした企業と連携するというものであった。[*53]

　その一方で、自らの ICT 技術を高める投資も行った。

　2018 年にはビンテックを設立し、人工知能、オートメーション、新世代素材の研究開発を進め、また、アメリカのイェール大学からヴー・ハー・ヴァン教授を招き、ビッグデータの活用に関する研究を行なうビッグデータ研究所を設立。

　さらには新エネルギーやバイオテクノロジーなどに関する海外からの技術を取り入れるビン・ハイテク研究所や、応用科学、コンピューター、AI、ロボット、オートメーション、ナノテクノロジー、再生可能エネルギー、新世代素材に関する科学研究に資金援助を行なう応用科学・技術基金も設立し、先端分野への挑戦も加速させた。

　また撤退したスマホ事業を担っていたビンスマートは、EV 製造向けに、車載システムの開発などを行ないつつ、自動車関連の現地調達率向上のため、電子部品、バッテリー、電動モーターなどの開発・生産を進めた[*54]。

4.4　2021-2030 年
4.4.1　環境認識

213

第 2 部

　ベトナムの社会経済を取り巻く環境世界の動態は以下のように認識された[55]。

　持続可能な開発は世界の包括的なトレンドとなっている。デジタル経済、循環経済、グリーン成長は、多くの国が選択する開発モデルである。国連の「持続可能な開発のための 2030 アジェンダ」は、世界の成長、経済協力、貿易、投資のあり方に大きな影響を及ぼし、再生可能エネルギーとグリーンエネルギーへの移行は、今後のより明確な傾向となると想定される。

　科学、技術、イノベーション、第 4 次産業革命は非常に急速に進歩し、画期的な進歩を遂げており、地球規模で多次元的な影響を及ぼしている。科学、技術、イノベーションは、ますます各国の競争力の決定的な要因となりつつある。デジタル技術はデジタル経済とデジタル社会の発展を促進し、国家管理手法、生産モデルとビジネスモデル、消費と文化的社会生活を変化させる。

　都市化とスマートシティ開発の傾向は高まっている。金融とイノベーションの中心地となるための国家間の競争が激化している。非伝統的なセキュリティ問題はますます多様化、複雑化し、強い影響を及ぼしている。自然災害、伝染病、気候変動の進行、国境を越えた水源、特にメコン川の水源の利用は、持続可能な開発にとって前例のない多くの課題を引き起こしている。

4.4.2　戦略

　今後の戦略の方向性は以下の通りである[56]。
- 2025 年までに南部の完全解放と統一 50 周年を祝う：発展途上国（上位中所得国）となり、近代産業を持ち、低い平均所得水準を超える。
- 創立 100 周年である 2030 年までに、近代的な産業と高い平均所得を備えた発展途上国になる。
- ベトナム民主共和国（現在のベトナム社会主義共和国）建国 100 周年にあたる 2045 年までに、先進的な高所得国となる。

　そして、議会が承認した党の方針は次のとおりである。

　工業化と近代化を進め、独立自立した経済を構築し、我が国を工業国に変える。「社会主義の方向性」に従って適切な生産関係を構築しながら、生産力の発展を優先する。迅速かつ効果的かつ持続可能な発展のために、外

第 7 章　ベトナムの産業政策　IT 化への歩み

部リソースを活用し、国際経済に積極的に参加しながら、内部リソースを高度化する。

　上記の「社会主義の方向性」に関し、大会は「ベトナムにおける社会主義への移行期の経済モデルは、社会主義の方向性に従って国家管理を行い、市場メカニズムに従って機能する多部門の商品経済の発展である」とし、それが「社会主義志向の市場経済である」と整理した。

4.4.3　DX 戦略

　2020 年を国家として「デジタルトランスフォーメーション元年」と位置づけ、「2018 年 6 月『ベトナムにおける Industry 4.0 を活用したデジタル社会構築のための電子政府国家委員会（State Committee one-Government）』を設立し、2019 年 9 月には『第 4 次産業革命への主体的な対応に関する政治局の決議 52 号』を採択し、IT インフラ整備/電子政府推進/商業用 5G 導入/デジタルトランスフォーメーション推進の包括的戦略、行動の見直し、特に 5G を Industry4.0,DX 実現のための重要なインフラとする方針を定めた。2020 年には、首相決定『No.749/QD-TTg（2020/6）』により、Vision2030 に向けた 2025 年までの国家デジタルトランスフォーメーションプログラムが承認された」[57]。

　その DX タスクリストは以下の通り[58]。

【Target1 Digital Government Development】

- 省庁や地方自治体の情報技術インフラストラクチャの再構築
- e-政府開発プロジェクト、スキーム、計画、プログラム、決議を強化
- 国家データポータル（data.gov.vn）による情報と Data の共有
- 政府報告システムのデジタルデータサービス運営を統合、共有
- Big Data, AI, VR/AR 等最新技術による公共行政サービスの利便性向上
- 国家公共サービスポータル充実とオンライン公共サービスレベル引上げ
- デジタルビジネスプロセスの標準化
- 代表的なスマートシティプラットフォームのパイロット実装を実施
- 国家機関のスタッフ等、労働者に DX スキル開発のプログラムを提供

【Target2 Digital Economy Development】

- デジタルテクノロジー企業モデル開発を推進
- 「メイド・イン・ベトナム」ハイテク製品の促進

第2部

- 多様で魅力的なデジタルコンテンツの開発推進
- 中小企業のデジタルプラットフォーム移行、再構築、強化を支援する
- 健全で持続性のある電子商取引の構築と普及

【Target3 Digital Society Developent】
- 産業、地域に対してDX専門家を1,000人育成
- DXリーダーシップスキルトレーニングプログラムの実施
- 学生、職業訓練における最新デジタル情報技術教育の充実
- DXに必要な英語と情報技術のスキルを統合した教育アプローチを採用
- 労働者に対するデジタルスキルトレーニングの提供
- すべての人にデジタル技術を通じた教育へのアクセスを促進
- デジタル技術による負の影響を受ける人々のためのヘルプセンターを設立

4.4.4　実施組織

10か年社会経済発展戦略を成功裏に実施する条件として、その推進体制が問題になるが、これに関しては、以下のように指示した[*59]。

社会経済発展戦略を成功させることは、全党、全人民、全軍、そして中央から草の根までの各レベルと部門の重要な任務である。そのためには、次のことに重点を置き遂行するべきである。

1. 各級党委員会、党労働組合、党委員会は、党、全人民、全軍、各級、支部全体に戦略の内容を指導し、徹底的に把握し、指導力を強化し、意識と団結を生み出すこと。
2. 国会党委員会は、法制度の構築と完成を指揮し、戦略の実施を監督すること。
3. 政府党委員会は、国のすべての資源の利点の促進と効果的な使用を確実にするための行動プログラム、戦略、計画および計画の開発と実施の指示を出す。戦略的ブレークスルー、経済再構築のプロセス、成長モデルの変革、5年間および年次の社会経済開発計画、および国家プログラムを効果的に実施するよう組織に指示する。戦略の実施に対する定期的な監視、検査、監督、評価のメカニズムを構築し、実践する。
4. 戦略を組織し実行する過程で、当該問題にあらかじめ方針を設定して

いなかった場合、中央執行委員会と政治局は試行してみるよう指導する。

5. ベトナム祖国戦線および社会政治組織の役割を促進する。戦略の実施および実施を監督する際の国民の役割を促進するメカニズムを構築する。

　こうした組織各層への指示は、各戦略・計画の指示の都度出されているもので、定番といってよい。そして既にみたように、戦略・計画遂行の不徹底は、この各層の問題とされているのである。

　我々は、工業化への取組みが、時を経て ICT に重点を置くよう変化してきたことを見てきた。ICT はグローバルレベルで、ダイナミックに躍動する企業の活動である。上記の行政の各層は、社会主義志向の市場経済という枠組みのなかで、これを指導・管理することを求められている。しかし、それは大きな難題であり、とりわけ、単なる行政官としての教育しか受けていない者に取っては、先の見えない道で結果を求められるような困難な仕事となる。

　こうした一党独裁の体制下で、ICT を順調に国家経済として育成できた例は、おそらくシンガポールだけであろう。一言でいえば、同国の行政官は、ほとんど私企業の経営者のような能力（①全体を俯瞰するとともに危機の大小を見分ける力（Helicopter Quality）、②分析力（Analyze Power）、③想像力（Imagination）、④現実性（Reality））を、就職以来各省庁を横断的に経験し、上司に見極められ、有能な者だけが引き上げられ、特に有能であれば、政治家となり政権に参画する仕組みの中で、鍛えられている[60]。

　そうした訓練を受けていないベトナム各層の行政官が、政策決定プロセスが曖昧な組織体制の中、総花的といえる党決定を、社会主義志向の市場経済として実務的な政策に落とし込むのは、難事であろうと想像される。シンガポール同様のパフォーマンスを期待することには、無理があると思われる。

5. おわりに

　ベトナムの産業政策は、「社会主義指向の市場経済」というマルクス・レ

第2部

ーニン主義の修正ともとられかねない方針を掲げ、ソ連や中国の先例も見ながら、党内や国内世論への説明を繰り返し行う必要があった。これは、他の開発途上国にはない、ベトナムの経済発展の特殊性である。

その中で、「工業化と近代化」を目指し、フルセットの重工業化からIT化へと舵を切り、第4次産業革命、DXに取り組むに至った経緯をたどった。

特に、通信インフラのように多額の資本を要する分野は、Viettelのような国営企業が担い、同じく高度な技術とともに資本を要するIT製造業には、FDIを誘致する環境整備を行った。労働集約的な産業として、旧来の草履やアパレル製造から、日本を主たる顧客とするオフショア・ビジネスが、伸長した。

将来の第4次産業革命・DXについては、農業分野を中心に、ベトナムにはビジネスのヒントが数多くあり、定評のあるIT人材がアナリスト、コンサルタントとしてビジネス化することが大いに期待されよう。

むろん、こうした取り組みにもすでに多くの課題が指摘されている。しかし、政府中枢は、海外の政府、諸機関によるアドバイスによく耳を傾け、連携してとりくむ姿勢をとっており、取り組むべき課題を認識することに問題はなかろう。

ただ一貫して課題と認識されてきた、その実行部隊たる公務員の質や組織ガバナンスは、とうてい優等生のシンガポールに比べられるものではなく、多くの問題が伏在していることも、多くの識者によって指摘されている。

さらに、行政官の資質に加え、組織の仕組みにも問題がある。国民経済大学（NEU）と国際協力事業団（JICA）の共同研究報告は次のように指摘した。「ベトナムでは縦横にはりめぐらされた権限のネットワークの中で、経済政策決定の責任が分散しその過程が曖昧である。明解で一貫した経済政策が形成されにくく、急を要する局面において政策対応が遅い。産業戦略（工業省）、直接投資・ODA（計画投資省）、貿易交渉（商業省）、関税決定（財政省）、技術基準（科学技術環境省）を所轄する役所が別々で、政策の中身に関する相互連携がとれていない。また、同一省内でも局間の連携が悪い。この状況下では、産業・製品ごとの振興策を経済的に意味のある形で決めることはできない」*61

その一方、国家のIT政策に、むしろ先んじて成果をあげてきた民間企業

第 7 章　ベトナムの産業政策　IT 化への歩み

のダイナミックな活動には、瞠目すべきものがある。特に、大企業におい
ては、経営陣が、国家の方針をよく体現しようとしていることは、他国に
ない大きな特色である。

　それは、そうしたコングロマリットのタイクーンとも呼ばれるカリスマ
経営者と、政府の癒着という側面もある。さらにより規模の小さな企業群
を相手になされるクローニー（縁故）資本主義の存在は、政府が撲滅を謳
い、取組みを続けているものでもある。

　こうした問題も含めて、この国が、漸進的であれ、改善に取り組み続け
ていくであろうことに疑いはなく、総体としてその将来に期待が寄せられ
るのである。

註

1　三和総合研究所調査部　「アジアの IT 革命」2001　東洋経済新報　第 8 章
2　Jesus Felipe、Arnelyn Abdon、Utsav Kuma　（2012）　"Tracking the Middle-Income Trap: What
is It, Who is in It, and Why?"　ADB Economic Working Paper No.715　Asian Development
Bank.　P.3
3　JETRO「ASEAN 主要 6 カ国の 2020 年 GDP 成長率、過去 20 年で最低の落ち込み」　ビジ
ネス短信　2021 年 2 月 19 日
4　同上
5　総務省「デジタル海外展開プラットフォーム（JPD3）－ベトナム」　2024/3/12　ニュース
https://jpd3.jp/country/6243/
6　https://publicadministration.un.org/egovkb/en-us/About/Overview/E-Participation-Index
7　https://www.itu.int/itu-d/reports/statistics/2022/11/24/ff22-internet-use/
8　https://www.aelius.com/njh/google-ipv6/
9　https://www.itu.int/en/ITU-D/Statistics/Pages/IDI/default.aspx
10 https://www.wipo.int/global_innovation_index/en/2023/
11 たとえば、https://www.offshore-kaihatsu.com/offshore_hakusho_2023/　その他、複数のオフ
ショア企業が顧客等アンケートにもとづき、同様にランキング。
12 Kearney(2020), "The 2019 Kearney Global Services Location Index", https://www.kearney.
com/service/digital-analytics/gsli/2019-full-report
13 Tholons Services Globalization Index, 2018 年
14 同上
15 同上
16 Đại hội đại biểu toàn quốc lần thứ VI I　https://tulieuvankien.dangcongsan.vn/ban-chap-hanh-
trung-uong-dang/dai-hoi-dang/lan-thu-vi
17 この当時のベトナムは、内外ともにきわめて厳しい環境の下におかれていた。すなわち、

第2部

「対外的にはカンボジア紛争が長期化し、中国との対立関係も解消されず、さらには近隣ASEAN諸国や先進資本主義諸国による対越経済封鎖が続いていた」、「最大の支援国たるソ連ではペレストロイカが開始されており、従来と同様の形でモスクワからの援助を宛にし続けることも難しくなりつつあった。国内的には、統制経済システムに基づく国家・社会運営が行き詰まり、上述のような国際的孤立状態の長期化とあいまって、経済が極度に悪化していた。品不足、インフレに苦しむ国民の間では。党・国家指導者に対する信頼感が揺らぎ始めていた」（白石昌也 「ドイモイ路線の展開――経済安定化から「国土の工業化・近代化」へ――」 白石昌也・竹内郁夫編 「ベトナムのドイモイの新展開」所収 1999 日本貿易振興機構アジア経済研究所 pp.24-25）

18 たとえば、古田元夫 「ドイモイ路線誕生時の党内論争―1984～86年の論争の歴史的分析―」 白石昌也・竹内郁夫編 「ベトナムのドイモイの新展開」所収 1999 日本貿易振興機構アジア経済研究所 pp.3-22、トラン・ヴァン・トゥ 「ベトナム経済の現段階：発展論と体制移行論からみた特徴」 2012 比較経済研究 第49巻第1号 pp.15-30 参照

19 トラン・ヴァン・トゥ 「ベトナム経済発展論 中所得国の罠と新たなドイモイ」 2010 勁草書房 p.80-81

20 同上 p.83

21 同上 p.83-84

22 同上 p.83

23 同上 p.84

24 成清正和 「タイの工業化の概要」 2001 日本政策投資銀行シンガポール駐在員事務所駐在員報告 p.7

日本政策投資銀行

25 藤倉孝行 「インドネシアの経済発展と課題― 政府開発援助 （ODA） の視点から ―」 2023 成城大学経済研究所 p.4

26 ĐẠI HỘI ĐẢNG LẦN THỨ VIII https://tulieuvankien.dangcongsan.vn/ban-chap-hanh-trung-uong-dang/dai-hoi-dang/lan-thu-viii/nien-bieu-toan-khoa-12

27 なお、10カ年計画が国家計画のフレームワークとして実装されたのは、2001-2010年計画からである。

28 Chiến lược phát triển kinh tế - xã hội 2001 – 2010
https://tulieuvankien.dangcongsan.vn/ban-chap-hanh-trung-uong-dang/dai-hoi-dang/lan-thu-ix/chien-luoc-phat-trien-kinh-te-xa-hoi-2001-2010-1543

29 ĐẠI HỘI ĐẢNG Lần thứ VII
https://tulieuvankien.dangcongsan.vn/ban-chap-hanh-trung-uong-dang/dai-hoi-dang/lan-thu-vii

30 共産党が国家を計画的に運営するという、保守的な社会主義の考え方の反映といえよう。（＜政府は、国家の現状を、社会主義を志向しながら当面の資本主義的な経済発展の合理化を狙うものと整理した。その中で大会準備は、共産党の枠組みのなかでしか議論されなかったため、社会主義の目標を放棄するわけにはいかないという前提のもと、保守派と改革派との間で綱引きがあったものと考えられる＞東大・古田元夫教授へのインタビュー。「ベトナムの現在－ドイモイの現局面」経団連クリップ No.61 1997/8/28）

第 7 章　ベトナムの産業政策　IT 化への歩み

31 ĐẠI HỘI ĐẢNG Lần thứ IX
　https://tulieuvankien.dangcongsan.vn/ban-chap-hanh-trung-uong-dang/dai-hoi-dang/lan-thu-ix
32 Hiến pháp năm 1992（1952 年ベトナム憲法）　第 14 条　https://tulieuvankien.dangcongsa
n.vn/he-thong-van-ban/van-ban-quy-pham-phap-luat/hien-phap-nam-1992-240
33 白石　1999　p.27
34 同上　p.30
35 大西力　「FPT グループとベトナム ICT 産業について」　2015　東京経大学会誌　No.287
pp.157-158
36 同上　p.158
37 アウトソーサー各社の顧客調査
38 大和田尚孝　「最大手 FPT の実力（2）　日本語と IT を教える 4 年制大学を設立」　2007
日経 XTech 2007/2/22
39 藤田麻衣「WTO 時代のベトナムの工業化」日本貿易振興機構アジア経済研究所　2012
p.87　https://ir.ide.go.jp/records/30922
40 同上　p.85
41 同上　p.85
42 同上　p.85
43 国有企業の国有企業改革については、例えば以下参照。藤田麻衣　「ベトナムの国有企業
改革の新局面―どこまで到達したか、何が新しいのか―」　2019　アジア経済研究所　IDE
スクエア　https://www.ide.go.jp/Japanese/IDEsquare/Analysis/2019/ISQ201910_005.html
44 "Viettel should be in world's top 10 telecom firms by 2025". Viet Nam News. 2019/6/3
45 "Viettel- 30-year history of miracles". Vietnam Plus. 2019
https://special.vietnamplus.vn/2019/07/19/viettel-2/
46 Vietnam Telecommunication Report Q1 2011 Business Monitor International Ltd.
47 "Viettel brings telecoms services to all corners of Laos". Viettel International Center website
2016/5/12
48 第 11 回党大会　社会経済発展戦略 2011 ～ 2020
https://tulieuvankien.dangcongsan.vn/ban-chap-hanh-trung-uong-dang/dai-hoi-dang/lan-thu-
xi/chien-luoc-phat-trien-kinh-te-xa-hoi-2011-2020-1527
49 Đại hội đại biểu toàn quốc lần thứ XIII của Đảng Cộng sản Việt Nam
https://tulieuvankien.dangcongsan.vn/ban-chap-hanh-trung-uong-dang/dai-hoi-dang/lan-thu-xiii
50 第 13 回党大会　「社会経済発展戦略」　I - 2　https://tulieuvankien.dangcongsan.vn/ban-
chap-hanh-trung-uong-dang/dai-hoi-dang/lan-thu-xiii/chien-luoc-phat-trien-kinh-te-xa-hoi-10-
nam-2021-2030-3735
51 藤田麻衣　「新潮流のなかの産業振興　―再生可能エネルギーとデジタル技術―」　ベト
ナム「繁栄と幸福」への模索―第 13 回党大会にみる発展の方向性と課題―」所収　2022
日本貿易振興機構アジア経済研究所　p.86
52 同上　pp.86-87
53 スマホについては、第 5 章

第 2 部

54 細川大輔 「ベトナム新興財閥の研究－ビングループのケース－」 2019 大阪経大論集 第 69 巻第 5 号 p.105

55 第 13 回党大会 「社会経済発展戦略」 Ⅰ-1 https://tulieuvankien.dangcongsan.vn/ban-chap-hanh-trung-uong-dang/dai-hoi-dang/lan-thu-xiii/chien-luoc-phat-trien-kinh-te-xa-hoi-10-nam-2021-2030-3735

56 第 13 回党大会 「党大会決議」 Ⅲ-1 https://tulieuvankien.dangcongsan.vn/ban-chap-hanh-trung-uong-dang/dai-hoi-dang/lan-thu-xiii/nghi-quyet-dai-hoi-dai-bieu-toan-quoc-lan-thu-xiii-cua-dang-3663

57 岡田光太郎「ベトナム 最新 IT 事情 〜New Normal の時代に向けた DX」2021 国際情報化協力センター 講演プレゼン資料

58 同上

59 第 13 回党大会 「社会経済発展戦略」 Ⅳ https://tulieuvankien.dangcongsan.vn/ban-chap-hanh-trung-uong-dang/dai-hoi-dang/lan-thu-xiii/chien-luoc-phat-trien-kinh-te-xa-hoi-10-nam-2021-2030-3735

60 東長邦明 「シンガポールの国家リスク管理」 藤江昌嗣・杉山光信編著「アジアからの戦略的思考と新地政学 第 5 章」 2015 pp.167-170

61 大野健一(2003)「ベトナムの工業化戦略」(国民経済大学(NEU)・国際協力事業団(JICA)共同研究) 日本評論社 2 章 5

第 8 章

ベトナム企業の新展開と課題

―企業法の変遷と「天馬ベトナム事件」に着目して―

上田義朗

1. はじめに：問題の背景と論点

　ベトナム企業ビンファスト社（VinFast：本社ハイフォン市）が 2023 年 8 月 15 日に米国ナスダック市場に上場した。同社はベトナム最大の複合企業集団ビングループ傘下の国産 EV（電気自動車）製造販売会社であり、米国ノースカロライナ州で現地生産を計画している[1]。

　これは、これまでのベトナム経済成長を牽引してきたビングループがベトナム国内のみならず、世界市場に進出した先進事例とみなされる。しかし他方、ベトナム国内では企業経営者の汚職・不祥事が依然として頻発している。また日本における研究調査の側面からは、ベトナム進出の日系企業の動向が従来から注目されてきたが、近年になって逆にベトナム企業による日本法人や駐在員事務所の設立が続出しており[2]、これらに着目する必然性が生まれている。このようなベトナム企業の今日の多面性・多様性は、低所得国から中所得国に向かう経済発展の過渡期的な段階の中から表出しているとみなされる。

　本章は、最新ベトナム企業の諸側面の中から次の 2 点に着目する。まず第 2 節では、1999 年から 2020 年の 4 回に渡る企業法の改訂を概観し、その中から特に少数株主権の保護の動向に注目する。ベトナムの企業統治の制度的な整備が進行中と指摘できる。次の第 3 節では、ベトナム日系企業「天馬ベトナム社」の贈収賄事件の経緯を紹介する。ベトナム企業経営の現実を直視することによって、ベトナムのビジネス展開に関する論点のいくつかを提起したい。第 5 節は結びにかえて、ベトナム企業の新展開と課題について指摘する[3]。

223

第2部

2. ベトナム企業法の変遷

　ベトナムの正式国名はベトナム社会主義共和国。将来の社会主義の実現を指向し、それを指導するベトナム共産党が一党独裁を堅持する政治体制である。「ドイモイ政策」が 1986 年に採択され市場経済制度が公式に導入され、現在までの経済成長の出発点となった。ここでの問題は、社会主義指向の「政治」と市場経済下の「経済」の関係である。これは中国でも同様の課題であるが、ベトナムの場合、この両者に関する条文が 1999 年企業法の中に原始的に発見できる。2005 年統一企業法からは削除されているが、共産党組織が実際に解散されたわけではないし、その影響力が弱体化したわけでもない。そのほかにも労働者また労働者代表組織に対する言及が今日の

> ### 1999 年企業法
> 　【第 5 条】　企業内のベトナム共産党組織は、憲法・法律およびベトナム共産党規約に基づいて活動する。企業内の労働組合組織とその他の政治-社会組織は、憲法と法律に基づいて活動する。

2020 年企業法の中でも多数みられる。

　このように指摘すると、ベトナム進出を考えている外国企業経営者の警戒や偏見を助長する懸念がある。「共産党」と聞くだけで独裁政権の強権的な抑圧政治を連想する人々は今日でも少なくない。旧ソ連や中国の共産党を想起するからであろう。私見では先入観や主観に基づく連想や想起ではなく、現実や事実を機能的客観的に観察することが、政治リスクまたはカントリーリスクを的確に評価できる *4。

　労働者の人権や労働組合の活動に対してベトナム企業法は確かに十分に配慮しているが、それは欧米諸国や日本でも同様に重要課題である。またベトナム共産党の外交政策は「全方位」と特徴づけられるように柔軟性や包容性をもっている。旧来からのロシアや中国との関係に配慮しながらも、アセアン加盟（1995 年）後に主要な役割を果たし、最近（2023 年 9 月）では米国との「包括的戦略パートナーシップ」協定の締結に至っている。

　経済活動の主要な行為者が企業であり、その企業活動を規定する企業法または会社法が経済活動に対する政府の考え方の表明とみなされる。こ

224

の意味で、上述の 1999 年企業法に第 5 条が記載され、その後に削除され
たことは、市場経済化や外国投資促進に向けた政府の「共産党隠し」の意
向が反映されているとも考えられる。このような背景の中で本節では具体
的に、ベトナム企業法の変遷を概観し、その後に株式会社の少数株主およ
び有限責任会社の少数社員の権利を焦点に議論する。それらを通してベト
ナム経済の発展動向を確認したい。

2.1　企業法の変遷：1999 年・2005 年・2014 年・2020 年法[5]

　1999 年企業法（1999 年法と略記）は、「1990 年 12 月 21 日制定の会社
法・私企業法に、両者を一体化して制定された」[6]ものであり、2000 年 1
月 1 日に施行された。同法はベトナム民間企業の公式の設立を広く認める
内容であり、その翌年 2001 年に制定の「証券法」と連携して、その後に
続々と民間企業が設立されることになる。ベトナム企業における株式化・
民営化の出発点となる法律である。

　その後、2005 年に「共通投資法」と「統一企業法」が制定され、2006
年に施行された。この統一企業法を 2005 年法と略記する。改訂の主目的
は、ベトナムの WTO（世界貿易機関）正式加盟（2007 年 1 月 11 日）に向
けた国内外企業の無差別待遇の法的な担保であった[7]。ベトナム人の起業
が活発化し、株式会社の IPO（新規株式公開）が注目された。それに伴っ
て外国人投資家によるベトナム株式投資が本格化した。

　2014 年企業法（2014 年法と略記）は 2005 年法の全面改訂であり、2015
年に施行された。同法の草案策定の段階からベトナム日本商工会（JBAV）
が、ベトナム法律専門家や在ベトナム日本大使館・JETRO（日本貿易振
興機構）などと協力して、ベトナム政府関係機関に対する意見書を 2014
年 10 月に提出していた。同意見書には、企業側の関心が高い投資保護や
外国法適用、企業設立手続きなどに関する要望 7 項目が盛り込まれており、
改正法にはその多くが反映された[8]。

　2020 年企業法（2020 年法と略記）は、ベトナム企業法・投資法・PPP
（官民連携）法の大幅な改訂が 2020 年に国会決議され、2021 年 1 月 1 日
から施行された。同法について田中雅敏氏（弁護士）・原智輝氏（弁護士）
が次のように指摘する。

　「今回の改正の目的は大きく 2 つあり、第一に外国投資をより誘致する
法整備、第二は各法における行政手続の簡素化とガバナンス制度の整備に

第 2 部

なります。進出段階では特に投資法と PPP 法を、進出後であれば企業法を留意することになります。改正企業法は、総則において法定代表者や社印制度の改正が重要であり、有限責任会社では社員総会議事録や役員のポジションの整理、株式会社では株主総会運営と少数株主や優先株式の保護が注目されています。」*9

表 8.1　ベトナム企業法の条文数

企業法	1999 年	2005 年	2014 年	2020 年
条文数	124	172	213	217

【出所】筆者作成。

　以上の 4 法の条文数は、表 8.1 で示されている。経済発展に伴う企業活動の複雑化は、より多くの規制・規則が求められることが指摘されうる。しかしベトナムの場合、それまでの施行細則の規定事項の明示的な条文化が、条文増加の理由と考えられる。たとえば 2014 年法第 19 条〜第 24 条では、企業登記のための申請書や必要書類の記載事項が列挙されている。
　なお 2014 年法と 2020 年法の条文数は微増である。それは表 8.2 のように両法の適用範囲と適用対象が同文ということからも分かるように、企業法の定着と安定性の反映であると理解できる。それは前述のように日本からの法制度整備の支援が寄与していると指摘しなければならない。
　ベトナム企業法の改訂に関連して、日本の会社法の改正（2006 年 5 月）が想起される。龍田節氏（京都大学名誉教授）は次のように述べる。「新会社法は、株式会社に沈殿した常識を迷信として徹底破壊し、論理の組み合わせを最優先させて構築したように見受けられる。・・・（引用者省略）・・・人間社会に通用させる制度の規範は、物理世界のルールと基本的に異なり、人間の心に根ざし一般人の心に受け入れられるものでなければならない。論理操作最優先の無機質なルールを規範とされたのでは、窒息しそうである。ひとりよがりの定義も、作ってしまえば押しつけてもかまわない。こういう法律を理解させられ法律家が育てられる世の中は恐ろしい」*10。これは具体的には、グローバル経済に適応するために日本の新会社法が米国型の取締役会制度を拙速に取り入れたことを龍田氏が批判していると私は解釈している。

第8章　ベトナム企業の新展開と課題

表 8.2　企業法：第 1 条・第 2 条の比較

1999 年法	2005 年法
第 1 章　総則	第 1 章　総則
第 1 条　適用範囲	第 1 条　適用範囲
１．本法は、有限責任会社・株式会社・私企業など、各種の事業体の設立と管理組織・活動について規定する。	本法は、すべての経済セクターにおける有限会社・株式会社・合名会社と私営企業（以下、企業という）の設立・管理組織および活動、かつ企業のグループに関して規定する。
２．国有企業、政治組織、政治-社会組織の事業体が有限責任会社・株式会社に転換した場合は、この法律に基づいて調整される。転換の手順、手続きについては政府が定める。	第 2 条 適用対象
第 2 条　企業法および関連諸法の適用	1. すべての経済セクターにおける企業。
ベトナム領内の企業の設立、管理組織・活動は、本法の規定および関連するそのたの法律規定が適用される。	2. 企業の設立・管理組織および活動に関する組織及び個人。
同一の問題について本法の規定と専門法の間に相違がある場合は、専門法の規定が適用される。	

2014 年法・2020 年法

　ベトナム社会主義共和国憲法に基づき，国会は企業法を発行する。

第一章　総則

第 1 条 調整範囲

　この法律は，有限責任会社、株式会社、合名会社及び私人企業からなる企業の設立、管理、再編、解散及び関係活動について規定し、会社グループについて規定する。

第 2 条 適用対象

　1. 各企業

　2. 企業の設立、管理、再編、解散及び関係活動に関連を有する機関・組織・個人。

【出所】注（3）のベトナム企業法各年の条文から抜粋。

　この指摘をベトナム企業法に敷衍すれば、社会主義に向けた指向性がベトナム固有の国家理念とみなされ、それが 1999 年法では前述のように企業内の共産党組織の規定として表出していた。それが複数回の改訂によ

第 2 部

って潜在化し、グローバル経済市場における企業活動の標準的な規則の色調に次第に染色されているように思われる。現実と法制度の間には不適合な部分が、いかなる国家においても多少存在すると考えられるが、それが社会-経済の発展に向かうのか、またはその対立・矛盾の深化による政治・社会的な不安定を生むのか。こういった観点からの法改正の事後的な検証が必要と思われる。

2.2　企業法における少数株主権の拡大

ベトナム株式会社に外国人株主として参加する立場は大別して、法人では①外資系 100％全額出資企業または②ベトナム企業との合弁会社、個人では③個人名義、そのほかには④投資ファンド（投資信託）の 4 通りが考えられる。特に②や③において株式持株比率が少数である場合、現実の企業経営において少数株主として不利益を受けることがありうる。

事実、ベトナムから株主総会の出席招聘が通知されず、財務報告書の積極的な開示がない実例がある。投資先の企業経営に対する少数株主側の無関心に起因する部分もあるが*11、企業経営者また多数株主が少数株主を軽視していることを意味する。この少数株主は外国人・ベトナム人のいずれの場合もあるわけで、企業法の条文規定を念頭においたそれぞれの対応が求められる。少なくともベトナム企業法の少数株主権について、これまで株主は無知であったか、または無視してきたのではないか。

少数株主権の目的は、2020 年法によれば「同種の株式を保有する株主は，それぞれ同等の権利・義務および利益を有す。」（第 114 条 4 項）という「株主平等原則」の担保である。株主総会における大株主の多数決の濫用やそれに伴う独裁的な企業経営に対して一定の監視や抑制の機能を果たすことが少数株主に期待されている。ただし少数株主が、その他多数の一般零細株主の利害を必ずしも代表するわけではない。

少数株主権の有効な行使は、大株主が主導する企業経営に緊張感をもたらし、当該企業の健全な成長を促すと考えられる。また、資金調達の対象が少額の一般投資家に拡大することにもなる。さらに言えば、少数株主権の有無や程度が、当該国の株式市場の発展段階さらには経済成長の成熟度を示すように思われる。

最新の 2020 年法における少数株主権の内容は以下の 4 点に要約される。
〈1〉　取締役会議事録、監査役会報告書、財務諸表等の調査や謄本作

第 8 章　ベトナム企業の新展開と課題

成。

〈2〉　　取締役会の違反事項また定款に基づく株主総会招集の請求。

〈3〉　　監査役会に対する検査の請求。

〈4〉　　取締役会及び監査役会への人事の推薦。

上記〈1〉〈2〉〈3〉は、「普通株式総数の 5％以上または会社の定款の規定に従ったそれよりも小さな他の割合を保有する株主または株主グループ」（第 115 条 2 項）が有する権利であり、〈4〉は、持株比率 10％以上の株主の権利である（第 115 条 5 項）。

表 8.3　ベトナムにおける株式会社の少数株主権の推移

	持株保有期間の要件	普通株式総数に対する持株要件
1999 年法	6 ヶ月以上	10％以上【第 53 条 2 項】
2005 年法	6 ヶ月以上	10％以上【第 79 条 2 項】
2014 年法	6 ヶ月以上	10％以上【第 114 条 2 項】
2020 年法	要件なし	5％以上【第 115 条 2 項】
		10％以上【第 115 条 5 項】

【出所】筆者作成。

表 8.3 は、ベトナムの株式会社における少数株主権の要件の変遷を示している。上記 4 項目の権利は、2005 年法・2014 年法までは持株要件が 10％以上ですべて認められていたが、2020 年法では上記〈1〉〈2〉〈3〉が 5％以上となり、少数株主の権利が拡大された。これは企業規模の拡大に対応した改正とも考えられる。上記〈4〉の権利要件だけが 2020 年法でも持株 10％以上に維持されたことは、現実問題として役員人事の推薦が多数となり、その混乱の発生を抑制するためであると想像されうる。なお 1999 年法では上記〈1〉〈3〉の権利は記載されていない。このように企業法改訂に伴って少数株主権の権利は拡大している。

権利要件として持株保有期間が 2014 年法までは「6 か月間以上継続して」と記載されていたが、2020 年法ではその要件が削除された。これも少数株主権の権利拡大とみなされる。

ただしその権利拡大は不可逆的ではなく、権利縮小の場合も想定される。たとえば日本でも注目される外国人株主の「もの言う株主」や企業の買収・乗っ取り（Take-over）がベトナムで増加・頻発し、社会・経済的

229

第2部

な混乱があるとすれば、少数株主権を政府が抑制する可能性もありうると思われる。

その根拠となりうる論理を田中亘氏（東京大学教授）は次のように述べる*12。「株主の権利は、共益権と自益権に大別されるが、その共益権も単独株主権と少数株主権に区別されうる。その少数株主権の行使要件をどれほど厳しくするかは、微妙な政策判断を要する問題である。」この権利が認められない場合、「多数派株主や取締役の権限濫用に対して少数派株主がとりうる手段がなくなり、ひいては会社に少数派として出資しようとする者がいなくなってしまうおそれがある。」「しかし、それは論理必然的なものというわけではなく、上記のような政策判断のとりあえずの結果として決まっているものであり、今後の立法でそれが代えられるとしてもおかしくないものだと理解しておいたほうがよい。」

すべての株主の権利（単独株主権）を強化すると権利の濫用のおそれもあり、会社の経営が混乱する。多様な利害関係をもつ少数零細株主の多数が権利を主張すれば、おそらく通常の業務は円滑に遂行できないであろう。他方、少数零細株主の権利を特別に規定しなければ、多数派株主や取締役が権利濫用して企業を私物化する懸念がある。この両極端の少数株主権の行使を想定してベトナムを含む各国政府は、その中間領域で規定を定めているとみなされる。

なお少数株主権の要件となる持株比率は、前述のように「5％以上または会社の定款に定めるそれよりも小さな他の割合」となっており、明確に「定款自治」の規定が存在している。ベトナム企業との間で合弁企業を新規設立する場合、会社の定款に少数株主権の要件を記載することが法的に可能である。

さて次に、ベトナムの有限責任会社には社員（出資者）の人数によって 2 種類の規定がある。「一人社員」の場合、少数社員（株式会社の少数株主に相当）は存在しない。「二人以上社員」の場合、表 8.4 のように少数社員の権利が規定されている。

表 8.4 が示すように少数社員の権利要件は、定款資本に対する出資比率が 35％から 25％そして 10％以上と拡大されてきた。さらに各年に共通して「会社の定款に定めるそれよりも小さな他の割合を保有する場合」となっている。

有限責任会社では次の条文によって、持分 90％超の一人の独裁的な社

230

員に対しても、それ以外の社員が一定の制約をかけることができる。2014年法（第50条9項）と2020年法（第49条3項）は「会社に一人で定款資本の90%を超えて保有する社員がおり、会社の定款がこの条第2項の規定より小さな割合を定めていない場合」と規定されている。これは2005年法（第41条3項）では75%超となっており、その権利内容は社員総会の招集請求権だけであった。2005年法から2014年法の変更は少数社員の要件が緩和され、その権利内容は拡大している。

表8.4　ベトナムにおける有限責任会社の少数社員の権利

	1999年法	2005年法	2014年法	2020年法
少数社員の権利の要件：定款資本に対する出資比率	35%以上【第29条2項】	25%以上【第41条2項】1人で75%超【同上3項】	10%以上【第50条8項】1人で90%超【同上9項】	10%以上【第49条2項】1人で90%超【同上3項】
権利の内容	社員総会の召集を要求する権利	同左	①社員総会の招集を請求。②会計帳簿や年次財務報告書等の検査・監視。③社員の議事録など書類の謄写など。④裁判所に対して社員総会決議の取消しを請求。	同左

【出所】筆者作成。

　以上、ベトナムにおける株式会社の少数株主また有限責任会社の少数持分の権利は企業法の改訂に伴って拡大傾向にあり、特に有限責任会社においては通常の出資比率の要件に加えて、一人社員の独占的な存在を要件

第 2 部

にして少数社員の権利を明確化している。これらは株主または社員の「平等原則」を尊重する政府の姿勢を示している。その意図は、より一般に出資者の権利保護によって株式投資を促進することと考えられる。さらに企業統治制度の積極的な整備推進を意味している。

そのほかに管理組織機構の監視機能も強化されている。監査役会の設置要件は、1999 年法（第 69 条）から共通して株主 11 人以上の場合であるが、2005 年法（第 95 条）では株式所有 50%以上の法人株主の存在が要件に加わった。2014 年法（第 134 条）と 2020 年法（第 137 条）では監査役会設置に代わる選択肢として、「取締役の少なくとも 20%が独立取締役」であり、「取締役に直属する会計監査委員会」の設置が可能となった。

以上のようにベトナム企業法は「独立取締役」の設置まで言及されており、企業統治の制度的な国際化が進行中とみなされる。

3. 「天馬ベトナム事件」の概要

ベトナム企業統治の法制度の整備が進行中としても、現実の企業活動では不祥事が頻発している。より具体的には脱税や債務不履行による企業経営者の逮捕事件である。極端に言えば、ベトナム企業法は「絵に描いた餅」であり、その餅を実際に食べることはできない。ただし企業経営に関する規制と現実の乖離はベトナムに限ったことではなく、日本を含む世界に共通している。人間の行動は論理だけではなく情緒にも左右されるから、やむをえないのかもしれない。

このような問題を考えるために本節と次節では、現在の東証プライム（当時の東証 1 部）上場企業・天馬株式会社（天馬本社と以下略記）の 100%子会社・天馬ベトナム社（写真 8.1 参照）の贈収賄事件、すなわち外国公務員贈賄を禁止した「不正競争防止法 18 条」違反事件に着目する [13]。

天馬本社は、家庭用品・自動車部品・OA 機器部品などのプラスチック加工製造販売会社であり、天馬ベトナムは現地のホンダ・ヤマハ・パナソニックなどに部品を供給している。また同社が提供する金型によってベトナム企業が部品供給を補完している。

第8章　ベトナム企業の新展開と課題

写真8.1　天馬ベトナム工場の外観

ノイバイ工業団地の工場　　　　　　ビエンホア工業団地の工場

【出所】TENMA（HCM）Vietnam CO., LTD., *Company Profile*, Updated: May 2020.
【注】現在の天馬ベトナム本社は、ノイバイ工業団地からクエボー工業団地に移転している。

3.1　問題の背景と本章の意図

　企業活動が広い意味で人間の営みであると考えれば、人間が持つ論理性と情緒性の双方の理解が企業経営の実務面でも研究面でも不可欠である。このことを換言すれば、理論と現実、建前と本音の中間領域に私たち人間は仕事そして生活しているとみなされる。こういった視野で企業経営を研究するならば、経営学の研究領域は経済学を始めとして社会学・心理学・文化人類学にまで拡大する*14。さらに各国の企業活動の制度的な枠組みについては、前節で議論したような企業法または会社法に関わる企業統治の問題が設定できる。

　企業経営の実態を解明するためには、本章で紹介する違法事件が効果的かもしれない。違法事件は、通常は「建前」で活動する人間・企業・政府の中の潜在的な「本音」が表出する数少ない場面と考えられる。これは特に外国の企業経営の実態をより明示的に理解できる好機とみなされる。その対極はコンプライアンス（法令順守）の厳守である。

　なお、ベトナム経済の持続的な成長のためには、換言すれば「中所得国の罠」からの脱却のためには*15、政治・官僚組織の腐敗・汚職の排除も重要課題である。「正直者が損する」社会の「政治的安定性」は低く、それは外国直接投資においては「カントリーリスク」とみなされる。また

第 2 部

政府と企業の関係の腐敗・汚職が当然視される社会環境は、通常の公平・公正な商取引からの逸脱を助長し、そういった国におけるビジネスはESG（環境・社会・統治）投資の観点から敬遠または警戒されて当然である。

以上のような問題の背景と意図で天馬ベトナム事件を検討の対象にした。最後に注記するが、本章は公開資料に依拠しており、天馬ベトナム社を直接調査していない。さらに本件後の天馬本社は企業統治の改革が進み、好業績を維持しており、新工場の建設が発表されている*16。

3.2　天馬ベトナム事件の概要

天馬ベトナム事件の概要を示すために『東京読売新聞』（2020年5月11日、朝刊）の記事を引用する。これまでに類似の事件・事例の伝聞情報は多数あったが、本事件ほどに詳細に新聞報道されたことはなかった。なお以下では、引用記事の段落には①・②・・・という参照番号を付記した。また下線は本文の議論に関係する部分である。

◆贈賄疑い地検に自主申告◆
①　収納ケース「Fits（フィッツ）」などプラスチック製品の製造を手がける東証1部上場の「天馬」（東京）のベトナム子会社が2017年と19年、現地公務員に計約2,500万円相当の現金を渡したとして、天馬本社が贈賄の疑いで東京地検

図 8.1　現地公務員のベトナムへの現金提供の構図

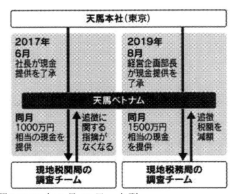

【出所】『日本経済新聞』2020年5月11日、夕刊。

第 8 章　ベトナム企業の新展開と課題

に自主申告したことが関係者の話でわかった。外国公務員への贈賄を禁じた不正競争防止法に抵触する可能性があり、同社が設置した第三者委員会が調査していた。取材に対し、複数の天馬幹部も現金提供を認めている。現金提供が判明したのは、ベトナム北部バクニン省にある天馬の完全子会社「天馬ベトナム」。

②　天馬本社が 4 月にホームページ（HP）に掲載した第三者委の調査報告書などによると、子会社は 17 年 6 月、同省税関局の調査で金型の輸入販売が付加価値税の課税対象になると指摘され、約 17 億 9,000 万円相当の追徴金の支払いが必要だと伝えられた。

③　子会社は追徴金を減額するため、税関局職員に「調整金」として現金を渡そうと計画。日本人社長が天馬本社に「調整金の相場は 15 万ドル程度（約 1,650 万円相当）」と伝え、口頭で報告を受けた藤野兼人社長（67）はその範囲での支払いを了承したという。子会社は税関局の調査リーダー側に現地通貨で約 1,000 万円相当の支払いを提案。増額要求に備え、相場よりも低い金額を提示したが、リーダー側が受け入れたことから、同月 29 日、社員が同社を訪れたリーダーの車に現金を積み込んだ。その結果、税関当局の指摘事項はなくなり、追徴金もゼロになったという。

④　さらに、子会社は 19 年 8 月にも、同省税務局の調査リーダーに現地通貨で約 1,500 万円相当の現金を提供していた。定期の税務調査で計約 8,900 万円相当の法人税の追徴税額などを示され、現金を要求されたためだったという。子会社の社長から相談を受けた天馬本社の経営企画部長は、藤野社長が 17 年の現金提供を承認していたことから、支払いを了承。子会社のベトナム人幹部が 19 年 8 月 31 日、指定された喫茶店でリーダーに現金を手渡したという。その後、追徴税額などは計約 3,175 万円相当に減額され、最終的に計約 265 万円相当まで引き下げられていた。

⑤　関係者によると、天馬本社は調査結果について、4 月に東京地検に申告。今月 1 日には、HP で藤野社長が現金提供の責任を取り、6 月に取締役を退任する意向だと明らかにした。同社総務部は取材に対し、「捜査機関への申告の有無は言えない」としつつ、「第三者委の調査報告書を真摯（しんし）に受け止め、再発防止に取り組んでいく」としている。　天馬は 1949 年に「太洋商事」として創業。「Fits」シリーズのほか、工業用のプラスチック加工品などを製造・販売しており、19 年 3 月期の連結売上高は 847 億円。

◆報告 社外取締役を除外◆

⑥　2019 年 8 月の現金提供を巡っては、天馬本社が同年 10 月に役員向けの報告会

第 2 部

を開いた際、経営をチェックする「監査等委員」に就く社外取締役 3 人が除外されていたことも、複数の同社関係者の証言で明らかになった。報告会では、3 人を除く 6 人の取締役が現金提供に事実上、お墨付きを与えていた。同社関係者によると、同社が報告会を開いたのは、19 年の現金提供から約 1 か月後の同年 10 月 8 日。藤野社長らが「社内で情報共有した方がいい」と考えたためだった。ところが、財務経理部長が藤野社長に「監査等委員が聞くと、立場上、何かしないといけなくなります」と進言。同社は外部チェック機能を強化するため、15 年 6 月に「監査等委員会」を設置していたが、委員の社外取締役 3 人は報告会に呼ばれなかった。

図 8.2 コンサルティング会社・R 社が仲介する贈賄の構図

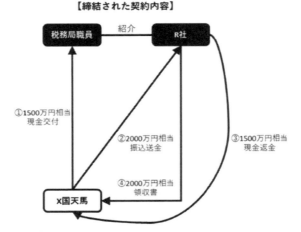

【出所】天馬株式会社『第三者委員会調査報告書』2020 年 4 月 2 日、36 頁。

⑦ 読売新聞が入手した報告会に関する資料には、出席者の発言が残されている。報告会では、海外での不当な要求に適切に対応する指針が必要だとの考えが示された一方、「丸く収めた」「これはこれでいったん、収束するしかない」「終わってしまったこと」などの発言が相次いだ。天馬幹部の一人は「速やかに監査等委員に伝えるべきだった。コンプライアンス（法令順守）をないがしろにし、利益至上主義に陥っていた」と話す。第三者委の調査報告書によると、天馬本社は 19 年の現金提供について、天馬ベトナムが現地のコンサルティング会社に架空の

第 8 章　ベトナム企業の新展開と課題

支払いをする形で処理しようと計画。天馬本社から相談を受けた弁護士が、違法性や調査の必要性を指摘したことから、同社は同年 12 月に第三者委を設置し、調査が始まったという。

　本事件の事実関係を図示すれば、図 8.1 のようになる（参照記事②・③・④）。図 8.2 は、コンサルティング会社を仲介させた迂回的な贈賄と領収書作成の構図を示している（参照記事⑦、下線部分）。

4.　「天馬ベトナム事件」の諸論点

　天馬ベトナム事件は、ベトナムにおける公務員贈賄の実態が詳細に明示された貴重な事例である。天馬本社が設置した第三者委員会の報告書は、ベトナム現地調査を実施しているが、その対象は日本側の担当者に限定されており、ベトナム側の事情や対応は調査の対象外となっている。これに対して本章はベトナム側にも注目し、そこから教訓となる論点をいくつか指摘する。

4.1　WIN-WIN 関係：「ファシリテーション・ペイメント」

　そもそもベトナム関税局が天馬ベトナムに追徴課税を請求した原因は何か。本事件の「第三者委員会調査報告書」（47 頁）によれば、次のように記載されている[17]。なお、報告書ではベトナムを X 国と匿名化している。
〈1〉　ベトナム天馬が有する投資ライセンスでは、ベトナム天馬が行える業務は、「成形部品、合成プラスチック、金型の生産、加工、組立及び販売」となっている。
〈2〉　しかし、金型に関する商流の中でベトナム天馬が行っている加工作業は、簡単なものであり、ベトナム天馬が投資ライセンス上の「生産、加工、組立」業務を行っているとは評価できない。
〈3〉　ベトナム天馬の行っている業務は、金型を仕入れ（輸入し）、そのまま販売する行為（所謂、商社行為）に該当する。
〈4〉　その場合、ベトナム天馬は、金型の輸入販売行為に対して、付加価値税の課税対象となるが、ベトナム天馬は当該付加価値税の支払を行っていない。

237

第2部

〈5〉　したがって、ベトナム天馬は、当該金型の販売行為に対する付加価値税の支払と罰金を支払う必要がある。

　この原因は要するに、投資ライセンスの解釈に関する税関当局（「輸入品販売」と認識）と天馬ベトナム（「輸入加工品販売」と認識）の見解の相違である。この点を日本本社と税関当局の双方が事前確認し、必要があればライセンス変更したり、税務局の支払い要求があった時点で現地の法律事務所に相談したりすれば、事件は未然に防止できたと考えられる。

　このような対応は「正論」と思われるが、それでは現実のビジネスが円滑に進まない。その理由は簡単であって、ビジネスには相手が存在するからである。日本側が「正論」または「建前」を主張しても、ベトナム側が応じなければ合意は生まれない。それまでの長く醸成された良好な関係が断絶し、気まずい思いが生じる。今後のビジネス関係に不利益が生じる可能性が高い。そこで本件のような「妥協」が成立し、それが結局は違法となる。

　第三者委員会は次のように述べる。この問題は「過去から長年行ってきた慣例であり問題意識を持つことも難しかったのかも知れないが、突き詰めれば、税関局職員と良好な関係を保ち通関業務を円滑に進めたいという経済的利益の追求にあると言える。もっとも、この支払は、「通常の行政サービスの円滑化のための少額の支払」（ファシリテーション・ペイメント：『日弁連ガイダンス』11 頁）が長年にわたり積み重なって多額になったという見方も可能である。」*18

　この「ファシリテーション・ペイメント：Facilitation Payments」とは次のような内容が、具体的に想像される。ベトナム関税職員には残業手当がなく、定時に帰宅してしまう。通関を急ぐ会社は職員に「礼金」を幹部に渡して仕事を続けてもらう。けっして職員は仕事を怠けているわけではなく、会社も「受益者負担」として支払いが正当化される。双方が納得する非公式な「取引」である。

　日本で言えば、近年は公務員に対して厳禁されているが、お中元・お歳暮・お土産など民間では依然として定着している。この慣行・慣習また文化はベトナムのみならず広くアジア諸国でも同様のように思われる。欧米にも「ギフト」の習慣はあるが、「返礼」「お返し」は特にアジア的とみなされる。その延長上に贈収賄があるとすれば、「悪しき慣行・慣習」と違法行為の境界が曖昧となり、本件のような違法行為の根絶は難しいかも

第8章　ベトナム企業の新展開と課題

しれない。

　本事件は、ベトナム人企業経営者も好む「WIN-WIN」関係の類似行為とも考えられるが、違法な犯罪である。また日本企業における伝統的な「近江商人の三方よし経営」理念の誤用・悪用とみなされる[19]。ベトナム税務当局者には「特別」収入があり、天馬側も「節税」できる。ベトナム政府の税収は減少するが、消滅するわけではない。この関係において個人的な損害はない。天馬ベトナム社長や本社の経営企画部長は「ベトナムでは普通のこと。どの会社もやっている。アジアビジネスの常識。郷に入っては郷に従う」というような説明で本社社長は納得したのであろう。しかし繰り返しになるが、それが違法な犯罪であることには間違いない。

4.2　過渡期の新興国ビジネスにおける困難性と醍醐味

　近年の特に日本の上場企業は、国内や欧米におけるコンプライアンス（法令遵守）や企業統治の整備のために敏感に反応してきた。主要な理由は、外国投資ファンドを始めとする投資家すなわち株主からの評価の高低が、日々の株価変動のみならず経営権や資金調達に影響を及ぼすからである。他方、ベトナムを含むアジア諸国さらに新興国の海外子会社においては本社のコンプライアンスや企業統治は軽視されてきたのではないか。これまで企業法について議論してきたように、そもそも日本と外国の法制度が相違しているからである。

　しかし次第に、この「ダブル=スタンダード」は企業経営のグローバル化の進展に伴って解消されるであろう。これまでの経済面からの物的なサプライチェーンが近年では「サプライチェーンと人権」と国際的に認識され、その「人権」にはコンプライアンスや企業統治が含まれている。さらに外交面からは「法の支配」の強化が日本の政策の重点になっている。これらは先進国と新興国を平準化する新たな制度的・ソフト面からの試みとみなされる[20]。

　これが大きな潮流であるとしても、その実現には時間を要する。人間の行動は総じて即時に変更できないからである。違法行為は論外であるが当面、前節のようなベトナムを含む新興国の文化的な特殊性・固有性の尊重もしくは配慮は円滑なビジネスに不可欠であり、この点に留意することも依然として重要である。

　なお第三者委員会は、天馬本社における固有の企業文化また風土が事

第2部

件発生の一因になったと指摘している（68頁）。

　当社には、利益とコンプライアンスとを天秤にかける企業風土、利益を得るためにはコンプライアンス違反も厭わない企業風土が存在し、この企業風土が本社経営トップから海外子会社の末端にまで蔓延している様子が認められる。天馬ベトナムの2017年事案で藤野社長が事前承認を与えたことは、経営トップがこの企業風土に染まっていることを示している。こうした企業風土の蔓延が、取締役らが合理性を欠く危機対応をした一因となっている。

　コンプライアンスを無視する「企業風土」の解消はグローバル企業として不可避であるが、その反面で同社がアジアビジネスの「熟達企業」とみなされ、ベトナムにおいては「話の分かる」柔軟な企業として歓迎されている側面もあるように思われる。たとえば図8.2で示されるコンサルティング会社の迂回的な金銭の流れは外形的には適法である。このような「建前」と「本音」の対立と葛藤の解決がアジアビジネスの困難性と同時に醍醐味でもある。
　なお誤解のないように付記すれば、私の認識ではベトナムを含むアジア諸国は、コンプライアンスや企業統治の理想に向けた過渡期に位置している。さらに日本を含む先進諸国もその理想には至っていない。「建前と本音」また「理想と現実」の双方を何度も往来することが企業活動の現実であると思われる。

4.3　本事件におけるベトナム政府の対応

　本事件の特徴は、贈収賄事件の容疑者である贈賄側の天馬本社が、日本の検察当局に「自首」してきたことである。収賄側のベトナム税務当局者にとっては日本側の寝耳に水の「裏切り」とも言える行為である。これは、ベトナム側にとって驚愕した出来事であろう。一般に、これまで捜査当局が犯罪事案を摘発して事件が発覚してきたように思われるが、本事件は、双方が秘密を厳守することを前提にした共謀（＝相互信頼とも言える）関係を日本側が破棄した。これは単純化を恐れずに言えば、ベトナムのビジネス界における「秩序」の破壊ともみなされる。
　この秩序とは、より大きな視点で言えば、日本とベトナムの友好親善関係やビジネス交流促進の安定的な維持を意味する。両国の政府にとって

240

第8章　ベトナム企業の新展開と課題

円満な外交関係の継続が望ましい。これが秩序であるとすれば、本事件は面倒な問題を特にベトナム政府側に天馬本社が提起したとみなされる。

　本事件は、日本側で大きく報道されたからにはベトナム側も無視できない状況に陥ったと想像される。そこでベトナム側の対応を『VIETJO ベトナムニュース』の下記の記事から紹介する。

【2020 年 5 月 27 日】
◆プラ製品の天馬の贈賄疑惑、ズン財政相が調査団設置◆
⑧　天馬ベトナムが、現地の公務員に現金を渡したと日本の報道機関が報じた問題で、ディン・ティエン・ズン財政相は 25 日、税務総局と税関総局に対し、問題を把握し状況を報告するよう指示した。また、バクニン省税務局及び税関局、関連する個人や組織を調べるため、調査団を設置したと明らかにした。
⑨　ズン財政相は、この問題はベトナムの経営・投資環境や税務・税関当局職員の汚職防止に関連するため、今後に大きな影響を及ぼすとの認識を示し、調査結果を公表すると述べた。

【2020 年 6 月 4 日】
◆天馬ベトナムの贈賄疑惑、公安省が日本側に情報提供を要請◆
⑩　公安省官房長官のトー・アン・ソー少将は 2 日午後に開かれた記者会見で、公安省が日本側と連絡を取り、情報提供を要請したことを明らかにした。バクニン省警察も、公安省の指導のもとで天馬ベトナムから協力を得て捜査を急いでいる。財政省はこれに先立つ 5 月 25 日、バクニン省の税関局と税務局の調査に乗り出し、翌 26 日に事件に関与したとされる税関職員と税務職員の計 11 人に職務停止処分を科している。

【2020 年 6 月 19 日】
◆天馬ベトナムの贈賄疑惑、停職の税務・税関職員全員が職場復帰◆
⑪　日本の報道機関が報じた問題で、同事件に関与した疑いで税務職員と税関職員が停職処分を受けていたが、既に全員が職場に復帰した。・・・なお、停職期間は 5 月 27 日〜6 月 10 日までの 15 日間だった。財政省と公安省は引き続き事件の捜査を続けているが、この 11 人が違反した証拠が見つかっておらず、日本側の情報提供を待っている状況だという。

　調査報告を公表するとズン財政相は述べているが（参考記事⑨）、すでに収賄容疑の 11 人は職場に復帰し、違反の証拠が見つかっていないと発表

241

第2部

されている（参考記事⑪）。おそらく現金授受のために証拠不十分と判断されたのであろう。贈賄の日本側で詳細な調査が行われているにもかかわらず、収賄のベトナム側は停職 15 日という極めて軽い処分とみなされる。

その背景には、公務員の贈収賄が日常的に広範に頻発しているからと推察される。本事件は、個別案件に矮小化されてはならず、前述のように過渡期の新興国における贈収賄事件の一端である。その構造的な改革ができない限り、ベトナムの「中進国の罠」の脱却は難しいのではないか。ESG 投資基準に代表される健全な外国投資の受け入れ対象国に該当しないからである。

本事件を契機にしてベトナム政府が、どこまで構造的汚職の防止策に踏み込めるか。そのためにベトナム共産党が指導力を十分に発揮できるか。今後のベトナムの対応が注目される[21]。

5. 結びにかえて：ベトナム企業の新展開と課題

天馬本社の第三者委員会の報告では、最初に法律事務所に相談した人物は会長の息子の常務取締役であり、それは社長の不正を社外に漏洩することを意味する。その後に同社の経営陣の中で人事抗争が顕在化し、委任状闘争にまで発展している[22]。本来は表面化しなかったはずの本事件が、天馬本社の社内政治の内紛のために偶発的に発覚したともみなしうる。

本事件によって天馬本社の企業統治改革が進み、それを投資家は好感している[23]。天馬の株価は、さすがに 2020 年に株価は下落しているが、その後の好調な業績は株価を上昇に転じさせている。他方、法人としての天馬本社に加えて、同社の前社長と元経営企画部長、天馬ベトナムの元代表の3名が不正競争防止法違反として在宅起訴（2022 年 5 月 23 日）され、同年 11 月 5 日に東京地裁は、不正の金額が多額であるが、被告は十分に反省しているとして執行猶予付きの有罪判決を言い渡している[24]。

天馬ベトナム事件の日本側の顛末は、組織としての天馬本社は経営者の交代によって成長を継続し、個人としての旧経営者は「犯罪は割に合わない」ことを深く自覚したと指摘されうるであろう。他方、ベトナム政府は、日本側で裁判所の判決が出たからには、その事実認定に基づいた対応が改めて求められると思われる。しかし今更に「ことを荒立てない」のがベトナム流なのかもしれない。

第8章　ベトナム企業の新展開と課題

　そこで本章の結びにかえて、ベトナムの汚職防止のための提案を述べておきたい。それが今後のベトナム企業の持続的な成長にも寄与すると考えるからである。さらに、その実現を促進するためには、ベトナム企業のグローバル化の進展が不可欠であると思われる。

5.1　贈収賄防止のための提案

　私見では、ベトナムにおける贈収賄は短期的に根絶が無理でも長期的に減少すると思われる。通常の収賄対策は、公務員給与の引き上げである。そのことによって「ファシリテーション・ペイメント」を厳禁することも可能であろう。また収賄に対する罰則の強化も考えられる。ただし人間の金銭的欲望は無限ともみなされるので、この対策にはベトナムのみならず世界に共通して限界がある。

　他方、贈賄防止の国際条約として「国際商取引における外国公務員に対する贈賄の防止に関する条約」がある[*25]。日本や韓国を含む条約加盟国が相互に情報共有する機会を、ベトナムの汚職防止中央指導委員会が主導して設定することが効果的と思われる。または同委員会による通報「窓口」の設置が望ましいかもしれない。

　日本の「不正競争防止法」は、米国の「海外腐敗行為防止法」（FCPA：Foreign Corrupt Practices Act）や英国の「贈収賄法」（UKBA：Bribery Act）に続いて同趣旨で施行されている。米国や英国の企業のベトナム進出が増加すると、これまでのベトナムの慣行が次第に変化するように思われる。ただし想像に難くないが、ベトナムの収賄側は「米国や英国はダメだが、韓国や中国そして台湾は贈賄に応じてくれることが多い。日本は難しいがダメなことはない」と考えるであろう。極端に単純化しているが、これが現状だとすれば、前述のように贈賄側の国々が連帯して贈賄しないことに、それがたとえ「建前」であっても合意することが有効である[*26]。

5.2　ベトナム企業のグローバル化

　こういった贈収賄事件の防止は、ベトナム企業のグローバル化の進展で強化される。世界市場から犯罪企業が閉め出される可能性があると考えられるからである。たとえば冒頭で紹介したビンファスト社は、EV の性能を左右するバッテリー製造工場を、スイス市場に上場した中国企業・国軒（ゴション：Gotion）と合弁でベトナム中部に設立予定である。この国

第 2 部

軒はドイツのフォルクスワーゲン社の出資を受けて米国進出を計画している*27。

　このようにビンファスト社は、中国の国軒とドイツのフォルクスワーゲンを加えたバッテリーのグローバル市場における連立方程式の中に組み込まれた。このような中で何らかの不祥事が発生すれば、それは直接的だけでなく間接的な悪影響を各国企業に及ぼすことになるであろう。第 4 節で指摘したようにグローバルな「サプライチェーンと人権」や「法の支配」の枠組みに少なくともビンファスト社は加わったのである。これはベトナムの贈収賄の防止に同社が先進的に寄与すると考えられる。

　ベトナム企業も日本企業も同様であるが、企業のグローバル化が「世界標準」のビジネス慣行に収斂するように思われる。しかし、その世界標準とはどのような内容であるか。それは将来の課題である。

註

1　『日本経済新聞』2023 年 8 月 16 日。米国市場に上場後のビンファスト社の動向は株価を含めて世界に日々に報道されている。なお、ビンファスト社の米国上場計画やベトナム自動車市場に関しては、次の拙稿で紹介した。「第 87 回ベトナムのビジネス新展開——ビンファスト社の EV（電気自動車）米国販売の展望——」『日越経済交流ニュース』日本ベトナム経済交流センター、第 327 号（2021 年 5 月）、pp.16-23。なお、この EV とは BEV（Battery Electric Vehicle）を意味する。

2　ベトナム IT 企業を代表する FPT 社、それに次ぐリッケイ社の日本法人については下記の HP を参照。FPT 社は日本経団連の会員企業であり、リッケイ社の社名の由来は「立慶」。創業者が立命館大学と慶応義塾大学の卒業生のためである。
　　〇https://www.fpt-software.jp/company-information/fpt-japan/
　　〇https://rikkeisoft.com/ja/company-overview/
　　上記のような有力企業のみならず、ベトナム日系企業を退職したベトナム人起業家や日本留学生が日本で会社設立する事例が見られる。たとえば大阪府守口市に 2022 年に登記された VNC テック社は機械部品製造企業であり、経営陣はハノイ工科大学卒業。ベトナム日系企業勤務後に日本で起業した。そのほか『KOBECCO』9 月号（2024 年 9 月）p.121 はベトナム若手企業経営者を具体的に紹介している。ベトナム企業の最新動向として注目されてよい。

3　筆者は 1998 年 3 月のベトナム初訪問以来、大学においてベトナム企業の調査研究に主に従事し、2006 年の弊社・合同会社 TET 設立後は、現実のビジネス実践に関与してきた。またベトナムからラオス・カンボジア・ミャンマーという CLMV 諸国さらにネパールにまで関心国を拡張している。このような筆者の散漫な性格は、制約された時間における

第 8 章　ベトナム企業の新展開と課題

実務遂行と理論探究の両立を不可能に近い状況に至らせた。その混沌とした中から「実務」と「理論」を結ぶ「実学」の要点を抽出することが近年の関心である。こういった事情から本章では理論的な先行研究の渉猟や考察が十分にできなかった。

4　企業法 4 法は、下記で日本語訳の条文および解説を参照できる。

【1999 年法】：同法は筆者の知る限り、デジタル化されていないために下記の HP に新たに掲載した。その翻訳原文は伊藤幹三郎訳「企業法（1）～（4）」『日越経済交流ニュース』日本ベトナム経済交流センター、70 号（1999 年 11 月号）～第 73 号（2000 年 2 月）を参照した。

○https://j-veec.or.jp/wp-content/uploads/2023/10/1999kigyouhou.pdf

【2005 年法】：ベトナム計画投資省・外国投資庁『外国投資法・統一企業法』独立行政法人 国際協力機構、2006 年 10 月発行。また次でも公開されている。

○https://www.jica.go.jp/project/vietnam/021/legal/ku57pq00001j1wzj-att/legal_22.pdf

同法とその後のベトナム法制度やビジネス情報に関しては、次の 3 冊を参照。①ベトナム経済研究所監修・みらいコンサルティング（株）編著『ベトナム進出・投資実務 Q ＆ A』日刊工業新聞社、2010 年。②久野康成監修、久野康成公認会計士事務所・（株）東京コンサルティングファーム・小林守『ベトナム』2011 年。③粟津拓郎・岩井久美子・金子広行・レ＝トラン＝トゥ＝ガー『ベトナム法務ハンドブック』中央経済社、2013年。

【2014 年法】：下記を参照。

○https://www.jica.go.jp/project/vietnam/021/legal/ku57pq00001j1wzj-att/legal_45_20150630.pdf

【2020 年法】：2021 年 2 月 28 日「ベトナム 2020 年企業法」（法律番号 59/2020/QH14）の邦訳第 3 版は JICA 技術協力専門家・塚原正典氏（弁護士）による下記を参照。なお同所には、2021 年 4 月 26 日「ベトナム法令・企業法の条項の詳細を規定する議定（政令）（47/2021/ND-CP）」も掲載されている。ベトナム法は基本法であり、それぞれの法令の条項の施行細則の内容を規定する議定（政令）・通達・指針にも注目しなければならない。○http://akitsuyu.com/tsukahara/

それ以前に以下でも同法の日本語訳が公開されている。

○https://www.jica.go.jp/project/vietnam/021/legal/ku57pq00001j1wzj-att/enterprise_law_2020.pdf

5　より簡単に言えば、名前・言葉・名称の先入観やイメージで事態を判断すると、事実の本質を見誤るという意味である。古い論文になるが、社会や政治を観察する場合、機能的な観点が重要なことを次でも指摘している。上田義朗「ベトナムにおける経済環境と企業経営――「ベトナム型」経済成長の可能性」『証券経済』第 194 号、日本証券経済研究所、1996 年、73－100 頁。

6　ベトナム経済交流センター『日越経済交流ニュース』第 70 号、23 頁、1999 年 11 月。

7　1999 年法から 2005 年法の変化については、次の 2 文献を参照。【1】　石田暁恵「第 5章　WTO 亀井に向けた企業法制整備――投資法、企業法の改正」日本貿易振興機構（ジェトロ）アジア経済研究所（情勢分析レポート）『2010 年に向けたベトナムの発展戦

245

第2部

　　　略：WTO 時代の新たな挑戦』日本貿易振興機構アジア経済研究所、2006 年、103 頁。
　　　【2】○https://openjicareport.jica.go.jp/pdf/11861671.pdf
8　ジェトロ『ビジネス短信』2015 年 2 月 26 日
　　　○https://www.jetro.go.jp/biznews/2015/02/54e57c6f00bb8
9　○https://www.Businesslawyers.jp/practices/1293
10　龍田節・前田雅弘『会社法大要〔第 3 版〕』有斐閣、2022 年、p. ⅰ－ⅲ。
11　この「無関心」は次の事情がありうる。外国人株主として合弁企業に出資し、経営参加
　　　のために取締役会に加わるが、実際には株式の売却益や配当金が目的であり、外国とい
　　　うこともあり、現実には経営に参加しない。その背景にはベトナム人社長に対する「根
　　　拠なき信頼」があり、実際に自らは「もの言わぬ株主」「もの言わぬ取締役」となり、
　　　次第に企業経営それ自体に関心をもたなくなる。これに類似のことが、日本ではベンチ
　　　ャー企業もしくはスタートアップ企業に対する投資事例の中にもありうる。投資の当初
　　　には株主総会に出席し、企業経営の近況を把握して企業成長や株式上場を株主として支
　　　援するのだが、創業者と意見がしばしば相違し、投資企業とは次第に疎遠になり、経営
　　　参加に対して関心が薄れていく。
12　田中亘『会社法〔第 3 版〕』東京大学出版会、2021 年、p.68。日本の会社法における少数
　　　株主権については同書、図表 3－2（p.66）を参照。
13　本節は次の記事に加筆訂正している。上田流科大教授が語る＜ベトナムのビジネス新展
　　　開＞「第 77 回 新型コロナ後のベトナム経済の成長戦略（1／3）――天馬ベトナム事件
　　　の国内外の影響に注目する――」『日本ベトナム経済交流センターニュース』2020 年 6
　　　月号、日本ベトナム経済交流センター（2020 年 6 月）。
14　経営学の学際的な研究体系については次を参照。入山章栄『世界標準の経営学』ダイヤ
　　　モンド社、2019 年。
15　「中所得国の罠」について、たとえば次を参照。鍋嶋郁「『中所得国の罠』脱却に向けた
　　　3 つのポイント－貿易自由化、産業集積、イノベーション」『アジ研ポリシー・ブリーフ』
　　　2015 年 5 月 20 日。「中所得国の罠」を脱却し高所得国へと移行するためには、①貿易
　　　自由化の推進、②産業集積を活用、③イノベーション能力の向上が有効と主張されてい
　　　る。○https://www.ide.go.jp/Japanese/Publish/Reports/AjikenPolicyBrief/053.html
　　　なお私見では、「中進国の罠」を脱却した韓国や台湾は先進国の仲間入りを果たしたが、
　　　両国の共通点は独裁政権から自由と民主化を勝ち取った国民の存在である。一時的な政
　　　治的不安定があっても、大きく民主化を前進させ、そのことが欧米的な価値観と共鳴し、
　　　創造力ある人材を醸成した。その結果、技術移転・技術交流・技術開発を促進したとみ
　　　なされる。
16　天馬本社は、天馬ベトナム社が OA 機器部品の生産増強のために「ハロン工場」を建設
　　　すると発表している（『日本経済新聞電子版』2023 年 3 月 3 日）。このように本事件後も
　　　同社の業績は順調である。
17　天馬株式会社の「第三者委員会調査報告書（公表版）」（2020 年 4 月 2 日）は同社の HP
　　　からは削除されているが、全文は次で公開されている。○https://f.irbank.net/pdf/202004
　　　02/140120200402489314.pdf　同報告書は、ベトナム現地調査は日本側の担当者に限定

246

第 8 章　ベトナム企業の新展開と課題

されており、ベトナム側の事情は調査の対象外となっている。これに対して本章では、ベトナム側の対応や問題点を指摘している。

18 『日弁連ガイドライン』については次を参照。日本弁護士連合会『海外贈賄防止ガイダンス（手引）』2017 年。参照：○https://www.nichibenren.or.jp/library/ja/opinion/report/data/2017/opinion_170119.pdf　同書（6 頁）は、外国公務員贈賄防止体制を日本企業が構築・運用する必要性を指摘している。「米国や英国においては多数の摘発が行われており」、「警察では、各都道府県警察に外国公務員贈賄対策担当者を置き、また、検察では、各特別捜査部に担当検察官」が設置された。また「取引先との取引停止やブランド価値の毀損など非常に大きな損失が生じる」と指摘されている。さらに「国際金融機関からの取引停止、世界銀行等国際開発金融機関による排除リストへの掲載、貿易保険の引受拒絶等の制裁を受ける可能性がある。」

19 近江商人の三方とは「売り手」「買い手」「世間」の三者を意味する。たとえば次を参照。佐久間信夫編『よくわかる企業論 第 2 版』ミネルヴァ書房、2016 年、pp.122-123．ベトナムにおける「WIN-WIN 関係」は一般に「売り手」と「買い手」の閉鎖的な関係であり、社会的な「世間」の視点が欠落している。

20 たとえば「サプライチェーンと人権」についてはジェトロの特集、「法の支配」については外務省『外交青書 2023』を参照。○https://www.jetro.go.jp/world/scm_hrm/　○https://www.mofa.go.jp/mofaj/gaiko/bluebook/2023/pdf/pdfs/0_3.pdf

21 「汚職防止法」（2005 年制定）の下で設置された汚職防止中央指導委員会はベトナム共産党が主導し、「聖域なき反汚職闘争」すなわち「誰でも、いつでも、汚職に対する責任を問われうる」規律を強調している。参照：石塚二葉「ベトナム国家主席辞任劇にみる反汚職闘争の論理」『世界を見る眼』アジア経済研究所、2023 年 2 月。○https://www.ide.go.jp/Japanese/IDEsquare/Eyes/2023/ISQ202320_005.html

22 「天馬の名誉会長が激白：役員は総退陣すべきだ／収納ケース「Fits」の会社でお家騒動」『東洋経済オンライン』2020 年 5 月 20 日。

23 「天馬――企業統治の改善を期待、米ファンドから取締役（話題の株)」『日本経済新聞』2020 年 5 月 29 日。

24 「天馬元社長ら有罪判決、東京地裁　ベトナム公務員に贈賄」『日本経済新聞』2022 年 11 月 5 日。

25 「国際商取引における外国公務員に対する贈賄の防止に関する条約」は次を参照。○https://www.meti.go.jp/policy/external_economy/zouwai/keii.html

26 本稿では紹介できなかったが、ベトナムを含む東南アジア 7 カ国の政府による汚職取締の理論と実際については次を参照。外山文子・小山田英治編著『東南アジアにおける汚職取締の政治学』晃洋書房、2022 年 7 月。なお、先進国の汚職の比較については、OECD, *Public Sector Corruption: An International Survey of Prevention Measures*, 1999.

27 この記述は、いくつかの EV のネット情報に由来している。現在はアクセスできない。

第 2 部

第 9 章

ビングループのスマホ事業への進出と撤退

東長邦明

1. はじめに

　ベトナム最大のコングロマリット、ビングループ（以下ビン）は、1993年の創業以来、不動産、リゾート開発、小売り、教育、ヘルスケア、農業など多角的な事業を展開してきたが、2017年に、初めて製造業に進出することを表明した[*1]。

　乗用車と電動バイク製造の VinFast、スマホと TV 製造の VinSmart を相次いで設立し、並行して、小売り事業などを売却して事業ポートフォリオの再構成を進めた。

　これらの中で、本稿が取り上げるスマホ事業は、進出後数年のうちに国内市場でトップ3に入り、スペイン、ミャンマー、ロシアに進出する急成長を遂げた[*2]。

　ところが、VinSmart は設立から3年後、突然事業の撤退を発表し、人々を驚かせることとなったのである。

　このビンのスマホ事業への進出と撤退については、ベトナム国内外のスマホビジネス関係者の注目を集め、経済ニュースやマーケットレポートなどでその都度動静が伝えられた。また JETRO など継続的にベトナムをウォッチしている機関も、ベトナムの産業動向の一環のニュースや特集として取り上げてきた。しかし、進出から撤退までを総体としてとらえた論考は見当たらないように思われる。

　本稿では、ベトナムの少なからぬ地場企業が挑戦しては失敗を繰り返してきたスマホビジネスへの進出に、ビンはどのような経営戦略で挑み、いかなる成果を上げたのか、またどのように撤退したのかを見ていきたい。

248

第9章　ビングループのスマホ事業への進出と撤退

　まず、ビンが進出する直前のベトナムにおけるスマホビジネスの状況を、国内スマホ市場と輸出の両面で確認する。次いで、スマホ製造の特質にかかわるグローバル・バリュー・チェーン（GVC）に着目して、ビンのようなチェーンの主導企業は、サプライヤーなどとどう向かい合えば高い付加価値が得られるのかを確認する。また、ビンの撤退理由を考える準備として、最近の各社の撤退事例をその形態に留意して概観する。

　以上の検討を踏まえて、ビンの進出と撤退をいくつかの角度から追い、全体像の把握を試みる。

　最後に、なぜ成果を上げているように見えるスマホ事業から撤退したのかについて、ビン自身はほとんど何も語っていない中、若干の手がかりをもとに、撤退の意味を考えてみたい。

2.　ビン進出前夜のベトナムのスマホ生産
　　　　～　国内市場と輸出状況

2.1　国内市場

　2018年にビンがスマホ生産に進出する前夜、ベトナム国内のスマホ市場はどのような状況であったのか。

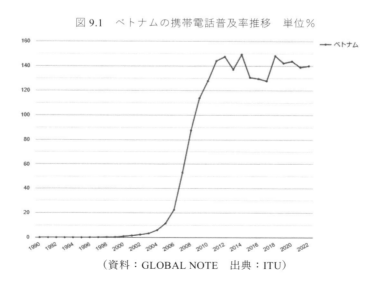

図9.1　ベトナムの携帯電話普及率推移　単位％

（資料：GLOBAL NOTE　出典：ITU）

第2部

　まず、携帯電話普及率（図 9.1）をみると、2000 年以降普及が始まり、2008 年頃に 100%に達し、その後伸び続け、2018 年前後では、120-140%を維持しており、国民に携帯電話が行き渡っており、継続的にスマホを販売し得る市場となっている。

　人口は 94,914 千人（2018）と 1 億人近い世界 16 位の規模で、韓国の 2 倍、台湾の 4 倍ほどの人口を持つ市場である。

　さらに、「世帯所得分布をみると、中間所得層（世帯所得 5,000～34,999US$）の割合は、2000 年の約 0.9%から、2018 年には約 47.2%にまで上昇しており、上位中間所得層（10,000～34,999US$）の割合が 2000 年時点では 0.0%であったが、2018 年には 14.9%まで増加している」（図 9.2）ベトナムは、購買力のある中間層が急速に増加している、1 億人規模の有望な市場となっていたといえよう。

図 9.2　ベトナムにおける世帯所得の分布の変化

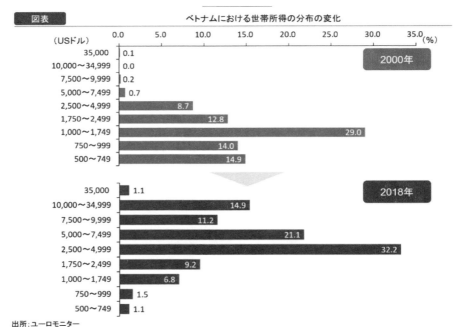

（ONE-VALUE　2021 年 10 月 06 日　https://onevalue.jp/insights/vietnam-retail/）　より転載

第9章　ビングループのスマホ事業への進出と撤退

　こうして「ベトナムではスマホが急速に広まり、3000～4000万台が普及し‥17年だけで13年の2倍超の約1500万台が売れた」のである[*3]。
　さて、同年のスマホブランド別の国内マーケットシェアを、各月の推移でみると、以下図9.3のとおり、韓国のサムスンが約45％、中国のOppoが約20％、米国のAppleが約10％、残り25％ほどをその他各社（Nokia, Sony Ericsson, Asus, HTC, Lenovo, LGなど）が占め、外資メーカーの寡占状況となっている。

図9.3　2017年ベトナムにおける「スマホブランド毎の月次シェア」推移

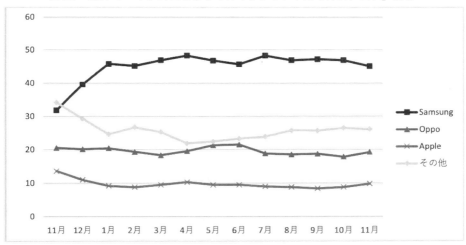

https://vitalify.jp/app-lab/business/20180118-vietnam-smartphone-trend/（筆者加筆）

　ところで、この市場に参戦する国産メーカーは存在しなかったのか。
　実は、ビンの登場以前に、ベトナムではMobiistar、Asanzo、Q-mobile、Masstel、BPhoneといったメーカーが参入したが、結局、2018年までに外資に対抗しうるまでになったものはなかった[*4]。
　個別に見ると、Mobiistarは、参入の早い段階からガラケーとは次元の違う投資額の多さに対応できず、インドに中国メーカーと提携して進出を試みるも、レッドオーシャンの市場になすすべはなく、2019年に倒産した。Asanzoは、2017年に2モデルで市場に参入したが、12,000台を販売したに過ぎなかった。翌年には、百万ドン（約4,800円）以下の低価格帯で60万

第2部

台以上のビジネスを狙うもはかばかしい成果は得られなかった。Q-mobile、Masstel は低機能の安価な機種を売るのみとなっている[5]。

　Bkav は、2015 年にベトナムで初めての国産スマートフォン初代 BPhone を発売し、2017 年には BPhone 2、そして 2018 年 10 月に BPhone 3 をリリースした。しかし市場の評価は低く、販売数量は合計で 12,000 台程度だった。その後、同社は処理能力を向上させ、防水機能を備えた Bphone 3 を 314 ドルで売り出したものの、2019 年時点ではホーチミン市で Bphones を販売するショップはほとんど存在しない状況となった[6]。

　これら以外では、「より規模の大きい国産メーカーには、F-Mobile を擁する IT サービスの巨人 FPT や、モバイル・サービスの市場リーダーであり Viettel Phone をもつ Viettel があるが、有意な M/S をとることはなかった。ベトナムのメーカーは国内において会社規模、イノベーション能力を大いに欠いており、自社ブランド製品を中国メーカーの生産ラインに託さざるを得なかった」[7] という事情もあり、結局、ベトナムメーカーがビジネスを維持・成長させることはなかった。

　市場全体を俯瞰すると、「低価格帯市場では、中国メーカーが世界中で販売するために大量生産した製品を、新製品発売に先立つ在庫一掃時に 3－4 割引きで売るが、その販売先がベトナムであり、このなだれのような製品流入に生産量で劣る国産メーカーが、同様の性能の製品で対抗するのは難しい」[8] という構図であった。

　また、中価格帯市場は、消費者の見る目が厳しく、ブランド力のない中、サムスンや OPPO をしのぐだけの性能を持たなければ選択肢とはならない。また、Apple、サムスンの高価格帯市場に挑むメーカーは、BKAV 社だったが、結果は上述の通りだったのである。

2.2　輸出市場

　一方、輸出市場におけるベトナムのスマホ事業はどうであったのか。

　ASEAN5（マレーシア、タイ、インドネシア、ベトナム、フィリピン）の輸出総額の推移は図 9.4 の通りで、1990 年代よりマレーシア、タイ、インドネシアがほぼ同時期に輸出額を増やし、やがて、2010 年にタイがマレーシアを追い抜き、2022 年にインドネシアがタイを追い越した。しかし、19 年以降この 3 カ国を超えていったのは、ベトナムであった。

第 9 章　ビングループのスマホ事業への進出と撤退

図 9.4　ASEAN5 各国の輸出総額推移（国際収支ベース）

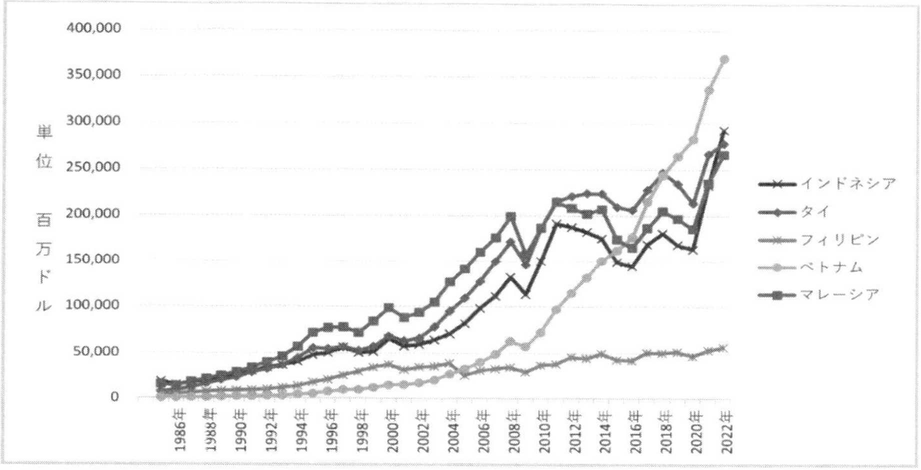

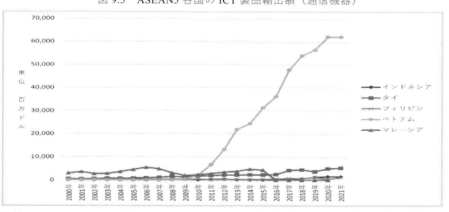

資料：GLOBAL NOTE　出典：UNCTAD　（筆者加筆）

図 9.5　ASEAN5 各国の ICT 製品輸出額（通信機器）

資料：GLOBAL NOTE　出典：UNCTAD　（筆者加筆）

　この躍進を支えたのは、ベトナムの輸出総額のおよそ 2 割を占める ICT（Information and Communication Technology）製品輸出額の伸びである。（図 9.5）

253

第2部

　ベトナムでは、「1987 年に外国投資に関する法律が初めて制定され、外国企業の進出を、①事業協力契約（BCC）、②合弁投資、③100%外国投資の3 つの形態と定めた」*9 のを嚆矢とし、政府主導で外国企業の受入態勢の整備が進んだ。また、2007 年に WTO 加盟が達成されると、「周辺国と比較して、安価な労働力と従業員の質の高さ、政治的な安定性等が評価され」*10、FDI 流入量が増加した。

　そうしたなか、「2009 年 10 月にはサムスングループが携帯端末を製造する第 1 工場の稼働を開始、毎年設備投資を拡大し、2014 年にはベトナムの最大直接投資家となった」*11 が、このことは、ベトナムの工業化に大きなインパクトを与えた。「サムスンのベトナム進出によって、ベトナムは非常に短い期間で携帯電話をはじめとする耐久消費財生産国となり、2012 年には 19 年ぶりに貿易の黒字転換を果たした」のである。「サムスンは 2013 年にベトナムから 239 億ドルを輸出し、初めて衣料品輸出を上回って携帯端末が第 1 位の輸出品となった。この時にベトナムの総輸出に占めるサムスン製品のシェアは 18%に上った」*12

　すなわち、サムスンは、ベトナム国内市場を押さえると共に、世界各国への輸出拠点としての役割を中国からベトナムに移したのである。（2018 年末には天津市のスマホ工場での生産を中止し、恵州市の工場も 2019 年 10 月末に閉鎖し、中国での生産を終了した）

　もちろん、外国投資法などのベトナムの携帯電話市場の参入条件の変化は、サムスンだけが享受したわけではなく、中国を始め各国の企業が進出・参入した。その結果、先に見たような外資による寡占市場となったのである。

　このように多くの企業が相次ぎベトナムでスマホの生産を始められた背景には、部品供給先を安定的に確保できさえすれば、組み立て工程を軸とした製造が可能となるスマホの製品アーキテクチャーの特質（オープン・モジュラー型（開かれた水平分業））がある。

　この特質を活用しうる関連企業をベトナムに集めるきっかけとなったのが、サムスングループのベトナム進出である。「2009 年に北部バクニン省でスマホ工場の操業を始めたサムスンは韓国、日本などの部品メーカーを誘致し、スマホ関連の集積地をベトナムに構築した」*13 のであり、その状況は表 9.1 の通りである。

第 9 章　ビングループのスマホ事業への進出と撤退

表 9.1　サムスングループのベトナム進出状況

投資会社 （親会社）	ベトナム法人名 （立地）	生産 開始 時期	生産品目	投資 額(億 ドル)	従業 員(千 人)
サムスン 電子	SEV (バクニン省)	2009/4	携帯電話の組立 第 1 工場	30	50
	SEVT (タイグエン省)	2014/3	携帯電話の組立 第 2 工場	50	40
	SECC (ホーチミン市)	2016/ 2Q	テレビと冷蔵庫、 洗濯機など	14	20
サムスン SDI	SDIV (バクニン省)	2010/7	携帯電話電池	12	1.5
サムスン 電機	SEMV　(バクニン省)	2014/8	半導体回路、チッ プ、カメラモジュー ル、他の電子部品	12.3	10
サムスン ディスプレイ	SDBN　(バクニン省)	2015/3	ディスプレイ	30	9

（ブイ・ディン・タン（2016）「ベトナム経済発展と対内 FDI の影響に関する研究」p.85
佐賀大学大学院工学系研究科　博士論文）を元に、以下により数値をアップデートして筆
者作成。
（向山　英彦　サムスン電子のベトナム生産拡大が変える貿易関係—韓国の「過度な」中国
依存是正につながるか—（環太平洋ビジネス情報 RIM 2016 Vol.16 No.61　p.7　原出典は
「「주대영、베트남의 국제가치사슬（GVC）거점 부상과 한국 전자업계의 대응」（チュ・
デヨン「ベトナムのグローバルバリューチェーン・ハブとしての地位向上と韓国エレクト
ロニクス産業の対応」）

　「サムスン電子の動きについて、『韓国経済新聞』（2016 年 8 月 16 日、
電子版）は『サムスン電子は 2014～15 年の 2 年間にわたり、中国、タイ、
韓国などにある携帯電話、家電生産ラインを果敢にベトナムに移転した。
（中略）サムスン・ディスプレイ、サムスン電機など系列社の工場も当然、
ベトナムに集中した』と述べている。サムスン電子の後を追うように、LG
電子もベトナム北部・ハイフォン市で大型生産拠点の構築に動いている。
同社は、工場の竣工式に際して、『2013 年下半期から 15 年間を掛けて、約
15 億ドルを投資する計画』『テレビ、携帯電話、洗濯機、掃除機、エアコ

第 2 部

ン、IVI（車載インフォテインメント）などを生産する』と発表している（2015年 3 月 27 日）。LG 電子に続き、2016 年に LG ディスプレイ、LG イノテックといったグループ他社もハイフォン市で生産拠点建設を決定した」*14。

つまり、この期間のサムスンや LG 傘下の関連企業の同時進出により、「FDI が持つ技術やノウハウは取引を通じて地場企業へと移転されていく。スマートフォンの生産拡大がモジュールや部品の国内生産を促すといった事象が起こる」*15 こと〔後方連関効果〕を通じて、ベトナムのスマホ製造業の基盤が形成されたのである。

3. スマホ生産のグローバル・バリュー・チェーン（GVC）*16

3.1　付加価値を伴わない ICT 輸出

前項で携帯電話・スマホ輸出が、この国の輸出総額の大きな増加を支えていたことを確認した。図 9.5 では、ベトナムのめざましい ICT 製品輸出額の伸びを見たが、実は、同じ期間のベトナムにとっての付加価値額はほとんど増えていないという事実がある（図 9.6）。

図 9.6　IT・情報サービス業の付加価値額

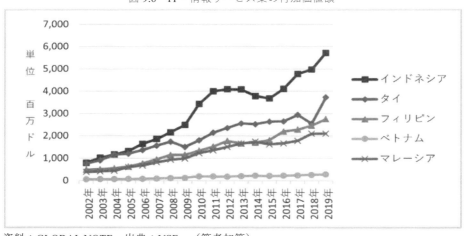

資料：GLOBAL NOTE　出典：NSF　（筆者加筆）

第9章　ビングループのスマホ事業への進出と撤退

このことは、外資が主導するスマホ生産の GVC において、ベトナムに割り当てられた部分が、低い付加価値しか産みだしていないことを意味している。それはよく言われるように、労働集約的な組立て工場をいくら国内で稼働させても、その付加価値は、資本集約的、技術集約的な過程と比べて少額なものにとどまることであり、いわゆるスマイルカーブの中央部分を担当しているものと理解される。

我々は、やがて登場するビンのスマホ生産への進出を考えるに当たり、いくつかの問題を解きほぐす必要がある。

たとえば、サムスンや Apple のような主導企業の立場を取ることが、サプライヤーに対して優位であって、付加価値の獲得に不可欠なことなのか。あるいは、主導企業としてどのようなバリューチェーンを構築すれば、自社すなわち自国の付加価値を高められるのか、といった問題である[17]。

3.2　スマホメーカーのバリューチェーン

スマホメーカーは、最終製品を消費者に販売するまでに、ごく大まかに言えば、以下のプロセスを主導している。すなわち、デザイン、サプライヤー、組立、ブランド（マーケティング）およびキャリアの 5 つである[18]。

デザインプロセスは、研究開発をベースにスマホ機能を決定していくもので、どのように（モジュラー化された）部品を組み合わせて製品とするかを決定する。市場で競合他社を凌駕し、狙う消費者層にアピールする製品設計をすることにより、大きな付加価値を製品に与えることができるプロセスである。

サプライヤーのプロセスは、いわゆる部品調達で、デザインを実現するための多くの部品をそれぞれ製造することによる付加価値が生まれる。

組み立て（assembly）は、各部品を製品に組み立てる工程で、労働集約的な性格があり、一般的に付加価値が少ないとみられている。

ブランド（マーケティング）は、主導企業のブランド力で製品を消費者にアピールし、販売していくプロセスである。

キャリアは、通信企業による付加価値で、スマホを快適な通信レスポンスで使うための活動が含まれる。

第2部

3.3 製品内機能別の付加価値分配
3.3.1 高付加価値のキーポイント

GVC のプレーヤー間の関係について、LI Yuting は、販売価格の似た iPhone X と HUAWEI P30 Pro の部品価格を比較して、以下のような検討を行い、主導企業であるかどうかは高付加価値の決定要因ではないとしている。[19]

表 9.2 スマートフォン産業のグローバル・バリューチェーンの統治形態と付加価値分配

部品	iPhoneX(64GB) （2017 時点）	HUAWEI P30 （2019 時点）
ディスプレイ	110	110
機械/電気機械コンポーネント	61	16.7
カメラ	35	86
アプリケーション・プロセッサー	27.5	26.9
RF チップセット	18	33.9
パワーマネジメント I C	14.25	7.2
メモリー	33.45	16.4
ユーザーインターフェース I C コンテンツ	10.05	14
センサー	2.35	16
TrueDepth センシングスイート	16.7	―
WLAN/BT モジュール	7.35	9
バッテリーパック	6	15
フレーム/その他	12	18.2
接着剤	―	1.3
合計	**353.65**	**370.6**

（出典）LI Yuting（2021）商学研究論集　第 54 号 p.97

- アプリケーション・プロセッサ（コンピュータの CPU に相当）のコストは、両社が自らデザインしたものを、ファウンドリに製造依頼する金額で、両者ともほぼ同額（コスト比率は約 7.4%）。加工能力のあるファウンドリは世界的に数が少なく、1 位の TSMC が市場の 50%以上

第 9 章　ビングループのスマホ事業への進出と撤退

を押さえている中、加工工程は、主導企業がサプライヤーに依存している。

・両機種が採用した有機 EL ディスプレイは、ともにコスト比率約 30%の$110 である。ところが、同時期に販売されたサムスンの Galaxy S9＋に搭載されたものは$79 で、両機種の 71.8%の価額にとどまっている。有機 EL ディスプレイを量産できるサプライヤーはサムスン 1 社で（2017 年時点）、2019 年になってもサムスン、LG と BOE の 3 社に限られていた。ここまで技術が凝縮している部品であるため、主導企業の付加価値よりもサプライヤーの付加価値が高く、主導企業の交渉力も限りがあり、付加価値を自らの思い通りに割り当てることはできない。

・スマホ産業において、このようなサプライヤーの能力が高い生産工程の数は少なくない。アプリケーションプロセッサーとディスプレイ以外に、ベースバンド、カメラチップ、メモリーや機械/電気機械コンポーネントなどの部品も技術力への要求も同様に高い。

・主導企業の付加価値は製造の生産工程だけではなく、非製造的な工程、例えばコア部品のデザインや研究開発、サービスよるブランド価値などから構成されることを示している。

同じ主導企業であっても、研究開発能力やサービスによる付加価値の獲得力は大きく異なる。研究開発能力のある主導企業はないものより付加価値を得やすい。また独自のサービス能力のある主導企業もより高い付加価値を獲得できる。

・企業の粗利潤率でみると、必ずしもサプライヤーより主導企業の収益性が高く、より多めの付加価値を獲得できるわけではない。

・したがって、主導企業であろうとサプライヤーであろうと、コアな競争力、例えば独自の研究開発能力や生産能力、あるいはサービス能力こそが高収益性、言い換えれば高付加価値のキーポイントである。

・すなわち、スマホ産業の GVC において主導企業であるかどうかは高付加価値の決定要因ではない。現在、高度な専門化が進んでいる生産工程が技術力や資本投下への要求が高くなっていく。それに従事するサプライヤーこそ高い交渉力を持つようになり、生産のプラットフォームを構成している。

259

第 2 部

3.3.2　主要企業の戦略ポイント

　以上の検討に沿って、主導企業の留意すべき戦略ポイントを考えると、①研究開発能力を高め、②サプライヤーに対して一定以上の発注量を維持し、③顧客を引き付け、つなぎとめるブランディングやアフターサービスを行うこと等を通じて、サプライヤーとの関係で交渉力、影響力を強めることが有効であると考えられる。

4.　撤退の諸形態

　ビンのスマホ市場からの撤退を考えるにあたり、これまでに撤退あるいはシェア確保・維持に失敗した各社の事例を、ビン以外の国内各社の事例は既に 2.1 でみたので、それ以外の各社を概観する。その形態に留意しつつ確認しておきたい。

4.1　LG～市場でのポジショニングの失敗

　2021 年 4 月 5 日、LG エレクトロニクスの携帯電話事業撤退が発表された。2013 年には「世界三大スマホメーカー」の一つと言われた LG だったが、「調査会社 Counterpoint Technology Market Research の調べによると、2020 年の段階では、世界シェアは 2%程度だった。同じ韓国のサムスンは世界シェア 1 位で 20%、年間 2 億 5,500 万台以上を製造販売しているのに対し、LG は 2,470 万台に過ぎない。LG は 2015 年度以降、スマホ事業で赤字であり、長期低落傾向にあった。特に 2019 年は台数を 30%も減らしている」[20]。

　「超強力なブランド力と商品展開力で、大量にハイエンドを売るアップルと、低価格モデルからハイエンドまでを、やはり同様に強いブランド力・商品開発力で大量に売るサムスン。このモデル以外だと、中国での販売台数を背景に、世界中で数を出すことを前提とした中国メーカーには太刀打ちできないのが、今のスマホ市場だ。その中で隙間を縫ってやっていくには、市場もモデルも限定して、損しないレベルでやっていけるような『小規模戦略』を採らざるを得ない。そして、規模が小さいということは、儲けも小さいということに他ならない」[21]。

　こうした状況のなかで、「ソニーは構造改革の末、『儲けは小さいが、それなりにアイデンティティが出るものをとにかく事業継続する』こと」に

舵をきった。「日本を中心とした、ブランド価値を維持できている市場のみを残した絞り込みが完了し、製品戦略をミドル・ハイからハイエンドの少数にし、事業での単年黒字を達成したのは 2020 年度のこと」*22 であった。

一方で LG は、「『世界で数を追う』体制」で成功している同じ国のサムスンと対抗することをあきらめられなかったのだろう。ビジネスモデルを変更して、縮小均衡させる道を選べないまま、撤退に追い込まれた。

4.2　小米（シャオミ）〜製品開発能力不足

小米は、市場から撤退したわけではないが、華々しい成功の後に、以下に述べる厳しい業績悪化を経験した時期があり、その理由を確認する。

4.2.1　ビジネスモデル

「小米は、2010 年 4 月に発足した〔中国の〕スマホ製造販売企業である。従業員数は約 14,000 人（2017 年現在）である。小米はハイスペックかつ低価格のスマホで驚くべき成長を収めた。・・中国スマホ市場におけるメーカー別のシェアを見ると、2013 年まではトップになったのは全て外資企業だった。その中で、小米は 2011 年後半からスマホ販売を開始すると、わずか 3 年で中国スマホ市場出荷台数のトップに踊りだし、さらに 2 年連続トップの地位を維持した。しかし、その成長率から見ると、2013 年には前年比 184%、2014 年には同 187% と急成長したが、2015 年には同 23% 増と成長速度が緩やかになり、さらに 2016 年には同 36% 減と衰退し始め、市場順位もトップから 5 位に落ちた」*23。

「小米は大きなインテグレーターであり、デザインハウスである。プラットフォームの部品を含め、すべての部品はネットで注文し外部から調達している。性能を向上させるために、部品は日米台韓などの外資製を導入し、他の部品は主に深セン中心の華南地域から調達する。その中でも、半導体チップは主に米 Qualcomm から購入している。プラットフォームとスマホの組立は全て外部の SMT 工場〔電子回路基板組立て〕と EMS 企業〔製造受託、台湾系のインベンテックと鴻海〕に委託して行う。販売は電子商取引サイトで行い、物流は大手 B2C サイトに完全にアウトソーシングしている。

また、小米は大きなサービス・センターでもあり、インターネットが普及する背景に基づいて独〔自〕のマーケティングを展開している。小米で

第 2 部

はまずフォーラムを中心に、Weibo というミニブログを用いて、コミュニケーションのためのネットワークやアフター・サービスの場を作った。このミニブログを通じて頻繁にユーザーと交流し、アフター・サービスを提供しながら、ファンやエンジニアの意見や提案を速やかに取り入れ製品の改善に努めている。同時に、ネット上で小米の口コミやファンを増やし、そのファンたちをさらに集団化させ、小米の顧客ロイヤリティを高め」強固なユーザーファミリーを作った」[24]。

4.2.2　小米スマホの衰退とその原因

　2015 年以降、小米のスマホ販売が減速・衰退した内部要因は、製品開発、部品調達、モノ作りや実店舗販売など自社の経営資源が乏しく市場の変化に追いつかなかったためである。市場の成熟化にともなって、高性能・低価格製品の競争が激しくなっていたが、製品開発能力の限界で小米はハードウェアの差別化ができなくなっていた。また、部品調達や製造現場における品質管理の経験がなかったため、小米スマホの品質問題も表面化した。さらに、実店舗で購入する新たなニーズが増えたため、電子商取引サイトで行う小米の販売方法も、ボトルネックに直面していた[25]。

4.3　日本各社

4.3.1　バルミューダ〜高価格帯市場参入の失敗

　2021 年、市場に参入した。スタイリッシュで小型な躯体、待ち受け画面のユニークなデザイン、独自のアプリの搭載が特徴で、10 万円強の価格設定である。しかし、発売からわずか 1 年半でその事業を閉じることとなった。

　この撤退の理由は、「販売実績が極めて低調であったこと（四半期報告書によれば第 1 四半期の携帯端末関連売上高は 1 億 7700 万円だったのに対して、当第 1 四半期のそれは 200 万円）と、ソフトウェア等の開発が困難だったからだとみられる。

　マーケティング面では、バルミューダは、高価格帯をターゲットにしたが、アップルの牙城を崩せなかった。デザインは人目を惹くものだったが、消費者が高価格に見合う価値を認めるほどではなかった。人びとは同価格ならアップルかあるいはほかのハイブランドを選択したのである」[26]。

　最終的に 23 年 1〜3 月期に 5 億 3600 万円の特別損失を計上することで

事業を清算することになったが、鳴物入りで投入した製品ジャンルで発売から2年を経過せずに撤退し、サポートも2年間で終了するという事実は、ブランドを毀損（きそん）しかねない顛末となった。

「スマートフォン事業のスケール感が大きく、（独自性を出すためには想定以上の）多額の資金が必要だった」と社長の寺尾氏は振り返っている[27]。

つまり、高価格帯の市場に打って出るのであれば、アップル、サムスンとの比較で消費者を引きつけだけのる独自性を、十分な投資により打ち出す必要があったが、それを見誤ったということになろう。

4.3.2 京セラ〜ポートフォリオ調整のための撤退

京セラは2023年5月16日の決算説明会でコンシューマー事業からの撤退を発表。今後、端末関連事業は法人向けに特化するとした。京セラの特徴は、日本だけでなく、米国でも大手携帯電話会社に高耐久スマホを長年にわたって提供していることで、その出荷台数は2023年6月末時点で累計1260万台以上に上るという。警察や消防など一層の高耐久性が求められる業種からの高い支持がある。また、運送業では連絡用のスマホに加え、荷物のバーコードを読み取るスキャナーや、キャッシュレス決済に対応する機能を集約したスマホを提供する[28]。

京セラのコンシューマー事業からの撤退は、経営資源の選択と集中の一環として理解できよう。

4.3.3 FCNT〜資金力不足

2023年5月30日、富士通の携帯電話事業を引き継いだFCNTは、民事再生法の適用を申請し、事実上経営破綻した。「arrows」ブランド製品や「らくらくホン」などで一定の顧客を確保してきたが、「円安」と「部材価格上昇」による収益悪化が、破綻の直接的原因と発表された。すでに親会社は富士通グループではなく、OEM/EMS（生産受託）事業をベースにするREINOWAグループであり、同グループ自体が円安などの影響で収益が悪化すると、経営と製造を同グループに依存するFCNTも収益悪化分をコントロールできなくなるという構造であったことが背景にあるとされる[29]。

4.4 撤退〜見切りと展望

企業が一度進出を決定した事業を手仕舞うのは、言うまでもなく大きな

第 2 部

決断であり、そうせざるを得ない事情はそれぞれである。それらを整理して考えようとするとき、見切りと展望の 2 面を見る必要がある。

まず、撤退は、当該事業の見切りである。なぜ見切るのかという問いの答え自体はシンプルで、収益が悪化し、収益改善の見込みが立たないからであろう。そのことが、この事業は、この市場（現市場を他に変更することも加味）で（少なくとも当面）当社は勝てないという判断となり、勝てなくとも続けるのだという理由がない限り、見切ることになる。

その収益悪化の理由は、上記に諸形態としてその一部を見たように、進出前の準備不足、市場・諸環境（国家、国際機関等の政策変更を含む）の見誤り、進出以降の経営戦略の失敗などがあげられ、さまざまである。

次に、展望であるが、事業の見切りと同時に、経営としては、経営全体として今後どう対応するのかを計画する必要がある。当該事業のみの一本足打法であれば、会社をたたむしかなく、中国の多くの参入者（山寨機<シャンツァイチー>[30]にみられるような）はそうするしかなかった。

一方、それが事業部門の一つである場合は、その他の部門との合算で総合収益を考え、見切り分野を無かったことにするか、その分野の経験・技術を他部門に生かすかのどちらかとなる。後者の場合、あらかじめ構想していた経営戦略のスコープが問われることになろう。

5. ビングループによるスマホ事業への進出と撤退

5.1 事業計画と初動

ビンが、乗用車、電動バイクの製造に続いて、スマート・エレクトロニクス・デバイス事業への進出決定を発表したのは、2018 年 6 月 12 日である。8 月には、中核となる VinSmart Co.を、3 兆 VND（1 億 3100 万 US ドル）で設立し、5 百万台の生産能力を持つスマホ工場をその発表から 6 か月、起工式から 3 か月で完成させた。同工場は、ハノイ東方、車で 1 時間半ほどに位置するディンブー - カットハイ経済区（ハイフォン）のビンファスト自動車製造複合施設内に建設され、同年 12 月 14 日には、最初の 4 つの Vsmart スマホモデル（ブランド名 Active1, Active1+, Joy1, Joy1+）を正式にリリースした[31]。

第9章　ビングループのスマホ事業への進出と撤退

写真9.1　ビンファスト自動車製造複合施設全景

（Vinfast）

　6月に事業展開計画として、発表されたのは①Vsmartブランドのスマートフォン生産から始まるスマート電子デバイスの生産、②人工知能（AI）、自動化、新世代材料の研究・実験・応用であった。

　スマホ製造のバリューチェーンでいうところのデザインフェーズについては、世界有数のコンサルティング会社と協力して、デザインコンサルタントを雇用し、コンポーネントのデザイン権を購入した。

　また、スペインの携帯電話メーカーBQ社の株式の51％を取得し、自社の知的財産をスマホ製造ができるようテコ入れした。すなわち、設計、研究、製品開発から生産に至るスマート電子デバイスの生産バリューチェーンのほとんどすべての段階でBQのもつ強みを活用する体制を整備した。各段階でのノウハウを入手し、有数のハイテク会社（Qualcomm、Google）との協力関係を引き継ぎ、研究、開発につきスペインの大学との協力関係を構築したのである[*32]。

　販売については、販売チャネルを国内に展開し、同社製品を扱う店舗を5,000とし、また主要小売チェーン（Vin Pro, Vien Thong A, Mobile World, FPT Shop, Viettel Store, Nguyen Kim）の3,200店舗、1,500店舗以上のアウトレット、スーパー、さらに、通販サイトを確保した。家電量販店の「大御所」を含む各小売りチェーンの責任者は、工場に招かれ、その製造プロセスや、エラー率の低さなどに感銘を受け、販売代理店契約を即決したとか、工場の規模と先進性、厳格な検査プロセスは、世界の主要ブランドより優れていると思ったなどの感想を語るなどした[*33]。

　さらに最良のアフターサービスを提供するため、ホーチミンの工場付属のリペアセンターと共に500箇所の集荷ポイントを設置した。オンライン

第2部

販売チャネルでは無料配送サービスを行ない、保証期間は一般的な 12 ヶ月より長い 18 ヶ月とした（後に、最長 24 か月の 100%保証）*34。また、21 年 3 月 28 日より全国の全省市に Vin3S 体験センターと組み合わせた 64 のショールームを正式にオープンした*35。

その後、2019 年 11 月 23 日に Hoa Lac Hi-tech Park （Hanoi）の第 2 工場を稼働させ、年産能力は 2,300 万台に増加した。

写真 9.2　Vsmart ハノイスマホ工場全景

（Vietnam Investment Review under the Ministry of Planning and Investment）

5.2　ベトナム仕様化

Vsmart 製品は、Android を採用しているが、ベトナム市場へのリリースにあたり、消費者のスマホの使い方、習慣等を詳細に分析のうえ、オリジナル Android をベトナム仕様にカスタマイズし、VOS と命名した。

具体的には、キーボードをベトナム語入力可能とすることから始まり、スワイプ機能の追加、通話・メッセージ・連絡先の統一と全面的暗号化、通話拒否後の即時返信／電話を切った後の再発呼をワンアクションで可能とするなどである。

Vsmart は、その後も継続的に VOS のアップグレードを続け、たとえば、夜間のカメラ撮影時には、1 シャッターで露出の異なる 8 枚の画像を元に AI が最適な 1 枚を選ぶ、など消費者の求める機能を充実させていった*36。

5.3　海外進出

5.3.1　スペイン進出

2019 年 3 月 20 日、VinSmart にとって初の海外市場となるスペインでの

第 9 章　ビングループのスマホ事業への進出と撤退

Vsmart ブランド製品の発売を正式に発表した。

　販売は、35 年以上の歴史を持ち 13 カ国に展開するヨーロッパ最大の家電小売業者である MediaMarkt Company の約 90 店舗のチェーンを通じて行われた。

　ブランドは、Active1, Active1+, Joy1, Joy1+の 4 モデルである。

　Nguyen Thi Bich Phuong（Katherine Nguyen）氏（VinSmart Company マーケティング副本部長）は、「これは、当社が欧州市場に参入するための入り口であり、2 年以内に欧州のトップ 5 に入る。VinSmart は、電話、家具からその他のスマートデバイスに至るまで、スマートデバイスの完全なエコシステムを備えた大手エレクトロニクス企業の 1 つになろうと考えている」と抱負を語ると共に、海外戦略について、「最近、ビングループは国際市場への進出を続けている。具体的には、2018 年 7 月に Vingroup の子会社である VinFast Production and Trading Company Limited がドイツのフランクフルト市にオフィスの開設を完了した。2019 年 3 月初旬、Vingroup は、IoT テクノロジー、人工知能、ロボット工学の研究と応用、スマート製品とソリューションの開発を目的として、韓国の大邱市に VinTech Company を正式に設立した」と解説した[37]。

5.3.2　ミャンマー進出

　2019 年 5 月 29 日、2 番目の海外進出先として、ミャンマーでのブランド製品（Joy1, Joy1+, Active 1, Active 1+）の発売を正式に発表した。

　家電製品販売に実績を持つ Strong Source Company と独占販売パートナー契約を結び、約 1,500 の店舗を通じて消費者に販売する。また、Mytel（通信会社 Viettel 傘下）や Shop.com.mm（Alibaba 傘下）などの協力を得て直販・通販も行う。

　Nguyen Thi Bich Phuong（VinSmart 副会長）は、「ミャンマーは、近年消費者向け技術製品の成長が著しく、将来性ある市場。それゆえに、すでに多くのスマホメーカーが進出しており、競争は厳しいものとなろうが、我々の持つ技術基盤、人材、とりわけ当地での販売網のサポートをもってすれば成功できると思う」と語った[38]。

5.3.3　ロシア進出

　2019 年 10 月 3 日、ビンの子会社である VinSmart は、3 番目の海外進出

第2部

先であるロシアのモスクワにて、Vsmart ブランドの最新スマートフォン製品4モデル（smart Live, Vsmart Joy2+, Vsmart Star, Vsmart Bee）を発売した。販売正規代理店は、TFN Trading である。

発表会にて、Sergey Sadkov（Vsmart 販売担当役員）は、Vsmart ブランドは、ロシア市場をつかむだろう。というのは、越露両国は友好国であり、ロシア人の間でベトナム製品は人気があるからだ。さらに、世界をリードするチップメーカーQualcomm と取引があり、保証期間も通常の 1.5 倍あるといったことが消費者に受け入れられる理由だと説明した。また、VinSmart のロシア市場進出は、スマホにとどまらず、ハイテクデバイスや家庭電化製品を視野に置いているとも付け加えた*39。

5.4　海外展開戦略

以上3カ国への進出戦略は、ビンにとって無理のないもので、また、世界進出を演出できるという意味で効果的なものでもあった。

まず、スペインへの進出は、戦略的投資先の BQ のもつリソース・販売網を活用する観点から当然ともいえる施策である。次いでミャンマーは、東南アジア域内で今後成長性のある市場として選ぶのは合理的であり、パートナーを確保して販売委託をする形式の進出とすることから、リスクも少ない。またロシアは、ベトナムにとってソ連時代からなじみのある国で、消費者にとっても同様、ベトナム製品であることがプラスに働く市場である。

このように、ビンの海外進出は、華々しくみえるものの、きわめて現実的なものであった。

一方、フランスの家電メーカーARCHOS との提携は、先方の経営不振により実現せず、米国への進出は、後述するように最先端の技術を搭載した機種で挑戦したが、結果をだすまでには至らなかった。

5.5　国内市場トップ3入り

2020 年 5 月 27 日、VinSmart Research and Production Joint Stock Company は、市場参入（2018 年 12 月）から 17 か月で、120 万台を超える Vsmartphone の販売を達成したと発表した。特に 2020 年初頭以降、売上は最大 260%という大幅な伸びを示し、月間平均 200,000 個近くの製品が販売された。

この結果、Vsmart は国内で最も売れている携帯電話ブランドのトップ3

第9章　ビングループのスマホ事業への進出と撤退

に入り、4月には16.7%の市場シェアを占めた。

図9.7　ベトナムスマホ市場占有率（2019/11-2020/10）

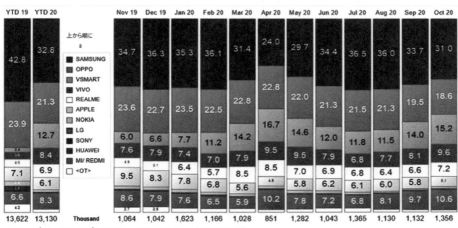

VOV BÁO ĐIỆN TỬ VOV　2020/12/31（GfK調査）

　この消費者の支持は、VinSmartのスマホが、世界標準の品質・性能をもちつつ、手頃な価格で販売されたからである。ここでは、その価格戦略を確認しておきたい。
　（低価格帯：250万VND以下、エントリー：250-500万VND、中価格帯：500-800万VND、高価格帯：800-1,000万VND）
　Vsmartが、市場に参入した当初（2018年12月以降）に投入した製品の価格は、250-630万VND（約12,000-30,000円）で、いわゆる低中価格帯をターゲットとした。ただ製品発表時、同時に、将来はこのレベルにとどまらず、高級品（Lux）・超高級品（Super Lux）により高価格帯の市場にも進出する考えだとも表明していた。
　それから約1年が経過した2019年11月初旬、VinSmartは、突然、最高機種Vsmart Liveにつき最大50%の割引を行うと発表した（6GB RAMバージョンで、779万VND（約37,000円）から379万VND（約18,000円）へ）これは、中高価格帯の製品を低価格帯に変更したことになる。この価格変更は市場に驚きをもって迎えられ、年末セールのさなか、中国製品を駆逐することとなった。それはかつてどの国産メーカーも果たせなかった

第 2 部

ことである[39]。

　これは低価格帯で中国メーカーを打ち負かすために、持てる力を結集する VinSmart の新しい戦略を示しているとみられた。事実、Vsmart の 1 千万 VND（約 48,000 円）以下の価格帯の大半の製品は、7 百万 VND（約 34,000 円）以下に変更していくという VinSmart 幹部の声も報道されている[40]。

　Vsmart の発展の道筋として、高級路線追求ではなく、こうした中低価格帯にフォーカスする動きは、賢いやり方だという見方はある。それによれば、そもそも高級品（Vsmart Lux）が良案ではないという。というのも、その先には Apple とサムスンの 2 大ブランド（iPhone および Galaxy S/Note）が待ち構えており、価格 2 千万 VND（約 96,000 円）という Vsmart Lux が狙うであろうマーケットの 79% はすでに iPhone が押さえている。旧型の iPhone 7 でさえ、10-15 百万 VND（約 48,000-72,000 円）の価格帯市場の大宗を握っている。

　さらに、iPhone と比較されるのはサムスンの高級機種であり、他のブランドが入り込む余地はない[41]。Bphone の BKAV Corporation の挫折を思い出せば、国産メーカーの出番は当面ないということだろう。

　そうした中、Vsmart Joy3 は、2020 年 3 月、329 万 VND（約 16,000 円）の販売価格で 14 時間のうちに 12,000 台を売った。

　結局、2018 年から 2020 年までの 4 年間に販売された 14 機種のうち、高価格帯には 1 機種（Aris Pro）、中価格帯には 4 機種（Active 1+、Live、Live 4、Aris）が投入された。

5.6　製造技術の向上

　2020 年 7 月に発売された Aris 5G は、Qualcomm との協力による 5G 対応（sub6：周波数帯 6GHz 以下）、IDQ Company（スイス）との協力による統合量子セキュリティチップ（Quantis QRNG：量子乱数発生器）をもつなど、世界のこの業界の中でも先端をいく機種である。

　まず、5G 対応については、Qualcomm が前年（2019 年）12 月 3 日〜5 日に米国ハワイで開催したイベントで、5G 対応のスマートフォン用 SoC（シリコンオンチップ）を発表していた[42] ことを考えると Vsmart がこの技術をこの時期に実装したのは迅速な対応といえよう。Forbes は、「ベトナムは東南アジアで 5G 技術を利用したサポートデバイスの開発に成功した最初の国である。このスマートフォン製品ラインの立ち上げは、ビングループの

第9章　ビングループのスマホ事業への進出と撤退

5G テクノロジーエコシステム構築の成功と、競合他社への差別化、顧客ロイヤリティの獲得に貢献する」とレポートしている *43。

　一方、統合量子セキュリティチップは、量子コンピューティング技術を用いて、「確実な不規則性」をもつ「真性乱数」を発生させることで、通常の「疑似乱数」を発生させる方法よりも優れたセキュリティを実現できる。銀行取引、医療データなどの取り扱いへの応用が期待される最新技術である *44。

　また、画面の下に隠されたカメラ （Camera Under Display - CUD）は、フロントカメラをなくし、スクリーンの下のカメラで人工知能（AI）を使用して、写真を撮影できるようにした写真技術で、世界では同時期に楽天とZTE が発表したが、ベトナムでは初である。

　ビンは、こうした機能を備えた製品により、グループの「デザイン力、製造能力および世界水準のテクノロジーを国民に届ける力を示した」ものと誇示した *45。

　こうした高い技術をわがものにできたのは、VinSmart が、何千万ドル単位の特許料を払い、研究開発チームを組織したからに他ならない。そのおかげで、スマホにとどまらず、新しい 5G ベースの各分野の製品（エコシステム）の製造が可能になったといえる。

　VinSmart は、5G スマホを、通信技術製品を見る目の厳しい US 市場に投入することを発表した。3 つのモデルを、$39 から $ 89 の価格で、AT&T ストアと Walmart で販売するとの内容である *46。

　こうした先進的機能の実装と並行して、VinSmart が達成したことがある。それは、2020 年 8 月発売の Vsmart Live の生産にあたって、初めて、ハードウェア設計、オペレーティングシステム、製造まで全工程を自律化したことである *47。どの工程を内製し、あるいは外注するかは製造戦略であるが、全工程を自律化できる能力を持っていることは、戦略策定の幅を大きく広げたといえよう。

5.7　受賞歴

　2021 年 1 月、Tech Awards 2020 で、Vsmart ブランドが「ベトナムの最優秀携帯電話」を受賞した。

　Tech Awards 2020 は、2012 年から毎年開催されているベトナムを代表する権威あるテクノロジー賞である。VnExpress 新聞の 3,000 万人以上の読者

第 2 部

が投票に参加し、2 か月間で 2 回のラウンドを通じて専門家による評価を受けて、Tech Awards が決定される仕組みである。

Vsmart Aris Pro 製品は、「技術トレンドをリードする携帯電話」と「2020年の革新的な技術製品」の「ダブル」受賞、Vsmart Live 4 製品は「ベストフィーチャーフォン」賞を受賞した[*48]。

5.8　撤退

このような着実とみえる布石と、市場評価の高い製品の継続投入にもかかわらず、2021 年 5 月 9 日、ビンは、VinSmart によるテレビと携帯電話の研究と製造を停止し、EV と家庭向けのスマート機能の開発に切り替えると正式に発表した。

その理由について、グループ副会長兼ゼネラルディレクターの Nguyen Viet Quang は、「携帯電話やスマート TV の製造では、もはや、消費者にとっての画期的な機能や付加価値を産み出すことはできなくなった。一方、特にスマートカー、スマートホーム、さらにはスマートシティの開発は、顧客に多くの利益と優れた経験（エクスペリエンス）をもたらすことができる。したがって、私たちはこの分野にあらゆるリソースを投入する決意をしている」[*49] と説明し、以下のように今後の計画について語った。

今後の重点分野の一つである EV については、まず、VinFast 車向けの情報―エンターテイメント―サービス機能（インフォテインメント）の開発に重点を置いていく。約 150 のインフォテインメント機能が搭載される VinFast 車は、世界の自動車市場で競争上の優位性を生み出す。

さらに、現地化率を高め、VinFast への高品質の供給を確保するために、電子部品、電池セル、完全な電池システム、あらゆる種類の電気モーターの研究、設計、生産に焦点をあてる。

もう一つの家庭向け分野では、人々に優れた生活体験をもたらすために、スマートシティ、スマートホームおよび関連する IoT デバイスに関する研究に注力するとした。

VinSmart の工場は、現在まで製造してきた電話機とテレビについて、そのライフサイクルが終了するまで既存製品を生産し続け、市場に供給する。その後、工場の一部はパートナー向けの加工に使用され、残りは新製品の生産のために拡張される。

VinSmart は、顧客が製品を使用しなくなる日まで保証、修理、およびケ

アのポリシーを維持することを約束しており、特に、電話ソフトウェア設計部門の一部では、すでに市場に出ているスマートフォンをアップグレードおよびアップデートするための研究を続けるとした。

VinSmart は 2018 年 6 月の誕生以来、約 3 年の開発・製造期間にわたり、19 種類の電話モデルと 5 種類の TV モデルを発売し、その役割を終えた[50]。

6. Vin の進出と撤退の意味を考える

6.1 市場参入戦略

6.1.1 戦略の価値

ビンは、テクノロジーを活用して、自動車、住宅、買物などを含む消費者の生活を豊かにするエコシステムを提案しようとした。その推進のために、スマート・エレクトロニクス・デバイス事業の中核となる VinSmart をはじめ、その他の多くの研究開発機関を設立した[51]。

その先兵として、外資メーカー寡占のベトナムスマホ市場に、新たな参入を成功させ、市場で生き残り、成長させようとしたのであるが、それが困難なことは、従来の国産メーカー群の挑戦とほぼすべての挫折をみれば、明らかであった。

しかし、結果として、ビンの Vsmart は国内で最も売れている携帯電話ブランドのトップ 3 に入り、2020 年 4 月には 16.7%の市場シェアを占めることに成功したのである。ビンだけがなぜこの参入を成功させることができたかは、経営戦略として極めて興味深い。

これを考察するために、まず、以下に、既に論述したビンの市場参入戦略を改めて要約し、次いで、その戦略にロールモデルがあったことを示唆しつつ、その意義を考える。

6.1.2 ビンの市場参入戦略

市場参入にあたって、ビンは、まず、豊富なグループ資金力を背景に、必要なリソースは金で買うというスタンスをとった。これは、モジュール化の進んだスマホ製造の GVC が背景にある。とりわけ、当初から、デザイン・コンサルタントを起用してコンポーネントのデザイン権を確保したこと、スペインの携帯電話会社 BQ 社の経営権を握って、欧州市場に見合うスマホ製造能力と、バリューチェーンのほとんどすべての段階のノウハウ

第2部

を初期に取得したこと、さらには、BQ の持つ第一級の半導体、IT 企業との関係を一気に構築できたこと、これらは、的確な布石だった。

また、早い段階で海外市場への進出を、地場の販売パートナーの確保とともに進めたことは、国内市場のみならず、世界市場でビジネスを展開するのだという明確な経営戦略を表したものであった。

さらに、GVC の主導企業としては、各フェーズに目配りし、研究開発から製造、販売・サービスに至るまでを把握できる体制を整備した。その体制を用いてビンがとった経営施策はおよそ以下のようなものであった。

- ・規模、先進性、品質管理態勢を誇る工場を建設し、自社生産体制を整備した
- ・スマホソフトを自ら研究・開発できる態勢を整備した
- ・中・低価格帯から始め、そのあとで高価格帯向けの製品をリリースするという価格戦略をとった
- ・低価格帯に集まる多くの安売り中国メーカーを駆逐する個別価格戦略をとり、大々的なキャンペーンを打った
- ・大手量販店など実店舗販売網を整備し、対面販売を主とする一方、Viettel などと提携したオンライン販売ルートも確保した
- ・競合他社を上回る保証期間設定、手厚いアフターサービス網を整備した
- ・Apple、Samsung に比肩しうる最先端技術搭載製品によってブランド価値を向上した

開業 1 年間半で、120 万台を販売し、マーケットシェアもトップ 3 入りを果たすという成果をあげたビンの戦略は、以上のようなものであった。

6.1.3　ロールモデル

先に見たように、ビンの参入直前の 2017 年のベトナムスマホ市場は、外資メーカーの寡占状況であった（図 9.3）。

ここで注目すべきは、「超強力なブランド力と商品展開力で、大量にハイエンドを売るアップルと、低価格モデルからハイエンドまでを、やはり同様に強いブランド力・商品開発力で大量に売るサムスン」[*52] を相手に 2 位の位置を確保した中国メーカーOPPO である。

わずか数年前まで、OPPO はほとんど知名度がない小さなブランドだっ

第9章　ビングループのスマホ事業への進出と撤退

た。それが 2016 年第 2 四半期において東南アジアで 2 位、世界でも 4 位に入るスマートフォンブランドに成長した。年間の販売数量は 136%増で、急速にシェア拡大を続けた。OPPO の国際モバイル部門の副総裁李炳忠氏は「東南アジアは我々にとって最も優先すべき市場です。他の地域と同様の方法で成功を収めることを目指しています」と語っている。*53

　OPPO の世界市場での成功を支えた成長戦略は、以下のようである*54。

・製造コストを抑えるために、端末種類を絞り込んで自社工場で製造し、部品の大量調達で製造原価を下げるとともに、品質管理コストを下げた。

・2015 年段階で 1,000 人規模の研究開発部門をもち、自撮りニーズの高い若い女性向けのソフトを搭載し、きれいな写真が撮れるスマホとして大々的にアピールした。

・認知度を高めクチコミが広がるよう、若者受けする大々的なキャンペーンを打った。

・都市部以外の地域でも自社販売網を構築した。

・中国国内で発表されるコスパランキングが、消費者の動向に影響が大きいことから、1600 万画素のカメラに SONY のイメージセンサーを装備するハードの価値、自撮り写真の補正機能をもつソフトの価値を、ハイエンドクラスより安い価格設定で提供し、コスパの良い商品を作るメーカーと印象づけた。

・2016 年には、中東、北アフリカなどの進出に力を入れ、27 カ国への進出に成功した。

　そして OPPO は、ベトナム進出にあたってもこの世界共通戦略をとった。「Samsung やソニーより安いのに、スペックは同等で電池持ちはいい。マーケティングも良い。若い人には Samsung より人気かもしれない」というハノイの販売店の声は、この戦略がベトナムの消費者に届いていることの一端を表している*55。

6.1.4　ビンの参入戦略の評価

　結局、ビンの戦略は、我々が既に確認した、GVC の構造や、競争力のファクターや、失敗の事例からの学びを踏まえれば、打つべき合理的な施策をまんべんなく的確にやり遂げてきたものと評価できる。また、それを、スピード感を持って実行しうる十分な投資余力と強力なリーダーシップに

第2部

よって推進されたことで、成果をあげたものといえよう。

一方、上記に見たとおり、その戦略が、OPPO のそれとよく似ていることも指摘できよう。ビンが OPPO のやり方を模倣したという明確な証拠があるわけではないが、自らの市場参入に先だって演じられた、OPPO のベトナム市場での鮮やかな成功を参考にするのは、その善し悪しとは関係なく、自然なことと思われる。その意味で、ビンの参入戦略は、合目的的であったが、独創的かと問われれば、そうとは言いにくい面があるのも事実である。

6.2　撤退の意味

6.2.1　ビンの説明

ビンの撤退が、先に確認した一般的な撤退のありように照らして、収益の悪化、収益改善の見込みが立たないことにあったことを否定することは難しいと思われる。ビンが、低価格帯での競争に打ち勝ち続けるための収益性の問題や、高価格帯進出に要する膨大なリソース負担と Apple 以上のブランドを築く可能性のなさのアンバランスなどをあげて、事業見切りの理由とするのであれば、挽回の可能性についての議論はあっても、それ自体に違和感はなかったであろう。

しかし、IR などの公式資料や、幹部へのインタビューでも、現状の困難さや、将来性のなさなど、納得できる事情が語られることはなかった。

そうした中、ビンは、突然のスマホ事業からの撤退の理由を、「携帯電話やスマート TV の製造では、もはや、消費者にとっての画期的な機能や付加価値を産み出すことはできなくなった」、としたが、これはどういう意味なのであろうか。

これは、われわれが先にみた各社の撤退理由のどれにも似ていない。「もはや、消費者にとっての画期的な機能や付加価値を生み出すことができなくなった」という言い方は、参入時点では「それなりの機能や付加価値を生み出すことができ」たのに、約3年ののち「できなくなった」という変化を示唆している。しかし、そんなことがあるのだろうか。

6.2.2　ビンにとっての製造業

一方、撤退後につき、「特にスマートカー、スマートホーム、さらにはス

第9章　ビングループのスマホ事業への進出と撤退

マートシティの開発は、顧客に多くの利益と優れた経験（エクスペリエンス）をもたらすことができる。したがって、私たちはこの分野にあらゆるリソースを投入する決意をしている」という選択と集中の戦略（展望）自体はわかりやすい。

そもそも、「はじめに」で述べたように、ビンは2017年に初めて製造業に進出することを表明したのだが、これには、経済合理的に製造業が他の事業分野より優れていると判断したということ以上に、ビンの社是の第一が愛国心であるように、ベトナムの国家政策の推進に貢献したいという創立者（ファム・ニャット・ブオン）の強い意志が働いているように思われる。

第13回党大会で打ち出された5か年計画では、GDPに占める製造業部門の役割を2025年には25%に、30年には30%にすることをうたい、製造業強化が国家目標の一つとなっており、これ以前の政府諸方針からも、政府の製造業部門重視は明らかになっていた。

ブオンは、その一代の出世物語として、食品会社立ち上げで財をなしたあと、政府とのコネクションを生かした好立地不動産の確保と、収益の循環的不動産投資で、大富豪（タイクーン）になったと語られる。政府との不透明な関係を疑われることもあったが、ことあるごとに「国民の生活向上に役立ちたい」、「先進国と同様の製品、街並みをベトナム人が作れないわけがないことを示す」と明言している。

国家政策としての製造業強化に、最大のコングロマリットとして協力、協働することは、ブオンとその仲間たちにとって、当然に進むべき方向であったのだろう。

6.3.3　製造業のサービス化

ビンの製造業への進出は、携帯電話、白物家電、二輪車、乗用車と、複数分野に進出したが、最終的にEVに集中することを選択した。

リチウムイオン電池を搭載したEVは、走る蓄電池と呼ばれるように、自動車として使わない時間帯などには家庭や街への給電装置となり、スマートホームやスマートシティのインフラとして活用できる。移動手段としてだけではなく、「顧客に多くの利益と優れた経験（エクスペリエンス）をもたら」し、未来の社会のあり方を変える可能性がEVにはある。膨大な投資を要するその事業のために、EV以外の製造業からの撤退は必要だと

277

第2部

理解される。

　加えて、そうした製造業重視の文脈で着目したいのは、「（優れた）経験（エクスペリエンス）」という言葉である。この用語は、「製造業のサービス化」の概念の登場とともに使われだした。

　「製造業のサービス化」とは「製造業企業がモノの製造・販売だけでなく、サービスの提供を付加することにより、モノの価値の向上やモノの拡販を図ること」であり、単なる「モノの製造・販売」ではなく、「サービス的要素を含めたコトの提供」を行うという発想の転換を伴っている。「製造業の競争軸が『モノの製造・販売』だけでなく、『モノを介した顧客価値の提供全般』へと広がったのである」＊56

　このことを理解すると、ビンの言っていることはさらにいくらか明らかとなる。すなわち、「携帯電話やスマートTVの製造では、もはや、消費者にとっての画期的な機能や付加価値を産み出すことはできなくなった」とは、スマホやTVでは「サービス的要素を含めたコトの提供」ができない、ということである。スマートエコシステムの中でスマホの果たす役割は、インターフェースでありコントローラーである。これは、非常に重要な機能であるといえるものの、その先の「コト」につながる自動車や、家や、金融といった生活の実態とは距離のある、ハンディな汎用コンピュータでしかない。

　Vinグループが、初めて自らのMissionに「顧客の生活を向上するための高品質の製品とサービスのエコシステムの構築」を掲げたのは2019年であり＊57、製造業のサービス化に着目したのもこの頃であろう。製造業は、グループにとって重要な戦略投資分野であることに変わりはないものの、今後の製造業のサービス化の進展を予想すると、TVもスマホも、「モノ」以上の「コト」を夢とともに乗せていく製品として、ビンが世界に届けようとするものではない、との判断が想定されるのである。

註

1　細川大輔(2019)「ベトナム新興財閥の研究　－ビングループのケース－」　大阪経大論集第69巻65号

2　VinSmart　各年IR資料

3　ATSUSHI TOMIYAMA（2018）"Vietnam smartphone makers break from Samsung empire" https://asia.nikkei.com/Business/Companies/Vietnam-smartphone-makers-break-from-Samsung-

第 9 章　ビングループのスマホ事業への進出と撤退

empire
4　Ralph Jennings（2019）「世界のスマホ工場を目指すベトナムの『国産スマホ』事情」Forbes Japan 2019.11.17　　https://forbesjapan.com/articles/detail/30765/page1?s=ns
5　Viet Nam News 2020/3/7"Vietnamese mobile phone companies unable to compete with foreign giants"http://bizhub.vn/markets/vietnamese-mobile-phone-companies-unable-to-compete-with-foreign-giants_313757.html
6　Ralph Jennings（2019）前掲記事
7　Ngoc An(2020) Vietnamnet Global 2020/3/11
8　Ibid.
9　藤田輔（2019）「ベトナムの投資政策の動向に関する諸考察―国際経済統合への参入と OECD との関係強化」―千葉商大論叢　第 57 巻　第 1 号 pp. 135-157
10　財務総研リサーチ・ペーパー 2021 年 5 月 23 日（No.22-RP-01）
11　ブイ・ディン・タン（2016）「ベトナム経済発展と対内 FDI の影響に関する研究－サムスンのベトナム進出を事例に」https://core.ac.uk/download/pdf/59167645.pdf
12　同上
13　ATSUSHI TOMIYAMA（2018）, op.cit.
14　百本和弘（2018）「緊密化が進展する韓国ベトナム経済関係－韓国エレクトロニクス・メーカーのベトナム集積が起爆剤に－」ITI 調査研究シリーズ No.74　P.20-22
15　池部 亮（2023）「成長の踊り場に立つベトナム―中所得国の罠を回避するための課題と展望―」環太平洋ビジネス情報 RIM 2023 Vol.23 No.90　p.11
16　GVC の概念、論点については、たとえば、猪俣哲史（2019）「グローバル・チェーン　新南北問題へのまなざし」（日本経済新聞社）の多角的な論考を参照。
17　「（サプライチェーンの）統治のあり方は当事者間の力関係を反映しており、また、究極的にはこの力関係こそがゲームにおける価値分配の大きさと方向性を決める」（猪俣哲史上掲書 p.36）
18　GVC の一般的なステージとしては、R&D、デザイン、製造、組立て、マーケティング、配送、販売が考えられる。
19　LI Yuting（2021）「スマートフォン産業のグローバル・バリューチェーンの統治形態と付加価値分配」商学研究論集　第 54 号
20　西田 宗千佳（2021）「LG はなぜ「スマホ撤退」を選んだのか」Impress Watch 2021/4/12 https://www.watch.impress.co.jp/docs/series/nishida/1317874.html
21　同上
22　同上
23　陳晋(2018)「躍進している中国スマホ市場の光と陰― 国内トップだった小米の盛衰を中心に ―」アジア経営研究　No.24　pp.123-124
24　同上　p.127
25　同上　p.130
26　坂口孝則（2023）「バルミューダ、スマホ事業「スピード撤退」の凄さ」東洋経済オンライン　2023/05/16　https://toyokeizai.net/articles/-/672938

第 2 部

27　本田雅一（2023）「バルミューダ、スマホ事業撤退　失敗の根本はどこにあるのか」ITm
edia　ビジネスオンライン 2023/5/16　https://www.itmedia.co.jp/business/articles/2305/16/news
075.html

28　佐野　正弘（2023）「コンシューマー事業撤退したはずの京セラ、スマホ『TORQUE』新
機種を投入する真相」日経 XTECH　2023.08.18　https://xtech.nikkei.com/atcl/nxt/column/18
/00745/081100162/」

29　山川晶之（2023）「arrows」の FCNT、スマホの製造・販売を"速やかに"停止へ」ITmedia
2023/5/30　https://www.itmedia.co.jp/news/articles/2305/30/news188.html

なお、2023 年 9 月には、中国のレノボがスポンサーとして支援することが明らかになった
　（CNET　Japan ニュース　2023/9/10 https://japan.cnet.com/articles/35208884　）

30　中国で 2010 年代にあらわれた安かろう悪かろうの違法コピー携帯電話。正規の中国国
内の部品メーカーの横流し品を組立て、2000 社ともいわれる弱小メーカーが乱立した。

31　VinSmart　IR　2018

32　Nguyen Tung（2018）"Vingroup to partner with Spain's BQ in smartphone production"Ha
noi Times 2018/7/6 https://hanoitimes.vn/vingroup-to-partner-with-spains-bq-in-smartphone-pro
duction-3950.html

33　VOV.VN　2018/12/26 "Tân binh Vsmart đã sẵn sàng cạnh tranh với những đối thủ kỳ cựu?"
https://vov.vn/cong-nghe/tan-binh-vsmart-da-san-sang-canh-tranh-voi-nhung-doi-thu-ky-cuu-
856340.vov

34　VinSmart IR　2018

35　VinSmart HP 2021/4/12

36　Thanh Lich(2019)　"VinSmart creates VOS operating system for Vietnamese smartphone market"
VietNamNet Global　2019/12/22　https://vietnamnet.vn/en/vinsmart-creates-vos-operating-
system-for-vietnamese-smartphone-market-601365.html

37　"Vietnam's VinSmart enters global smartphone fray with Europe debut" NikkeiAsia 2019/3/26
https://asia.nikkei.com/Business/Companies/Vietnam-s-VinSmart-enters-global-smartphone-fray-
with-Europe-debut

38　"Vsmart phones to officially sell in Myanmar" Vietnam Investment Review 2019/5/30
https://vir.com.vn/vsmart-phones-to-officially-sell-in-myanmar-68136.html

39　"Four VinSmart phones rolled out in Russia" Vietnam News　2019/10/4　https://en.vietna
mplus.vn/four-vinsmart-phones-rolled-out-in-russia/161544.vnp

40　"Low-cost smartphones － a new strategy of Vsmart?" VietNamNet Global　2019/12/15
https://vietnamnet.vn/en/low-cost-smartphones-a-new-strategy-of-vsmart-598248.html

41　Ibid.

42　Ibid.

43　福田　昭(2020)「Qualcomm と Samsung が「Snapdragon 765」の製造技術を公表
～2020 VLSI シンポジウムレポート」　https://pc.watch.impress.co.jp/docs/news/event/1261989.
html

44　Ralph Jennings (2020)"Vietnamese Billionaire's Conglomerate Develops Landmark 5G

第 9 章　ビングループのスマホ事業への進出と撤退

Smartphone" Forbes　2020/7/6　https://www.forbes.com/sites/ralphjennings/2020/07/06/vietnamese-billionaires-conglomerate-develops-landmark-5g-smartphone/

45　ID Quantique (IDQ)　HP　https://www.idquantique.com/

46　VinSmart　Annual Report　2020

47　Hai Dang(2021) "The 3-year journey of Vsmart phones"　VietNamNet Global　2021/11/5 https://vietnamnet.vn/en/the-3-year-journey-of-vsmart-phones-734689.html

48　VinSmart　IR 資料　2020

49　VinSmart　IR 資料　2020

50　Tieu My(2021)「VinSmart đóng mảng TV, điện thoại để tập trung phát triển công nghệ cao cho VinFast」BÁO ĐIỆN TỬ VOV 2021/5/9　https://vov.vn./doanh-nghiep/vinsmart-dong-mang-tv-dien-thoai-de-tap-trung-phat-trien-cong-nghe-cao-cho-vinfast-856398.vov

51　Ibid.

52　VinSmart　Annual Report 2019

53　西田　宗千佳　前掲論文

「OPPO が東南アジアのスマートフォン市場でサムソンに次ぐ 2 位に。販売量は前年比 136% 増で急速にシェア拡大」腾讯新闻 2016 年 9 月 8 日　https://cnnect.net/trend_topic_detail/20160908

54　裴春暉・宇高衛(2015)「中国新興形態端末メーカーの台頭と展望」一般財団法人マルチメディア振興センター　調査研究レポート　2015 年 10 月 1 日 https://www.fmmc.or.jp/activities/achievement/itemid485-001482.html

55　末岡洋子(2017)「Samsung の "お膝元" ベトナムのスマホ事情、Samsung と Apple が強く、Oppo も人気」ASCII.jp×デジタル 2017 年 01 月 11 日 https://ascii.jp/elem/000/001/415/1415803/

56　増田　貴司　「なぜ『製造業のサービス化』が進んでいるのか」　経営センサー　2017/7/8 p.5)

57　VinSmart　IR 資料　2019

第2部

第 10 章

Tiger Vietnam のケース

―ベトナムでの人材育成への取り組み―

藤江昌嗣

　本章では、タイガー魔法瓶株式会社（以下、タイガー魔法瓶）の子会社であるベトナム現地法人 TIGER VIETNAM CO., LTD.（以下、TIGER VIETNAM）の歴史と人材育成における同社の積極的な取組み、そして、その成果について紹介する。

　その前に、親会社であるタイガー魔法瓶株式会社とその歴史について確認しておくことにする。同社は設立が 1923（T.12）年 2 月で、本社を大阪府門真市速見町 3 番 1 号におき、資本金 80 百万円、売上高は 422 億 2 千万円（2023 年 4 月 20 日）である。代表取締役社長は、菊池嘉聡である。

　また、事業内容は、真空断熱ボトル、ジャー炊飯器、電気ケトル、電気ポット、電気調理器具、アウトドア用品などの生産であり、生活用品の総合メーカーである。

1. 魔法瓶の歴史と事業内容

　タイガー魔法瓶株式会社の歴史について紹介していく。「魔法瓶」についてはたいへん身近な必需品であるが、魔法瓶の歴史、魔法瓶が日本にやって来た日、そして、国産の始まりについて、以下で少し触れておくことにする。

1.1　魔法瓶の歴史
　魔法瓶の歴史は、全国魔法瓶工業組合『まほうびんの歴史』（以下、『歴史』）によれば、以下のようになる＊1。
　真空容器による初めての放熱遮断実験は、1873（M.6）年、イギリスの化

282

第 10 章　Tiger Vietnam のケース

学者・物理学者ジェームス・デュワー（1842-1923）が行った。デュワーは、金属容器を二重壁とし、その両壁間の内部を真空にしたところ断熱効果が認められた。その後、ドイツの物理学者 A.F.ヴァインホルトによるガラス容器を使った実験やフランスの物理学者アルセーヌ・ダルソンヴァールによる実験が行われた。

　また、1892（M.25）年、デュワーがガラス 2 重瓶真空内壁に銀メッキを施し、鏡のように光らせて輻射による熱の損失をくいとめる実験器具を作り出した。これは今日の魔法瓶と基本原理において全く同じであった。そして、1904（M.37）年、ドイツのラインホルト・ブルガーが、初めて家庭用の保温保冷器具として製品化し、「テルモス」と名付けて売り出した。テルモスとは"熱"を意味するギリシア語から来た言葉で、公募で選ばれた商品名である。その後、ドイツ、イギリスを中心に魔法瓶は次第に工業製品となり産業化されていった。

1.2　魔法瓶が日本にやって来た日

　タイガー魔法瓶の創業者であり、初代社長である菊池武範が「魔法瓶」に出会ったのは、1910（M.43）年で、菊池にとり初めての大阪奉公の時代であった。菊池は伊藤喜商店*2 が輸入した大ヒット商品「テルモスびん」*3 を船場ビジネス街のショーウィンドーで見たのである。『歴史』によれば、日本に魔法瓶が輸入されたのは、その 3 年前の 1907（M.40）年 9 月であった。

　東京日本橋にあった「日本銃砲店」の広告に、最初の販売記事が掲載されている。この国内初の新聞広告を出したのは金丸銃砲店（1908（M.41）年）で、その後、ドイツの THERMOS 社や伊藤喜商店なども広告も出し、国内での普及を目指したのである。

1.3　魔法瓶の国産化

　国産第一号の魔法瓶が登場したのは、1912（M.45）年である。神戸高商出身の日本電球会社の八木亭二郎が輸入品を解体、研究し、電球製造の際に用いる真空技術を独自に応用し、完成させ、同年に「八木魔法器製作所」を設立した、そして、翌 1913（T.2）年には独立し「八木魔法壜製作所」として朝日新聞に国産品初の広告を出している。

　また、大阪江戸堀の瓶製造者竹森三之助も魔法瓶製造を試みていたとい

第2部

う説もあり、八木と竹森の協力のもと安定した製品が初めて供給できるようになったとも言われている。魔法瓶の製造を試みたのは八木魔法器製作所のほか、八木の協力者の一人である磯部金吾（現・ダイヤモンド魔法瓶工業）、星印電明社（現・オルゴ）、山中辰商会、山富洋行、兎印中西魔法器製造所などがある＊4。

また、「魔法瓶」の名付け親は誰であろうか。『歴史』によれば、1907年（M.40）10月22日付の東京朝日新聞で、東京帝国大学理学博士の飯島魁（いさお）が記者との対談で初めて「魔法瓶」と表現したとされている。名称を含め、1912（M.45）年に国産化が始まったのである。

上述のようにこうした魔法瓶の歴史の中で、創業者であり、初代社長である菊池武範が「魔法瓶」に出会ったのは、菊池の大阪奉公時代の1910（M.43）年であった。菊池は、伊藤喜商店が輸入した大ヒット商品「テルモスびん」を船場ビジネス街のショーウィンドーで見たのである。

1.4　大阪のガラス工業と魔法瓶

『歴史』によれば、大阪天満宮にある「大阪ガラス發祥之地」の石碑には、魔法瓶の製造は、そのほとんどが大阪であり、そのルーツについても、以下のように刻まれている。1751（宝暦元）年に長崎商人播磨屋清兵衛が天満宮の鳥居前にガラス工場「玉屋」を造り、これが大阪でのガラス工業の始まりとなる。

この後、大阪には多くのガラス職人が育ち、輸出港も近く、多数の資材・部品の下請けも多かったため、大正時代初めの魔法瓶誕生からその後の量産へと発展していくのである。

1.5　戦時中、戦後の魔法瓶

1935年以降、戦時色が強まっていき、第二次世界大戦に突入するが、その間も魔法瓶製造は行われていた。主に爆撃機や偵察機に使用された「航空魔法瓶」や、金属不足のために外装を有田焼の磁器で作った魔法瓶も発見されている。

また、戦後の魔法瓶開発を『歴史』は下記のようにまとめている。

魔法瓶は、ガラス職人が「手吹き」という方法で内瓶・外瓶を二重に成形し、その間にメッキを施したうえで真空引きして「中瓶」が出来上がる。製品化は分業で行われ、外装ケース等を取り付けていた。

第 10 章　Tiger Vietnam のケース

　その「中瓶」の製造を自動化したのが、現在の象印マホービンやダイヤモンド魔法瓶であった。それは、高度経済成長期の 1963（S.38）年のことであり、この画期的な自動化によって生産数も飛躍的に伸長し、国内普及への大きな原動力となった。

　また 1978（S.53）年には、日本酸素（現サーモス）が、国産初の高真空ステンレス魔法瓶（携帯用）を開発、発売した *5。その後、各社が参入し、魔法瓶業界はこのステンレス製で大きく変貌してゆくこととなった。日本酸素ホールディンググループは、サーモス事業では、魔法びんのパイオニアとして守り育ててきた真空断熱技術と、ユニークな「生活快適発想」を柔軟に組みあわせて事業を推進していることを『歴史』は記述している。

2.　タイガー魔法瓶の歴史

　冬場に冷めたお茶をご飯にかけて食べるという奉公人の生活の中、「熱いお湯（お茶）がいつも飲める」というのはささやかな夢である。菊池は、魔法瓶のニーズ、商品としての可能性を意識したのである。

　菊池は国内メーカー「イーグル魔法瓶」での経験を経て、1923（T.12）年に独立し、「虎印魔法瓶製造卸菊池製作所」を創業し、日本国内向けの「虎印」魔法瓶の製造販売を開始したのである。贅沢品であった魔法瓶を庶民のものとして普及させていったのである。

　ときに 1923 年は関東大震災の起きた年である。同社にとり、この震災は大きな影響を与えた。この辺りを含め、現在に至るまでの同社の歴史を、その「社史」からいま少し詳しく、見ていくことにする。タイガー魔法瓶株式会社の歴史は、表 10.1 に示されている。

表 10.1　タイガー魔法瓶株式会社の歴史

1923 年　関東大震災でも無傷だった虎印魔法瓶
1930　　台湾と満州の貿易に乗り出す。
1931　　魔法瓶、驚きの製品バリエーション
「五倍力魔法瓶」、乳瓶(保温哺乳瓶)、魔法瓶徳利、アイスクリーム容器、
アユ釣り用の魔法瓶…と、驚くべき製品が開発
1950　　ハンディポットの草分け的存在「ベークライト製卓上ポット」発売

285

第 2 部

携帯用と考えられていた時代に、ペリカン型注ぎ口と、ワンタッチでフタがあく持ち手がついた卓上湯差し(ポット)、水切りの良さを向上

1952　本社及び工場を大阪市大正区に合併移転。東京出張所開設

1953　社名を「タイガー魔法瓶工業株式会社」に改称

1955　本社・工場を大阪市城東区に移転、生産体制を強化。

1958　通商産業省(現・経済産業省)より業界初の JIS 工場指定

1963　大阪府門真市(現住所)に、総合工場完成

1964　ステンレスジャー、新幹線のビュッフェで採用

1966　大阪府品質管理推進優良工場の指定

1967　中瓶オートメーション製法導入。自動製瓶工場、製品倉庫完成

1968　創立 45 周年、会長に創業者菊池武範、社長に菊池嘉人就任

1970　タイガー販売株式会社(本社・大阪)、タイガー物産株式会社(本社・福岡)発足。
タイガー販売(株)東京支店・配送センター完成。
タイガー販売(株)北海道営業所開設。タイガー物産(株)広島営業所開設。

1970　電気ジャー「炊きたて」発売　(現在の電子ジャーの第 1 号商品)

1971　新社屋(第 2 号館)を完成。新工場完成。タイガー販売(株)東北営業所開設。

1972　電子ジャー "炊きたて" が大好評
フッ素加工の飯器、斬新な花柄のデザイン、テレビとラジオの CM で視聴者の感性に訴えた

1972　歴史的大ヒット。ハイビスカス柄アイテム

1974　炊飯電子ジャー「炊きたてダブル」発売(現在の炊飯ジャーの第 1 号商品)

1976　氷削り器「きょろちゃん」発売
(＊) 2016 年、人気の高かった三代目(1978 年)モデルを復刻

1978　本社社屋増築(第 3 号館)工事完成

1980　電気ポット第 1 号商品、湯わかしエアーポット「わきたて」の発売

1982　本社物流センター完成

1983　創立 60 周年を迎える。社名を「タイガー魔法瓶株式会社」に改称。
門真魔法瓶センター完成

1986　CAD システムを導入。鳥栖物流センター完成

1986　魔法瓶の中瓶はガラス製からステンレス製へ　ダブルステンレスボトル「サハラスリム」(ペットネームに「サハラ」をつけた第 1 号商品)

1987　門真魔法瓶センターにステンレス魔法瓶金属プレス工場完成

第 10 章　Tiger Vietnam のケース

1988	タイガー生産管理システム(TOPICS)導入
1989	販売・物流オンラインシステム(TOPS)導入
1990	台湾に「虎記股份有限公司」設立
1991	タイガー物産(株)をタイガー販売(株)に統合し、販売部門を全国一元化する 香港に「虎牌産品有限公司」設立
1995	プラスチック成形工場「新工場 B 棟」完成
1997	東日本物流センター完成。上海に「合弁会社上海虎生电子电器有限公司」設立
1998	VE 真空電動ポット「とく子さん」発売(「とく子さん」の第 1 号商品)
1999	タイガー販売(株)を吸収合併。社長に菊池嘉聡、就任
2001	本社が ISO9001 認証取得
2002	アメリカに TIGER CORPORATION U.S.A.設立
2006	業界初！　土鍋 IH ジャー炊飯器発売、高級ジャー炊飯器の幕開け
2011	業界初の蒸気を外に出さない蒸気レス電気まほうびん「とく子」さん
2011	タイガーエスネット(株)を吸収合併。タイガーテクニカルサービス(株)設立
2012	**ベトナムに TIGER VIETNAM Co., Ltd. （タイガーベトナム有限公司）設立**
2013	本社品質管理棟完成
2014	食卓に新たな価値を提案するブランドへ GRAND X(グランエックス)シリーズ 発売！　コンセプトは『感動の、おいしさを。』
2015	インドに TIGER INDIA PRIVATE LIMITED 設立
2016	台湾の台南に直営店生活館を開店
2017	台湾の高雄に直営店生活館を開店
2018	**こうのとり 7 号機搭載　JAXA の小型回収カプセルの真空二重断熱容器を開発**
2019	「HTV 搭載小型回収カプセルの開発」が第 48 回日本産業技術大賞「文部科学大臣 賞」を受賞
2019	補修用部品 10 年保有導入
2020	本社新オフィス棟完成
2020	台湾の台北に直営店生活館開店 真空断熱ボトル「4 つの約束」を宣言 　　「NO・紛争鉱物」「NO・フッ素コート」「NO・丸投げ生産」「NO・プラスチッ クごみ」の"4 つの約束"で地球の未来のために、人権・健康・環境の社会課題にチ ャレンジしている。
2021	**開発に携わった「真空二重構造断熱・保温輸送容器」が搭載された SpaceX の宇宙 船「ドラゴン 22 号機」が無事に帰還**

第 2 部

2021	サーキュラーエコノミーの実現へ
	使用済みステンレス製ボトルの回収と再資源化を京都府亀岡市からスタート
	家庭で不要になった真空断熱ボトルを地域の学校や企業で回収し、リサイクル専門業者へ集約。
	集まったリサイクル原料から再生ステンレス材および再生樹脂製品を生産。
	再生ステンレス材は新たな製品へと生まれ変わり再びお客様の元へ、再生樹脂製品は当社の各生産工場にて活用するといった再資源化モデルを構築。
	産官学民による新たなライフスタイルの実現、真空断熱ボトルを通じた循環型社会の実現。
2022	ベトナムに TIGER MARKETING VIETNAM Co., Ltd.（タイガーマーケティングベトナム有限公司）を設立

（出所）タイガー魔法瓶ホームページに基づき、筆者作成

タイガー魔法瓶株式会社の歴史とともに変わってきた同社のロゴの推移も図 10.1 に示しておく。

図 10.1　タイガー魔法瓶　ロゴの推移

開業当初に商標出願した虎印マーク

現在のロゴ

（出所）（上図左）「マホー瓶名鑑」（全国魔法瓶工業組合創立 10 周年記念出版誌より）
　　　　（上図右）「日本の魔法瓶」（全国魔法瓶工業組合創立 30 周年記念出版誌より）

第 10 章　Tiger Vietnam のケース

　1923（T.12）年 9 月 1 日午前 11 時 58 分 44 秒。マグニチュード 7.9 の大地震が関東地方一円を襲った。史上最大の地震災害として記録に残る関東大震災である。菊池武範が東京で取引を始めて間もない頃のことである。
　しかし、他ならぬこの関東大震災こそが、虎印魔法瓶の評価を一挙に高めることとなった。商店に保管されていた他社の魔法瓶の大部分は壊れてしまったが、虎印魔法瓶が納品した 100 本すべては無傷で残ったのである。1 本も壊れなかったという事実はすぐに業界に知れ渡り、東京中から注文が殺到。3 年後には東京市場の 85％を占めるまでになった。
　しかし、国内市場はまだ小さかった。1930（S.5）年に台湾と満州の貿易に乗り出す。この販路開拓のための商法が見事に当たり、タイガーブランドの名は高まり、1932（S.7）年には、内地と外地向けの販売比率はほぼ同じになった。
　第二次世界大戦後の 1950 年には、ハンディポットの草分け的存在「ベークライト製卓上ポット」を発売した。
　ところで、当時、虎印製品の販売価格は他社より 1 割高が普通であった。これは、業界に"虎印価格"より 1 割安とする建値の慣行があり、業界トップメーカーとしてプライスリーダーの役割を果たしていたためで、これは 1965（S.40）年頃まで続いたのである。
　また、東京オリンピックが開催された 1964（S.39）年に、同社のステンレスジャーが新幹線のビュッフェで採用された。茶碗 160 杯分のご飯を保温する能力があるステンレスジャーL-220 が、同年 10 月に開業した東海道新幹線の特急ビュッフェ（軽食堂）に 30 台採用されたのである。
　当時、東京オリンピックとともに話題の中心であった新幹線の列車食堂に自社製品が採用されたことは、社員一同に大きな喜びと誇り、自信を与えたのである。
　また、1970（S.45）年に、電気ジャー「炊きたて」発売（現在の電子ジャーの第 1 号商品）を発売した。この電気ジャー第 1 号商品を皮切りに、翌 1971 年電子ジャー第 1 号を発売。発売当初から爆発的な人気を誇り、一躍トップブランドの地位を確立した。また、この年発売された「炊きたて」ブランドは、発売以降 50 年以上経った今も炊飯器のブランドとして継続的に使用しており、人々の暮らしを支えている。
　1972（S.47）年には、電子ジャー"炊きたて"を発売したが、大好評を博した。電気ジャー「炊きたて」の販売量は急伸し、発売 1 年後の 1971 年（S.46）

第 2 部

年 12 月には 100 万台を突破した。さらに、1972（S.47）年 5 月に発売した電子ジャー「炊きたて」（DFC 型）は、20 社近くがしのぎを削る激しい電子ジャー市場で驚異的なヒットとなり、一躍トップブランドの地位を獲得したのである。

電子ジャー「炊きたて」の成功要因は、ご飯がこびりつかないフッ素加工の飯器、斬新な花柄のデザイン、テレビとラジオの CM で全国に"♪タイガー電子ジャー「炊きたて」"と軽やかなメロディに乗せ、視聴者の感性に訴えたことであると同社は分析している。

また、同社のポットのボディに花柄をあしらうようになったのは、1967（S.42）年からであるが、1970 年半ばには、"花柄"全盛時代になり、"花柄"のよしあしで売り上げが変わった。

そんな中、白地を基調にした真っ赤なハイビスカスのデザイン＊6 は、今までのどんな柄よりも目立ち、斬新なもので、社内では「こんな奇抜な柄が売れるか」という意見もあったが、ハンディポットに採用したところ、爆発的な人気を得た。

その後、このハイビスカス柄は、電子ジャーをはじめ、様々な商品に展開された。

ところで、従来の電子ジャーは、ご飯を"保温"するためのもので、それに"炊飯"機能をプラスした 1 台 2 役の商品「炊飯電子ジャー」が、1972（S.47）年から各家電メーカーにより発売された。同社は、1974（S.49）年に、炊飯電子ジャー「炊きたてダブル」を発売した。現在の炊飯ジャーの第 1 号商品である。

同社の炊飯電子ジャー第 1 号は、炊飯電子ジャー「炊きたてダブル」（CR型）で、他社と差別化を図るため、かまどで炊く工程を徹底的に分析し、よりおいしく炊き上げるために、新たな調圧口を設けた。

同社は、その後も、業界初の音声コール、時刻セットタイマーなど、業界が注目する機能を次々と開発し、高機能と使いやすさを考えた商品開発は今も続いている。

1980（S.55）年に、電気ポット第 1 号商品、湯わかしエアーポット「わきたて」を発売した。魔法瓶は熱いお湯を入れて保温する容器であるが、水を入れて電気を熱源にお湯を沸かし保温する「電気ポット」が、1979（S.54）年から電気メーカーにより相次いで発売された。

魔法瓶メーカー各社も魔法瓶市場を防衛する必要から電気ポットの開発

第 10 章　Tiger Vietnam のケース

を急いでいたが、同社は 1980 年 12 月に、湯わかしエアーポット「わきたて」（PEA 型）を発売した。1984（S.59）年度には同社のシェアは 32.7％となり、業界首位の座を得た。

　1986（S.61）年から、魔法瓶の中瓶がガラス製からステンレス製へと変化していった。ダブルステンレスボトル「サハラスリム」（ペットネームに「サハラ」をつけた第 1 号商品）は大ヒットした。

　同社のステンレス製魔法瓶の発売は、既に 1981（S.56）年から始まっていたが、ガラス製に比べて 2 倍を超える小売価格であり、助走に少し時間がかかったが、発売 2 年目位から上伸をはじめ、その後、逐年、前年を上回る成長商品となった。また、魔法瓶業界で見ても、1985（S.60）年、ついにステンレス製の国内向け携帯用魔法瓶出荷総数がガラス製を上回るという急成長を見せた。ステンレスの時代に入ったのである。

　同社のステンレス製魔法瓶が急速に普及した理由について、同社は「割れない」という大きなメリットに加え、研究努力により「保温力の増強」、「コンパクト化」、「軽量化」など商品のベースになる性能を向上させたことを挙げている。加えて、「デザイン戦略」、「ネーミング戦略」、「品揃え戦略」などの総合的なソフト戦略も成功の大きな要因になったとしている。

　その後、1998（H.10）年に、VE（Vacuum Electric）真空電動ポット「とく子さん」を発売した。「とく子さん」ブランドの第 1 号商品である。内容器の側面を真空断熱層とすることで、従来の電気ポットと比べて、保温効果の高い魔法瓶構造の VE タイプの電気ポットを作りあげ、発売したのである。真空断熱技術は、同社のコア技術となっていくのである。

　以後、この「とく子さん」は、「省エネで電気代を賢く節約します。」という省エネ No.1 のモデルや、コードを抜いても給湯できる「コードレスエアー給湯」など、使いやすさを備えており、「とく子さん」は進化（同社の表現）し続けている[7]。

　また、2006（H.18）年に、Induction Heating 誘導加熱を利用した業界初の「土鍋 IH ジャー炊飯器」を発売した。同社は、この炊飯器をいつものご飯を贅沢にする「高級ジャー炊飯器の幕開け」としている。

　「土鍋釜」は内釜に本物の土鍋を採用したことにより、蓄熱性が高まり、その土鍋は、お米本来の甘みを引き出し、香り高く炊き上げるというわけである。

　「IH ジャー炊飯器」という機械と「土鍋」という自然の素材の融合は、

291

第2部

その開発も困難を極めたが、土鍋を3度焼きするなど、工夫を重ね発売した。「土鍋釜」はタイガーを代表するブランド商品として、長年愛されるロングセラー商品となっているのである。

2011（H.23）年には、業界初の、蒸気を外に出さない蒸気レス電気まほうびん「とく子」さん、安全・安心な団らんを提供、蒸気レスVE電気まほうびん「とく子さん」の2つのタイプが、業界で初めて蒸気を出さない電気まほうびんとして発売された。

蒸気レスのメカニズムであるが、湯沸かしの際に発生した蒸気は、ふたに内蔵された「蒸気キャッチャー」によって受け止められ、冷却される。そして、水滴となり内容器へと戻るという新構造を開発し、蒸気による火傷の心配もなく安全性がアップしたのである。

また、これにより精密機器の近くなど、置き場所もより自由に選べるようになった。

2014（H.26）年には、食卓に新たな価値を提案するブランドへ GRAND X（グランエックス）シリーズの発売を開始した。コンセプトは『感動の、おいしさを。』である。

そして、真空技術の応用は新しいジャンルを開拓した。それは、2018（H.30）年の、こうのとり7号機に搭載する、JAXAの小型回収カプセルの真空二重断熱容器の開発である。

JAXAが宇宙ステーション補給機「こうのとり」7号機へ搭載のために開発した小型再突入カプセルは、国際宇宙ステーション（ISS）から地上に物資を回収するためのものであるが、大気圏に再突入する回収カプセルには、高い断熱性能と強度が求められる。タイガーは貴重な宇宙実験サンプル等を格納する真空二重断熱容器の開発を担当したのである。そして、2019（R.1）年には、「HTV搭載小型回収カプセルの開発」が第48回日本産業技術大賞「文部科学大臣賞」を受賞した。

年表に基づく同社の歴史の紹介の最後になるが、2020（R.2）年には、真空断熱ボトル「4つの約束」を宣言した。タイガー真空断熱ボトルは、「NO・紛争鉱物」「NO・フッ素コート」「NO・丸投げ生産」「NO・プラスチックごみ」の"4つの約束"を掲げ、地球の未来のために、人権・健康・環境の社会課題にチャレンジしているのである。

3. タイガー魔法瓶の事業内容

　タイガー魔法瓶は、2021 年に「サーキュラーエコノミーの実現へ」という目標を立て、使用済みステンレス製ボトルの回収と再資源化を京都府亀岡市からスタートさせた。家庭で不要になった真空断熱ボトルを地域の学校や企業で回収し、リサイクル専門業者へ集約する。そして、集まったリサイクル原料から再生ステンレス材および再生樹脂製品を生産する。再生ステンレス材は新たな製品へと生まれ変わり、再びお客様の元へ、再生樹脂製品は同社の各生産工場にて活用するといった「再資源化モデル」――サーキュラーエコノミーをスタートさせた。産官学民による新たなライフスタイルの実現、真空断熱ボトルを通じた循環型社会の実現に大きく舵を切り始めたのである。

　こうした理念の実現のためにどのような事業を行っているのかを紹介する。

　タイガー魔法瓶は既に紹介したように、日本本社を大阪におき、現在、生産工場として、海外では、ベトナムのビエンホア市に TIGER VIETNAM と中国の上海に上海虎生電子がある。

　また、同社の主な事業部門は、産業機器事業（BtoB）である「宇宙開発関連事業」、「物流・自動車関連事業」、「飲食関連事業」「住宅関連事業」がある。

　中でも、上記でふれたように、「宇宙開発関連事業」は、国際宇宙ステーションで研究された試料を宇宙から地球へ運ぶ時に、宇宙実験サンプル回収用に使用される宇宙開発用格納カプセルを JAXA と共同開発したもので、「真空二重断熱容器」やハヤブサの回収で有名になった宇宙実験サンプル格納用「真空二重断熱容器」などの事業である。同社は、真空断熱ボトルは当該技術をコア技術として開発している（表 10.2 参照）。最新製品「真空断熱ボトル MJX-B048」を 2023 年 10 月 1 日に発売した。同製品は、「現代風にアレンジした「京友禅」の着物柄をタイガー魔法瓶の独自技術でボトルに再現したもので、「世界中の人に、日本の伝統工芸を伝える」ことを企図している [8]。

　また、「物流・自動車関連事業」には自動車用エンジン冷却水の蓄熱システム、「飲食関連事業」には、ロック付きステンレスエアーポットや学校給食用保温保冷容器などがあり、「住宅関連事業」には魔法瓶構造電気即湯器

第 2 部

などがある。

　真空技術の発展、活用を得意とする同社は、今後の事業・商品戦略としては、Vision として、真空断熱技術で団らんから宇宙開発まであらゆる技術革新に貢献することを掲げ、また、事業戦略としては、持続可能な社会の実現を念頭に、独自の商品やサービスを拡大していくとしている。（表10.2 参照）

表 10.2　タイガー魔法瓶（株）の主な事業部門

主な事業部門
◎産業機器事業（BtoB）
「宇宙開発関連事業」
「真空二重断熱容器」やハヤブサの回収で有名になった
宇宙実験サンプル格納用「真空二重断熱容器」などの事業
「物流・自動車関連事業」
自動車用エンジン冷却水の蓄熱システム
「飲食関連事業」
ロック付きステンレスエアーポットや学校給食用保温保冷容器
「住宅関連事業」
魔法瓶構造電気即湯器

（出所）タイガー魔法瓶株式会社ホームページに基づき筆者作成

　また、同社は、SDGs のゴールも位置づけながら、「未来創造事業」「持続可能な社会づくり」「携帯用ボトルの発展」に関する経路 pass に取り組んできた。これら3つの事業経路における「実現済み」の「到達点」と「開発に着手した」事業は以下の通りである。

　「未来創造事業」では、宇宙用回収カプセルが到達点であり、今後、医療輸送容器と脱炭素エネルギーへの取り組みがスタートしている。

　また、「持続可能な社会づくり」では、エコパッケージが実現済みであり、リユースステンレス容器やリサイクル商品の取り組みがスタートしている。

　また、「携帯用ボトルの発展」では、抗菌せんが実現し、抗コロナ対応、IoT ボトル、安全な飲料水の提供などへの取り組みが始まっている。

　同社には、コア技術として「真空技術」がある。抗菌性や保存・保管・移輸送装置や道具へのその応用、あるいは周辺技術、環境や安全性のある製品への応用という将来性のある分野において、引き続き、研究開発・製

第 10 章　Tiger Vietnam のケース

造技術等の継続と発展のための人材が不可欠である。

　このことを自覚し、その一翼として TIGER VIETNAM が注目されているのである。

4.　TIGER VIETNAM

　TIGER VIETNAM CO., LTD.は、主要事業が生活用品（ボトル等）・調理家電（炊飯器等）の企画・開発・製造・販売で、2011（H.23）年 6 月 15 日に設立された。社長は皆越浩である。

　出資会社はタイガー魔法瓶株式会社で、資本金は 27 億 2 千万円、従業員数は 600 名（2023（R.5）年 6 月現在）で、所在地は 229 AMATA Industrial Park Long Binh Ward Bien Hoa City Dong Nai である。

　VIETNAM タイガー魔法瓶のグローバル生産体制をみる中で、TIGER VIETNAM の位置づけと役割を確認しておくことにする。

4.1　TIGER VIETNAM の設立とタイガー魔法瓶のグローバル生産体制における位置づけ

　既述のように、タイガー魔法瓶は日本本社を大阪においているが、生産工場として、中国上海に上海虎生電子（1997 年設立）とベトナムのビエンホア市に TIGER VIETNAM（2012 年設立）とをもつ。また、海外販社として、上海鈦格貿易・台湾虎記股份・香港虎牌産品・米国 TIGER CORP がある。（表 10.1 参照）

　中国、インドに次ぐ成長スポットとして注目されている ASEAN 諸国の中から、2011（H.23）年 6 月、成長著しいベトナムに「タイガーベトナム（TIGER VIETNAM CO., LTD.）」を設立した。タイガーベトナムは、本社と同規模の新工場を開業した、ドンナイ省ビエンホア市 AMATA 工業団地内の約 1 万坪の土地に、4,300 坪の建屋で新設され、2012（H.24）年 11 月から稼働している。TIGER VIETNAM（TVN）は、従業員数 600 名（2023 年現在）である。

　タイガー魔法瓶のグローバル生産体制の中で、TVN は本社（工場）とともに重要な役割をもち、主力完成品事業は、炊飯ジャー、電気ケトル、真空断熱ボトルであり、また、主力部品事業として、ポット内容器、炊飯ジャーIH コイルを生産している。この TVN 設立により、タイガー魔法瓶は、

295

第2部

表 10.3 Tiger Vietnamu（TVN）工場管理の歴史

大項目	2011年	2014年	2015年	2016年	2017年	2018年	2019年	2020年	2021年	2022年
会社沿革	6月会社設立	事業活動本格化	-	-	ボトル事業開始				営業部門設立 Bizセンター設立	販売会社設立
従業員数（人）	-	128	122	140	230	240	420	480	525	550
日本人数（人）	-	2	2	5	6	4	4	4	4	2
売上高（$）	-	4,849,059	5,540,233	7,901,760	12,528,576	15,060,592	17,558,108	18,489,098	16,235,997	22,310,385
地域社会支援										
生産・出品目	-	・内容器 ・炊飯ジャー ・電気ケトル ・構成部品	・内容器 ・炊飯ジャー ・電気ケトル ・構成部品	・内容器 ・炊飯ジャー ・電気ケトル ・構成部品	・内容器 ・炊飯ジャー ・電気ケトル ・構成部品 ・ボトル	・内容器 ・炊飯ジャー ・電気ケトル ・構成部品 ・ボトル	・内容器 ・炊飯ジャー ・電気ケトル ・構成部品 ・ボトル	・内容器 ・炊飯ジャー ・電気ケトル ・構成部品 ・ボトル ・アクセサリー	・内容器 ・炊飯ジャー ・電気ケトル ・構成部品 ・ボトル ・アクセサリー	・内容器 ・炊飯ジャー ・電気ケトル ・構成部品 ・ボトル ・アクセサリー
出荷先	-	・日本 ・中国	・日本 ・中国	・日本 ・中国	・日本 ・中国	・日本 ・北東アジア ・アセアン	・日本 ・北東アジア ・アセアン ・ベトナム	・日本 ・北東アジア ・アセアン ・ベトナム ・インド ・中東	・日本 ・北東アジア ・アセアン ・ベトナム ・インド ・中東	・日本 ・北東アジア ・アセアン ・ベトナム ・中東 ・欧州 ・北米
売上高部材比(%)	-	77.2	77.9	73.3	68.8	64.7	52	53.7	59.7	57.4
現地調達比(%)	-	19.6	20.0	20.5	21.0	43.0	50.0	55.0	58.0	60.0
人事強化施策	-	-	-	-	OJT教育強化	新人事考課	社内研修制度	社外研修制度	福利厚生改訂	SMETA認証取得
地域社会支援	-	-	-	-	-	学生見学受入	行政見学受入	日本語支援	大学教授支援	大学生支援
ITインフラ強化	-	-	-	-	通信設備改修	通信網改修	生産改革	財務改革	販売系連携	本格運用開始

（出所）TIGER VIETNAM CO., LTD.「地域密着型ものづくりを実現するひとづくりによるグローバルカンパニー化への挑戦」に基づき筆者作成

図 10.2 Tiger Vietnam（TVN）従業員数と売上高の推移（2014 - 2022年）

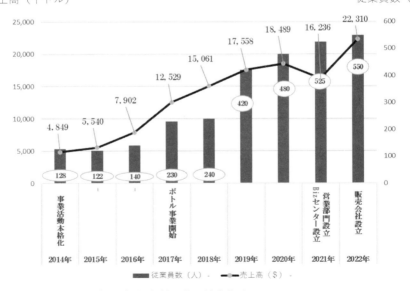

（出所）Tiger Vietnam（TVN）社資料に基き筆者作成

炊飯ジャー、電気ポット、ステンレスボトルの生産拠点を日本・中国・ベトナムの3カ所に構えることになったのである。

また、タイガー魔法瓶は2008（H.20）年から、技能実習生の受け入れを実施している。タイガーベトナム設立にあたり、実習を終えてベトナムに帰国していたホーチミン在住の方に声をかけたところ、全員が新工場の各部署で円滑な業務進行に尽力してくれたとのことである。

4.2　TIGER VIETNAM（TVN）のミッション

TVNのミッションは最終的なフロンティアを目指して取り組み「アセアンのハブ拠点と成る」ことであり、「真空断熱ボトルのマザー工場に成る」ことである。それは、同社のホームページによく示されている（写真10.1、10.2（p.301）参照）。

写真 10.1

（出所）Tiger Vietnam（TVN）社 HP より
https://www.tiger-corporation.com/vi/vnm/

4.3　TVN工場管理の歴史

TVNの工場管理の歴史を見てみることにする。表10.3を参照されたい。

同社は2011年に設立されたが、3年目の2014年から事業を本格化させた。2017年にはボトル事業を本格化し、2021年には営業部門であるBizセンターを設立し、2022年には販売会社を設立した。

従業員数も2014年の128名から、2022年には550名となり、その平均増加率は6.3％となっている。同期間において、日本人スタッフは2人からスタートし、その後、2016年が5人、2017年が6人と増加したが、2018年以降は4人に減少し、2022年には2名に減少した。その理由については後述する。

第 2 部

4.3.1 Tiger Vietnam（TVN）従業員数と売上高の推移（2014‐2022 年）

また、この期間の TVN 従業員数と売上高の推移（2014‐2022 年）についてもみておく。その順調な増加が確認できる。

この期間、TVN の売上高も、2014 年の 4,849（千㌦）から、2015 年が 5,540（千㌦）、2016 年が 7,902（千㌦）となり、2017 年には、12,529（千㌦）と 1 億ドルを突破した。その後も 2018 年が 15,061（千㌦）、2019 年が 17,558（千㌦）、2020 年が 18,489（千㌦）と増加を続け、翌 2021 年は 16,236（千㌦）と減少したが、2022 年には再び増加し、22,310（千㌦）と 2 億ドルを超えたのである（図 10.2 参照）。

4.3.2 TVN の生産・出荷品目の推移

次に、TVN の生産・出荷品目の推移をみておくことにする（表 10.3 参照）。

工場立ち上げ時の 2014 年から 2016 年までは、内容器、炊飯ジャー、電気ケトル、構成部品という 4 つのジャンルであったが、2017 年からボトル事業が始まり、これらにボトルが加わり 5 つの分野となった。この 5 つの事業分野体制は 2019 年まで続いた。そして、2020 年から新たにアクセサリーが加わり、6 つの事業分野に拡大し、現在に至っている。

こうした生産品目の増加・事業体制の拡大は、出荷先の変化とも連動している。

2014 年から 2017 年までは、出荷先は日本と中国であった。しかし、生産品目にボトルが加わった 2017 年の翌 2018 年に、出荷先が拡大した。アセアン、北東アジアが加わったのである。その後も、2019 年にはアセアン、ベトナムが加わり、生産品目にアクセサリーが加わった 2020 年にはインド、中東が加わった。さらに、翌 2021 年には欧州が加わり、2022 年には北米も加わり、9 つの国・地域となっている。

以上から、グローバルな市場への供給という重要な役割の担い手として、TVN を位置づけることが可能である。既にみたように、TVN の 2022 年の売り上げは 22,310（千㌦）で 2 億ドルを超えているが、年平均の為替レート 131.52 円で換算すると 29 億 3421 万円となっている。

4.3.3 売上部材比と現地調達率の推移

出荷先が 9 つの国・地域というグローバルな市場への製品供給という役

第 10 章　Tiger Vietnam のケース

割の担い手として TVN は存在しているが、そのミッションは、既述のように「アセアンのハブ拠点と成る」ことと「真空断熱ボトルのマザー工場に成る」ということである。

ハブ拠点となるためには、何が必要であろうか？

それは、生産技術や生産体制のための材料調達、ロジスティクスの構築、人材育成等における現地化が一つのポイントとなる。

2014 年以降の TVA の取り組みの手段と結果を確認しておこう（図 10.3 参照）。

図 10.3 で確認できるように、売上高部材比は 2014 年の 77.2％から 2022 年の 57.4％へと傾向的に減少し、逆に、現地調達率は傾向的に上昇している。売上高部材比は 2015 年の 77.9％をピークに 2019 年には 52.0％まで減少し、年平均の減少率は▲7.6％となっている。これに対し、現地調達率は、同期間 20.0％から 50.0％へと上昇し、年平均の上昇率は 20.0％となっている。如何に意識的に現地調達率を上昇させてきたかを示すものである。

図 10.3　売上高部材比と現地調達率の推移（2014 – 2022 年）

（出所）Tiger Vietnamu（TVN）社資料

第 2 部

4.4　人事強化施策

　人事強化施策も 2017 年以降、OJT 教育強化、新人事考課、社内研修制度、社外研修制度、福利厚生改訂、SMETA 認証取得と矢継ぎ早に進められてきた（表 10.3 参照）。TVN の人材育成策については、のちに詳述する。

5.　タイガーマーケティングベトナム

　さて、2022（R.4）年にタイガーマーケティングベトナムが営業を開始した。前年 2021（R.3）年 8 月にベトナム・ホーチミン市で設立登記を行っていたタイガーマーケティングベトナム（TIGER MARKETING VIETNAM CO., LTD.）が、翌 2022 年 1 月、営業活動をスタートしたのである。
　「ビジョン実現に向けた Global Tiger 視点での成長」を目的に、タイガーベトナム（TVN）の販売機能を発展的に分離・独立させ、成長市場であるベトナム国内でのさらなる売上拡大と今後の ASEAN への展開における主要拠点としての役割を担っている。
　2021 年 12 月まではタイガーベトナムで皆越が営業部門を兼務していたが、発展的に解消して、タイガーマーケティングベトナムが設立された。社長は本社海外営業から着任し、その位置付はアセアンのハブ販売会社である。ただ、同社はコンシュマー向専門で、その他 B to B 等のビジネスは引き続きタイガーベトナムが担っている *9。

6.　TVN のミッションと経営・事業運営方針

　TVN のミッションと経営・事業運営方針はどのようなものであろうか。以下で TVN のミッションと経営・事業運営方針を紹介する。
　コロナ禍で影響を受けたものの、TVN はニューノーマル化実現に向けた取組施策をとった。TVN のミッションは、「アセアンのハブ拠点と成る」ことと「真空断熱ボトルのマザー工場に成る」という 2 つである。（写真 10.2 参照）既述のタイガー魔法瓶の今後の事業・商品戦略における Vision である、「真空断熱技術で団らんから宇宙開発まであらゆる技術革新に貢献すること」、また、事業戦略である「持続可能な社会の実現を念頭に、独自の商品やサービスを拡大する」という経路の上で、TVN は、「アセアンのハブ拠点」と「真空断熱ボトルのマザー工場」を目指すというミッション

第 10 章　Tiger Vietnam のケース

の実現に向かっているのである（写真 10.2 参照）。

写真 10.2

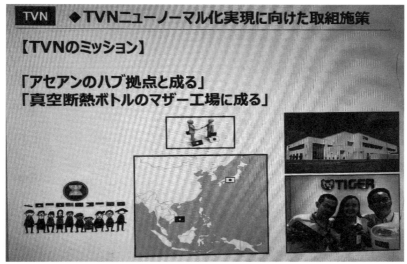

（出所）Tiger Vietnam（TVN）社資料

7. TIGER VIETNAM の組織づくり

　本節では、TVN の組織づくりについて、TVN の社長皆越浩へのインタビューを踏まえ、資料に基づき TVN の経営・事業方針を実現する機能組織づくりのポイント、TVN の人材育成と皆越浩社長、TVN の組織づくりと人づくりの順に紹介し、その成果について検証していく。

7.1　TVN の経営・事業方針を実現する機能組織づくりのポイント
　皆越浩は、TVN 社長として、経営・事業方針を実現する機能組織をつくり、特に、「開発・調達・製造・販売の製販一貫体制」の構築を目指した。そのポイントは、以下の 2 点である。
　①現地人財の育成、管理職への積極採用（特に女性）
　②グローバル人事評価制度の導入、評価の見える化
　である。

301

第 2 部

また、「モノ創りはヒト創り」という理念のもと、グローバル人財育成の施策を実行した。

すなわち、

①少数の日本人組織づくり

少数の日本人組織は、結果として、ベトナム社員への責任と権限委譲をすすめる。

目的は、全機能軸で個人専門性や現場での判断スキル能力を向上させることである。

また、「機能軸・専門性向上施策/横軸機能」と全体最適思想の教育の推進である。

これは、専門性の向上とともに、全体最適という視点・思考の形成というものである。

②タイガーのモノ創り思想・行動指針・クレド*10・5S・人事考課への反映

③第三者機関の評価・管理職育成・コミュニケーション能力向上

④組織再構築、社内重要会議参画による OJT でのスキルアップ

の 4 つである。

皆越は、海外製造拠点に於ける経営・事業運営方針を以下のように示している。

方針：地産地消による地域経済への貢献、現地技術力向上

組織：開発/調達/製造/販売の一貫製販体制の構築

経営：収支の見える化、財務体質を強化するモノ創り

人財：OJT で育成、管理職への積極登用（特に女性）

調達：域内調達によるリスクヘッジ、バリューチェーン短縮

IT 化：経営管理、生産管理、スマートファクトリー構築

これらの実現を通じて、TVN のミッションに実現に向かって進んでいるのである。

7.2　TVN の人材育成と皆越浩社長

TVN の General Director は皆越浩である。TVN の人材育成においてもリーダーシップを発揮している。皆越の略歴を知っておくことはその人材育

成における体系性や戦略性の構築における基本的考えを理解するには不可欠のものである。そこで、皆越浩（以下、皆越）について紹介しておくことにする。

写真 10.3

左から大久保文博（当時 JETRO）、皆越浩社長、藤江、Ms.Trang、杉山光信　筆者撮影

　皆越は、大学で電気・電子工学を専攻し、大手総合家電メーカーに入社、その後、生産・製造技術、製造管理・工場運営、人事総務・財務経理、経営・事業運営を経験した。

　また、グローバル化との関連では、1982 年から同メーカーで映像系新製品の導入と製造技術を担当した。また、欧州、南米、東南アジアの製造拠点の立上げや事業運営に従事した。日本ではグローバル海外拠点を統括し、海外滞在歴は約 25 年と経験豊富である。

　また、2013 年から、ベトナム進出企業支援（日系 2 社、外資 1 社、精密部品加工 1 社、自動車部品加工 2 社）と並行して日系の野菜工場（水耕栽培）の立上支援と販路開拓に従事した。その後、2017 年から、TVN の現職に就き、タイガー魔法瓶ベトナム法人現地代表として現在に至っている。

7.3　TVN の組織づくりと人づくり

　皆越は TVN 社長として、上記の「開発・調達・製造・販売の製販一貫体制」の構築を目指し、その際、①現地人財の育成と管理職への積極採用（特

第 2 部

に女性）も追求し、また、同時に、②グローバル人事評価制度の導入や評価の見える化も推進していった。

　皆越は経営・事業方針を実現する機能組織をつくり上げていったのである。組織作りは、現在も進行中であるが、以下で、この間の組織づくりの取り組みを紹介し、また、その新旧組織図の比較を通じてこの機能組織づくりをつかんでおくことにする。

7.3.1　旧組織

　TVN の組織図は表 10.4 に示されている。2023 年 6 月に組織体制が変更されたので表 10.4 の組織図は旧組織（旧）と表示する。

　3 つのグローバル人財育成のポイントに沿って確認していく。

　①少数の日本人組織づくり

　表中の 7 つのポストが日本人スタッフを示すが、うち 3 つのポストすなわち社長、生産管理部長、営業部長は皆越が兼務しているので、日本人スタッフは 4 人である。

　②タイガーのモノ創り思想・行動指針・クレド・5S・人事考課への反映

　クレドとは、企業経営において，経営者や従業員が意思決定や行動の拠り所にする基本指針・規範のことであり、重要なポイントとなる。

　③第三者機関の評価・管理職育成・コミュニケーション能力向上

　④組織再構築、社内重要会議参画による OJT でのスキルアップ

　「管理職育成」と「組織再構築」という点で具体的に組織図をみてみる。

　表 10.4 並びに表 10.5 においてベトナム人女性は V.F、同男性は V.M と表している。

　管理職レベルでは、ベトナム人スタッフを管理部長（女性）や生産管理次長（ベトナム人男性）という管理職に登用し、組立課にはマネージャー MG（ベトナム人女性）を置き、そのもとにアシスタントマネージャー AM（ベトナム人男性）を置いている。

　また、部品課には、マネージャー MG（ベトナム人男性）を置いている。また、品質保証課にはマネージャー MG（ベトナム人女性）を置き、そのもとにアシスタントマネージャー AM（ベトナム人女性）を置いている。

　さらに、生産技術 1 課には、マネージャー MG（ベトナム人男性）、そのもとにアシスタントマネージャー AM（ベトナム人女性）を置いている。生

第 10 章　Tiger Vietnam のケース

表 10.4 TIGER VIETNAM の組織図（(旧) 組織図）

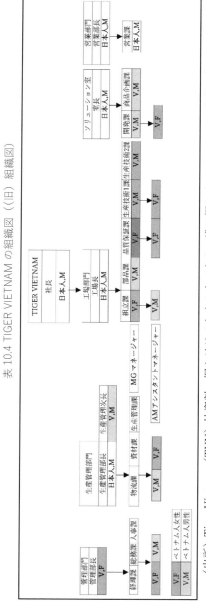

(出所) Tiger Vietnam (TVN) 社資料、網かけはベトナム人である。濃い網かけの Vietnam F は女性、薄い網かけの Vietnam M は男性を示す。

表 10.5 TIGER VIETNAM の組織図(新)

(出所) Tiger Vietnam (TVN) 社資料に基づき、筆者作成

第 10 章　Tiger Vietnam のケース

産技術 2 課には、マネージャーMG（ベトナム人男性）を置いている。また、開発課には、生産技術 1 課と同じように、マネージャーMG（ベトナム人男性）、そのもとにアシスタントマネージャーAM（ベトナム人女性）を置いている。

　上記から、アシスタントマネージャー以上の女性管理職は 7 名で、これを Section MG 以上に限定すると 3 人になる。これに対し、男性管理職は 8 名で、Section MG 以上が 6 名である。アシスタントマネージャー以上の管理職数は、男女でほぼ拮抗していることがわかる。

　このように、ベトナム人スタッフの男女を問わない活用、MG と AM の様々な組み合わせによる組織づくりは、管理職育成・コミュニケーション能力向上、社内重要会議参画による OJT でのスキルアップを目標にして実行されてきたものであることがわかる。

7.3.2　新組織への移行

　さて、その TVN は 2023 年 6 月から新しい組織体制に移行した（以下、「新組織」）。それを示しているのが表 10.5 である。これと区別するために、表 10.4 に示した組織体制を「旧組織」と呼んでおく。

　また、社長の下に社長室を置いた。社長、室長は日本人、秘書はベトナム人（女性）を置き、また、社長室と並列に事務局を置いた。

　Div Director としては、管理部、生産管理部、ソリューション室の 3 つに簡素化した。管理部の部長はベトナム人女性、生産管理部とソリューション室の部長は日本人である。

　また、Divi M は次長クラスの職格であるが、管理部には次長を置いていないが、生産管理部には 1 名次長が配置され、ベトナム人男性が担当している。

　また、ソリューション室にも次長が 2 名配置されている。生産管理次長 Deputy Div MG（ベトナム人男性）を 2 名置いた。仮にこの 2 名の生産管理次長を A と B に区別しておく。

　また、Section MG として、経理財務課 ACC/HR と総務課 GA/HSE、ISO/SMETA の 2 つを置いた。

　また、生産管理次長のもとには輸出入物流課 EXIM logistics と生産企画課 Production Planning の 2 つの課を置いた。

　また、生産管理部長のもとには、完成課 Final Assembly（課長ベトナム人

307

第 2 部

女性)、品質保証課 Quality Assurance（課長ベトナム人女性）の 2 つの課が置かれた。さらに、品質保証課のもとには、品質管理課 Quality Control と BIZ 係 Business Center がある。このうち、品質管理係にはこの時点では人が配置されていないが、BIZ 係にはベトナム人女性が配置されている。部長を除き、スタッフはすべてベトナム人スタッフである。

　また、Assistant MG として、経理財務課にベトナム人女性、総務課にベトナム人男性、輸出入物流課にベトナム人男性、生産企画課にベトナム人女性を置いた。

　また、完成課 Final Assembly にはベトナム人男性、品質保証課 Quality Assurance にはベトナム人女性が配置された。

　また、生産管理次長 A のもとには、製品加工課と生産技術課がある。このうち、製品加工課 Product Processing にはベトナム人男性が配置されており、そのもとにある金属加工係 Metal Processing にはベトナム人男性が配置され、また、表面処理係 Surface Treatment にもベトナム人男性が配置されている。

　また、生産技術課 Production Engineering には、ベトナム人男性 2 名が配置されている。

　以上から、生産管理次長 A のもとには製品加工（金属加工と表面処理）と生産技術という 2 つの課があるが、すべてベトナム人スタッフで管理・運営されていることに気付く。まさに「現地化」である。

　同様に、生産管理次長 B のもとには開発課/営業課 Developmen（課長ベトナム人女性）があるが、そのもとには、商品開発係 Product Development と企画係 Product Planning の 2 つの係がある。前者の商品開発係にはベトナム人男性が配置されている。企画係は人が配置されていないが、生産管理次長 B の下の課並びに係は生産管理次長 A と同様、ベトナム人スタッフのみで簡易・運営されていることがわかる。これも「現地化」に他ならない。

　以上のように、女性管理職は 8 名となり、Section MG 以上では 5 名となる。また、男性管理職は 12 名で、Section MG 以上では 4 名である。Section MG 以上では男女拮抗しているが、アシスタント MG も含めると、男性が多くなっている。

　しかし、ポイントはベトナム人に管理運営を任せるという「現地化」が行われていることである。

7.3.3　新組織の特徴と活動の特徴

新組織を示した「機能組織図」は管理職以上（ベトナムでは係長以上）を反映している。皆川によれば、その特徴は以下のような 3 点にある。

①マーケティング〜研究開発〜販売〜CS までのフルファクションを対象に、600 名以上が在籍する日系企業でありながら、本社出向日本人は 2 名のみであり、ベトナム人を中心とした管理体制を展開している点。

②現在、総経理や工場長ポジション等々の広範囲にわたり管理できる力量はローカル人材にはないので、管理範囲を狭め、将来の上級管理職人材を育成している途上にあること

③金属加工をコア事業とする企業なので、金属加工の専門性を必要とするとともに、俗に言う「3K 職場」の類に入るのかもしれないが、スマートファクトリー化を推進し、人材確保の観点で女性雇用機会創出での戦略的モノづくりに取り組んでいること。そして、その結果、女性管理職比率が 50％近くを占めている現状となっていること。この点は同業他社にはない特徴と思われるとしている。

また、活動の特徴は下記の 5 つである。

①3 現主義を基本とした OJT による本社とも連携した人材育成の取組
②内製化・一貫生産化でのものづくり動線拡大による生産革新の取組
③現業部門のみならず管理間接部門も含めた全社人材育成改革の取組
④調達リスク回避、地域経済・技術力向上を推進する人材育成の取組
⑤労働負荷軽減への生産革新による雇用拡大を促進する人材育成の取組

7.3.4　TVN スタッフ・従業員によるコミュニケーション

TVN のスタッフ・従業員によるコミュニケーションは、コロナ禍でも行われてきた。2020 年 1 月の Year-End Party、2021 年 4 月の Biz Center Opening Ceremony の写真を下記に示しておく。TVN のスタッフ・従業員の活き活きした表情と、良好なコミュニケーションのありようが伝わってくる。(写真 10.4、10.5 参照)。

写真 10.4 Year- End Party 10Jan2020

(出所) Tiger Vietnam (TVN) 社資料

写真 10.5 BIZ Center Opening Ceremony

(出所) Tiger Vietnam (TVN) 社資料

第 10 章　Tiger Vietnam のケース

おわりに：
Tiger Vietnam（TVN）の人材育成の取り組みとその魅力

　Tiger Vietnam（TVN）はベトナム南部ホーチミン市中心部より車で約 1
時間程度のドンナイ省ビエンホア市 AMATA 工業団地内に於いて事業活動
を行っている。タイガー魔法瓶としては、中国上海地区に次いで 2 か所目
の海外製造拠点である。中国製造拠点が外資との合弁による設立・事業運
営であったのに対し、TVN はタイガー魔法瓶の 100％出資による海外製造
拠点である。

　ベトナムでの海外製造拠点設立の目的は経済成長の著しい当該地域に於
いて、地域密着型の商品開発・製造販売を目的に「アセアンのハブ拠点と
成る」こと。また日本から製造現場の海外移管が加速する現況に於いて、
日本伝統の水筒文化を継承し、社会貢献性の高い商品として拡張性の高い
真空断熱ステンレスボトルを含めた真空断熱容器ものづくり全体の最適・
製造技術力を継承するとともに、グローバル人材を育成する事で真空断熱
容器の企画・製造に於いては日本本社ではなく TVN が「真空断熱容器のマ
ザー工場と成る」ことを使命としている。

　また、事業活動の方針としては製造技術力の向上・継承を目的に製造加
工動線の部分最適ではなく、全体最適を目的とした一貫生産体制の構築、
内製化推進、取引先との協業強化による部材・設備調達の現地調達化推進
により地域の経済発展、現地企業技術力向上、地域人員採用による雇用機
会の創出等により地域社会へ貢献出来る地産地消型事業運営体制に務めて
いることが確認できた。

　また、マーケティング～開発・設計～製造～販売～CS までを TVN 内で
自己完結できる一貫組織体制で事業を運営しており、外資海外子会社の中
では、非常に特徴的な事業運営並びに海外製造拠点となっていると考えら
れる。

　特に、「地域密着型ものづくりを実現するひとづくりによるグローバルカ
ンパニー化への挑戦」というテーマで下記の取り組みを行ってきているの
で、これを紹介して本稿を閉じることにする。

　既述のように、TVN は 2011 年 6 月に会社を設立し、その事業方針とし
て「アセアンのハブ拠点と成る」、「真空断熱容器のマザー工場と成る」こ

第 2 部

とを掲げ、拠点設立のミッションとして事業活動を推進している。

　また TVN は、グローバルカンパニー化を実現する為のものづくり・ひとづくりへの取組を実践して行く過程において海外事業でのリスク回避も視野に入れ、現業・間接部門を構造改革する後戻りしない施策を展開してきた。COVID19 禍での国内・国際間の人的往来・物流等々の大きな混乱に対して先取りした事業構造の改革により事業計画への影響を回避し、更なる事業拡大へ向け進捗しているその活動成果は大いに評価できるものである。

　事業・組織運営並びにその定着性向上等々、ベトナムでの課題を解決する施策として、ベトナムでの事業活動（会議・オペレーション等）においては、OJT を基本とした日本的経営思想の浸透と日本本社や関連会社とともに人材育成に対するひとづくりを展開し、後戻りしない仕組みの創出・導入を行ってきた。これによる成果は、グローバル展開できる事業体質への移行と現地社員による自主運営体制の実現である[11]。

註

1　全国魔法瓶工業組合「まほうびんの歴史」より。ただし、この『歴史』は、以下の文献を参考としている。タイガー魔法瓶株式会社『タイガー魔法瓶 70 年のあゆみ』1983 年、象印マホービン株式会社『象印マホービン 70 年史』1989 年.

2　伊藤喜商店は、現在の社名（英文）は株式会社イトーキ　ITOKI CORPORATION で、創業 1890（M.23）年 12 月 1 日、設立が 1950（S.25）年 4 月 20 日、資本金 5,294 百万円、従業員 1,996 名（2022（R.4）年 12 月 31 日現在）の歴史ある会社である。https://www.itoki.jp/

3　『タイガー魔法瓶 70 年のあゆみ』1993（H.5）年　タイガー魔法瓶株式会社.

4　『象印マホービン 70 年史』1989（H.1）年　象印マホービン株式会社、『日本の魔法瓶』1983（S.58）年　全国魔法瓶工業組合、株式会社イトーキ『イトーキ 100 年史』1991（H.3）年.

5　日本酸素ホールディングスグループは、日本、米国、欧州、アジア・オセアニアの 4 つの地域で 30 超の国と地域をカバーする世界第 4 位の産業ガス、電子ガス、医療用ガスのサプライヤーである。また、サーモス事業では、世界 120 カ国以上に THERMOS ブランド製品を供給している。1910（M.43）年に日本酸素合資会社として設立されて以来、同グループは、革新的なガスソリューションを通じて社会的価値を創造し、産業の生産性を高め、人々の豊かで健康な暮らしとより持続可能な未来に貢献することを使命としている。従業員は 19,000 名以上で、"The Gas Professionals" として、"進取と共創。ガスで未来を拓く。"という目標を掲げている.

　「サーモス事業では、魔法びんのパイオニアとして守り育ててきた真空断熱技術と、ユニークな生活快適発想を柔軟に組みあわせ、もっとおいしく、パッと便利で、ほっとここ

第 10 章 Tiger Vietnam のケース

ちよい、夢ある暮らしを創造します。そのためにもおいしさの違い、便利さの違い、発想の違いをお客様が「なるほど！」と実感できるオンリーワン商品であることにこだわり続けます。そして、人々の健康な暮らしに貢献する企業として、環境や社会と誠実に関わりながら、もっと、ずっと愛されるサーモスを目指します。」https://www.nipponsanso-hd.co.jp/company/profile.html（同社ホームページより）

　　同社は、産業ガス（酸素、窒素、アルゴンなどのエアセパレートガス、炭酸ガス、水素、ヘリウムなど）を鉄鋼・金属、化学、石油精製・エネルギー、金属加工、食品・飲料、エレクトロニクス、ヘルスケアなどのあらゆる製造業に向けて供給している.

6　テキスタイルデザインの第一人者、関留辰雄が考案した.

7　同社によれば、10 月 9 日は「とく子さん」の日である.

8　https://www.tiger-corporation.com/ja/jpn/newsroom/press-release/pr_230926_01/参照.

9　CS 関連の Biz センターに関しては、引き続き皆越が社長を兼務している.

10　クレドは規範の意味である.

11　本稿作成にあたり、TIGER VIETNAM （TVN）皆越浩社長に大変御世話になりました。記して感謝申し上げます. また、大久保文博（当時 JETRO ベトナム、現長崎県立大学経営学部講師）には、TVN はじめ、多くの企業訪問を企画実行して下さった。記して感謝申し上げます.

第 2 部

第 11 章

ベトナムにおけるガス供給機器メーカーのグローバル戦略

―矢崎総業、I・T・O、桂精機製作所（カツラベトナム KVN）を通して―

藤江昌嗣

　本書では、これまで、日本の開発協力という視点から縫製業を含むベトナム経済の発展またベトナム社会の発展への日本企業の貢献を確認してきた。ベトナムの経済発展は、いわゆる「中成長」（6%前後の成長率）というテンポで進んできており、「リープ・フロッグ Leapfrog（蛙飛び）」型発展ではないが、発展プロセスにおいて ASEAN 諸国と同様に、ベトナムも 2000年代に入り、賃金の上昇などを背景に「中所得化」し、生活スタイルも大きく変化してきている。こうした「中所得化」という変化の方向を踏まえ、生産体制―国際分業―の一つとして日本国内とベトナムにおける事業展開を戦略的に進めてきた少なくない日本企業が、同時に、「中所得化」するベトナムを消費市場として、その市場開拓に戦略的に取り組んできている。

　こうした変化にいち早く着目し、「中所得化」の進むベトナムにおけるグローバル・サービス業の展開の紹介を行ったのが、ジェトロの北川浩伸[*1]である（日本食品海外プロモーションセンター（JFOODO）執行役（Chief Administrative Officer〈CAO〉））。北川は、自ら食品サービスを含めたグローバル・サービス業の実践塾の主催もしてきた。

　さて、工場、住居いずれにとっても必要なのがガスエネルギー供給機器である。産業向けはもとより、生活における糧でもあるガスエネルギーの日本の供給機器メーカーが、どのようなグローバル戦略を創り、その戦略をベトナムにおいてどのように展開してきたのかを確認することは大きな意義がある。

　本章で取り上げる株式会社桂製作所は、2011 年 5 月ベトナム社会主義共和国ロンアン省にカツラベトナム Co. Ltd.を設立した。それは、日本の親企

第 11 章　ベトナムにおけるガス供給機器メーカーのグローバル戦略

業の内製化―部品、製品の供給―という従来の目的に限定されず、「中所得化」していくベトナムにおける市場創出という視点からも新たなグローバル戦略を構築し、具体化してきた企業である。しかし、その背景には、日本におけるプロパンガス供給機器市場の縮小、バブル崩壊後の円高の下でのそのメリットの利用、日本に比し相対的に低いアジア諸国の賃金の活用、そして、東南アジアにおける ASEAN 経済諸国の発展、中国を含む東アジアからの工場移転等の動きが存在した。

　以下では、先ず、日本におけるプロパンガスの歴史と供給器の歴史をガスエネルギー供給機器メーカーの紹介とともに行い、次いで、ガス栓や小型圧力調整器、その他の生産製品の推移を振り返る。

　また、ガス供給器メーカーのベトナム進出は株式会社桂製作所・カツラグループの外にも I・T・O 株式会社などがあるが、先ず、ワイヤーハーネス（自動車向け電線）やタコメーターなどの計器メーカーとしての歴史をもち、1960 年代からグローバル化を始め、ベトナムにも 1994 年という早い段階で、ガスメーター工場を創設した矢崎総業（矢崎グループ）のグローバル戦略についても確認していく。次いで、I・T・O 株式会社が、日本における市場の飽和と減少を背景に、ASEAN の発展を踏まえ、構想し、推進したグローバル戦略とベトナムへの具体的展開を確認する。

　その上で、株式会社桂精機製作所・カツラグループのグローバル戦略について、ベトナムへの展開―KATSURA VIETNAM COMPANY LIMITED（KVN）の設立に至るまでのプロセスと現状、その課題について確認していくこととする。

1.　日本におけるプロパンガスの歴史と供給器の歴史

　日本におけるプロパンガスの歴史は岩谷産業から始まる。岩谷産業は、1953 年に日本で初めて家庭用プロパンガスである「マルヰプロパン」の全国販売を開始した。同社の創業者岩谷直治が、前年に富山県で開かれた高圧ガス業界の総会の講演でイタリアではプロパンガスをボンベに詰めて家庭用の燃料として使用しているという話を聞いたことがきっかけであった。

　当時日本では、国内油田で採掘精製されたプロパンガスは、自動車燃料用として利用されている程度であったが、岩谷直治は、「家庭の炊事は、かまどに薪をくべて火をおこすのでススや煙が発生し、主婦にとって大変重

第2部

労働な家事でした。家庭にプロパンガスが普及すれば、主婦をかまどのス
スから解放できる」*2と考え、全国規模での販売を開始したのである。

　1955 年からは電気釜、テレビ、洗濯機、ミキサー、電気ゴタツなどの家
庭電化時代が始まってはいたものの、その後、プロパンガスも普及し、1963
年にはプロパンガスの普及家庭数は都市ガスを超えた。この 1963 年は、砂
糖（粗糖）の輸入自由化も始まり、資本取引の自由化も閣議決定され、「国
際化」が始動した年であった。

　他方で、物価の上昇は大きく、東京都の消費者物価指数も前年比 7.9%と
いう大幅な上昇を示した。こうした中、前年から急増し 2,700 店舗となっ
たスーパーマーケットは 5,000 店舗（大型小売店含む）へと倍増したので
ある*3。多くの品揃えと低価格が魅力であった。

2.　ガスエネルギー供給機器メーカーと生産製品の推移

　JLIA 一般社団法人　日本エルピーガス供給機器工業会*4によれば、ガス
エネルギーの要である供給機器・安全機器ならびに産業用・工業用燃焼機
器、装置（業務用・工業用・農水産用）を供給している日本企業で同協会
に加盟している企業は 42 社になる*5。

　また、製品区分としては、ヒューズガス栓、ねじガス栓、可とう管ガス
栓、ガス栓、圧力調整器、高圧ホース（連結用、集合用）、継手金具付低圧
ホース、燃焼器用ホースとガスコード、ホースバンド、ガス放出防止器、
対震自動ガス遮断器、配管用フレキ管（m）、配管用継手、金属フレキシブ
ルホース、逆止弁付根元バルブ、ガス漏れ警報遮断装置、漏洩検知部、マ
イコンメーターなどがある。

　本稿で検討する製品は、圧力調整器が中心となるが、圧力調整器は、さ
らに単段調整器（5k 以下、6k 以上）、自動切替調整器（10k 以下、11k 以
上）、二段減圧式調整器に区分されており、これらの製品を手掛けている企
業としては、I・T・O 株式会社、株式会社桂精機製作所、富士工器株式会
社*6、株式会社穂高製作所*7、矢崎エナジーシステム株式会社、株式会社
にっしん（旧日新機械株式会社）*8等を挙げることができる。

　こうしたエネルギー供給機器の統計は、同協会の統計開始以降、作成さ
れているが、日本（国内）市場におけるガス供給機器の動きをガス栓と小
型圧力調整器でみておくことにする。ガス栓と小型圧力調整器の生産量の

316

第 11 章　ベトナムにおけるガス供給機器メーカーのグローバル戦略

推移を示しているのが、後掲の表 11.1、図 11.1 並びに図 11.2 である。
　エネルギー供給機器の歴史は「中所得化」に伴う生活スタイル、台所器具の変化と関係している。また、それは一面では LP ガス事故の歴史であり、LP ガス事故の発生防止のための安全対策にそったガス供給機器の発展の歴史でもある。そこで、LP ガス事故の歴史について、先ず確認し、その後、供給機器の生産台数の推移を確認していく。

2.1　LP ガス事故の歴史

　ガス栓や小型圧力調整器の生産量の変化は、日本における生活スタイルの変化―「中所得化」―と大きく関係している。そして、この「中所得化」が陽であれば、陰は LP ガス事故の歴史である。この歴史は、ガス栓や小型圧力調整器の生産量の変化を制度的、構造的に説明してくれる。そこで、先ず、両者の関係を簡単に見ておくことにする。
　1976 年 9 月 7 日横浜市鶴見区でプロパンの爆発事故が起きた。この事故以降、事故が続き、1980 年にガス栓基準の省令改正が行われた。JIS 規格化されたのである。
　1981 年 6 月に 3 階建て以上の共同住宅にヒューズガス栓の設置が義務付けられ、また、地下室等にヒューズガス栓又は可とう管ガス栓の設置（ねじ接続）が義務付けられた。
　しかし、1983 年 11 月に「つまごい村」で LP ガス事故が発生したことを受け、接続において、固定式燃焼器具には、可とう管ガス栓（ねじ接続）が、また、移動式燃焼器具にはヒューズガス栓の設置が義務付けられた。
　1986 年には「安全器具 3 点セット」という言葉も使われ始め、それは「ヒューズガス管」、「マイコンメータ」、「ガス漏れ警報器」の 3 つを指していた。同年には、新設一般住宅へのヒューズガス栓及び可とう管ガス栓の設置が義務付けられた。また、1997 年 4 月の液化石油ガス法の施行により、既設住宅についても設置義務が適用されることになった。
　ヒューズガス栓と可とう管ガス栓についても説明しておく。
　1970 年 7 月に全国 LP ガスコック工業会が刊行した「LP ガスコック新製造基準・検査規格の解説」（故志方達史（株）桂精機製作所）によれば、以下の通りである。
　ヒューズガス栓は、ガス栓とガス機器の接続にホース、コードが使われているが、その異常時に自動的にガスを遮断する装置である。また、可と

317

第 2 部

う管ガス栓はつまみを押してから回すダブルアクション構造のため、誤作動防止効果があり、ガス機器の直近で使用するものである。

2.2　ガス栓の生産台数の推移

表 11.1　ガス栓と小型圧力調整機器の生産台数の推移（1969 年度から 2023 年度）

（単位:個 m）

西暦（年度）	1969	1970	1971	1972	1973	1974	1975	1976	1977	1978	1979
ヒューズレスガス栓	0	211,471	3,286,561	4,254,468	7,682,966	3,616,434	3,399,935	4,565,027	4,015,881	5,758,869	7,763,139
ヒューズガス栓	0	0	0	0	0	0	0	0	0	0	0
ねじガス栓	0	11,000	185,741	386,636	1,289,392	417,958	417,022	690,679	903,610	1,837,699	2,811,063
可とう管ガス栓	0	0	0	0	0	0	0	0	0	21,609	7,450
単段調整器	4,227,645	5,961,458	5,179,158	4,885,858	6,125,278	4,154,813	3,638,842	4,243,625	3,299,221	2,994,804	3,671,211
自動切替調整器（小型）	0	0	0	0	255,304	139,586	177,653	202,633	165,123	334,203	624,809

西暦（年度）	1980	1981	1982	1983	1984	1985	1986	1987	1988	1989
ヒューズレスガス栓	5,830,930	3,732,985	2,850,199	2,622,541	2,205,779	870,766	0	0	0	0
ヒューズガス栓	0	146,084	284,440	321,263	1,135,973	2,493,585	4,705,261	4,107,986	4,167,215	4,483,293
ねじガス栓	2,288,090	2,304,029	2,010,906	1,599,622	1,757,386	2,063,558	2,296,510	2,382,944	2,427,517	
可とう管ガス栓	16,364	56,835	105,020	105,886	330,164	544,020	739,713	903,269	1,179,558	1,397,358
単段調整器	3,083,918	2,417,147	2,210,012	1,425,317	1,483,348	1,609,358	1,395,362	1,151,278	1,023,531	1,008,969
自動切替調整器（小型）	467,557	583,859	588,257	499,027	613,805	735,999	758,111	849,991	830,003	855,765

西暦（年度）	1990	1991	1992	1993	1994	1995	1996	1997	1998	1999
ヒューズレスガス栓	0	0	0	0	0	0	0	0	0	0
ヒューズガス栓	3,956,427	3,409,182	2,952,000	2,604,275	2,115,809	1,632,155	1,492,031	1,201,315	1,274,314	1,184,941
ねじガス栓	2,397,340	2,612,457	2,412,669	2,527,905	2,382,351	2,400,902	2,447,419	2,964,406	2,925,364	2,923,932
可とう管ガス栓	1,609,630	1,510,613	1,378,963	1,442,457	1,407,696	1,677,024	1,489,501	1,653,749	1,376,384	1,555,390
単段調整器	822,587	936,019	974,861	919,999	834,570	724,765	680,068	693,192	824,868	1,045,721
自動切替調整器（小型）	995,642	1,089,967	1,312,227	1,205,471	1,153,459	1,226,946	1,406,593	1,781,696	2,175,788	2,092,679

西暦（年度）	2000	2001	2002	2003	2004	2005	2006	2007	2008	2009
ヒューズレスガス栓	0	0	0	0	0	0	0	0	0	0
ヒューズガス栓	1,129,438	1,126,439	899,803	979,973	1,033,897	911,834	1,021,859	811,867	747,464	656,791
ねじガス栓	2,643,437	2,046,713	1,925,595	1,909,142	1,757,552	1,613,034	1,907,485	2,010,233	2,013,867	1,890,070
可とう管ガス栓	1,506,030	1,430,456	1,339,507	1,514,720	1,476,601	1,361,187	1,444,951	1,205,024	1,050,033	954,592
単段調整器	735,175	495,471	419,127	351,224	300,847	260,605	341,126	432,455	475,103	537,620
自動切替調整器（小型）	1,784,950	1,305,841	1,112,466	964,618	848,939	874,960	1,251,353	1,472,328	1,676,134	1,677,314

西暦（年度）	2010	2011	2012	2013	2014	2015	2016	2017	2018	2019
ヒューズレスガス栓	0	0	0	0	0	0	0	0	0	0
ヒューズガス栓	627,282	726,005	585,582	592,524	578,127	561,537	560,051	488,564	460,037	399,648
ねじガス栓	1,649,822	1,473,181	1,487,892	1,403,568	1,405,913	1,425,749	1,640,141	1,781,281	1,703,743	1,623,167
可とう管ガス栓	931,574	966,453	906,659	1,005,193	1,006,400	962,226	1,041,457	1,080,018	1,079,230	1,017,127
単段調整器	435,776	381,850	325,277	248,154	221,552	214,049	256,447	298,859	318,406	351,430
自動切替調整器（小型）	1,322,453	1,078,158	1,069,519	940,391	1,284,265	1,020,288	1,222,621	1,371,953	1,480,286	1,450,327

西暦（年度）	2020	2021	2022	2023
ヒューズレスガス栓	0	0	0	0
ヒューズガス栓	367,736	426,833	398,027	347,921
ねじガス栓	1,404,414	1,328,152	1,210,641	1,149,908
可とう管ガス栓	982,000	967,772	993,406	977,866
単段調整器	283,114	249,779	214,079	185,365
自動切替調整器（小型）	1,194,906	1,085,727	944,330	805,411

（注）データの単位は「個」であるが、配管用フレキ管は m である。

（出所）（一社）日本エルピーガス供給機器工業会の資料を基に筆者作成

第 11 章　ベトナムにおけるガス供給機器メーカーのグローバル戦略

　表 11.1 は、ガス栓と小型圧力調整機器の 1969 年度から 2023 年度の期間の生産台数の推移を示している。

　図 11.1 は、ガス栓の生産台数の推移を示している。これをみると、大きなピークが 2 つそしてやや低いピークが 1 つあり、その後は減少に向かってきていることがわかる。第一のサイクルは統計調査が始まった 1969 年度から 1973 年度の生産個数 900 万台にかけての急増過程とその後の減少、次いで、第二のサイクルは 1979 年度の 1,400 万台超にかけての増加過程とその後の傾向的低下である。第三のサイクルは、1983 年度の 600 万台をボトムに上方へ反転し、1989 年度の 800 万台強をピークに再び減少過程に入り、2022 年度には 200 万台半ばにまで落ち込んでいる。1989 年度の 800 万台から 200 万台へと 1/4 に低下したのである。これは、長期的な低下傾向というよりも国内市場の「構造変化」と見るべきものである。

　図 11.1 から分かるように、第一及び第二のサイクルを牽引したのはヒューズレスガス栓であった。しかし、1973 年度並びに 1979 年度のピークの押し上げにねじガス栓も貢献している。

　また、1980 年度以降続いた減少過程は 1983 年度がボトムとなったが、その後の上方反転には 1985 年度から急増してきたヒューズガス栓の貢献が大きく、また、1983 年度から増加してきた可とう管ガス栓の貢献も確認できる。

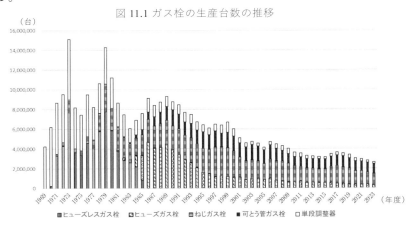

図 11.1　ガス栓の生産台数の推移

（出所）JLIA 一般社団法人 日本エルピーガス供給機器工業会生産統計に基づき、一部修正して筆者作成

第 2 部

2.3 小型圧力調整器の生産台数の推移

　小型圧力調整器の方はどうであろうか。調整器とは「圧力調整器」のことであり、LP ガス容器（ボンベ）の中の高い圧力のガスをコンロ等の使用に適した低い圧力に下げるためのガス供給機器を指し、LP ガスは、Liquefied Petroleum Gas 液化天然ガス（LPG）の略称である。LP ガスは大気中（常温・常圧下）では気体であるが、容器に詰める際に圧縮され、液体となる。液体 LP ガスの体積は、気体の時の約 250 分の 1 と非常に小さいため運搬性、貯蔵性に優れ、家庭へは液体の状態で搬送されている[*9]。

　LP ガスの圧力は容器内が 0.4～1.2MPa と高く、これをガス機器で使用可能な 2.3～3.3kPa まで下げる役割をもち、LP ガスの安全・快適な使用に必要不可欠な装置である。

　したがって、調整器の担う機能としては、高圧の LP ガスを燃焼器に適した圧力に下げる「減圧機能」、燃焼器の消費量の変化などに対応し安定した圧力のガスを供給する「制圧機能」、そして、ガスの消費が停止しても配管内の圧力を一定の圧力以下に維持する「閉塞機能」などがある。

　また、調整器には、単段式、自動切替式、二段式などの種類があるとともに、各家庭に 1 台設置する小型のものから、業務用、集合住宅用、集団供給用、工業用などの大型のものがある。

　図 11.2 にあるように、小型圧力機器はガス栓とは異なる動きを示してきた。1970 年度に 600 万台に迫ったのち、その後 2 年ほど減少が続いたが、1973 年度には 640 万台とピークを迎えた。その後は、やや長期的なサイクリカルな動きと短期サイクルの動きを繰り返しながら、傾向的には減少を続け、2022 年度には 100 万台をやや上回る程度に留まっている。このように、小型圧力機器の国内市場は縮小し続け、100 万台近傍がその水準となっている。

　こうした動きを、単段調整器と自動切替調整器（小型）に分けてみていくと、1969 年度の 400 万台から 1972 年度までは単段調整器がほぼ 100% を占めていた。しかしピークを示した 1973 年度には、単段式に加え、新たに自動切替調整器（小型）が加わった。単段式に比べ台数は少なかったが、これ以降、自動切替調整器（小型）は徐々に台数を増やし続け、1990 年度には単段式を上回り、2022 年度には 9 割方を占めるほどになった。逆転が起きたのである。

320

第 11 章　ベトナムにおけるガス供給機器メーカーのグローバル戦略

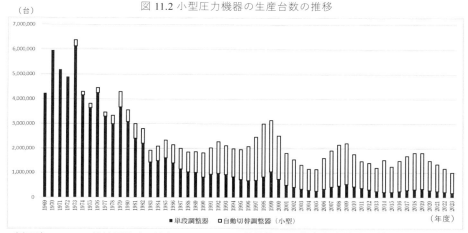

図 11.2 小型圧力機器の生産台数の推移

（出所）JLIA 一般社団法人 日本エルピーガス供給機器工業会生産統計に基づき、一部修正して筆者作成

2.4　圧力調整器を含むエネルギー供給機器の直近（2021～2023年度）の生産量の推移

　圧力調整器を含むエネルギー供給機器の直近（2021～2023年度）の生産量の推移を示しているのが表 11-2 である。ここにはコロナ禍の影響が出ていると推測される。

　ガス栓（計）は、2021年度が約 272.3 万台、2022年度が 260.2 万台、2023年度が 205.8 万台と大きく減少した。圧力調整器（計）についても 2021年度が約 150.9 万台、2022年度が 132.9 万台、2023年度が 98.2 万台と大幅に落ち込んでいる。また、高圧ホース（計）も 2021年度が約 330.6 万台、2022年度が 301.4 万台、2023年度が 230.9 と大きく減少している。その他、燃焼器用ホース（計）も 2021年度が約 41.4 万台、2022年度が 41.9 万台、2023年度が 31.3 万台となっており、とりわけ 2023年度の落ち込みが大きくなっている。

　しかし、表 11.2 の下段に目を転じると、ホースバンド、ガス放出防止器、配管用フレキ管（m）、対震自動ガス遮断器、配管用継手、漏洩検知部、マイコンメーター以外の金属フレキシブルホース、逆止弁付根元バルブ、ガス漏れ警報遮断装置などは、2023年度においては、累計前年同月比が 100

第2部

表 11.2 エネルギー供給機器・圧力調整器の生産量の推移（2021 ～2023 年度）

区　　　　分	2021 年度	2022 年度	2023 年度	累計前年 同月比	計画 達成率
ヒューズガス栓	426,833	398,027	274,257	81.8%	68.9%
ねじガス栓	1,328,152	1,210,641	965,381	94.9%	82.9%
可とう管ガス栓	967,772	993,406	817,887	99.8%	83.5%
ガス栓　　　　計	**2,722,757**	**2,602,074**	**2,057,525**	**94.7%**	**80.9%**
単段調整器　5k 以下	217,762	188,033	140,644	85.0%	74.4%
〃　　　　6k 以上	32,017	26,046	18,676	85.2%	81.2%
単段調整器　　計	**249,779**	**214,079**	**159,320**	**85.0%**	**75.2%**
自動切替調整器 10k 以下	1,085,727	944,330	695,363	82.7%	77.0%
〃　　　11k 以上	138,400	133,268	97,011	105.3%	70.3%
自動切替調整器　計	**1,224,127**	**1,077,598**	**792,374**	**85.4%**	**76.1%**
二段減圧式調整器	35,518	36,835	30,146	97.1%	75.4%
圧力調整器　計	**1,509,424**	**1,328,512**	**981,840**	**85.7%**	**75.9%**
高圧ホース　連結用	109,253	97,298	69,206	84.4%	71.3%
〃　　集合用	3,196,393	2,917,589	2,239,535	90.4%	76.7%
高圧ホース　　　計	**3,305,646**	**3,014,887**	**2,308,741**	**90.2%**	**76.5%**
継手金具付低圧ホース	353,405	323,120	228,092	83.2%	78.1%
燃焼器用ホース	288,084	263,910	212,743	100.7%	75.2%
ガスコード	125,634	155,527	100,998	76.4%	101.0%
燃焼器用ホース　　計	**413,718**	**419,437**	**313,741**	**91.3%**	**81.9%**
ホースバンド	3,870,000	3,165,000	1,770,000	65.6%	50.8%
ガス放出防止器	5,100	2,000	1,699	85.0%	169.9%
対震自動ガス遮断器	1,000	1,000	1,000	100.0%	100.0%
配管用フレキ管(m)	5,348,880	5,059,440	4,054,020	94.9%	74.4%
配管用継手	2,152,566	1,764,790	1,513,961	103.7%	83.2%
金属フレキシブルホース	569,451	442,121	447,943	128.3%	100.2%
逆止弁付根元バルブ	500,987	466,000	402,400	114.0%	93.6%
ガス漏れ警報遮断装置	7,445	6,742	5,434	103.5%	90.6%
漏洩検知部	115,313	106,113	87,404	97.5%	80.2%
マイコンメーター	2,155,146	1,937,582	1,481,862	90.2%	98.3%
合　　　　計	**23,030,838**	**20,638,818**	**15,655,662**	**90.1%**	**75.3%**

（出所）（一社）日本エルピーガス供給機器工業会 資料を基に筆者作成
（注）データの単位は、「個」であるが、配管用フレキ管はmである。

第 11 章　ベトナムにおけるガス供給機器メーカーのグローバル戦略

以上となっており、上向きの動きもみられる。

　以上、ガス栓、圧力調整器（小型）、エネルギー供給機器の 1969 年度以降の動きをみてきたが、ガス栓についての 1989 年度以降の傾向的減少、また、小型圧力調整器の 1978 年度以降の低下傾向は、これらの国内市場の縮小を明確に示すものである。

　また、ガス栓における 1985 年以降ヒューズレス管からヒューズガス管への移行が起きたこと、しかし、1986 年以降はそのヒューズガス管も減少し、1990 年代以降は激減したことがわかる。図 11.1 からは、ガス栓の国内市場における縮小は、ヒューズレス管並びにヒューズガス管市場の縮小が大きく効いていることがわかる。

　他方で、ねじガス栓並びに可とう管ガス栓市場は漸減しながら 200 万個の市場規模を保持している。

　また、小型圧力調整器市場は、1972 年をピークに傾向的に低下し続けてきていたが、2021 年度から 2023 年度の落ち込みは大きくなっている。自動切替装置（小型）の落ち込みが効いている。

　総じて、国内市場は縮小してきているのである。

3.　矢崎総業の歴史と国際化戦略

　矢崎総業株式会社（以下、矢崎総業）は 1941 年（S.16）10 月 8 日に設立されたが、代表取締役社長矢﨑陸、本社は東京都港区港南 1-8-15 W ビル 7F で、静岡県裾野市御宿 1500 に Y-CITY をもつ。資本金は 31 億 9,150 万円である。2023 年度の売上高は 22,697 億円となっている。矢崎総業は非上場企業であるが、グループ会社として矢崎計器株式会社（1950 年設立）、矢崎部品株式会社（1959 年設立）、矢崎エナジーシステム株式会社（2012 年設立）がある。2023 年 6 月 20 日時点で、46 ヶ国にグループ法人があり、国内に 45 法人、海外に 96 法人計 141 法人[10] を有し、グループ従業員も国内 17,873 名、海外 223,611 名計 241,484 名[11] に達する大企業である。

3.1　矢崎総業の歴史
　矢崎総業は、エネルギー供給機器の生産をプロパーとする企業ではなく、自動車用電線（ワイヤーハーネス WH）[12]、また、タコグラフなどの計器分野にも進出し、その後、そのメーター技術をガス技術にも活かし、「製販

第2部

開」―製造、販売、開発―を柱としてもつ企業である。同社の歴史を簡単
に振り返ると、以下のようになる *13。

矢崎総業は 1929 年に矢崎貞美が弟芳美と共に「ミツヤ電線」として創業
した。「これからは自動車の時代が来る」という慧眼のもと、自動車用電線
―ワイヤーハーネス WH―の生産をスタートしたのが始まりである。1941
年にミツヤ電線と矢崎電線営業部を合併し、矢崎電線工業株式会社を発足
させた。第二次世界大戦後は、日本自動車用計器株式会社を設立し、新事
業として自動車用計器分野に本格的に進出した。タコグラフ TCO-8 型（通
称"タキハチ"が有名である。タコグラフ（運行記録計）は、回転速度計を
意味する「TACHOMETER」と、記録を意味する「GRAPHIK」が語源で、
1925 年にドイツで開発された。

タコグラフにはアナログ方式とデジタル方式があるが、アナログタコグ
ラフでは、チャート紙に記録針が接触して、瞬間速度、走行距離、走行時
間などを連続的に記録していく。TACHOMETER（回転速度計）、GRAPHIK
（記録）、TACHOGRAPH（運行記録計）により、「法三要素」である「速度
の記録」「距離の記録」「時間の記録」というタコグラフの基本記録の 3 原
則が必須となる。

このメーター技術は、その後のガス技術にも活かされ、LPG 用のメータ
ー、LP10 から始まり、膜式ガスメーター、V2 メーター、さらにガスメー
ターと安全器具の役割を同時に果たすマイコンガスメーターへと発展して
いった。

ワイヤーハーネス WH と自動車メーターの生産は、同社のその後のグロ
ーバル・国際化戦略のプラットホームになったと言えよう。

同社には「サービスの上に商品を乗せて売る」という精神 *14 があり、そ
れがグローバル戦略の展開においても保持されている。「自動車用組み電線
（ワイヤーハーネス）の製造・販売から始まった事業は、自動車部品や電
線にとどまらず、軽装機器、ガス機器、空調・太陽熱利用機器、さらには
地域社会に密着した事業として農業や介護、リサイクル事業など積極的に
展開。世界各地に拠点を持つグローバル企業に成長した。」*15 としている。

3.2 矢崎エナジーシステムとガス供給機器―あらゆるエネルギーの総合プロデュース企業

本稿で取り上げるガス供給機器については、現在、矢崎エナジーシステ

ム株式会社（以下、矢崎エナジーシステム）が取り扱っている。矢崎エナジーシステムは、電力用電線・一般電線・通信用電線、ガスメーターに代表されるガス機器、空調や太陽熱といった環境システム機器、そしてタクシーメーターなどの計装機器を事業の柱としており、矢崎グループの生活環境機器の開発・製造・販売を一貫した体制で行い、製品・サービスを提供している。

　2012 年 6 月に設立された矢崎エナジーシステムについて、同社代表取締役社長矢﨑航は以下のように語っている。

　　「矢崎エナジーシステムは市場環境が大きく変化していく中、それぞれの事業の持つ強みを活かし、シナジー効果を発揮するとともに、スローガンである「脱コモディティ化」「YAZAKI への原点回帰」のもとに、生販開が一体となり、内側の事業拡大および新事業へのチャレンジを継続しています。

　　エネルギー社会が変化する中、当社はこれをチャンスと捉えて、多様なエネルギーを最適に活用する製品。サービスを提供し「あらゆるエネルギーの総合プロデュース企業」として、お客様や社会に貢献していきたいと考えています。これからも「世界とともにある企業」「社会から必要とされる企業」でありつづけることを基本に、皆様に喜びと感動をお届けできるように挑戦を続けて参ります。」 *16 と。

3.3　矢崎総業グループのグローバル化に関する取り組みの歴史

　矢崎総業グループのグローバル化に関する取り組みの歴史は、表 11.3 に示されている通りである。矢崎総業グループの事業は、自動車部品や自動車用組電線（ワイヤーハーネス）の製造・販売から始まり、その後、計装機器、ガス機器、空調・太陽熱利用機器に広がり、その後、地域社会に密着した事業として農業や介護、リサイクル事業などにも展開していき、世界各地に拠点を持つグローバル企業に成長したのである。年表からも自動車部品や自動車用組電線（ワイヤーハーネス）関係では、1962 年のタイ・バンコクでの「泰矢崎電線株式会社」設立が嚆矢となったが、タイではその後、電装品、計装機器等の生産が行われている。YIC アジア・パシフィック・コーポレーションは、ワイヤーハーネス（自動車用組電線）を中心とする自動車部品に加え、空調機器、太陽熱利用機器、ガス機器、電線の製造と販売を行っている。

325

第2部

表 11.3 矢崎総業グループのグローバル化に関する取り組みの歴史（1962-1995 年）

1962　タイ・バンコクに「泰矢崎電線株式会社」設立

1963　「矢崎電線工業株式会社」を「矢崎総業株式会社」に改称、製造部門を「矢崎電線株式会社」として分離設立、LP ガスメーター「LP10」発売

1964「矢崎資源株式会社」設立　アメリカ・ロサンゼルスにアメリカ事務所設立

1965「矢崎工機株式会社」設立オーストラリア・メルボルンにオーストラリア事務所設立

1966　スイス・バーゼルに欧州駐在事務所設立

1967　「タクシーメーター」発売

1968　台湾・台北に台湾出張所設立

1970　吸収冷温水機「アロエース」発売

1971　「富士工場」開設　LP ガス警報器「アロッ子」発売

1973　フィリピン・マニラに「矢崎トレス工業株式会社」設立

1979　「自動車用ジャンクションブロック」生産開始

1980　イギリス・ロンドンに「英国矢崎株式会社」設立、

　　　運行管理システム「YAZAC システム」発売

1982　静岡県裾野市に「矢崎技術開発センター（現：技術研究所）」開設

　　　メキシコ・ファレスに「メキシコ自動車部品可変資本株式会社」設立

1984　「自動車用圧縮導体薄肉型低圧電線」生産開始

1985　静岡県榛原郡榛原町（現：牧之原市）に「矢崎電子技術センター」開設

1986　ポルトガル・ヴィラ・ノヴァ・デ・ガイアに「矢崎サルターノ・ポルトガル自動車電気部品有限会社」設立

　　　ニュージーランド・オークランドに「矢崎アライド・ニュージーランド」設立

　　LP ガス総合安全システム「ブルドッグ」発売

1987　カナダ・バリーに「VDO 矢崎リミテッド」設立

　　　日本初のタクシー領収書発行機「タクシーマルチプリンタ」発売

　　　アナログ電気式の文字板全面透過照明を採用した「コンビネーションメーター」生産開始　「自動車用ノンハロゲン難燃ケーブル」生産開始

1988　スウェーデン・ヨーテボリに「英国矢崎株式会社ヨーテボリ駐在事務所」設立

　　　中国・天津「天津天美自動車部品有限公司」設立

　　　西ドイツ（現：ドイツ）・ケルンに「EDS ケルン・エンジニアリング有限会社」設立

　　　スペイン・マドリードに「矢崎モネル株式会社」設立

1989 インドネシア・ジャカルタに「EDS マニュファクチュアリング・インドネシア株式会社」設立

第 11 章　ベトナムにおけるガス供給機器メーカーのグローバル戦略

1990　マサチューセッツ工科大学留学制度開始（〜2005）

1995　シンガポールに初の拠点を設立

　　　トルコ・クズルクに「ヤザキサ・矢崎・サバンチ自動車用組電線製造販売株式会社」設立

　　　ベトナム・ビンドンに「矢崎 EDS ベトナム有限責任会社」（矢崎 EDS ベトナム」）設立

　　　コロンビア・チアに「矢崎シーメル株式会社」設立

　　　アルゼンチン・ブエノスアイレスに「矢崎アルゼンチン株式会社」設立

　　　世界初の「アナログ虚像表示メーター」生産開始

（出所）矢崎総業株式会社 HP を基に著者作成

　また、翌 1963 年の「矢崎総業株式会社」への解消と製造部門の「矢崎電線株式会社」としての分離設立がグローバルなビジネスモデルの構築に向けた動きの始まりであることがわかる。この年、LP ガスメーター「LP10」が発売されたが、製品としての計測器がビジネスモデルに加わったのである。計測器にはその後、タクシーメーターの生産が加わることになる。

　1973 年に設立されたフィリピン・マニラの「矢崎トレス工業株式会社」の取扱い品はワイヤーハーネスである。その後も、1980 年のロンドン、1982 年のファレス（メキシコ）、1986 年のヴィラ・ノヴァ・デ・ガイア（ポルトガル）の事務所や有限会社等の設立はワイヤーハーネスや自動車部品、電装品の生産や販売を行うためのものであった。また、1987 年のバリー（カナダ）の「VDO 矢崎リミテッド」設立、1988 年のヨーテボリ（スウェーデン）の駐在事務所設立、天津（中国）での天津天美自動車部品有限公司設立、そして、ケルン（当時西ドイツ（現：ドイツ連邦共和国））の EDS ケルン・エンジニアリング有限会社設立、マドリード（スペイン）の矢崎モネル株式会社設立は何れもワイヤーハーネスが中心であるが、ドイツ、ポルトガル、スウェーデン、カナダ、チェコ、ルーマニアでは自動車メーターも扱っている。

　1989 年は矢崎グループのグローバル化が一層推進された年であるが、アジアへの展開もインドネシア・ジャカルタに「EDS マニュファクチュアリング・インドネシア株式会社」が設立され、1995 年にはシンガポールに初の拠点が設立された。また、同年、トルコ・クズルクに「ヤザキサ・矢崎・サバンチ自動車用組電線製造販売株式会社」も設立された。

　また、この 1995 年には、前年の 1994 年から設立プロジェクトが発足していた自動車用組電線製造会社「矢崎 EDS ベトナム有限責任会社」（資本

第 2 部

金 600 万 US ＄）を設立し、ハーネス生産を始めていた。この年には、その他、コロンビア・チアに「矢崎シーメル株式会社」が設立され、アルゼンチン・ブエノスアイレスに「矢崎アルゼンチン株式会社」も設立された。

1997 年に設立された Tata Yazaki Autocomp Limited TYA は、自動車用ワイヤーハーネスならびに関連部品の製造・販売拠点であるが、2012 年完全子会社化した。

また、前後するが、1990 年にはマサチューセッツ工科大学留学制度が開始され、2005 年まで継続された。

アジアの拠点においても、基本的には、ワイヤーハーネス、部品生産が中心であるが、韓国、タイ、インドネシア、フィリピンでは自動車メーターの生産も行われており、タイでは電線（銅製）の生産も行われている。

ベトナムには、矢崎 EDS ベトナム 有限責任会社と矢崎ハイフォン・ベトナム有限責任会社の 2 社があるが、ワイヤーハーネスと部品が取扱製品である。

本稿で主に取り上げる圧力調整器はこれらベトナムの 2 工場ではその取扱いが明示されていない。しかし、「矢崎 EDS ベトナム」誕生については、同社のホームページに紹介[*17]されているので、そのエピソードを若干紹介しておく。

3.4 「矢崎 EDS ベトナム」誕生

ベトナム戦争が終わって 20 年目という節目の年である 1995（H.7）年 3 月 14 日に「矢崎 EDS ベトナム」は誕生した。前年の 1994 年 7 月に新会社設立プロジェクトが発足したことからすると、非常に早い立上げであった。

やって見せ、やらせてみせる「矢﨑流」

第 4 章で取り上げたようにフォーク株式会社がベトナムでの事業化を進め始めた 1990 年当初は日本人が 20 数人しかいない状況であった。

矢﨑のベトナムでの実践を同社の HP から引用してみよう。矢崎グループが「矢崎 EDS ベトナム」を設立した 1995 年当時でも、日本や外国からの企業進出は珍しかった。現地従業員の募集には定員の 10 倍となる応募があった。大変な人気であったが、このときに採用した大卒の最初の 9 人は日本の御殿場製作所で半年間研修を行い、徹底的に訓練を受けたが、本人の努力と訓練の効果もあり、その後、各部署の責任者として活躍した。

第 11 章　ベトナムにおけるガス供給機器メーカーのグローバル戦略

　人も揃い、9 月から本格操業に入ったが、最初は従業員の習熟度が低く、仕事が納期に間に合わなかった。そこで、指導のために日本から現場のベテランパートさんたちを派遣してもらったところ、言葉は通じなくても実際にやって見せ、やらせてみせるため、覚えが早い。3 カ月間の指導が終わっておばちゃんたちが帰国するときには、みんな涙を流して別れを惜しんでいたほどである。

　ベトナム人は語学に強いことも分かり、機械研修のため 20 人ほどをタイの工場に 3 ヶ月間送ったところ、彼らはその間にタイ語をマスターして帰ってきたほどである。日本人がベトナム語を覚えるより、彼らに日本語を覚えてもらった方がはるかに早く仕事が進むのである。これを踏まえ、当時の矢崎 EDS ベトナムの社長は日本語研修に力を注ぐことにしたのである。

　ベトナム北部のハイフォンに新会社・矢崎ハイフォンベトナム（YHV）を創る 2002 年頃には、矢崎 EDS ベトナムでは中間管理職も育ち、日本から来た図面を基に自分たちで生産計画を立てられるようなレベルにまで達し、今や、彼らは部課長に昇進し、会社を支える屋台骨へと成長したのである。

　若い人材を採用し、人としてのマナーやしつけを一から教え、育てていく。地域との繋がりを大切にする。一見遠回りなようでも、矢崎流の「人の育て方」は、こうして世界中でしっかりと実を結んでいるとしている。それは、以下のように端的に表現できる。

　「やって見せ、やらせてみせるベトナムに根づいた「矢崎流」」 [18]

　以上みてきたように、矢崎グループの国際化戦略、アジアでの展開は、自動車用電線やその部品生産が中心であった。矢崎 EDS ベトナムも製品展開は同様であった。1963 年からの LP ガスメータ LP10 やその後のタクシーメーターが中心であり、この後、見ていく I・T・O 株式会社（アイティオー株式会社、以下、I・T・O）や株式会社桂精機製作所（カツラベトナム KVN）の LP ガス供給機器生産とは異なるカテゴリー製品が中心であり、「中所得化」していくベトナム市場への戦略の違い、ターゲットの違いがある。

第2部

4. Ｉ・Ｔ・Ｏグループのグローバル戦略

　Ｉ・Ｔ・Ｏ株式会社（アイティオー株式会社、以下、Ｉ・Ｔ・Ｏ）は、東大阪市箱殿町 10 番 4 号にあり、創業が 1929（S.4）年 5 月、創立が 1953 年 11 月である [19]。同社は 2023 年 11 月 29 日に創立 70 周年を迎えたが、「エネルギーと共に歩む、未来へ。世の中に役立つモノづくりの精神を忘れず、これからも変わらず」を 70 周年記念のスローガンの一つとしている。「エネルギーの明日を、流れを科学するＩ・Ｔ・Ｏグループ」も同社の基本的なスタンスを表現している。

　また、Ｉ・Ｔ・Ｏは 2007 年に現地法人 I.T.O CORPORATION VIETNAM Co., Ltd.（以下、ITO ベトナム）を設立、ベトナム全土の日系工場の LP ガス供給システムの施工を中心に活動を行うとともにベトナムで圧力調整器を含むガス供給器を製造・販売している会社の一つである。日本国内においても、後にみる桂製作所とともに LP ガス供給器メーカの大手の一つである。

　以下では、Ｉ・Ｔ・Ｏの沿革についてみた後、そのグローバル戦略について確認していく。

4.1　Ｉ・Ｔ・Ｏの沿革と ITO ベトナムの設立

　Ｉ・Ｔ・Ｏは、伊藤製作工場として創業したが、1953 年伊藤工機株式会社として創立し、その 60 周年を機に 2014 年に「Ｉ・Ｔ・Ｏ株式会社」に社名を変更した。創立以来一貫してユーザーには安全に安心してガスを消費できるよう、またガス事業者には供給の利便性向上と保安の高度化の推進につながるよう、アイデアを凝らした商品を届けてきた。

　創立 70 年を迎えた現在、創業当初から心血を注いできたガス供給機器の設計・製造・販売を超えた提案をするべく、エンジニアリング業務を事業ドメインに加え、高評価を得ている。さらに国内では、その技術を複合させた集大成である防災事業に取り組み、また、国内で培ったガス供給設備のノウハウを海外市場に展開するべく注力している。

　上記の取り組みを通じた社会貢献とともに、地球環境問題、自然災害の多発、国際的な紛争など、先行きの見通せない時代の中にあって、創立 100 周年に向け、「世の中の役に立つモノづくりの精神」を忘れず、Ｉ・Ｔ・Ｏグループ全社員が力を結集し更なる挑戦により精進を続ける所存であるとしている [20]。

第 11 章　ベトナムにおけるガス供給機器メーカーのグローバル戦略

　親会社である I・T・O は 1953 年の設立時に手掛けたガス減圧弁をはじめとする様々なガス供給機器を供給し続けている、日本のトップクラスの技術と品質を誇るメーカーである。また、電気を使用せず、二酸化炭素削減、地球温暖化対策に貢献できる空温式蒸発器の採用提案及び CNG 供給の代替ガスとして LPG とエアーを混合した LPG-AIR ガス供給システムの設計・施工も行っている。商業用から工業用の LPG 供給システムの新規案件・増設・燃料転換、調整器等既存システムの不具合等についても最適なシステム、最適な機器を提案している。

　また、ITO ベトナムは、ベトナムにおいて LP ガス、天然ガス・CNG 用機器の設置・販売（減圧弁、バルブ、タンク等）ならびに LP ガス、天然ガス・CNG 供給システムの設計・施工を中心に行っている、日系外資 100% の会社である。2007 年に現地法人を設立、ホーチミン、ハノイに拠点を設け、ベトナム全土の日系工場用の LP ガス供給システムの施工中心に活動してきた。

　I.T.O ベトナム有限会社（ITO ベトナム）I.T.O CORPORATION VIETNAM Co., Ltd.（ITO Vietnam）[21] の代表者 General Director は池田樹代仁（IKEDA KIYOHITO）である。

　また、事業内容は、LP ガス、天然ガス・CNG 用機器の設置・販売（減圧弁、バルブ、タンク等）と LP ガス、天然ガス・CNG 供給システムの設計・施工である。

　また、取扱品目は、①LP ガス用供給機器・減圧弁、蒸発器、バルブ、LP ガスタンクシステム　②天然ガス用ガバナ、LP ガス-エアミキシングシステム　③LPG への燃料転換設計・施工である。また、従業員数は 30 名である。

4.2　I・T・O のグローバル戦略

　I・T・O グループの国際化戦略を「2021―23 中期経営計画」と「2024―26 中期経営計画」から確認しておく。

　I・T・O グループは「2024―26 中期経営計画」において、その全体像のスローガンとして、「DX を推進し、グローバルに発展し続ける企業となる」としている。このスローガンの実現のために「2024―26 中期経営計画」は、2026 年度のグループの売上目標高を 300 億円とし、5 つの重点政策を定めている。

第 2 部

　すなわち、①海外・グローバルイノベーション戦略、②成長・拡大政策、③成長し続ける技術開発、④企業体力増強政策、⑤DX の推進の 5 つである。

　2026 年度のグループの目標売上高 300 億円は、上昇安定期に向け着実に足元を固めつつ具現化する目標であるとしている。また変化し続ける社会環境において、さらなる飛躍を遂げるための企業体力の増強を行うこと、また、持続的発展に向けて、成長分野への積極的な投資を行い、これを支える事業基盤を一層強化し構築すること。そして、確かな技術力をもって、グループ全体で社会に対し、新たな価値を提供するものとしてこの「中期計画」を位置づけている。

　2026 年度のグループの売上目標高 300 億円は 2023 年度の売上実績 260 億円より 40 億円多く、年平均 4.9％の増加率となる。その内訳は、I・T・O が 170 億円（56.7％）、海外グループが 109 億円（36.3％）、イトーテックが 20 億円（6.7％）、ホクセイが 1 億円（0.3％）となっている。中でも海外グループの目標は 2023 年度の売上実績 90 億円より 19 億円多く、年平均 6.6％の増加率となり、全体の伸び 4.9％を大きく上回り、期待が大きいことを示している。

　I・T・O グループは海外・グローバルイノベーション戦略において、「世界のお客様のニーズに寄り添い、I・T・O の技術力で海外市場拡大を図りさらなる成長路線へ」というコンセプトを創り、そのもとで「海外販路開拓・拡大施策」やそのために充実すべき「基礎・基盤」について以下の点を掲げている。

　「海外販路開拓・拡大施策」については、

　①LP ガス製品の市場拡大戦略、②都市ガス分野への本格進出、③効果的なマーケティング活動の実現、④防災減災技術の広報活動、⑤カーボンニュートラル・燃料転換推進による国際社会貢献の 5 つである。

　この中の筆頭にある①「LP ガス製品の市場拡大戦略」とそれを実現するための基礎・基盤について、「中期計画」は、さらに 4 点にわたり下記のように指摘している。

　①　「海外市場を狙う製品力の向上」であり、これには、国境のない製品開発体制の構築が必要であること

　②　「海外市場に適応した生産体制の構築」であり、そのために工場の最適化、すなわち、品質・労働生産性のボトムアップが必要であるこ

第 11 章　ベトナムにおけるガス供給機器メーカーのグローバル戦略

と
③　「国際社会のインフラ構築への貢献」であり、そのために工事エンジ
　　ニアリング力の強化とメンテナンス体制の強化が必要であること
④　「グローバル戦略を支える基盤強化」であり、そのために新製品開発
　　体制の強化、ダイナミックな人材育成と人員増強、そして、ガバナ
　　ンスの強化が必要であるとしている。

　ちなみに「2021—23 中期経営計画」では、「スマート工場の実現」という
テーマのもと本社新工場の移転が掲げられ、生産性の向上や物流効率の向
上も目標とされていた。
　また、更なるグローバル化への展開を図るため、それぞれの工場の役割
を明確にし、工場のネットワークの強化により、生産体制を強固なものに
すること、すなわち「オールＩ・Ｔ・Ｏの生産体制の構築」も強調されてい
た。
　また、本稿との関連で指摘しておくべきことは、ベトナム（ハノイ）は
製造拠点ではなく、販売拠点であるとしている点である。LP ガス製品の市
場拡大戦略や都市ガス分野への本格進出など「2024‐26 中期経営計画」に
おける海外販路の開拓・拡大の対象国としてベトナムがしっかり位置づけ
られていることがわかる[22]。

5.　桂精機製作所とそのグローバル戦略—KATSURA VIETNAM の意義

　株式会社　桂精機製作所（以下、桂精機製作所）は、代表取締役社長丸茂
等、本社所在地は神奈川県横浜市神奈川区栄町 1-1 である[23]。
　1951 年 1 月に東京都大田区大森 9 丁目に丸茂製作所を創業、その 4 年後
の 1955 年 6 月に株式会社　桂精機製作所（資本金 30 万円）を設立した。
　また、1956 年 10 月に日本で最初の直圧式ハンドトーチバーナを開発し、
特許も得た。これを皮切りに、LP ガス関連の供給機器（ゴム製高圧ホース、
ガスコック（ゴムパッキン使用）等）、燃焼機器等の製造・販売を行ってい
る優良企業である。
　桂精機製作所の主な営業品目は次の通りである。

第 2 部

　＜供給機器＞
　調整器、集合装置、バルク貯槽、ホース、ガス栓・バルブ類、ベーパーライザー、LP ガス容器収納庫、長尺フレキ管、保安業務用機器、ガス警報器、遮断弁、メータ
　＜燃焼機器＞
　熱風発生装置、ガンタイプバーナ、施設園芸用暖房機、 施設園芸栽培装置、遠赤外線暖房機、ハンドトーチバーナ、かがり火等である。

5.1　カテゴリー別の歴史
　桂精機製作所の沿革を本社・国内工場関係、製品関係、資本金関係、技術提携と販売独占契約等、合弁・子会社化に関する動きなどに分けてその歴史をまとめると以下のようになる。

5.1.1　本社・国内工場関係
　1972 年　 7 月　本社・燃焼機工場を神奈川県綾瀬市に移転
　1984 年　 9 月　山梨工場にダイカスト工場新設、生産開始
　1987 年　 3 月　山梨新工場竣工落成
　1988 年 10 月　35 周年を期し、本社機構を横浜市中区に移転
　1993 年　 5 月　神奈川工場にガス燃焼工学研究所を建設
　2000 年　 4 月　山梨工場が ISO9001 取得
　2000 年　 5 月　本社を横浜市中区から神奈川区栄町 1 番地 1 へ移転
　2002 年　 4 月　山梨工場が大臣認定工場取得
　2011 年　 5 月　ベトナム社会主義共和国ロンアン省にカツラベトナム
　　　　　　　　　Co, Ltd.の設立
　2011 年　 9 月　東京瓦斯電炉株式会社が中華人民共和国丹陽市に高斯達
　　　　　　　　　楽工業炉（丹陽）有限公司を設立
　2013 年　 8 月　東京瓦斯電炉株式会社がベトナム社会主義共和国ホーチ
　　　　　　　　　ミン市にガスデンロベトナム Co, Ltd.を設立
　2019 年 12 月　KATSURA VIETNAM COMPANY LIMITED の社名を
　　　　　　　　　KATSURA VIETNAM JOINT STOCK COMPANY に変更

5.1.2　製品関係
　1962 年 4 月にＬＰガス熱風発生装置の特許を取得し、1964 年 3 月には、

第 11 章　ベトナムにおけるガス供給機器メーカーのグローバル戦略

温室用ＬＰガスバーナーの発売を始めた。また、桂精機製作所にとり誉れ
高いことは 1964 年 9 月の東京オリンピック大会において聖火台バーナー
を製作したことである。
　その後、製品の質の向上と生産量の拡大のために、1966 年 4 月に山梨県
北巨摩郡須玉町に山梨工場を竣工した。その後、1968 年 5 月にＬＰガス用
調整器が米国ＵＬ規格に合格し、1969 年 4 月にはＬＰガス用調整器の全機
種が国家検定に合格し、技術水準の高さを示した。1982 年 1 月ＬＰガス温
室暖房機を発売、1983 年 1 月ガス緊急しゃ断弁が東京ガス株式会社、大阪
ガス株式会社、東邦ガス株式会社の認定品となる。
1986 年 12 月 ガスもれ緊急しゃ断弁「ガスブレーカー」およびしゃ断弁
　　　　　　　機構付自動切替調整器「ハイブリッドブレーカー」を新発
　　　　　　　売
1993 年 10 月 資源エネルギー庁の委託を受け GG エアコンの開発に着手
1996 年　4 月 GG エアコンのフィールドテスト実施
1997 年　6 月 長野冬季オリンピック聖火リレートーチを受注

5.1.3　資本金・製品関係
1971 年 10 月 資本金 7,500 万円に増資、本社・燃焼工場の綾瀬移転、製
　　　　　　　法特許の取得や独占技術提携・技術
1975 年　7 月 資本金 1 億 5,000 万円に増資、米国社との技術提携
1980 年　7 月 資本金 2 億 4,000 万円に増資、山梨工場竣工、ＬＰガス温
　　　　　　　室暖房機、ガスもれ緊急しゃ断弁「ガスブレーカー」およ
　　　　　　　びしゃ断弁機構付自動切替調整器「ハイブリッドブレーカ
　　　　　　　ー」発売、本社機構の横浜市移転、長野冬季オリンピック
　　　　　　　で聖火リレートーチ採用
1992 年 10 月 資本金 3 億 1,358 万円に増資、ガス燃焼工学研究所を建設、
　　　　　　　GG エアコンの開発東京瓦斯電炉株式会社をＭ＆Ａにより
　　　　　　　100％子会社
1998 年　9 月 資本金 3 億 8,274 万円に増資、新日本パイピング株式会社
　　　　　　　（現会社名：株式会社カツラプランテック）のＭ＆Ａによ
　　　　　　　る 100％子会社、山梨工場の ISO9001 取得、本社の横浜市
　　　　　　　神奈川区栄町 1 番地 1 へ移転
2007 年　2 月 資本金 4 億 4,401 万円に増資、その後 2011 年にベトナム社

第 2 部

会主義共和国ロンアン省にカツラベトナム Co.Ltd.を設立、東京瓦斯電炉株式会社が中華人民共和国丹陽市に高斯達楽工業炉（丹陽）有限公司設立、その後、同社はベトナム社会主義共和国ホーチミン市にガスデンロベトナム Co,Ltd.を設立、KATSURA VIETNAM COMPANY LIMITED の社名を KATSURA VIETNAM JOINT STOCK COMPANY に変更

2020 年 7 月 資本金 1 億円に減資、桂精機製作所の熱設備事業部と東京瓦斯電炉株式会社の熱設備事業を統合し、東京瓦斯電炉株式会社は新会社名「株式会社ヒートエナジーテック」と改称

5.1.4 技術提携と販売独占契約等

1973 年 1 月 米国バーナーシステム・インターナショナル・イン・コーポレイテッド社からジェットチューブバーナーの製法特許の権利を取得

1973 年 10 月 米国パイロニクス社と工業用燃焼機器の製造販売について独占技術提携

1977 年 7 月 米国ＩＴＴインダストリーズ・インコーポレイテッド社と技術提携

1980 年 7 月 仏国ガスインダストリー社と遠赤外線燃焼器の製造販売について、また、伊国ローバー社とガスチラーヒーターの製造販売について独占契約を締結

1989 年 6 月 仏国ガスインダストリー社と遠赤外線燃焼器の製造販売について独占契約を締結

1992 年 4 月 伊国ローバー社とガスチラーヒーターの製造販売について独占契約を締結

2000 年 9 月 メキシコよりバルク貯槽輸入開始

5.1.5 合弁・子会社化に関する動き

1997 年 9 月 東京瓦斯電炉株式会社をＭ＆Ａにより 100％子会社とする

2000 月 4 月 新日本パイピング株式会社（現会社名：株式会社カツラプランテック）をＭ＆Ａにより 100％子会社とする

2016 年 12 月 株式会社ガスパルとの合弁により株式会社バルクセーフテ

第 11 章　ベトナムにおけるガス供給機器メーカーのグローバル戦略

　　　ィーを設立
2021 年 10 月　株式会社桂精機製作所の熱設備事業部と東京瓦斯電炉株式
　　　　　会社の熱設備事業を統合する事業統合後の東京瓦斯電炉株
　　　　　式会社の新会社名は「株式会社ヒートエナジーテック」と
　　　　　する。

5.1.6　カーボンニュートラルに向けて

　桂精機製作所は革新的な新機軸でエネルギーの更なる価値向上に向け、新たなカーボンニュートラルソリューションの創造に挑戦していくことで、お客様や社会に幅広く貢献していくことを目指している。

　同社の最大の強みは「**ガスエネルギーの安全と環境**」のあらゆるソリューションを提供できる「**技術と経験**」を有していることにあり、創業以来、「**GAS Value Innovation**」を掲げ、**ガス体エネルギーの価値創造と有効利用を追求**してきた。

　そして、これからは**カーボンニュートラル環境の実現**に向けて、**革新的な新機軸**で更なる価値向上を図ることが急務であり、今後は**水素エネルギーを中心に**、**電気を含めた再生可能エネルギーの**、「**ENERGY Value Innovation**」を追求するとして、**新たなソリューションの創造に挑戦**していくことで、顧客や社会、そして、地球環境の未来に幅広く貢献していきたいとしている。

5.2　KVN の設立の経緯と沿革

5.2.1　KVN の設立の経緯

　KVN の設立の経緯は、表 11.4 に示されている。

表 11.4　カツラグループの KVN 設立までの経緯

2008 年 11 月	海外進出計画の調査開始
2009 年 12 月	市場調査依頼（外部コンサル）・・・不正確
2010 年 8 月	駐在員事務所設立
2011 年 4 月	工場仮契約（ロンハウ工業団地）
2011 年 7 月	現地社長（赤岡氏）着任
2011 年 8 月	現地法人設立許可取得第 1 期スタート、現地法人（KVN）税コード取得

第2部

2011 年 12 月		駐在員事務所閉鎖（従業員数 7 人）
2012 年 1 月		工場引渡し、第 2 期スタート
	3 月	工場生産開始、開所式
2013 年 5 月		社長交代（武山博昭）着任第 3 期スタート ISO9001 取得（従業員数 11 人）
		グループ内（山梨工場向け商材）の製造開始（従業員数 8 人）
2013 年 11 月		アルミ D/C250ton （東芝製）導入第 4 期スタート
2014 年 3 月		インドネシア SNI 規格取得
	6 月	グループ外（AL 部品）の自社製造開始アル D/C350ton （東芝製）導入
	12 月	グループ内（山梨工場向け AL 鋳造部品）の製造開始
		インドネシア SNI 規格再取得（従業員数 29 人）
2015 年 2 月		業績管理を GP 管理会計期間の（3 月から 4 月）変更第 5 期スタート
2015 年 4 月		イオン VN に納品開始
	11 月	グループ外に 6 万（個？）/年納品（従業員数 43 人）
2016 年 3 月		計画 ¥397,712（千円）第 6 期スタート
	4 月	インドネシア向け本格輸出開始
	8 月	タイ向け本格輸出開始第 7 期スタート
2017 年 3 月		商社機構追加登録
	8 月	KCH 製品・ウズベスキタン向け輸出開始
	9 月	KGS 規格認定取得
	12 月	マレーシア向け本格輸出開始
2018 年 1 月		社長から会長交代（土橋郁夫会長、チャン バン ロック社長）
	5 月	（従業員数 48 人）第 8 期スタート
2019 年 12 月		有限会社から株式会社への定款変更。社名を KASTURA VIETNAM JOINT STOCK COMPANY へ変更。代表取締役社長土橋、専務取締役チャンバンロック就任
2020 年 1 月		ロンハウ工業団地内に新工場用地（15,000 ㎡）を購入。
	5 月	資本金増資（250 万 USD）
2021 年 10 月		株式会社桂精機製作所の熱設備事業部と東京瓦斯電炉株式会社の熱設備事業を統合する事業統合後の東京瓦斯電炉株式会社の新会社名は 「株式会社ヒートエナジーテック」となる
	12 月	ロンハウ工業団地新工場稼働開始。
2023 年 8 月		KCH 製品・モンゴル向け輸出開始

（出所）カツラグループ資料に基き、筆者作成

5.2.2 ベトナムを選んだ理由

桂精機製作所は 2011 年 8 月にホーチミン/ロンアン団地にカツラベトナム Co, Ltd.を設立、工場を設置したが、5 期目から収益を計上した。

桂精機の位置づけは、①輸出型企業としての決定、また、②現地での収益を生むというものであった。

また、ベトナムを選んだ理由としては以下の点がある。

一つは、山梨工場が古く、新しい工場が必要になっていたこと、また、いま一つは国内市場、供給体制の構築という点から、基本的に海外工場の位置づけが変化してきたことがある。それは、新しい事業を海外で始める視点として、海外市場を要としてビジネスを考えていくというものである。

こうした基本的条件、新たな与件を踏まえ、以下の 4 点が絞り込みのポイントとなった。

① 有望な ASEAN 市場（FTA、日本に隣接）と「地政学的優位性」（好立地）

市場の成長性のある国であり、さらに、地理的要因として日本からあまり離れていない国であること。この点で、ASEAN 10 ヶ国の中でホーチミンは地理的にも 3 時間圏内の中心に位置していること

② ベトナム研修生の受け入れ実績の存在

海外事業を行う国として、10 年来研修制度を実施し、いろいろな国の研修生を受け入れてきていたが、その中で、ベトナムの研修生の評価が高かったこと

③ 高い識字率とベトナムの親日性

ベトナム人の識字率の高さとベトナムが親日国であったこと

④ 有望な労働/購買層の存在

ベトナムも中位国（経済的、文化的、識字率等）であり、モデルができれば、上位国も狙える国であること

などである。

ここで、カツラベトナム Co., Ltd.の位置するロンハウ工業団地についても触れておくことにする（図 11.3 参照）。

同団地は、2006 年にホーチミン市から南に位置するロンアン省にタントアン工業発展会社により設立された。設置時には、入居企業の約 3 割強が日系企業で、その後もビル型のレンタル工場を建設中であった。同団地に

第 2 部

は、同工業団地管理会社、中小食品加工会社、中小メーカー(完成品)などがある。

　ホーチミン市中心から 19km、7 区フーミーフン新都市まで 12km、タンカン・ヒエップフック・SPTC 港まで 3km、カットライ港まで 25m という好立地である。ワーカー採用・研修支援や診療所、ワーカー住宅など様々なサービスを提供し、安定した生産活動と労働者の生活環境を確保している。*24

　ワーカー採用・研修支援や診療所、ワーカー住宅など様々なサービスを提供し、安定した生産活動と労働者の生活環境を確保し、日本人担当者も常駐している。食品・消費財、ロジスティクス、パッケージング、精密機械、電子、機械組立、建設資材、医薬品、縫製、環境にやさしい分野、裾野産業分野を誘致している。レンタルオフィス/工場、ホテル、幼稚園、レストラン、スーパーなども完備されている。

図 11.3　ロンハウ工業団地地図

第 11 章　ベトナムにおけるガス供給機器メーカーのグローバル戦略

5.3　KATSURA VIETNAM の企業理念と経営理念[*25]

　KATSURA VIETNAM COMPANY LIMITED（カツラベトナム、以下、KVN）は、2019 年 12 月に KATSURA VIETNAM JOINT STOCK COMPANY に社名を変更したが、代表取締役会長は土橋郁夫（Tsuchihashi Ikuo）、取締役社長はチャンヴァンロックである。

　資本金（定款資本）は US$1,000,000（20,600,000,000VND）[*26]で、決算期は 12 月である。

　所在地は、Lot DI,commune3,+ong Hau Ward, Can Giuoc Dist, Long An Province Vietnam　ベトナム社会主義共和国ロンアン省ロンハウ工業団地。

　また、事業分野は国内外向け熱燃料使用機器の製造及び加工（（民生用 LP ガス用供給機器の製造・販売）：調整器等）でスタートしたが、その後、カツラグループの提供商材の一切を扱うことを予定していた。すなわち、

①LPG の供給機器、安全機器、空調機器、燃焼機器
②LPG,LNG の産業用設備（乾燥炉、バッチ炉、タンブラー等）
③電気式焼入れ設備
④LPG,LNG 高圧ガス供給設備である。

写真 11.1　KATSURA VIETNAM

正面左から土橋郁夫社長（現会長）、藤江、金田賢志取締役、
JETRO ホーチミン事務所　今井茂禎（2019 年 2 月 18 日）

341

第 2 部

5.3.1　企業理念（設立趣旨）

　KVN の企業理念、設立趣旨は下記の通りである。

　「カツラの 60 年にわたる事業ノウハウの歴史と実績をベースに、ベトナムおよび ASEAN 諸国のエネルギーインフラの整備、国民生活の向上、ガス体エネルギーの安全な使用に資する企業活動をとおして、『市場を創り、市場を動かす』という強い信念の下、積極的に推進してまいります。」　*27

　「アジア圏内にて中国・インドに次いで経済成長が期待されるベトナムは、日本の戦後復興と同じ状態であり、民生用 LP ガスの普及利用状況も急速に拡大している状況である。当社の歴史は日本の民生用 LP ガス普及の歴史であり、これまで当社が歩んできた社歴そのものがベトナム事業で活用できる。併せてこれからの有望市場である ASEAN を視野に入れた海外進出の「楔（くさび）」となる事業である。」

　すなわち、

　KVN が、カツラの ASEAN 諸国の製造拠点となること

　KVN は、製品を通して、日本の（カツラの）安全・安心を提供することである。

5.3.2　経営理念

　KVN の経営理念は 3 つある。

　① カツラは個人を尊重し、お互いの幸せを勝ち取ります。

　② 我々は世界一優れた、お客様サービスを提供します。

　③ 我々は全ての仕事に、常に最高の方法で当たり、改革改善に徹します。

5.3.3　カツラの製品安全方針

　カツラの製品安全方針は「カツラは、お客様の安全が最も大切であることを認識し、安全な製品づくりを最優先することに全社を挙げて取り組みます。」である。

5.3.4　カツラのガス体エネルギーへの思い GAS Value Innovation

　カツラのガス体エネルギーへの思いはどのようなものであろうか。それは、「我々は、LPG/LNG のみならず、水素も含めた『全てのガス体エネルギーの価値の創造と有効利用に向け、常に革新的に追求します。そして、これからも革新的な新機軸でガス体エネルギーの更なる価値向上に向け、

第 11 章　ベトナムにおけるガス供給機器メーカーのグローバル戦略

グループ一丸となり行動し続けます。』」というものである。

　こうした企業理念と経営理念、製品安全方針そしてガス体エネルギーへの思いの共有を図りつつ、事業が進められていったのである。

5.4　KVN の基本戦略
　KVN は上記の基本理念、経営理念、選定理由を踏まえ、以下の 6 つの基本戦略をもってスタートした。
（1）　山梨工場基準に基づく生産体制（バリューチェーン）の構築を図る
　KVN の強み、すなわち、高品質、適正価格、納期、サービスの構築
（2）　山梨工場向け内製・外販計画の完遂
①収益　②高品質　③操業度の向上（CD）　④組織力の向上（技能向上）を図る
　また、鋳造設備を中心とした現有設備の適正稼働率を図る（選択と集中）
（3）　主力製品（調整機器類）の投入を以って提供商材のバリエーションの拡大を図る
①ベトナム市場における内製/内販計画の完遂を以ってベトナム市場の基礎固めを図るとともにこの活動を基本とし、インドネシアをはじめとする他の ASEAN 諸国における販売ルート、チャネルの構築を図る
（4）　機能別人材の育成を図る（leader クラス）
（5）　本社戦略統括部（GP 他部門を含む）とのシナジー効果のある業務活動を図る（新規取引国の獲得を含む）
（6）　KVN 所管部門は本社戦略統括部とする

5.5　KVN の課題・留意点
　KVN はその課題・留意点として以下の 9 つを挙げていた。
①二重経済圏が南北に分断していること（1,800km）
②インフラ整備状況の不十分さ
③中間マネジメント人材層が薄く、比較的高賃金であること
④急速なワーカー賃金の上昇と物価高
⑤不透明な政策運営
⑥許認可等行政手続きの煩雑さ
⑦為替リスク

第 2 部

⑧ 素材・部品の現地調達の困難（現地日本企業数がベトナムは約 1,500 社で、タイは約 7,000 社）

⑨ 後発参入。市場ポジショニングはゼロからのスタート

などを認識していたが、これを踏まえると「明確な将来ビジョンと中長期的な覚悟、根気」が必要であるとしていた。

5.6　KVN の製品差別化戦略

KVN はベトナムでは、主に「VKL-2A」という POL オス調整器を生産し、その他「VKLF-2」POL メス調整器、「VKLC-2」クリップオン調整器、「KLS-5」二段二次調整器、「VKM-5」中型調整器などの製品も生産している（写真 11.2 参照）。なお、これらの機種はベトナム専用機種なので、日本での販売機種名はない。

KVN の製品の差別化には、大きく 4 つのポイントがある。

① 設計・製造・品質保証・工場管理等、すべてが日本のカツラと同じ手法であること

② 構成部品の大部分が、カツラが長年日本で取引している日本企業のベトナム日系企業からの調達であること

③ 生産/検査設備の大部分が日本からの輸入設備であること

④ 従業員の大部分が、日本のカツラで 3 年間の研修経験を積んでいること

また、これらに加え、より具体的な事項としては以下の 8 つの点がある。

① 厳しい日本式検査の実施―部品の受け入れから出荷前検査まで、すべてカツラの厳しい検査を実施していること

② 製品について常に検査・改良を行っていること

③ 製品一つ一つにロッド管理が行われていること

④ 安全装置については、ガス放出防止器が装備されていること

⑤ ガスの残量が少なくなっても出口圧力が安定していること

⑥ 2 年間の製品保証：ベトナムで販売されているすべての「VKL-2」は 2 年間の製品保証を行っていること。また、KVN は『日本の期限管理制度』の推進を図っていること

⑦ PL 保険：万が一に備え、すべての「VKL-2」に PL 保険をかけている

第 11 章　ベトナムにおけるガス供給機器メーカーのグローバル戦略

こと
　⑧　KVN では、「ベトナム技術品基準測定センター」の協力のもと、性能基準測定活動を行っていること
　である。

写真 11.2

（出所）株式会社桂精機製作所資料より

6.　KVN の到達点と課題

　ベトナムで生産している製品は、調整器に関しては、VKL-2A 等はベトナムや ASEAN 地域に販売している。
　その他、日本向けについては一部完成品もあるが、多くのものは部品で

第 2 部

あり、日本で組み立てて販売しているものがほとんどである。

2011 年に設立し、2012 年に工場が稼働して以後、日本向けとベトナム国内市場向けの展開を考えて戦略の策定・実行しており、その根幹の考えは現在まで継続している。

ベトナムの工場もレンタル工場から移転し、また新たに日本国内でもグループ会社の事業統合、LPG 関連の IT 事業会社を買収する等、大きく環境が変化している。

また、カツラベトナムの到達点は以下のようにまとめられる。

継続的に黒字化が見込める体制になったが、コロナ禍以後、激変する LPG 市場の中で、今後は如何に親会社への収益に依存せず、自立経営を果たすことができるかというところが課題になっていること。

特に、コロナ禍において、生産拠点の中国一極集中によるサプライチェーンリスクが世界的に顕在化したが、桂精機製作所、カツラグループにおいても、地政学的リスクへの対策として、従来 100％ベトナムで製造していた日本国内向け中核製品部品については、山梨工場・カツラベトナムでの分散生産を実施する方針となっている。

そして、上記の事態に伴う KVN の収益・稼働率の低下を補うため、以下の戦略を推進している。

①国内向けのノウハウを活かしたグループ外へのアルミダイカストビジネスの推進

② ベトナム国内向けのガス配送システムの事業化

③ ベトナム及び ASEAN 域内での熱設備事業の確立

である。

小括

ベトナムにおける矢崎総業・矢崎エナジーシステムによるガス供給機器を含むあらゆるエネルギーの総合プロデュースの取り組み、また、ガス供給機器メーカーである I・T・O、そして株式会社桂精機製作所（カツラベトナム KVN）の長期的なグローバル戦略を確認してきた。

桂精機製作所・同グループは、KATSURA VIETNAM の意義、すなわち、その企業理念と経営理念を引き続き重視しつつ、「中所得化」してきているベトナムを含む ASEAN 経済圏諸国との関係も視野に入れつつ、南北に分

第 11 章　ベトナムにおけるガス供給機器メーカーのグローバル戦略

断した二重経済圏、不充分なインフラ整備、比較的高賃金な中間マネジメント層の不足、急速なワーカー賃金の上昇と物価高、不透明な政策運営、許認可等手続きの煩雑さ、その為替リスクなどの課題、ベトナムにおける製品差別化戦略、新規ビジネス（ガス再送システム）の推進、熱設備事業の確立などに対応した長期的なグローバル戦略を推進していることがわかる。*28 ベトナムを販売市場として位置づけている点は同業の ITO ベトナムとも共通しており、また、業種は異なるが Tiger Vietnam（TVN）とも共通している。

　I・T・O とともに、KVN の今後のグローバルな経営戦略・人材戦略の展開が期待されるところである。

註

1　北川浩伸は、日本食品海外プロモーションセンター（JFOODO）執行役（Chief Administrative Officer〈CAO〉）前日本貿易振興機構（ジェトロ）・ハノイ事務所長、元同・サービス産業部長である。
　　2019 年 10 月 1 日から日本貿易振興機構（ジェトロ）理事となり担当はジェトロ本部海外調査部、アジア経済研究所（研究部門）、東南アジア地域。日本食品海外プロモーションセンター（JFOODO）は日本産の農林水産物・食品のブランディングのためにオールジャパンでの消費者向けプロモーションを担う新たな組織として、2017 年 4 月 1 日、日本貿易振興機構（JETRO）内に設立された。グローバル・サービス実践塾を開催。
　　北川は、戦略研究学会 第 13 回大会（2015 年 4 月）で「アジア・新興国の文化に適応できるグローバル・サービス戦略とビジネス展開」と題して講演、戦略研究学会編『戦略研究』。
2　岩谷産業ホームページ. https://www.iwatani.co.jp/jpn/
3　西東秋男『日本食生活史年表』楽游書房、1983 年、179 頁.
4　一般社団法人 日本エルピーガス供給機器工業会〒105-0004 東京都港区新橋 5 丁目 20 番 4 号 http://www.jlia-spa.or.jp/statistics/index.html 正会員 42 社の会社名は下記の通りである。
　　愛知時計電機株式会社、I・T・O 株式会社、アズビル金門株式会社、伊藤鉄工株式会社、大阪高圧ホース株式会社、株式会社オンダ製作所、株式会社桂精機製作所、株式会社神菱、株式会社キッツ、岐阜富士工器株式会社、株式会社協成、光陽産業株式会社、株式会社サンコー、CKD 株式会社、株式会社正英製作所、新和産業株式会社、住友ゴム工業株式会社、高橋産業株式会社、株式会社瀧本金属製作所、株式会社タマフレックス工業、株式会社テクノフレックス、株式会社東郷製作所、東洋オートメーション株式会社、東洋ガスメーター株式会社、東洋計器株式会社、株式会社十川ゴム、ニッケイ株式会社、株式会社にっしん、株式会社日豊、日本継手株式会社、株式会社ハマイ、株式会社藤井合金製作所、

第 2 部

富士工器株式会社、株式会社ブリヂストン、株式会社プロテリアル、株式会社穂高製作所、マツイ機器工業株式会社、株式会社宮入バルブ製作所、矢崎エナジーシステム株式会社、横浜ゴム株式会社、吉野川電線株式会社、株式会社 LADVIK（日本 LP ガス協会資料より.）

5　2024 年 3 月時点.

6　富士工器株式会社（FUJI KOKI CO., LTD.）は、代表取締役社長前口庄一郎、本社所在地は名古屋市中区新栄二丁目 9 番 11 号、設立は 1947（S.22）年 1 月 22 日、資本金は 4 億 6 千万円、従業員 270 名である。また、営業種目は、LP ガス容器、LP ガスバルク貯槽、LP ガス容器用バルブ、LP ガス供給機器、計量器及び保安機器の製造並びに販売である。

主な製品は以下の通りである。１．家庭用、工業用 LP ガス各種容器（2kg〜2,900kg）、２．民生用バルク貯槽（148kg〜2,900kg）、３．LP ガス用容器バルブ、４．LP ガス供給機器（１）家庭用、業務用、工業用、各種圧力調整器、（２）高圧ホース、低圧ホース、燃焼器用ホース、（３）ヒューズガス栓、フレキガス栓、ねじガス栓、（４）LP ガス高圧集合装置、（５）LP ガス高圧バルブ、（６）各種圧力計、（７）LP ガス配管器具、継手類その他部品一式、５．LP ガス警報器、警報システム、ガス遮断装置、６．LP ガス計量器、７．その他各種機械、器具の製造並びに販売

7　株式会社穂高製作所と後述の株式会社にっしん（旧日新機械株式会社）はホタカグループの関連会社である。その主な事業の歩みは下記の通りである。

　1950 年日新機械株式会社川崎市にて操業を開始し、国産 1 号のプロパンガス専用小型調整器を発売、1953 年 8 月日本酸素の依頼を受けて、日新機械㈱社長佐藤五郎衛門が作った「げんこつ型」と呼ばれる調整器を製造販売（一般財団法人日本エルピーガス機器検査協会・一般社団法人日本エルピーガス供給機器工業会資料による）、1960 年 12 月 1 日株式会社穂高製作所を機械金属加工業として設立、1961 年日新機械株式会社がアジア大会の聖火台の製作に関与、1962 年株式会社穂高製作所がＬＰガス機器の製造を開始、1964 年日新機械株式会社が東京オリンピックの聖火台の製作に関与、1968 年 4 月ホタカ長野販売株式会社設立、1972 年年 4 月　穂高ダイカスト工業株式会社を株式会社穂高製作所のダイカスト部品の製造を目的として設立、1973 年 6 月株式会社ホタカを設立。株式会社穂高製作所より販売部門として独立し、住宅設備機器、家庭用機器分野の拡充に努める、1982 年年 3 月ホタカ長野販売株式会社設立。株式会社ホタカより甲信越地区の販売部門として独立、住宅設備機器、情報機器分野の商品拡充に努める、2000 年 4 月株式会社穂高製作所が、液化石油ガス用継手金具付高圧ホース、液化石油ガス用継手金具付低圧ホースおよび液化石油ガス燃焼器接続継手付ホースの設計、開発並びに製造についてＩＳＯ9001 を認証取得。2001 年 6 月株式会社にっしんを液化石油ガス用供給機器製造及び販売を目的として設立。

　ホタカグループの取り扱い事業は、液化石油ガス用機器 製造・販売、プロパンガス専用小型調整器の製造・販売、住設機器販売、プレス部品加工、真鋳、ステンレス加工、ダイカスト成型、家庭用カセットコンロの製造・販売である。

8　株式会社ホタカのグループ会社として 2001 年 6 月、液化石油ガス用供給機器製造及び

第 11 章　ベトナムにおけるガス供給機器メーカーのグローバル戦略

販売を目的として設立された。株式会社にっしんの前身は日新機械株式会社で、気体・液体の流体継手、ステンレス継手、プレス部門等幅広く製品を供給している。

9　日本 LP ガス協会資料より.

10　法人数・従業員数は矢崎総業株式会社と国内外の連結子会社を対象としており、持分法適用子会社、連結除外子会社、関連会社、関係の財団法人は除外している。

11　従業員数は、正社員、準社員、受入出向者、嘱託、再雇用者を対象としている。なお、受入出向者は、当社グループからグループ外への出向者を除き、グループ外から矢崎グループへの出向者を含む。

12　ワイヤーハーネス（自動車用組電線）は、自動車の神経・血管に例えられる電線の束を指す。近年の自動車は、走る、曲がる、止まるといった基本性能だけでなく、安全性や利便性を確保するための各種機能を実現するために、数多くの電気・電子機器が使用されている。ワイヤーハーネスはこれら電気・電子機器を確実に「つなぐ」役割を担い、電力を供給し、信号と情報を伝送する。モーターを動力として使用する電動化車両（HEV、PHEV、EV）は、バッテリーからモーターなどに高い電圧を安全・確実に供給する高電圧ワイヤーハーネスが必要となる。

　　矢崎の高電圧ワイヤーハーネスは、数多くの電動化車両（HEV、PHEV、EV）に採用され、高いシェアを獲得している。また、原料の製造から、設計、生産、工法、最終製品の製造まで、全ての工程を自社で行うことも矢崎グループの特長のひとつである。以上、同社ホームページ参照。https://www.yazaki-group.com/recruit/newgrads/company/wireharness/index.html

13　同社ホームページ参照。YAZAKI 60th ANNIVERSARY 2002 年 7 月、22-28 頁.

14　同前.

15　同前.

16　同前.

17　「EPISODE グローバル展開エピソード矢崎総業グループ 75 周年 YAZAKI 75th ANNIVERSARY」https://www.yazaki-group.com/75th/episode/global/

18　同前.

19　I・T・O 株式会社ホームページ. https://www.itokoki.co.jp/より。

20　I・T・O 株式会社代表取締役内海二郎の挨拶文を一部まとめた。同前.

21　ウェブサイト　http://itovietnam.com/より

22　また「技術開発の強化」においても、I・T・O グループは、製品開発においては、1 新ドメインである防災・減災関連製品の開発、BOGETS 次世代機の研究・開発、非常用発電ユニットの開発、2 海外向け製品群強化のための開発、各国規格に合った製品の開発、SNG ジェネレーターの開発、3 都市ガス事業への更なる深化を図る

　　また、「開発力の強化」においては、1 開発スピードの向上、新製品開発体系と技術部内業務の見直し、新技術研究所の設立、2 コスト競争力の向上、製造部門と連携強化、海外向け設計基準の見直し、3 情報収集力の強化、営業・製造・品質保証部門との連携強化、共同開発の推進（ガス事業者、異業種メーカー、大学など）、4 技術力の強化、異業種製品の研究強化など冷静に課題を分析するとともにその対応策についても記述している。

第2部

23 本社所在地　神奈川県横浜市神奈川区栄町 1-1 KDX 横浜ビル 8 階、代表取締役副社長　田中良、取締役南史朗、金田堅志、角田雄一郎、監査役斉藤卓、丸茂京子、資本金 100,000 千円（払込済）、従業員数 206 名（2022 年 11 月末）、決算期毎年 3 月 31 日、（出所）株式会社桂精機製作所 HP https://www.katsuraseiki.com/company/history

24 独立行政法人日本貿易振興機構ホーチミン事務所『ベトナム・ホーチミン市近郊レンタル工場データ集』2019 年 3 月、2023 年 8 月。

25 Katsura Co. Ltd., K.Kaneda Company overview Ver.7 p.2.

26 暫定換算為替レート US$1.00 ≒ 20,600VND）

27 Katsura Co. Ltd., 前掲書、4 頁.

28 本稿作成にあたり、株式会社桂精機製作所常務執行役員　戦略統括本部長　金田堅志様、KATSURA VIETNAM JOINT STOCK COMPANY 代表取締役会長土橋郁夫様、桂精機製作所戦略統括部金丸達哉様、JETRO ホーチミン事務所（2019 年）今井茂禎様に大変お世話になりました。記して感謝申し上げます。

　また、JLIA（一社）日本エルピーガス供給機器工業会には統計データの提供に際し、大変お世話になりました。記して感謝申し上げます。

終　章

ベトナムの未来

―「経済安全保障」という視点から―

藤江昌嗣

本書は 1990 年代以降の日本のベトナムへの開発協力と日越企業の経営戦略・人財戦略の検証を通じてベトナムの経済発展を跡付け、その未来を探ることを目的とし、第 1 章から 11 章においてこの目的が追究された。それは、ベトナムの経済発展のための法・制度的整備やインフラ基盤―ハードやソフト、そして人材を含む―の整備、そして、技術の発展を踏まえた日越企業の戦略―立ち上げと撤退―を検証している。

本章では、これらの検証を「経済安全保障」という視点から整理し、ベトナムの「経済安全保障」論について、小笠原高雪や庄司智孝の諸論考に依拠しつつ、確認し、次いで、村山裕三や坂井昭夫の論考も参考にしつつ日本の「経済安全保障」論議、特に、1980 年代日米や米中間の経済摩擦や経済安全保障論議の内容を整理した上で、ベトナムの「経済安全保障」の意味するものを確認し、ベトナムの「経済安全保障」論からベトナムの経済発展と未来について展望する。

1.　ベトナムの「安全保障」と「経済安全保障」

1.1　「ベトナムの安全保障と ASEAN」

2017 年はドイモイ 30 年を迎えた年であるが、それを記念し、アジア経済研究所は「模索するベトナム」と題して特集を組んだ。この特集に小笠原高雪は、「ベトナムの安全保障と ASEAN」と題する論考を寄稿している。

ベトナムは ASEAN 加盟の希望を 1990 年に表明し、東南アジア友好協力条約（TAC）に署名して、ASEAN のオブザーバーとなり、ASEAN 地域フォーラム（ARF）の発足にも関った[*1]。そして、1995 年に正式に ASEAN に加盟した。小笠原は、ベトナムの動きの背景に、1991 年のソ連崩壊や 1992

第2部

年以降の中国の領海法の制定、フィリピン支配下の環礁の占拠など南シナ
海進出などを見ている。

1.1.1　ASEAN による安全保障
　「ASEAN による安全保障」という視点からベトナムの安全保障について、①国内の安定、②インドシナの安定、③対中関係の安定という 3 点から論じた。以下で少し紹介してみよう＊2。
①国内の安定
　ソ連等の崩壊がドイモイへの慎重論を生む中、ASEAN は内政不干渉を原則の一つとしており、欧米諸国に対する防波堤となりうることへの期待が存在していたこと。また、ベトナム共産党（CVN）の正統性を保つためにも、ドイモイの継続と経済発展が不可欠であり、ASEAN 加盟はその経済発展を可能にすること。
②インドシナの安定
　ASEAN 諸国は善隣外交に注力し、相互関係を安定させ、国民統合と経済発展に多くの資源を投入することに成功していた。「紛争管理」こそ ASEANが達成した最大の成果であった。これに対し、北部と南部に国力が分極し、山岳地帯に多数の少数民族を抱えるベトナムにとり、ラオスやカンボジアとの関係は安全保障に直結する問題であり、とりわけ、カンボジアとの国境紛争の再燃回避は高い重要度をもつこと。これがベトナムがラオスやカンボジアの ASEAN 加盟を後押しした背景にあること。
③対中関係の安定
　小笠原はベトナムは東アジアの南端に発祥し、中国の強大な影響力にさらされながら、同時に自立を追求し、それにより自己を形成してきた。陸上、海上、南シナ海の島嶼のいずれでも発生しうる中国の脅威の顕在化を回避するため、ASEAN を通じて「関与政策」を行うこと。「経済発展のための国際環境の安定」はベトナムはもとより、中国も望むことであり、ASEAN は「ASEAN＋中国」方式の「多角化」＊3を追求した。

1.1.2　「均衡（バランシング）政策」と「関与（エンゲイジメント）政策」
　小笠原は、「安全保障政策」における「均衡」と「関与」政策の組み合わせ論として説明されることがあることを紹介している＊4。
　「均衡（バランシング）政策」とは、国力の強化や同盟の締結により有

終　章　ベトナムの未来

利な力関係を形成し、相手の能力を制約する試みであり、また、「関与（エンゲイジメント）政策」とはさまざまな対話や交流を重ねながら規範の共有を図り、相手の意図を変化させる試みである。

　こうした紹介の上で、小笠原は、以下のようにベトナムの「安全保障政策」について判断している*5。「ベトナムの安全保障政策において、均衡政策が占める比重は今後も当分の間、第二義的なものに留まるであろうこと」、また、「アメリカへ決定的に傾斜するのをベトナムは慎重に回避していること」、そして、「海空軍の強化にせよ、アメリカとの防衛協力の拡大にせよ、それらが最終的に目指すものは多国間協議の再構築なのである」としている。

　ASEAN を通じて「関与政策」を行い、「国際環境の安定」による国内の経済発展が、国内の安定にもつながるというロジックである。

1.2　ベトナムの安全保障―「三つの No」の論理と実践―

　庄司智孝（防衛研究所地域研究部アジア・アフリカ研究室長）はベトナムについて、とりわけその安全保障について、追究してきた。小笠原とは、また、異なる視点からのベトナムの「安全保障」政策の存在を確認するために、庄司の論考の内、先ず、2017 年の「ベトナムの安全保障―「三つの No」の論理と実践―」により、ベトナムの安全保障、特に「安全保障」における「全方位軍事外交」を確認し、その後、最新の「ベトナムの安全保障――課題と対応」（2021 年）を取り上げ、ベトナムの直面する課題について、その見解を紹介する。

1.2.1　ベトナムの安全保障―「三つの No」の論理と実践―

　庄司が社会主義国ベトナムの安全保障における「三つの No」の原則を指摘し、その論理と実践について論証しているのが、「ベトナムの安全保障―「三つの No」の論理と実践―」である*6。ベトナムは、北方の大国である中国と政治体制の近似に基づく独自の協力関係を保つ一方、南シナ海における中国との緊張の高まりを受け、それを直接の動機として旧敵米国との安全保障協力を推進している。その際、ベトナムが他国との安全保障協力の原則として掲げているのが「3 つの No」である*7。

　では、「3 つの No」とは何か？

　それは、①軍事同盟に参加し「ない」、②外国の軍事基地をベトナムに置

第2部

かせ「ない」、③ベトナムと他国の二国間紛争に第三国の介入を求め「ない」という3つの「ない」である。

庄司によれば、こうした「他国と同盟関係にならない」という国防政策の基本方針は、1998年のベトナム初の『国防白書』に遡ることができるが、2004年版（第二版）『国防白書』を経て、2009年版（第三版）『国防白書』*8では、「『国防政策における基本問題』として「ベトナムは軍事同盟組織に参加しない政策をとり、外国に軍事基地を置かせず、自らの領土を他国に対抗するために使わせない」と説明している*9。

そして、2010年からベトナムは国防の基本原則を「3つのNo」として定式化したが、この時期は、南シナ海の領有権をめぐり、中国との緊張が高まり、その対応策として、ベトナムが米国との安全保障協力に本腰を入れ始めた時期でもある*10。

こうした「3つのNo」という基本原則の誕生背景を説明した上で、庄司は以下のように結論付けている。

「3つのNo」は、ベトナムの歴史的経緯や地理的特性に起因するベトナム独自の安全保障の態様である一方、冷戦期の非同盟運動からの伝統を受け継ぐ側面を有したこと。また、他の東南アジア諸国と同様、対外関係に「ヘッジする性質」を併せ持っていたことを指摘する。そして、「3つのNo」原則の実践としてベトナムが「全方位軍事外交」を追求し、米国や日印露との安全保障協力を進めると同時に、中国との関係安定化に努めたことは、「同盟への政策転換」ではなく、「「3つのNo」を堅持しつつ、「全方位軍事外交」をより深く追求した」*11と分析している。そして、「こうした対外関係におけるベトナムのバランス感覚は、米中間のみならず、日中や中印のレベルでも実践される多面的な側面を有し、ベトナムの「国家としての生き様」を表す戦略である」*12としている。

1.2.2 ベトナムの安全保障認識と安全保障上の課題

庄司は、2021年の論考「ベトナムの安全保障——課題と対応」*13で、ベトナムの安全保障認識、安全保障課題、そして課題への対応を考察している。そこでは、当時、ベトナムが直面している安全保障課題のうち、最も重要かつ深刻なものは「南シナ海の領有権問題」、とりわけ、南シナ海における中国への対応であるが、ベトナムの安全保障課題は南シナ海にとどまらず、特に、経済、食糧、気候変動、環境問題といった「非伝統的課題」

終 章 ベトナムの未来

について、ベトナムの政治指導部がその重要性を十分に認識し、対処を試みているとしている[14]。

1.2.2.1 ベトナムの安全保障認識―「全方位外交」と「総合安全保障」

庄司は、ベトナムの安全保障認識は、同国が 1980 年代半ばにおける「ドイモイ政策」―市場経済システムの導入と対外開放による経済発展を指す。以下、ドイモイ）―推進時の外交と安全保障の「基本方針」に基づいている。ドイモイ以降、ベトナムは、対外政策については、「全方位外交」を推進し、それは「すべての国々と安定的かつ協力的な関係を構築することによって、自らを取り巻く対外環境を経済発展に適した状態に保とうとする方策」[15]である。

また、庄司は、ベトナムは、対外関係の全方位性を前提としつつ、「総合安全保障」の観点から自らの安全保障課題を認識しているが、ここに、「総合安全保障」とは、「国家安全保障の手段を軍事力に限定せず、経済力を重視すること」[16]。そして、「国家のパワーの決定要因はむしろ経済力であり、経済力、軍事力と並んで国家の安全を保障する条件が、対外協力関係の拡大である」[17]というものである。庄司は、「この考えに基づけば、国家の総合的なパワーを高めることに加え、自らが参加する国際・地域協力制度を活用し、対外環境を改善することも安全保障において、重要な役割を果たし、その結果、ベトナムが追求する安全保障上の利益や課題は、領土や領海といった伝統的なものから、経済や自然災害、環境といった非伝統的なものまで、多岐にわたることになる」とし、ベトナムの「総合安全保障」を特徴づけている[18]。

庄司は、「対外関係の全方位性」と「安全保障課題の多様性」に基づくベトナムの安全保障を「総合安全保障」としている。

1.2.2.2 ベトナムの安全保障上の課題

庄司は、ベトナムの安全保障上の課題を 3 つ挙げている。すなわち、それは、①南シナ海問題、②党体制の維持、③非伝統的脅威とメコン流域の環境問題　である。この 3 つの課題について、庄司の説明を少しく加えておくことにする。

355

第2部

①南シナ海問題

　庄司は、全方位の安全保障協力は「戦略利益間の均衡」と「対外関係間の均衡」という2つの均衡性に立脚している。前者の「戦略利益間の均衡」という点から考えてみるとこういうことになる。「南シナ海」―南シナ海の領有権に代表される主権や領土の一体性―は、ベトナムの最も重要な戦略利益の1つであるが、それ以外にも「経済発展」や「共産党一党独裁体制の護持」といった「南シナ海」と同様に「死活的な戦略利益」がベトナム（の政治指導部）にはある。ゆえに、「これらの利益のいずれか1つを守るために他を犠牲にするような手段は不適切となる」[19]のである。

　また、いま一つの「均衡性」は、「対外関係間の均衡」である。「新たな情勢における祖国防衛戦略」（2013年）は、独立し、自主、主体性ある対外関係をバランスよく全面的に構築し、ベトナムの安全保障に有利な国際環境を創出することを任務の1つと定めているが、安全保障戦略における全方位性、すなわち、国間関係のみならず地域全体の戦略環境の安定を追求するというものである[20]。

②党体制の維持

　共産党一党独裁という政治体制の維持は、ベトナム政治指導部の至上命題である。

③非伝統的脅威とメコン流域の環境問題

　メコン川の水量の減少傾向から下流域のメコンデルタのコメの産出量が減少している。このコメの収量減少は、国内消費にとり、深刻な食糧安全保障の問題となり、ベトナムの主要輸出品目の1つであるため、経済安全保障の問題にもなっている。水量減少の原因は上流での中国やラオスでのダム建設、ダムでの貯水に起因すると見られている。

　また、ベトナムのメコンデルタでは、海水の逆流による水質悪化も起きている。これはメコンの水量減少に加え、地球温暖化による海面の上昇が原因との見方が主流である。

　その他、新型コロナウイルス等、感染症も重要な非伝統的安全保障課題の1つと認識されている。

終　章　ベトナムの未来

2.　「日本の経済安全保障政策」

　本節では、日本の「経済安全保障」政策について確認してみることとする。

　日本の場合、「経済安全保障」という概念を用いて、自論を展開した先駆けの一人は、村山裕三[*21]である。また、「経済安全保障」という概念は用いてはいないが、日米貿易摩擦の分析から半導体を中心にした特許を巡る日米間の摩擦を検証し、日米間で「政策協調」が語られるほど「経済摩擦」が進行してきたことを明らかにしたのが坂井昭夫[*22]である。

　以下では、日米経済摩擦と政策協調をコインの両面として認識し、日米ハイテク摩擦を知的所有権をめぐる摩擦であり、アメリカの競争優位―「技術覇権」―の恢復にその本質を見てきた坂井昭夫の主張と「経済安全保障」概念の設定者であり、1980 年代の日米ハイテク摩擦と 2000 年代の米中ハイテク摩擦の異同を分析し、その上で、日本の国家安全保障戦略の中の「経済安全保障」論について論じた村山裕三の考えを紹介する。

2.1　坂井昭夫の日米経済摩擦・ハイテク摩擦論

　坂井昭夫は、『日米経済摩擦と政策協調』有斐閣（1991 年）や『日米ハイテク摩擦と知的所有権』有斐閣（1994 年）などにより、1960 年代から発生していた、「日米繊維貿易摩擦」以降の日米間の経済摩擦について検証してきた。

　坂井は、揺らぎ始めた米国経済、特にハイテク分野で揺らぎ始めた米国が、知的所有権の経済的意味を再発見し、米国ハイテク産業・企業の再建のために、日本に「知的所有権紛争」を仕掛けてきたことを実証した。坂井は、日米間の半導体を象徴とする知的所有権をめぐる「経済摩擦」が、今でいうところの「経済安全保障」の重要な、いやコア（核）となっていたことを既に、指摘していたのである。

　また、1980 年代の米国企業による日本企業への知的所有権攻勢は、米国企業の思惑からすると、「ロイヤルティ稼ぎだけではなく、日本企業による米国市場の蚕食を防ぎ、有望産業での日本企業の台頭を防ぐ狙いも存在していた。こうした米国企業は知的所有権分野での提訴戦術の展開だけでなく、日本の対米輸出に歯止めをかけるために、種々の法律を利用した「マルチプル・リーガル・ハラスメント（多角的な法的いやがらせ）」」[*23]を遂

357

第 2 部

行してきた。知的所有権攻勢もその一環として位置づけられてきたのであった。

したがって、米国企業の体制整備も、多角的な分野全体を見渡しつつ進められる形となった。企業収益、競争力の維持・増進に寄与する法務活動の積極的利用、すなわち、法律問題を経営戦略のレベルで位置付ける「戦略法務」を推進していったのである。

2.2 村山裕三の「経済安全保障」論
2.2.1 「経済安全保障」論

村山裕三は、経済と安全保障の関係について、「経済安全保障」概念を用いて持論を展開した先駆けである。それは、例えば、2003年に刊行した『経済安全保障を考える 海洋国家日本の選択』(日本放送協会)で確認できる。

村山は、従来は、経済と安全保障を分離して分析していたが、図1にあるように、ディフェンス・エコノミクス(→の方向へのアプローチ)と国際政治経済学(←の方向へのアプローチ)とは、経済と安全保障が重なり合う部分(ベン図の中央部分)が存在していることを示しており、村山はこれらを統合して分析する必要性を述べている(図1参照)[*24]。

図1 経済安全保障の位置づけ

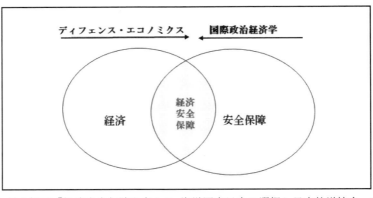

(出所) 村山裕三『経済安全保障を考える 海洋国家日本の選択』日本放送協会、2003年、p.57. 図2.5を基に、一部修正の上、作成.

終　章　ベトナムの未来

　この重なりの部分について、村山は半導体を例として説明する。すなわち、半導体は、家電、通信機器、コンピュータなど民生用に幅広く使われている。しかし、他方では、軍事用兵器の中核部品でもあり、巡航ミサイル、戦闘機などで使われているエレクトロニクスには多くの半導体が使われているため、「半導体の持つ経済と安全保障の両側面を押さえておくことが必要になってくる」*25 と説明している。そして、経済と安全保障の発想の違いを明らかにし、また、それらがどのように絡み合っているのかを解明し、両者の間でバランスをとるために知恵を絞り、経済と安全保障の関係についての全体像に迫るこが課題となっているとする*26。

　そして、経済と安全保障の関係がもっとも鮮明に出てきているのが「技術分野」であるとしている。坂井の視点との重なりが確認できる。

　村山は、国際環境の変化と経済安全保障の変化について、以下のように整理している*27。

　「1980 年代の日米ハイテク摩擦」は、1980 年代初頭、米国における経済安全保障の萌芽を示すものであり、米国製兵器の日本製半導体への「依存問題」として整理できること。具体的には、①緊急時の供給と②R＆D への依存により、アメリカの将来の技術（軍民）のリーダーシップが失われる懸念があったことが特徴であった。

　また、単一の品目で摩擦化し、交渉が進められたことや製品と国籍が比較的一致していた時代であった。そして、解決方向としては、感情的な対応から建設的な対応へと変化し、相互依存関係の活用として、①日本から米国への技術移転の要請と②軍民統合による軍事技術力の強化が進められることになった。

　その後、国際環境の変化と経済安全保障は、対象国が日本から中国に変わった。

　1990 年代中頃には、米国における「日本危機」は終焉し、むしろ、安全保障と経済をリンクさせる発想が定着した。

　そして、2000 年代には、中国が台頭し、これに対し、米国の素早い対応策がとられた。

　例えば、米中経済安全保障検討委員会の 2000 年設立や 2007 年の外資規制、輸出管理の強化などがある。

　村山によれば、その後、オバマ政権の「静かな 8 年間」からトランプ政権へ移行したが、日米と米中のハイテク摩擦を比較すると以下のような特

359

第2部

徴が見出せるとしている＊28。

「日米ハイテク摩擦」は、①日米同盟関係維持のための政経分離が大原則であったが、②軍民両用技術をめぐる摩擦（例：半導体）によりこの大原則に揺らぎが生まれた。

しかし、「米中ハイテク摩擦」は、グローバル化したサプライチェーンが構築されたが、新たな特徴として、一つの製品の中に多国籍の部品、材料が混在する状況となっていることがあり、こうしたサプライチェーンを意識した摩擦であり、交渉が行われたことが特徴である。

また、加えて、①経済と安全保障を分離すべきではないという認識が定着した後の摩擦であること、②新興技術として、高い軍民両用度をもつ AI、量子、ロボティクスなどが登場したこと、そして、③中国製造 2025+軍民融合政策のインプリケーションが、米国にとっての脅威となったことも、特徴となっている。

こうした日米摩擦から米中摩擦への変化は、中国における新興技術が半導体にとどまらず、AI、量子、ロボティクスなども加わり、中国の高い製造技術と中国における軍民融合政策が、米国において「経済と安全保障の非分離」という大原則がより強固なものとして位置づけられたことにその特徴が見出せること。また、米国において、米中摩擦の解決方法として、①輸出管理、金融制裁を活用した手法や②同盟国、友好国の協力が必須となってきたことも村山は指摘している＊29。

2.2.2　日本の「経済安全保障」論

上記のような日米摩擦から米中摩擦への変化と米国における解決方法における大原則—「経済と安全保障の非分離」—の変化の指摘に加え、村山は、その後の①自民党の提言（2020 年）—幅広い経済分野への網掛け、②新型コロナウイルスと医療品不足への対応、③半導体不足による製造業への打撃への対応により「経済安全保障の範囲の拡大」という流れが進んでいったことを指摘している＊30。

そして、村山は日本（日本政府）の経済安全保障政策の全体像を示している。

それは、「社会・経済の安全・安心の確保」的な経済安全保障であり、①従来からの政策、②経済安全保障推進法＊31、③国家安全保障戦略への組み込みで構成される。

終　章　ベトナムの未来

　すなわち、①従来からの政策とは、外為法でカバーするものであり、1）安全保障貿易管理（輸出管理）と2）外資規制で対応するものである。
　また、②経済安全保障推進法は、経済安全保障への恒常的な取り組みを行うことを目的としているが、「4分野」の設定とこの中への今後の他分野の入れ込みということになる。
　また、最後の③国家安全保障戦略への組み込みは、NSS＊32 所掌の防衛、外交に経済政策が加わるものである。
　NSS は、国防の基本方針から始まり、その他国家安全保障に関する重要事項まで 13 の所掌事務（審議事項）があるが、11 番目の所掌事項が、「国家安全保障に関する外交政策、防衛政策及び経済政策の基本方針並びにこれらの政策に関する重要事項」で外交政策、防衛政策と並列で、経済政策が並んでいる。
　そして、その中身を示すものが、経済安全保障推進法の 4 本柱である。
　それは、①特定重要物資の安定的な供給確保、②基幹インフラ役務の安定的な提供確保、③先端的な重要技術の開発支援、④特許出願の非公開制度である。

2.2.3　国家安全保障戦略の中の「経済安全保障」論
　村山は、経済安全保障の本丸である技術力をデュアルコースに含め、抽象的にではなく、具体的に強化することを明示する重要性を指摘する。その上で、重要とされる下記の 3 点を挙げている。
①防衛産業技術基盤における軍民両用技術の活用・開発
　ここには、体制構築策（防衛産業衰退防止の方策も併せて）も含まれる。
②同盟国、有志国間での装備品共同研究開発体制、防衛サプライ・チェーン構築策
　ここには、装備品輸出方策も併せて盛り込むこと
③技術流出防止策の推進
　このために、経済産業省との連携体制が必要となる。
　村山は、新興技術（AI、ロボティクス、量子など）による軍民両用性のせり上がりの進行を前に、上記の指摘を行っているのである。

　以上、村山裕三の「経済安全保障」論、そして、その視点からの、日本の国家安全保障戦略の中の「経済安全保障」論について見てきた。

第 2 部

2.2.4　日本の「経済安全保障」論への懸念

　こうした日本の国家安全保障戦略の中の「経済安全保障」論について、懸念はないのであろうか？　例えば、技術流出防止については、軍民両用の部品や装置メーカー輸出に携わる商社などの企業側からすれば、その企業・経営活動に負の影響はないのであろうか？

　村山自身も、経済安保の先駆者の懸念として、岸田流「経済安保」に対して、経済と安全保障はトレードオフの関係になりがちで、安全保障への投資を促す「経済安保」の政策は、経済成長の阻害要因にもなり得ること、したがって、「経済安保」が「新しい資本主義」の下で、成長に寄与するというとすれば、よほどしっかりした理論的裏付けが求められるはずなのだが、それがない」と語っている *33。

　また、村山は、「経済安保の議論はそれまでは技術の問題をベースに範囲を絞って行われていたが、いつの間にか枠組みが大幅に広がって驚いたこと。また、法制化についても、提言時の「経済安全保障一括推進法」という仮称が示しているように、業種ごとに定められている「業法」の全体に網をかけるような方向性が示されていたことには驚いた」としている *34。最終的には、一括ではなく、4 分野に絞られはしたが、経済安全保障の国策が通常の経済・産業政策をも規定し、経済活動におけるブレーキをかけていくことが懸念されると齋藤も記している *35。これまでもココム違反事件も東芝事件やダイキン事件を含め、多くの事件が発生した *36。最近でも化学機械メーカー「大河原化工機」（横浜市）の事件―社長らの起訴が取り消された冤罪事件をめぐる国家賠償請求訴訟など、経済活動に対するブレーキ機能を強める懸念を増す出来事も明るみになっている。

3.　ベトナムの「総合安全保障」上の課題

　ここまで、ベトナム、日本の「安全保障」―前者の「総合安全保障」、後者の「経済安全保障」―の動きについて確認してきた。ここでは、ベトナムの「安全保障」上の課題について、改めて整理しておく

3.1　ベトナムの安全保障上の課題
　既述のように、小笠原高雪は、ベトナムの安全保障の優先課題について、

終　章　ベトナムの未来

①国内の安定・体制の維持、②インドシナの安定（南シナ海問題）、③対中関係の安定
を挙げ、庄司智孝も「南シナ海の領有権問題」―南シナ海における中国への対応を優先課題としてあげつつ、ベトナムの安全保障課題は南シナ海にとどまらず、経済、食糧、気候変動、環境問題といった「非伝統的課題」もあり、その重要性を指摘していた。

　その他、本書の著者による指摘も含め、下記のような課題を指摘している。

　すなわち、汚職の取り締まりの強化、ベトナムの司法制度のありかた、経済規制と基準の改革、ベトナムにおける移転価格税制、貿易構造のリスク分散、先端技術を利用した産業構造・貿易構造の構築、先端技術の発展の展望・選択と人材育成、電力供給の安定化、非伝統的脅威とメコン流域の環境問題などである。

①汚職の取り締まりの強化

　体調不良が伝えられていたベトナム前国家主席グエン・フー・チョン ベトナム共産党中央執行委員会書記長（2011 年から 2024 年まで）が 2024 年 7 月 19 日逝去した。その後、ベトナム共産党は 8 月 3 日、党の指導機関である中央委員会の臨時総会で、党の最高指導者である書記長にトー・ラム国家主席を選出した。ラム氏は書記長と国家主席を兼任する。

　グエン・フー・チョン氏は、2011 年の書記長就任後、汚職撲滅運動で、多数の党幹部らを処分し、解任してきたが、ラム氏も就任後の記者会見で、反汚職運動や全方位外交など、従来の路線継承の方針を示すとともに、透明性のある行政改革推進にも意欲を見せた。また、就任同日に副首相らを更迭することも発表された [37]。

　ベトナムでは、国家主席が就任 1 年で異例の辞任、相次ぐ指導部が失脚するという事態が発生していた。ベトナム国会は、第 15 期（2021〜2026 年期）第 3 回臨時国会を 2024 年 1 月 18 日に招集し、グエン・スアン・フック国家主席の解任を可決した。

　現地の複数メディアは、新型コロナウイルス感染拡大時の在外ベトナム人を対象にした帰国便の手配、新型コロナ検査キットの政府入札を巡る職権乱用・収賄などに、多数の政府高官らが関わった汚職事件の政治的な責任を取ったものとしている [38]。

第2部

　また、フック国家主席の前任者であるトゥオン氏は 2023 年 3 月に、ベトナム社会主義共和国に改称された 1976 年以降、国家主席に就任していた。多数の政府高官らが汚職に関わった不祥事の責任を取って辞任したとされる前任のグエン・スアン・フック氏に続き、国家主席が 1 年余りで交代する異例の事態となった[39]。

　トゥオン氏はグエン・フー・チョン書記長に長く仕えた側近で、就任演説では断固として反汚職に取り組むと表明した。同時に、持続可能な発展体制を整備し、クリーンで強固な国家を築き、全ての人、特に若い世代が公平かつ透明性のある発展の機会を得て、国に貢献するための環境をつくると述べていた。トゥオン氏の辞任理由は、党員としての規定と党幹部としての模範を示す責任について定めた規定に違反したため、と報じられている[40]。

　以上のように、ベトナムの汚職問題は、「経済安全保障」上の問題ともいえる深刻なものである。

　この問題については、上田がベトナムにおける企業法の変遷と「天馬ベトナム事件」の検証を通じて、提言もおこなっている（第 8 章　ベトナム企業の新展開と課題　上田）。

　例えば、贈収賄防止のための提案としては、通常の収賄対策である「公務員給与の引き上げ」がある。それにより、「ファシリテーション・ペイメント」を厳禁することも可能になる。加えて、収賄に対する罰則の強化も提案されている。

　また、米国や英国の企業のベトナム進出が増加すると、これまでのベトナムの慣行が次第に変化していくことが見込まれること、すなわち、ベトナムにおける贈収賄は短期的に根絶が無理でも長期的に減少すると思われるとしている。

　また、贈賄防止の国際条約「国際商取引における外国公務員に対する贈賄の防止に関する条約」の加盟国である日本や韓国を含む加盟国が相互に情報共有する機会を、ベトナムの汚職防止中央指導委員会が主導して設定することも効果的としている。また、同委員会による通報「窓口」の設置や、贈賄側の国々が連帯して贈賄しないことに「合意すること」が有効であるとしている。

　また、ベトナム企業のグローバル化については、企業のグローバル化が「世界標準」―その内容が将来の課題であるとしても―のビジネス慣行に

収斂するように思われるとしている。

②ベトナムにおける移転価格税制や司法制度のありかた

　移転価格税制とは企業グループ間取引に関する税のことであるが、1980年代後半以降、法人税などにおける各国間の税率の相違を踏まえ、グローバルな納税額を最小化する企業の戦略に対する、各国税務当局の追徴課税問題として表出してきた問題である。

　ベトナムにおいても、移転価格問題は発生してきているが、とりわけ、2010年代後半以降、ベトナムの税務当局等が実施する移転価格関連調査の数が大幅に増加し、グループ間取引を有する日本企業に対し、追徴課税、ペナルティ、支払遅延利息が課されるリスクが高まっているという問題である。

　ベトナムに進出した日系企業には、移転価格税制に係る報告および文書化の義務（免除規定含む）等移転価格に係る紛争解決、その他留意点の正確な把握と的確な文書・資料準備の準備などが求められており、企業側には負担となっている[41]。

　また、ベトナムの司法制度のありかたについては、第6章で、杉山が「土地紛争」を例に、土地法の改正について論じ、巨大都市ホーチミンの変貌に警鐘を鳴らしている。

③FDI、FTA 等を通じたグローバル経済への統合の進行状況やその結果について

　杉山（第5章）、東長（第7章、第9章）は、ASEANとのパートナーシップ、ベトナム国内へのFDI等により、ベトナムのグローバル経済への統合の進行について検証した。この中で杉山は、FDI自体が必ずしも技術のスピルオーバーをもたらさなかったことを指摘している。

　また、ベトナムの貿易関税の引き下げは、グローバル経済への統合のバロメーターでもあるが、ベトナムが締結した各種FTAに合わせて貿易関税が引き下げられた場合、ベトナム国内企業は外国企業との激しい競争に直面することになる。自動車やスマートフォンなどの製造部門では、高度ではない技術を採用している国内企業が外国企業に圧倒され、国内経済に深刻な混乱を引き起こす可能性がある。この点については、④、⑥も参照されたい。

第2部

④経済規制と基準の改革の必要性

　ベトナムにとって2つの意味がある。それは、外国投資への道を開くことと国内企業が市場で国際企業と競争するための有利な条件を作り出すことである。一方では、ベトナムは、強制労働、児童労働、人身売買から持続可能性、ラベリング、環境保護に至るまで、規制や基準に関して多くの問題に直面している。

　他方で、ベトナム企業は外国企業との激しい競争に弱く、これに対し、ベトナムの規制制度は、政府によって導入された貿易救済策の数が少ないことからも明らかなように、国内企業を保護するのに十分な効果を発揮していない。これらの点で、規制と基準の改革は、ベトナムの長期的な経済安全保障の不可欠な部分となる。

⑤電力供給の安定化

　ベトナムにおいては、電力不足が解消されておらず、民生用・産業用の電力供給インフラの整備が課題として残っている。国産天然ガスの産出等、課題解決への至急の対応が望まれている[42]。

⑥貿易構造のリスク分散と先端技術を利用した産業構造・貿易構造の構築

　国際情報部東南アジア・大洋州室の川村藍は、ベトナムの貿易構造について、下記の状況認識を示すとともにその課題を提示している。

　ベトナムは輸出志向型工業化のもと、外需主導で高い経済成長率を維持してきたが、その輸出品目は、縫製業などの低付加価値製品を主としていた。その後、スマートフォンなどへと高付加価値化が進んだ。また、2009年以降、サムスン電子などエレクトロニクス産業を中心にベトナムへの生産移管が増え、中国から中間財を輸入し、米国に輸出する貿易構造ができ、米中対立もあり、この流れが2010年代後半に加速したとする。

　ベトナムの貿易構造、輸出入においては、スマートフォン関連の割合が高く、ベトナムの経済状況が特定の産業動向に左右されやすいこと、また、コロナ禍を経て、サムスン電子が、伝染病などの制御不能な外的要因に対する事業リスク分散を理由に、ベトナムでの生産を縮小するとしている。このような状況を踏まえ、川村は、今後の経済成長を持続的なものにするためには特定の輸出品目に依存する貿易構造のリスク分散を図ることが求

終　章　ベトナムの未来

められ、上述の電力供給の安定化とともに、特定の輸出品目に依存する貿易構造のリスク分散を図ることが課題であるとしている[*43]。

　また、川村は、最大輸入相手国中国からは、ASEAN 中国自由貿易協定により 2015 年に関税が撤廃され、輸出入が拡大した。韓国サムスン電子や米国アップルなどのエレクトロニクス産業の製造拠点がベトナム北部（ハノイ等）に移転したことも、中国からの「電話機・同部品」の中間財の輸入増加につながった。資源国ではないベトナムにとって原材料の調達は必須であり、さらに、製造業の裾野産業が育っていないため、中国から原材料を輸入しないという選択肢は現実的ではないとしている[*44]。

　また、この点については、東長（第 9 章）が、「ビングループのスマホ事業への進出と撤退」を通じて、その進出と撤退の意味を考えるために、ベトナムにおけるスマホ事業の市場、歴史、製造工程などを確認した。その上で、スマホ事業を担ったビンスマート社の「市場参入戦略」を描いている。またその後の短期間での「撤退」の意味を、他社の撤退事例、同社の説明などをふまえ、国策である「製造業重視」との関連も含め考察した。

　その結果、スマートフォン関連技術は、最早、「先端技術」とも言えなくなっており、AI、量子技術等を利用した産業構造のシフト、そして、これとリンクした貿易構造の構築を進めていくという課題も重要なものとなっている。

⑦「製造業のサービス化」

　先端技術を利用した産業構造は国内市場の創出とも広くかかわり、貿易構造の構築に限定されるものではない。東長（第 9 章）がビングループのスマホ事業の撤退から読みとったものは以下のことであった。

　「製造業のサービス化」とは「製造業企業がモノの製造・販売だけでなく、サービスの提供を付加することにより、モノの価値の向上やモノの拡販を図ること」であり、単なる「モノの製造・販売」ではなく、「サービス的要素を含めたコトの提供」を行うという発想の転換を伴っている。

　製造業の競争軸が『モノの製造・販売』だけでなく、『モノを介した顧客価値の提供全般』へと広がったのである。「携帯電話やスマート TV の製造では、もはや、消費者にとっての画期的な機能や付加価値を産み出すことはできなくなった」ことである。すなわち、スマホや TV では「サービス的要素を含めたコトの提供」ができないことであり、システムの中でスマ

第2部

ホの果たす役割は、インターフェース、コントローラーであり、その先の「コト」につながる自動車や、家や、金融といった生活の実態とは距離のあるハンディな汎用コンピュータでしかない。

　東長は、Vin グループが、初めて自らの Mission に「顧客の生活を向上するための高品質の製品とサービスのエコシステムの構築」を掲げたのは 2019 年であり、「製造業のサービス化」に着目したのもこの頃であろうとしている。そして、製造業は、グループにとって重要な戦略投資分野であることに変わりはないものの、今後の製造業のサービス化の進展を予想すると、TV もスマホも、「モノ」以上の「コト」を夢とともに乗せていく製品として、ビンが世界に届けようとするものではない、との判断が想定されるとする。

　こうした認識は、「中所得化」してきているベトナム市民の生活スタイルの変化を踏まえて、そのスタイルを支える高付加価値製品の開発・生産・普及を踏まえた「製造業のサービス化」は重要となる。これまでの対中、対米への貿易構造—部品の輸入と完成品の輸出—における先端技術を用いた貿易・産業構造に加え、国内市場向けの産業（財・サービス）の構造の将来像をしっかり描くことが求められていると言えよう。

⑧技術の発展の展望・選択と人材育成

　貿易構造の変化は、産業構造・貿易構造、また、それを支える技術とその担い手である技術者の育成とも係り、先端技術の担い手の育成を含め、人材育成も重要な課題となっている。また、技術の選択は産業の選択であり、貿易とともに、国内市場に於ける諸産業の発展とも係る戦略的なものである。

　本書でも、日本の開発協力（第 1 章　藤江）や日越の貿易構造（第 3 章）、また、FDI については、第 5 章「FDI は国民経済に役立つか？」で杉山がFDI の大きな枠組みとその機能と評価、課題について考察した。

　また、企業のケーススタディとして、フォーク株式会社（第 4 章　藤江）、Tiger Vieitnam のベトナムでの人材育成への取り組みを紹介、検証している（第 10 章　藤江）。また、桂精機製作所・カツラグループ KVN を例に、矢崎総業、I・T・O などとの比較も行いつつ、ベトナムにおけるガス供給機器メーカーのグローバル戦略を検証した（第 11 章　藤江）。人材育成と技術の発展を意識しつつ、縫製産業、精密機器、日用生活品・関連部品業

のこの間の取組みを評価した。

　間違いなく「中所得化」してきたベトナムにおいて、国内市場の発展は、その生活スタイル（建物、交通インフラ、文化等幅広い内容を含む）の変化を内包するものである。こうした国内市場向けの製品を開発・製造する拠点として、文字通り、「現地化」すなわち、ローカライゼーションは進んでいく。

　本書で紹介した上記の企業は、日本市場向けの日本とベトナムの工場の位置づけがなされ、製品の品質の高さも実現してきている。今後は、ベトナム構内市場向けの製品・新製品をマーケティング戦略も含め、人事戦略を含む「現地化」すなわち、ローカライゼーションが進んでいくことが予想される。ベトナム市場の位置づけの変化の方向を展望した日本企業の人事戦略がますます重要になっていく。

⑨メコン流域における食糧、気候変動、環境問題などの非伝統的課題

　食糧、気候変動、環境問題といった非伝統的課題も重要である。メコン川の水量の減少により、下流域のメコンデルタのコメの収穫が減少し、国内消費という点で深刻な食糧安全保障の問題となっている。また、コメはベトナムの主要輸出品目の1つであるため、経済安全保障の問題でもある。

　水量減少の原因は上流での中国やラオスでのダム建設、ダムでの貯水ともみられ、また、メコンデルタでは、海水の逆流による水質悪化も起きている。その他の原因については、メコンの水量減少に加え、地球温暖化による海面の上昇が挙げられている。自国内だけでは解決できない問題であり、外交を通じた解決を一層進める必要がある。

　その他、新型コロナウイルス等、感染症も重要な非伝統的安全保障課題である。

4.　ベトナムの未来に思う

　ベトナムの課題は少なくない。しかし、それらの課題を国内問題と国際問題（グローバルな課題）に分け、両者の関連を意識しつつベトナムは対処していくことになる。小笠原の提示した3つの重要課題は、国内の安定・体制の維持が国内問題であり、インドシナの安定（南シナ海問題）や対中関係の安定が国際問題であった。

第 2 部

4.1　ベトナムの中所得化と日本企業の開発協力の在り方

　日本企業のベトナムへの展開は、日本政府のベトナムへの「開発協力」の方針に沿って行われてきた。

　かつて中尾武彦は、「戦後の日本は、悲惨な戦争の反省に立って、平和を追求し、アジアの途上国への協力を惜しまず、また、その成長を後押ししてきた。外交姿勢や援助もさることながら、日本自身が復興を遂げて成長したことが、アジア各国に貿易や直接投資による経済的機会をもたらした。・・・(中略)・・・日本の貿易商社の人たちはいつも双方の利益を考えていて、非常に誠実だったと言っていた。日本にはそのような商人道、自分の仕事に誇りをもって完璧を求める職人気質がある。こうして、日本は長い時間をかけて信用と信頼を取り戻していった。日本の高度経済成長が各国に経済発展のモデルを提供した役割も大きかったと思う。」*45 と語っていた。

　しかし、1990 年代以降、ベトナムに進出した日本企業の場合、バブル崩壊後、明確化した日本国内市場の「過剰」*46 状態に直面し、国内・海外生産体制の見直しを決断し、実行した。ベトナムの人件費の低さと、ベトナム人の勤勉さ、そして、円高もこの決定には大きな影響を与えた。

　ベトナム経済の 1990 年代以降の「離陸」は、2000 年代後半以降、サイクリカルな動きの中でも 6％台の「中成長」を続けてきた。国民の生活スタイルも変わってきたし、その消費需要も質の多様化と量的増大を続けてきた。コロナ禍はブレーキがかかったが、現在は回復軌道にある。

　日本企業の経営戦略・人材戦略も国内外の分業に基づく、ベトナムでの「内製化」から、拡大するベトナム市場への供給体制の構築・強化に進み、そのための技術の指導と人材育成を推進してきている。Tiger Vietnam（TVN）、桂製作所ベトナム（TVK）はその事例であり、フォーク株式会社の取り組みは、30 年以上にわたり、その工場をホーチミンからその周辺へ、さらに、ダナンへと拡張し、その製品カテゴリーも大幅に増やし、その縫製技術も高めてきた。しかも、ベトナムの方々の指導により再生産してきたのである。

　繊維、縫製から IT 等の人材育成、そして、先端技術の開発、応用技術者の更なる育成へと向かうことになる。この点で、ベトナムに進出している日本企業の現在の状況に応じて、こうした方向の堅持と新たな着手が望ま

370

れ、期待されるのである。

　最後に、ベトナムの「総合安全保障」論と日本の「経済安全保障」論の相違が、上記の IT 等の人材育成、そして、先端技術の開発、応用技術者の更なる育成へと向かうことになるのか否かについて、日本と ASEAN 諸国とのパートナーシップのあり方を含め、記述しておく。

4.2　ベトナムの「全方位外交」・「総合安全保障」論と日本の「経済安全保障」論のズレからの懸念

　ベトナムの経済発展と未来を考えるときに、両国の「安全保障」論の相違をどのように考えるべきであろうか？

　庄司は、ベトナムの安全保障認識は、1980 年代半ばにおける「ドイモイ政策」―市場経済システムの導入と対外開放による経済発展―推進時の外交と安全保障の「基本方針」に基き、ドイモイ以降、対外政策については、「全方位外交」を推進し、それは「すべての国々と安定的かつ協力的な関係を構築することによって、自らを取り巻く対外環境を経済発展に適した状態に保とうとする方策」である。庄司は、この「対外関係の全方位性」と「安全保障課題の多様性」に基づくベトナムの安全保障を「総合安全保障」と呼んでいる。

　また、小笠原も、ベトナムの安全保障政策において、均衡政策が占める比重は今後も当分の間、第二義的なものに留まり、アメリカへの決定的な傾斜への慎重な回避と海空軍の強化、アメリカとの防衛協力の拡大の最終的目的は「多国間協議の再構築」であるとする。ASEAN を通じて「関与政策」を行い、「国際環境の安定」による国内の経済発展が、国内の安定にもつながるというロジックである。

　そして、その ASEAN も、発展、変化してきている。

　大庭三枝は、2023 年に日本と ASEAN 友好協力 50 周年を記念した講演で、今後のパートナーシップ強化に向けてのポイントを指摘した。

　まず、ASEAN 諸国は主体的なプレイヤーであり、大国の戦略的アリーナではなく、各国自身の国益、利益の観点から動くことを前提に、日本等の非 ASEAN 国が踏まえるべき 4 点を指摘している。

　それは、①ASEAN 諸国の多様性　②多様性があるにもかかわらず、一定の共通目的を共有していること　③ヘッジング戦略と AESEAN の中心性④「内政不干渉」のみで語るのは時代遅れであり、ASEAN 自身の変化が見

371

られることである＊47。

　その上で、今後のパートナーシップ強化に向けてのポイントとして、以下の3点を挙げている。
①各国の主権の尊重と相互協力に立脚した平和で民主主義的秩序の構築
防衛協力強化、特に海洋安全保障と人権や民主主義という課題への後押し
②経済発展、持続可能性、公平性という3つの課題の追求すなわちビジネスで結ばれた関係を超えた「共生社会」の構築
ビジネス環境整備を目的とする協力や環境、労働者、市民の人権への配慮との両立
③日ASEAN間の相互理解と相互信頼の醸成
福田ドクトリン「心と心の対話」の現代版の実現、お互いの変化する姿、抱える課題などを相互に理解する関係の構築やそのための知的交流の推進、さらに、日本社会の中のASEAN像―支援する対象国―としてのイメージの払しょくである。

結び

　村山の語るように経済と安全保障はトレードオフの関係になりがちで、安全保障への投資を促す「経済安保」の政策は、経済成長の阻害要因にもなりえ、経済安保の議論の範囲が従来の技術の問題をベースにしたものから、いつの間にか枠組みが大幅に広がったこと。また、法制化についても、最終的には、一括ではなく、4分野に絞られはしたが、業種ごとに定められている「業法」の全体に網をかけるような方向性が示され、経済安全保障の国策が通常の経済・産業政策をも規定し、経済活動におけるブレーキをかけていくという懸念は依然として残っている。OSAの動きも懸念を拡大させている＊48。

　特に、ベトナムへのFDI等で日本企業が展開していくなかで、この業種の広がりは日本企業の中・長期戦略へのリスクを増していく。

　また、最早、「先端技術」とも言えなくなっているスマートフォン関連技術は、ベトナムにおいても、ニーズが高まっている、AI、量子技術等を利用した産業構造のシフト、これとリンクした日本企業のベトナムへの展開にとりブレーキとなることは十分予想される。

　ベトナム、日本の「経済安全保障」の位置づけの違い、すなわち、ベト

終　章　ベトナムの未来

ナムにおける「総合安全保障」という観点と日本における「経済安全保障」
論の曖昧さは、日本企業（メーカーや商社）のベトナム投資に抑制的効果
をもたらすものとなる。

　中尾武彦は、「アジアの未来に思う」で、下記のように記している。
　「日本の経済的な力が弱くなれば、当然ながら、それだけ日本の存在感、
影響力は減ってしまう。同時に、中国や新興国のプレゼンスが増している
新たな地政学的な環境のなかで、日本は引き続きアジアの平和と安定に最
大限の貢献をしていかなければならない。」＊49
　中尾は、この書の末尾で、「二十一世紀はアジアの世紀か」という問いに
対し、下記のように記している。これを引用し、稿を閉じることにする。
　「世界のすべてのよいこと、すなわち民主主義も人権も市場システムも
もともとすべて西欧の価値だという考え方、あるいはアジアには別の価値
があるという考え方にも反対だ。これらの価値は、人類全体のものだ。」
　そして、「今世紀がアジアの世紀だというのであれば、アジアは、世界に
おける知的な影響力、人々を引き付ける魅力、ソフトパワーをもっと高め
なければいけない。欧州、そしてそれに続く米国は、・・・（中略）・・・科
学技術や軍事力のみならず、資本主義の仕組み、国家間の国際法的な秩序
や国内の法的枠組み、民主主義や権力分立の考え方、近代的な医療や教育
のシステム、芸術や文芸、それらの基礎的な哲学の領域まで、その蓄積は
大きい・・・同様の影響力をアジアがもつようになるには、まだしばらく
の時間と努力が必要だろう。アジアは、その制度、ガバナンスをさらに強
化し、世界の科学や技術、文化の発展にさらに貢献し、国際的な課題に取
り組むうえでの責任をさらに果たし、自分たちの考え方をしっかりと世界
に伝えていかなければならない。」＊50
　「民主主義」「人権」「市場システム」の由来は西欧であっても、21世紀
の第1コーナーを回ったばかりの現在、アメリカ、欧州においてさえ、い
ずれもその安定性について不安が増している。こうした価値について、そ
の起源と本質的内容を確認した上で維持することが、グローバルな課題と
なってしまっている。アジアの国々が、こうした価値の相互の関連を認識
しつつ、中尾の語る上記の分野で、課題をもつアジアからその国内におい
ても、グローバルなレベルでの責任を果たすことが求められる。日本とベ
トナムの両国においても「経済安全保障」論を含め例外を認めるのではな

373

第 2 部

くアジアとしての模範を示す段階である。

註

1　小笠原高雪「ベトナムの安全保障と ASEAN」『アジ研―ワールド・トレンド』No.257. 20 頁. 2017 年 3 月.

2　以下、同前、21 頁.

3　この場合の多角化は、「ASEAN＋中国」の域内国を対象とした協議を意味し、これに対し、「国際化」はアメリカや日本などの域外大国を含めた協議を意味する。小笠原によれば、「ベトナムの識者は、「多角化」は追求するが、「国際化」は「中越関係を複雑化にするだけである」と説明している。同前、22 頁.

4　以下、同前、21 頁.

5　以下、同前、23 頁.

6　以下、庄司智孝「ベトナムの安全保障―「三つの No」の論理と実践―」庄司智孝、日本国際政治学会編『国際政治』第 188 号、「地域研究と国際政治の間」(2017 年 10 月)、p.146.

7　同前.

8　2009 年版（第三版）『国防白書』は、2017 年時点では、最新のものである。同前.pp.147-148.

9　同前.

10　同前.

11　同前、157 頁.

12　同前.

13　庄司智孝「ベトナムの安全保障――課題と対応」『安全保障研究』、2021 年.

14　同前、1 頁.

15　同前、2 頁.

16　同前.

17　同前.

18　同前、2-3 頁. 2021 年 1 月に行われたベトナム共産党第 13 回党大会における政治報告は、ベトナムを取り巻く安全保障環境を概括している。同報告では、米中をはじめとする大国間の戦略的競争の激化により、グローバルな戦略環境が複雑化していること、他方では、国際法や多国間枠組みといった国際的な制度も困難に直面していること。また、新型コロナウイルスの世界的拡大がこの傾向にいっそう拍車をかけたこと。また、人間の安全保障、自然災害、疫病、サイバー、気候変動、海面の上昇、環境汚染といったグローバルな非伝統的課題も深刻化していること。アジア太平洋地域でも「大国間競争」が激化し、南シナ海問題はじめ、領土や海域の主権の問題が深刻化し、軍事衝突の危険性をはらんでいることなどが指摘された。

19　同前、7 頁.

20　同前.

21　村山裕三（同志社大学名誉教授）「米中技術覇権争いと日本の経済安全保障政策」

終　章　ベトナムの未来

戦略研究学会　2022 年 4 月 24 日講演
「米中技術覇権争いと日本の経済安全保障政策」戦略研究学会『戦略研究』31 号、2022 年.
村山裕三編著　鈴木一人・小野純子・中野雅之・土屋貴裕『米中の経済安全保障戦略　新
興技術をめぐる新たな競争』芙蓉書房出版、2022 年.

22 坂井昭夫『日米ハイテク摩擦と知的所有権』有斐閣、1994 年.同『日米経済摩擦と政策協
調』有斐閣、1991 年.

23 同前.

24 村山裕三『経済安全保障を考える　海洋国家日本の選択』日本放送協会、2003 年、56-57
頁.

25 同前.

26 同前.

27 村山裕三「米中技術覇権争いと日本の経済安全保障政策」戦略研究学会　2022 年 4 月 24
日講演資料並びに村山「米中技術覇権争いと日本の経済安全保障政策」戦略研究学会『戦
略研究』31 号、2022 年、57 頁.

28 同前.

29 同前.

30 同前.

31 村山の講演並びに執筆時は、「経済安全保障推進法案」であったが、その後、法案は正式
に成立したので、本稿では「経済安全保障推進法」とする.

32 NSS は 1986（S.51）年法律第制定された七十一号　国家安全保障会議設置法に基づき 2013
年 12 月 4 日に設置された機関である国家安全保障会議（National Security Secretariat）の略
称である。その事務局は、国家安全保障局（National Security Secretariat の略称 NSC）であ
る。
　NSC は国家安全保障会議を恒常的にサポート。内閣官房の総合調整権限を用い、国家安全
保障に関する外交・防衛・経済政策の基本方針・重要事 NSC は、項に関する企画立案・
総合調整に専従する。また、緊急事態への対処に当たり、国家安全保障に関する外交・防
衛・経済政策の観点から必要な提言を実施するが、事態対処のオペレーションは、危機管
理の専門家である内閣危機管理監等が引き続き担当する。また、関係行政機関等に対し、
適時に情報を発注する。さらに、会議に提供された情報を、政策立案等のために活用（情
報の「総合整理」機能）を行う。

33 齋藤貴男「経済安保の人脈と文脈」第 1 回　「先駆者の懸念」『世界』2022 年 3 月号、岩
波書店。129 頁.

34 同前.

35 同前.また、日本における大量破壊兵器や通常兵器等の関連物資に関する貿易管理につい
ては、警察庁『焦点　警察警備 50 周年　現行警察法施行 50 周年記念号』269 号（2004 年）
を参照されたい。(1) 無許可輸出「東明商事ココム違反事件」（1987（S.62）年 5 月）、「東
芝機械ココム違反事件」（1987（S.62）年 5 月）、また、(2) 虚偽申告として、「ダイキン工
業ココム違反事件」（1989（H.1）年 2 月）、「日本航空電子工業に係る武器部分品不正輸出
事件」（1991（H.3）年 8 月）、「菱光社等に係る外為法等違反事件（1999（H.11）年 2 月）」

第2部

等紹介されている。また、キャッチオール規制違反で検挙された事件として、「直流安定化電源不正輸出事件」（2003（H.15）年11月）、「アイ・ディー・サポートに係る周波数変換器不正輸出事件」（2004（H.16）年1月）が紹介されている。

また、熊谷 独『モスクワよ、さらば：ココム違反事件の背景』文芸春秋、1988年や春名幹男『スクリュー音が消えた　東芝事件と米情報工作の真相』新潮社、1993年などもココム違反事件を取り扱っている。

36 進展実業ココム違反事件（対ソ連）、兵庫県貿易ココム違反事件（対中国）、東明貿易ココム違反事件（対中国）、東明貿易ココム違反事件（対北朝鮮）、東芝機械ココム違反事件（対ソ連）、極東商会等ココム違反事件（対中国）、商工連幹部に係るココム違反事件（対北朝鮮）、ダイキン工業ココム違反事件（対ソ連）、プロメトロンテクニクスココム違反事件（対東独）、日本航空電子工業に係る武器部分品不正輸出事件（対イラン）、トレーダーズココム違反事件（対中国）、東亜技術工業外為法違反事件（対中国）、菱光社等外為法違反事件（対中国）、サンビームに係る武器部分品不正輸出事件（対イラン）などである。

37 ベトナム共産党が同3日、ラム氏の書記長就任後に中央委員会の臨時総会を開催。レ・ミン・カイ副首相（財政などを所管）、ダン・クオック・カイン天然資源環境相、グエン・スアン・キー・クアンニン省党委員会書記、チャウ・バン・ラム・トゥエンクアン省党委員会書記の4人が、中央委員を辞任することを承認した。事実上の更迭とみられる。カイ氏とカイン氏は、近く開かれる国会で閣僚も正式に辞任するとされているが、具体的な内容は明らかではないが、汚職防止などの党則に違反したとされる。JETRO　萩原遼太朗「ビジネス短信」2024年7月24日.

38 同前、2023年3月10日.

39 同前、2024年3月25日. 2023年1月20日.

40 同前、2023年3月10日. 具体的な違反内容は明らかにされていないが、現地報道によると、不動産開発を行うフックソングループの不正会計事件との関連を指摘する声もある。VNエクスプレス3月20日.

41 グローバル時代の法人課税と金融課税については、鶴田廣己『グローバル時代の法人課税と金融課税』有斐閣、2023年が詳細に展開している。

42 電力供給の問題はそのレベルの問題でもあるが、電力需要との相対的関係の中で考えるべき問題である。生産地の発展を含めエネルギー問題を冷静に考察してきた野澤哲生は、最近AIによる衝撃的な省エネルギー効果を含め興味深い論考を著わしている。

野澤哲生「AIデータセンター急増で電力需要は“激減か”」日経クロステック／日経エレクトロニクス、2024年9月3日. ベトナムの電力供給のあり方の問題も同じ視点で考えていく科学的な視点が重要である。

43 三井物産戦略研究所国際情報部東南アジア・大洋州室　川村 藍「ベトナムの貿易構造と持続的成長に向けた課題」株式会社三井物産戦略研究所レポート、2023年7月18日.

44 同前.

45 中尾武彦『アジア経済はどう変わったか　アジア開発銀行総裁日記』中央公論新社、2020年「終章　アジアの未来に思う」378頁.

46 この「過剰」については堺屋太一「平成11年度年次経済報告（経済白書）の公表にあた

376

って」（1999年）の以下の部分を参照されたい。

「労働、設備、バブル期の過剰投資と過剰負債「土地の値段は決して下がらない」という「土地神話」、第二は「不況になっても消費需要だけは減少することはない」という「消費神話」、そして第三は「完全雇用神話」、過剰設備、過剰雇用、過剰債務の「三つの過剰」である。」経済企画庁『平成11年度年次経済報告（経済白書）』、1999年。

47 大庭三枝「インド太平洋秩序とASEAN諸国」CFIEC ウエビナー「インド太平洋のパワーバランスと国際秩序の行方」2023年5月30日.

48 日本政府は、2023年4月5日、外交目的などを共有する「同志国」の軍に防衛装備品などを提供するための「政府安全保障能力強化支援（OSA）」を導入することを決定した。従来のODAの対象外のものであった。OSAの導入とODAの戦略的な活用ということであるが、経済安全保障が従来の日本企業の海外への展開に与える影響が懸念される。朝日新聞、2023年4月6日、朝刊.

49 中尾、前掲書、379頁.

50 同前、381-383頁.

おわりに

　本書を、戦略研究学会（会長赤木完爾）の刊行物として出版させて頂くことができることは、大変光栄なことであり、本書編著者一同は、赤木会長はじめ常任理事、関係各位に心から感謝する次第である。

　編著者達は、戦略研究学会の会員であるが、藤江昌嗣、杉山光信、東長邦明は、明治大学 *MOS* マネジメント・オブ・サステナビリティ研究所（2012年2月設立。以下、*MOS*）の所員でもある。本書の出版は、*MOS* 内に立ち上げた「現代アジア研究会」で企画された。同研究会のメンバーである杉山、東長、藤江は、ほぼ毎年、ベトナム（主にホーチミン、その他ハノイ、ダナン等）を訪問調査し、その他、カンボジア、ミャンマー、インドネシア、シンガポール、タイなども訪問し、調査を行った。

　その後、上田義朗氏（流通経済大学商学部教授）にメンバーに加わって頂いた。同氏は、アジア経営学会・会長（任期 2017 年 9 月〜2020 年 9 月）、一般社団法人・日本ベトナム経済交流センター・副理事長、認定・埼玉県指定　特定非営利活動法人・国際協力 NGO・IV-JAPAN・理事、合同会社TET・代表社員・CEO、箕面船場ライオンズクラブ会員、ベトナム現地法人企業団体の副会長・顧問を歴任され、長いベトナム研究はもとより、ベトナムでの企業・経営実践、諸経済団体や個人ベースでの人的交流等の経験も豊富なベトナム研究−経営・法律分野−の第一人者である。メンバーが強化され、研究会の企画は前へ進むことができるようになった。

　しかし、2020 年春から感染が拡大したコロナ禍もあり、ベトナムへの訪問調査は実施が困難となり、また、著者達の健康問題などもあり、その刊行が大幅に遅れてしまった。戦略研究学会、同出版委員会並びに芙蓉書房出版前代表取締役社長平澤公裕様、現代表取締役社長奥村侑生市様はじめ関係者の方々に多大な御迷惑をおかけしてしまった。深くお詫びする次第である。

　また、2012 年の設立以降、*MOS* 研究所の活動を一貫して支えてきて下さったのは、明治大学文学部 OB である故佐藤達夫氏（元株式会社　サトーエージェンシー会長）と経営学部 OB の小谷野正道氏（現フォーク株式会社相談役）である。御二人の御支援が、編著者の海外調査、文献・資料収集、会議・ミーティング等の実施等の研究活動を可能にし、本研究所 *MOS* の活動の成果である本書につながっている。本書の刊行が御二人への研究所メ

378

おわりに

ンバーからの感謝の印でもある。記して、感謝申し上げる。

　また、調査活動等については、JETRO の関係者の方々に大変お世話になった。とりわけ、北川浩伸氏（JETRO 理事を経て、現在日本食品海外プロモーションセンター（JFOODO）執行役（Chief Administrative Officer 〈CAO〉）には、ベトナムを始め、シンガポール、ミャンマー等の JETRO 訪問の機会を作って頂き、大変お世話になった。北川氏を含め、JETRO 関係者の皆様方に記して感謝する次第である。

　また、鷹野次長・三奉子御夫妻には、ハノイ訪問時を含め大変お世話になった。鷹野氏（元ハノイ貿易大学日本語教師）は杉山光信先生の御友人で、その著書として、『外国人のための楽しい日本語辞典』（三省堂、2004年）や『T 先生の楽しい俳句教室』（2018 年）など多数ある。ベトナム語を通じた日越文化交流の実践者である。鷹野様御夫妻の長期にわたるハノイ滞在と日本語教育等への取り組みは、なかなかできることではなく、その誠実さに頭が下がる。

　その他、御名前を記載することはできないが、著者達の研究を支えて下さった多くの方々に感謝する次第である。

　本書が、ベトナムの経済、経営、社会の歴史、その中における日本とベトナムの経済協力、開発協力の歴史、また現在のベトナムの抱える諸課題を知り、また、日本のあり方を振り返ることにつながり、さらに日本とベトナムの企業や政府、個人がその諸課題を克服し、ベトナムの未来そして、アジア、世界の良き未来につながることに少しでも役立つことを願ってやまない。

　二〇二四年　白露を待ち侘びつつ

編著者を代表して

藤江昌嗣

【編著者紹介】

藤江昌嗣（ふじえ・まさつぐ）

明治大学経営学部専任教授、明治大学 *MOS*（マネジメント・オブ・サステナビリティ）研究所所長。

釧路市生まれ、帯広市を経て、旧浦和市。京都大学経済学部卒業。日本鋼管（株）、神戸大学大学院を経て、岩手大学人文社会科学部専任講師、東京農工大学農学部助教授、明治大学経営学部助教授。1993 年 4 月明治大学経営学部教授、現在に至る。ポートランド州立大学客員教授（2000〜2002 年）。1994 年 3 月京都大学博士（経済学）。戦略研究学会会長（2015〜2023 年）を経て、現在顧問。専攻は統計学・経済学。主な著書に、『移転価格税制と地方税還付』（中央経済社、1993 年）、『アジアからの戦略的思考と新地政学』（芙蓉書房出版、2015 年）、『場、建物、空間から公共性を考える―地状学への誘い―』（共編著、学文社、2023 年）、マイケル・スミス著『プログラム評価入門』（共訳、梓出版社、2009 年）などがある。

杉山光信（すぎやま・みつのぶ）

東京大学文学部卒業。東京大学新聞研究所教授を経て、明治大学文学部教授を務め、2015 年に退職。著書に『戦後啓蒙と社会科学の思想』（1983、新曜社）、『学問とジャーナリズムの間』（1989、みすず書房）、『戦後日本の市民社会』（2001、みすず書房）など。訳書に Ph.アリエス『＜子ども＞の誕生』（共訳、1980、みすず書房）など。最近の論文として「地域としての東南アジア―「海の帝国」から ASEAN/AFTA まで―」（藤江昌嗣・杉山光信編著『アジアからの戦略的思考と新地政学』芙蓉書房出版、2015 年所収）がある。

上田義朗（うえだ・よしあき）

流通科学大学名誉教授・合同会社 TET 代表社員。

大阪府生まれ。神戸大学大学院経営学研究科博士後期課程満期退学（1983 年）後、日本証券経済研究大阪研究所研究員を経て、流通科学大学商学部助教授・教授。その間にアジア経営学会会長、日本ベトナム経済交流センター副会長など歴任。最新稿「温故知新：事業創造モデルの新しい提案―利益のコンステレーション（星座状連関）を再考する―」『同志社商学』第 75 巻第 6 号（2024 年 3 月 14 日）。月刊誌『KOBECCO』「ベトナム元気×躍動するアジア」連載中。

東長邦明（とうなが・くにあき）

明治大学 *MOS*（マネジメント・オブ・サステナビリティ）研究所客員研究員。戦略研究学会常任理事・事務局長。医療法人財団医親会顧問。

三重県生まれ。京都大学経済学部卒業。東京海上ホールディングス（株）勤務（アジア地域本部取締役 CIO、欧州・北米・東南アジア・中国各地域本部取締役・監査委員）を経て現職。1999 年より明治大学兼任講師。2008 年より明治大学ビジネスイノベーション研究所客員研究員。論稿に「シンガポールの国家リスク管理—その歴史的展開と先進性—」（藤江昌嗣・杉山光信編著『アジアからの戦略的思考と新地政学』芙蓉書房出版、2015 年所収）がある。

ベトナムの経済発展と未来
—— 日本の開発協力と日越企業の経営・人材戦略を通じて ——

2024 年 12 月 6 日　第 1 刷発行

編著者
藤江昌嗣・杉山光信・上田義朗・東長邦明

装幀者
TAKEDASO. Design

発行者
奥村侑生市

発行所

株式会社芙蓉書房出版

〒162-0805
東京都新宿区矢来町 113-1
神楽坂升本ビル 4 階
TEL 03-5579-8295　FAX 03-5579-8786
http://www.fuyoshobo.co.jp

印刷・製本／モリモト印刷

定価はカバーに表示してあります。
落丁・乱丁本はお取替えいたします（古書店で購入されたものを除きます）。なお、本書のコピー、スキャン、デジタル化等の無断複製は著作権法上での例外を除き禁じられています。
©FUJIE Masatsugu, SUGIYAMA Mitsunobu,
UEDA Yoshiaki, TONAGA Kuniaki
2024 Printed in Japan
ISBN 978-4-8295-0890-9 C3034

【芙蓉書房出版の本】

核兵器が変えた軍事戦略と国際政治

ロバート・ジャーヴィス著

野口和彦・奥山真司・高橋秀行・八木直人訳　本体 3,600 円

「核兵器が現状維持を保つ効果あり」との仮説を提示し、「核兵器が軍事戦略と国際関係を革命的に変えた」という画期的な理論を展開した話題の書。ジャーヴィスの核革命理論は、多くの研究者により妥当性が検証される一方、その仮説には反論が寄せられるなど、話題性に富んでいる。

インド太平洋をめぐる国際関係

理論研究から地域・事例研究まで

永田伸吾・伊藤隆太編著　本体 2,700 円

錯綜する国際政治力学を反映した「インド太平洋」概念の形成・拡大のダイナミズムを多角的アプローチから考察した 6 人の研究者の共同研究の成果。◎国際秩序とパワーの相克からインド太平洋戦略の将来を考察／◎中国と日本を対象に、言語行為、認知、情報戦・政治戦などに注目し、理論的に「インド太平洋」を考察／◎NATO の対中戦略、欧州諸国のインド太平洋関与などの事例を分析／◎台頭する中国にどのように対峙すべきか。　執筆者／墓田桂・野口和彦・岡本至・小田桐確

インド・太平洋戦略の地政学

中国はなぜ覇権をとれないのか

ローリー・メドカーフ著　奥山真司・平山茂敏監訳　本体 2,800 円

"自由で開かれたインド太平洋"の未来像とは……強大な経済力を背景に影響力を拡大する中国にどう向き合うのか。＊インド太平洋というグローバル経済を牽引する地域のダイナミズムが 2020 年代以降の世界情勢にどのように影響するのかを、地政学的観点から説明する／＊インド太平洋地域を独占しようとする中国の挑戦に断固とした態度で臨むことの重要性を、国際政治、外交・安全保障、経済、技術など多角的観点から説く。　〔訳者〕髙橋秀行・後瀉桂太郎・長谷川淳・中谷寛士

【芙蓉書房出版の本】

企業経営と人生設計のワークブック
経営はアート、管理はサイエンス
岡崎宏行・佐久間輝雄・藤江昌嗣著　本体 2,000 円

仕事も人生も Win-Win に。そんな方法を考えてみよう。業歴 40 年のベテラン経営コンサルタント、自動車関連会社の元社長、統計学者が、それぞれの立場から、学び方、仕事のやり方、人生設計の考え方、ビジョン実現の方法、そして失敗への対処まで教えます。

アジアからの戦略的思考と新地政学
戦略研究学会監修　藤江昌嗣・杉山光信編　本体 3,500 円

政治・軍事から経済・社会事象まで広範な視点でアジアからの戦略的思考と新たな「地政学」を追求する。従来の地政学的思考と関連づけた理論的考察と現実の国際間の政治・経済・社会現象をリスク、安全保障、宗教等と関連づける論文で構成する。

〔執筆者〕藤江昌嗣・平山朝治・川口満・金城誠栄・東長邦明・
石井道子・郭思宜・John Lambino・杉山光信

エネルギー資源と日本外交
化石燃料政策の変容を通して　1945 年〜2021 年
池上萬奈著　本体 2,800 円

資源に乏しい日本はどのようにエネルギー資源を確保してきたのか。1973 年のオイルショックを機に積極的に展開した資源外交を概観する。

現代日本の資源外交
国家戦略としての「民間主導」の資源調達　柳沢崇文著　本体 3,200 円

中国との資源獲得競争、ウクライナ危機による世界的なエネルギー供給不安の中、日本の資源外交はどうあるべきか？　石油危機以降、エネルギー安全保障が国家的課題となったにもかかわらず、なぜ日本のエネルギー調達は「民間主導」が維持されてきたのか？　イランやロシアにおける資源開発の事例分析や、ドイツ・イタリアのエネルギー政策との比較を通じて検討する。